会计学国家一流专业建设点系列教材

智能财务应用
Intelligent Financial Applications

主　编　李晟璐
副主编　杨英琦　郭晓琪　韩旭升

中国财经出版传媒集团

经济科学出版社
Economic Science Press

·北京·

图书在版编目（CIP）数据

智能财务应用 / 李晟璐主编；杨英琦，郭晓琪，韩旭升副主编． -- 北京：经济科学出版社，2025.1.
（会计学国家一流专业建设点系列教材）． -- ISBN 978 - 7 - 5218 - 6712 - 1
Ⅰ．F232
中国国家版本馆 CIP 数据核字第 2025AX0568 号

责任编辑：杜　鹏　胡真子
责任校对：王肖楠
责任印制：邱　天

智能财务应用
ZHINENG CAIWU YINGYONG
主　编　李晟璐
副主编　杨英琦　郭晓琪　韩旭升
经济科学出版社出版、发行　新华书店经销
社址：北京市海淀区阜成路甲 28 号　邮编：100142
编辑部电话：010 - 88191441　发行部电话：010 - 88191522
网址：www.esp.com.cn
电子邮箱：esp_bj@163.com
天猫网店：经济科学出版社旗舰店
网址：http://jjkxcbs.tmall.com
固安华明印业有限公司印装
787×1092　16 开　22.25 印张　520000 字
2025 年 1 月第 1 版　2025 年 1 月第 1 次印刷
ISBN 978 - 7 - 5218 - 6712 - 1　定价：56.00 元
(图书出现印装问题，本社负责调换。电话：010 - 88191545)
(版权所有　侵权必究　打击盗版　举报热线：010 - 88191661
QQ：2242791300　营销中心电话：010 - 88191537
电子邮箱：dbts@esp.com.cn)

前　　言

随着大数据、云计算、人工智能等先进技术的不断融合与创新，智能财务已经成为推动企业财务转型与升级的重要力量。智能财务应用通过自动化处理、实时数据分析和深度业务融合，显著提高了财务管理效率，优化了决策支持，增强了风险控制能力，推动了财务管理创新，并提升了财务透明度与合规性，从而在多个方面对企业的财务管理和发展起到了至关重要的作用。

本教材作为智能财务领域的理论与实训相结合的应用型教材，旨在全面介绍智能财务的基本概念、核心原理以及实际应用场景，以金蝶 EAS 智能财务软件为平台，最大限度还原企业真实业务场景，使读者能够深入了解智能财务的内涵与外延，掌握其在企业财务管理中的具体应用方法。本教材力求通过真实、具体的案例分析，将复杂的智能财务知识转化为易于理解和操作的内容，帮助读者建立起系统的智能财务知识体系。本教材第一章对智能财务的发展历程、智能财务实施原则的相关内容进行了阐述；第二章到第六章均结合案例进行实务操作训练。

本教材注重理论与实践相结合，既涵盖了智能财务的基础理论，又详细讲解了其在财务分析、预算管理、成本控制、风险管理等方面的应用实践。同时，本教材还特别关注了智能财务的前沿发展动态，如智能审计、智能税务等新兴领域，以拓宽读者的视野和思路。

此外，本教材还注重培养学生的创新思维和实践能力，鼓励学生在学习理论知识的同时，积极探索智能财务的新应用、新场景，不断提升自己的专业素养和综合能力。本教材不仅适合高等院校会计学、财务管理、工商管理等经济管理类相关专业作为教材，也适合企业财务、信息管理等领域的工作人员作为参考书。希望通过这本教材，能够帮助更多的人了解智能财务，掌握相关技能，为未来的职业发展打下坚实的基础。

本教材为会计学国家一流专业建设点系列教材之一，由长春光华学院会计学国家一流本科专业建设教学团队和企业会计专家合作编写。具体分工为：第一章智能财务概述由李晟璐编写，第二章实验案例背景由韩旭升编写，第三章财务初始化、第四章财务业务处理由杨英琦编写，第五章智能财务、第六章 RPA 财务机器人设计与开发由郭晓琪编写。

本教材的编写得到了金蝶软件集团、金蝶精一信息科技服务有限公司等单位的大力支持和帮助，在此表示衷心的感谢。我们也诚挚地欢迎广大读者对本教材提出宝贵的意见和建议，以便我们不断改进和完善。

编者

2025 年 1 月

目 录

第一章 智能财务概述 ·· 1
    第一节 新技术对财务的影响 ·· 1
    第二节 智能财务定义、特点与价值体现 ·· 1
    第三节 智能财务发展历程 ·· 3
    第四节 财务机器人发展 ·· 4
    第五节 金蝶财务机器人 ·· 5

第二章 实验案例背景 ·· 6

第三章 财务初始化 ·· 8
    第一节 案例任务一：会计科目的分配 ·· 10
    第二节 案例任务二：基础资料的分配 ·· 13
    第三节 案例任务三：新建银行账户信息 ·· 23
    第四节 案例任务四：新增凭证类型 ·· 26
    第五节 案例任务五：总账初始化设置 ·· 28
    第六节 案例任务六：出纳初始化设置 ·· 35
    第七节 案例任务七：应收初始化设置 ·· 39
    第八节 案例任务八：应付初始化设置 ·· 46
    第九节 案例任务九：更改参数设置 ·· 53
    第十节 案例任务十：新增收款账户信息 ·· 60

第四章 财务业务处理 ·· 62
    第一节 应收业务 ·· 63
    第二节 应付业务 ·· 67
    第三节 费用报销业务 ·· 72
    第四节 差旅费报销业务 ·· 76
    第五节 对公费用报销业务 ·· 80
    第六节 物品采购费报销业务 ·· 84
    第七节 收款业务 ·· 88
    第八节 付款业务 ·· 96

第五章　智能财务 ……………………………………………………………… 111
　　第一节　记账机器人 ……………………………………………………… 111
　　第二节　对账机器人 ……………………………………………………… 142
　　第三节　报表机器人 ……………………………………………………… 162
　　第四节　收款机器人 ……………………………………………………… 171
　　第五节　付款机器人 ……………………………………………………… 183
　　第六节　应收机器人 ……………………………………………………… 194
　　第七节　应付机器人 ……………………………………………………… 207
　　第八节　报销机器人 ……………………………………………………… 218
　　　　任务一：费用报销 …………………………………………………… 218
　　　　任务二：差旅费报销 ………………………………………………… 230
　　　　任务三：对公费用报销 ……………………………………………… 242
　　　　任务四：物品采购报销 ……………………………………………… 256

第六章　RPA 财务机器人设计与开发 …………………………………… 265
　　第一节　RPA 机器人设计器安装 ………………………………………… 266
　　第二节　RPA 设计器基础应用 …………………………………………… 269
　　第三节　供应商付款对账通知机器人 …………………………………… 291
　　第四节　差旅费用预算执行分析机器人 ………………………………… 307

附录 ……………………………………………………………………………… 349
主要参考文献 ………………………………………………………………… 350

第一章　智能财务概述

【学习目标】

知识目标

（1）掌握智能财务的定义及其对企业运营的价值体现。

（2）了解智能财务的发展历程及主要特点。

能力目标

（1）分析智能财务如何帮助企业优化财务流程，提高财务管理效率。

（2）探讨智能财务及财务机器人技术对企业财务管理的影响与未来趋势。

第一节　新技术对财务的影响

在当今这个日新月异的时代，科技的飞速进步正引领着各个行业的深刻变革，财务领域也不例外。随着人工智能技术的蓬勃发展，特别是机器人在各领域的广泛应用，我们正步入一个全新的智能时代。

大数据、智能化、移动物联网、云计算以及物联网技术的相互融合，正逐步构建出一个"万物互联、智能交互"的新世界。这些技术不仅改变了我们的生活方式，更在财务领域掀起了一场前所未有的革命。在这场革命中，云技术、流程机器人、可视化分析、高级数据分析、认知计算、内存数据库以及区块链等新兴技术，成为推动财务转型的重要力量。它们不仅提高了财务处理的效率，还使财务职能更加深入和全面。

未来的财务工作职能，将不再仅仅局限于传统的记账和报表编制，而是更多地参与到企业的战略决策中去。通过挖掘和分析大数据，财务将为企业提供精准的数据支持，助力企业作出更加明智的决策。同时，财务还将深入企业的各个业务流程，为业务提供实时的支持和反馈，在风险控制和效率提升方面取得更大的突破。通过智能化的风险管理工具，企业可以更好地识别和应对潜在的风险。而高效的财务处理流程，则将进一步降低企业的运营成本，提升整体竞争力，促进企业的整体优化。

第二节　智能财务定义、特点与价值体现

智能财务（Intelligent Finance）是一种新型的管理模式。它基于先进的管理理

论、工具和方法，利用人工智能、大数据、云计算、区块链等新兴技术，实现财务管理与会计核算工作的智能化、自动化和数字化。

一、定义与内涵

智能财务是指在技术的驱动下，优化财务流程，提高财务管理效率，增强财务决策的科学性和准确性，最终实现财务管理的价值创造。它涵盖了业务与财务相融合的智能财务共享平台、基于商业智能的智能管理会计平台以及基于人工智能的智能财务平台等多个层面。

二、主要特点

数据驱动：智能财务利用大数据技术，整合内外部数据源，通过数据挖掘和分析，揭示业务运营中的模式和趋势，为财务决策提供数据支持。

流程自动化：通过机器人流程自动化（Robotic Process Automation，RPA）等技术，实现财务核算、账务处理等标准化、规则化流程的自动化处理，提高工作效率和准确性。

业财融合：智能财务强调业务与财务的深度融合，建立基于业务驱动的财务一体化信息处理流程，实现数据共享和实时掌控经营状况。

智能决策：借助人工智能算法和模型，对财务数据进行智能分析和预测，为企业的战略决策提供有力支持。

三、应用场景

财务共享中心：在财务共享中心应用智能技术，实现发票处理、账单支付、报表生成等流程的自动化，降低运营成本。

管理会计平台：构建基于商业智能的智能管理会计平台，提供多维度、立体化的数据信息，支持管理者的决策过程。

税务管理：智能财务在税务管理中具有高效率、高准确性的特点，能够降低申报中出现纰漏的可能性，规范税务处理流程。

四、价值体现

降低企业运营成本：通过自动化处理和数据分析，减少人工干预和错误率，降低企业运营成本。

提高财务管理效率：利用智能技术和算法，优化财务流程，提高财务管理效率和工作质量。

增强财务决策科学性：通过数据挖掘和分析，揭示业务运营中的模式和趋势，为财务决策提供科学依据。

提升企业价值：智能财务能够赋能企业税务管理、风险管控等多个方面，推动企业数字化转型和可持续发展。

第三节 智能财务发展历程

智能财务的发展历程可以追溯到人工智能和大数据技术的蓬勃发展，以及金融行业对效率和精准度的需求。以下是对智能财务发展历程的详细梳理。

一、初步探索与会计电算化阶段

在计算机技术初步发展的时期，企业开始利用初级会计电算化软件来实现会计核算、报表编制和财务数据的程序化管理。这一阶段，虽然信息技术的深层价值尚未得到完全释放，但已经实现了部分会计核算工作的计算机处理，提升了会计核算的准确性和实效性。

二、财务数据集成化发展阶段

随着计算机网络技术的持续升级和普及，企业开始运用统一的网络财务系统，实现企业生产、销售、财务等各个信息系统的集成化统一。在这一阶段，企业能够更多地借助信息系统进行应收应付、供产销及资产等财务流程的管理，财务管理逐渐由核算型转变为管理型。

三、业务财务集成统一阶段

进入 21 世纪后，随着企业资源计划（Enterprise Resource planning，ERP）系统的广泛应用，财务管理进一步迈入信息化阶段。在这一阶段，企业更加注重业务与财务管理的融合，借助计算机网络强大的数据传输与处理能力，实现业务数据与财务信息的快速处理、实时共享与跨时空利用。同时，财务共享服务模式的普及也促进了财务会计流程的信息化升级。

四、智能化与财务机器人初步应用

随着人工智能技术的成熟，智能财务进入了一个新的发展阶段。财务机器人作为人工智能技术的具体应用，开始在企业财务管理中崭露头角。这些机器人能够自动化处理大量财务数据，如发票处理、账目记录、报表生成等，显著提高了财务工作的效率和准确性。例如，四大会计师事务所推出的财务机器人，已经在多个领域实现了财务流程的自动化。

五、未来发展趋势

未来，智能财务将进一步深化，并与财务机器人实现更加紧密的融合。财务机器人将不仅局限于执行基础的财务操作，还将通过深度学习等技术，对财务数据进行智能分析和预测，为企业的战略决策提供有力支持。同时，智能财务系统也将为财务机器人提供更加丰富的数据资源和决策工具，使其能够更好地服务于企业的财务管理需求。这种融合将进一步提升企业财务管理的智能化水平，推动企业的可持续发展。

第四节　财务机器人发展

财务的数据化转型是企业数字化转型的起点，也是最关键的环节。财务管理是企业管理的"生命线"，财务部门作为企业核心职能部门，记录着企业所有的交易行为和信息往来，是企业天然的数据中心。财务的数字化转型就是要从"最小数据集"向"大数据"转变，成为企业的"数字神经网络"，为企业的利益相关者提供有价值的信息。传统的财务采用分散式的、封闭式的手工作坊的操作模式，财务缺乏采集和处理的工具，复杂的交易行为不断被压缩进会计科目里，并通过多次平衡的复式记账法记录下来，经过从交易到原始凭证、从原始凭证到记账凭证、从记账凭证到明细账、从明细账到总账、从总账到会计报表的数据压缩过程，每一次压缩，都是信息价值的损失，直到压缩成最小数据集。财务部门丢弃了最能真实反映企业业务经营状况的过程数据，仅仅记录了经营的结果，因而无法提供可信的经营决策支撑。

"大智移云物"的技术影响下，企业的数据将越来越多、越来越丰富，传统的财务低效滞后，财务工业化革命应运而生。财务的工业化革命即是要将分散、封闭、手工的作坊变成"财务工厂"，把"财务工厂"转换成企业级"大数据中心"，通过与利益相关者的在线互联，高效地采集、加工、报告数据，建立企业的数字神经网络，帮助企业用数据来管理、用数据来决策、用数据来创新，帮助企业在多变的商业环境中保存竞争优势。

"财务机器人"最近几年被广泛提及，"财务机器人"是RPA技术在财务中的应用。财务流程中应用RPA技术来实现异构系统间的数据传递，用软件机器人替代过去需要人工操作的活动。RPA技术为业务流程自动化提供了新技术路径，也显著提高了工作的精确度和事务处理效率，适用于具有清晰规则的重复性流程，而企业的财务共享服务中心存在着大量这样的业务流程。

未来，机器以最佳方式将人与机器的能力结合在一起，将资源重新部署到价值更高的工作中去。企业应用财务机器人，最终的目标也不应该仅着眼于代替部分重复的手工操作，而是在提升业务效率、实现流程自动化的基础上，帮助财务人员去从事更有价值的活动，更快地完成交易处理，更好地利用财务数据，更广泛更深入地参与到企业的经营与管理中。财务机器人给会计行业带来的变革，不是让会计人员简单地被动淘汰，而是促使他们及时主动转型。

第五节　金蝶财务机器人

金蝶于 2017 年发布基于云端的财务机器人，应用云计算、大数据、图像语音识别、LBS 等 AI 技术，为企业提供多场景全方位的智能财务服务。金蝶财务机器人未来让财务和会计人员将会更加聚焦于公司的战略财务和业务财务决策上，把数据处理和分析报表交给智能财务机器人，这是技术开发的难度所在，也会是未来财务优化的主要方向。依托于金蝶云——中国 SaaS 企业级应用软件市场第一品牌，金蝶云财务机器人将以"大数据＋云端＋人工智能"的 SaaS 模式，在智能"黑科技"上继续优化，在财务智能方面拥有更多可能。

金蝶 EAS 智能财务机器人的应用，其核心价值主要体现在以下几个方面。

（1）通过系统的智能化处理，财务核算的工作效率得到较大提升，同时，降低了人工成本，释放的劳动力可以转移到高附加值的财务工作上。

（2）财务智能化通过系统收集的数据促进财务流程的优化和核算的标准化，提升财务核算质量。

（3）财务智能化核算，财务数据直接来源于业务，促进了业财融合，财务数据更能真实地反映业务，为后续的财务分析提供准确、可靠的数据及依据。

（4）财务智能化不需要进行较大的投入，在现有系统基础上进行低成本的集成和改造即能实现。

第二章　实验案例背景

【学习目标】

知识目标

了解深圳智航科技公司的业务内容和组织架构。

能力目标

能够理解金蝶 EAS 系统对深圳智航科技公司的重要性。

深圳智航科技公司（以下简称智航科技）是 2017 年新成立的高新技术企业，注册资本 3,800 万元，公司致力于无人机自驾仪的研发并为客户提供全方位的行业解决方案，已拥有全自主研发的无人机自动驾驶仪及多款无人机飞行器。智航科技由精通电子产品开发、长期从事无人机设计及具有多年飞行经验的高端人才组建而成，拥有高学历的科研队伍、经验丰富的飞行团队及勇创新高的市场营销团队，公司重视研发和市场开拓。

智航科技以自驾仪技术为基础平台，与国内外高校、科研院所和部队等单位合作开发新产品，业务范围涉及产品研发、技术服务、专业操控手培训等。公司拥有一系列特色产品及高端的技术服务。其中，明星产品系列包括航拍无人机、警用无人机、环境监测无人机等；技术服务包括专业航拍航测、应急救援、外场调试、远程协助、故障分析等。公司的主要客户为政府、国企、高校以及科研院所，产品与服务得到了业内及社会人士广泛的认可与好评。

智航科技的核心竞争力在于每个项目运作中能最大限度地贴近客户的需求，可以为客户定制产品，提供专业的解决方案。尤其在售前、售后技术支持方面，提倡"换位思考"的理念，在行业内树立了良好口碑。

随着公司的发展壮大，需要用到智能 ERP 软件来管理企业，经考察、评估后，企业于 2020 年购买了金蝶 EAS 系统，并准备于次年 1 月正式启用。

智航科技架构如图 2-1 所示。

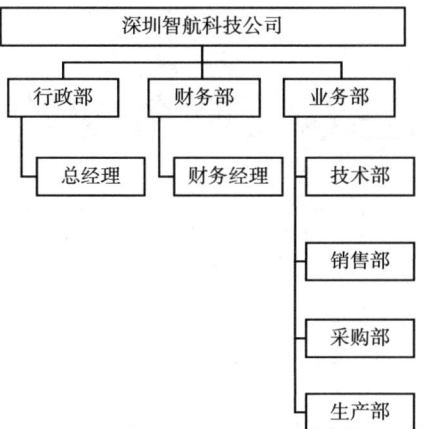

图 2-1　智航科技架构

第三章　财务初始化

【学习目标】

知识目标

（1）深入理解企业财务初始化的全过程，包括组织搭建、职位信息设置、员工与用户信息录入等关键环节。

（2）熟悉金蝶 EAS 等财务管理软件的操作界面和流程，掌握会计科目分配、总账初始化设置等核心技能。

能力目标

（1）能够独立完成企业财务初始化的系统设置工作，包括会计科目分配、辅助账和科目余额初始化录入等，确保企业财务数据的准确性和完整性。

（2）能够运用所学知识和技能，解决企业在财务管理过程中遇到的实际问题，如应收应付系统初始化、出纳系统初始化等，提高企业的财务管理效率。

【课程导读】

在财务初始化的学习过程中，学生将深入探索企业财务管理的基石。这不仅是技术性的操作过程，更是企业规范化、信息化管理的关键一步。从构建清晰的公司组织机构信息，到详细规划职位信息，再到精确录入员工信息和系统用户信息，每一个细节都关乎企业财务的准确性和效率。通过这一章节的学习，理解财务初始化不仅是对数据的整理，更是对企业财务流程的优化和升级，它为企业未来的财务运作奠定了坚实的基础。

进一步地，学生将通过实际操作案例，学习如何分配物料、客户、供应商等基础资料，以及新建银行账户信息等重要环节。这些步骤不仅考验着学生的专业知识，更要求学生具备细致入微的态度和严谨的逻辑思维。此外，本章节强调在财务管理过程中要始终保持诚信、严谨的态度，确保每一项数据的真实、准确。不仅要追求经济效益的提升，更要注重社会责任的履行，做到守法经营、诚信纳税，为企业的可持续发展贡献力量。

【任务资料】

为了处理深圳智航科技公司的业务，如表 3-1～表 3-4 所示，在系统实施过程中约定系统中的组织搭建、职位、员工、用户等信息，由软件提供商根据企业信息进行系统设置；企业业务相关的基础资料的新增与分配、各业务系统的初始化设置和参数设置由企业内部员工用对应的系统用户在系统中设置完成。

软件提供商在系统中完成组织搭建等设置后，将系统中设置好的数据移交给企业使用。

表 3-1　　　　　　　　　　　　　　公司组织机构信息

组织信息	组织层次类型	组织类型
智航科技-序号	集团	行政组织、财务组织、采购组织、销售组织、库存组织、成本中心、利润中心
深圳智航科技公司	公司	行政组织、财务组织、采购组织、销售组织、库存组织、成本中心、利润中心
财务部	部门	行政组织、成本中心
业务部	部门	行政组织、成本中心

表 3-2　　　　　　　　　　　　　　　　职位信息

编码	名称	行政组织	上级职位
序号.01	董事长	深圳智航科技公司	bigboss
序号.02	财务经理	财务部	董事长
序号.03	总账会计	财务部	财务经理
序号.04	往来会计	财务部	财务经理
序号.05	成本会计	财务部	财务经理
序号.06	出纳	财务部	财务经理
序号.07	综合业务员	业务部	成本会计

表 3-3　　　　　　　　　　　　　　　　员工信息

员工编码	员工	职位
序号.01	李宏亮	董事长
序号.02	邓永彬	财务经理
序号.03	聂小莉	总账会计
序号.04	周雯鑫	往来会计
序号.05	肖利华	成本会计
序号.06	李兴	出纳
序号.07	秦义	综合业务员

表 3-4　　　　　　　　　　　　　　　系统用户信息

用户账号	用户类型	用户实名	用户角色说明
user_序号	其他	user_序号	信息管理员
lhl 序号	职员	李宏亮	董事长
dyb 序号	职员	邓永彬	财务经理
nxl 序号	职员	聂小莉	总账会计
zwx 序号	职员	周雯鑫	往来会计
xlh 序号	职员	肖利华	成本会计

续表

用户账号	用户类型	用户实名	用户角色说明
lx 序号	职员	李兴	出纳
qy 序号	职员	秦义	综合业务员

本教材的案例任务截图替换了实际序号进行操作截图,实验时请替换成系统分配的序号操作。

第一节 案例任务一:会计科目的分配

一、实验资料

(一)登录账号

登录账号:user_序号。

(二)实验数据

将内置的会计科目分配到"智航科技-序号(序号)"和"深圳智航科技公司(序号.01)"。

二、操作指导

打开"金蝶EAS客户端",选择对应的至用户 user_序号进行会计科目分配选择对应的数据中心,输入用户名为 user_序号,单击【登录】,进入 EAS 系统,如图 3-1 所示。

图 3-1 "金蝶 EAS 客户端"登录界面

登录 EAS 客户端后，切换组织为管理单元后，依次点击【企业建模】—【辅助数据】—【财务会计数据】—【会计科目】进入会计科目界面，如图 3-2 所示。

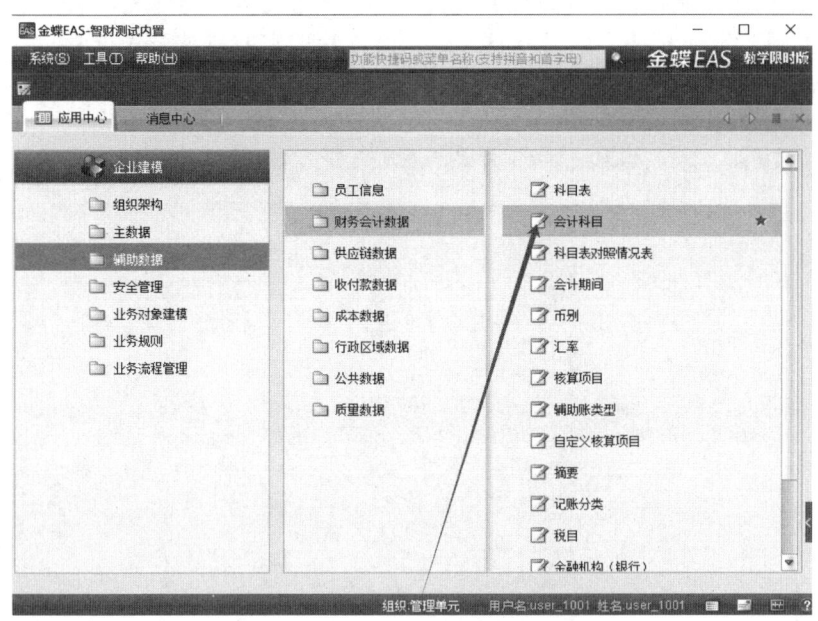

图 3-2　金蝶 EAS 会计科目界面

进入会计科目查询界面后，点击工具栏的【分配】按钮，进入科目分配的界面进行分配会计科目，如图 3-3 所示。

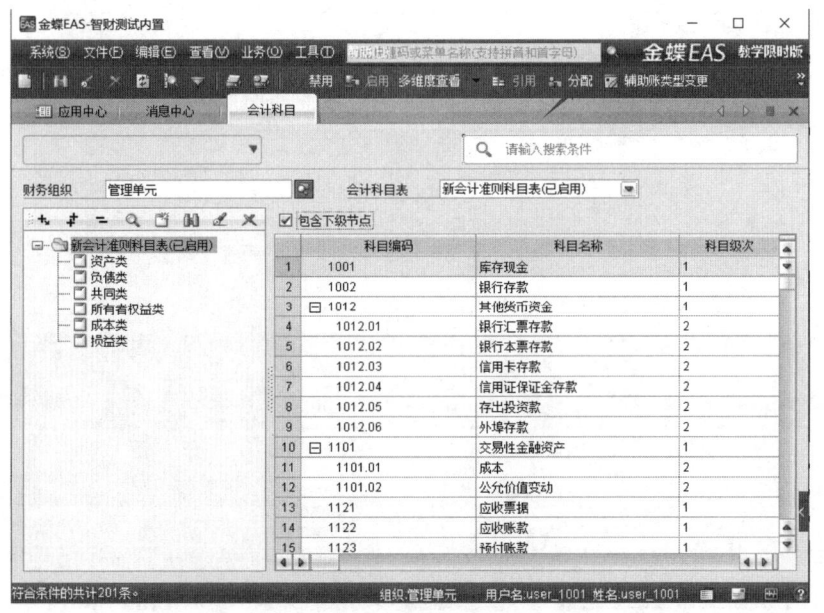

图 3-3　金蝶 EAS 会计科目分配界面

进入科目分配的界面后，勾选"显示下级所有财务组织"，根据实验数据选中"智航科技－序号（序号）"和"深圳智航科技公司（序号.01）"，然后选择"显示未分配科目"，点击全选，最后点击【分配】，提示科目分配成功，则代表内置于管理单元的科目被分配到"智航科技－序号（序号）"和"深圳智航科技公司（序号.01）"，如图3-4所示。

图3-4　金蝶EAS会计科目分配界面

可切换到对应组织查看分配过去的会计科目，如图3-5所示。

图3-5　查看过去会计科目

第二节 案例任务二：基础资料的分配

一、实验资料

（一）登录账号

登录账号：user_1001。

（二）实验数据

1. 分配物料（13 个）、客户（5 个）、供应商（13 个）给"智航科技 – 序号（序号）"。

2. 分配物料（13 个）、客户（5 个）、供应商（13 个）给"深圳智航科技公司（序号.01）"。

二、操作指导

（一）分配物料、客户、供应商至"智航科技 – 序号（序号）"

1. 分配物料。

切换组织到管理单元，依次点击【企业建模】—【主数据】—【物料】—【物料】，进入物料查询界面，如图 3 – 6 所示。

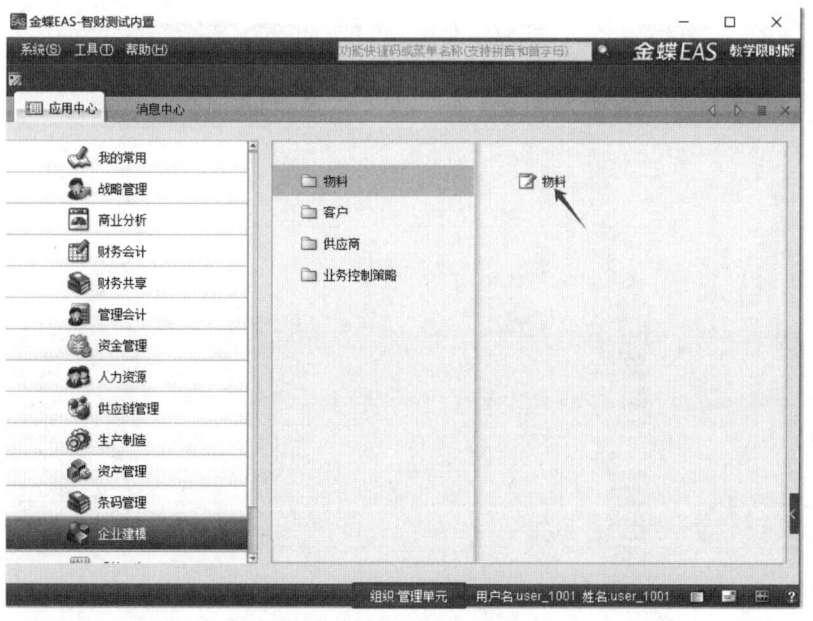

图 3 – 6 物料查询界面

14 智能财务应用

进入物料查询界面后，点击工具栏的【分配到管理单元】，进入分配物料的界面，如图3-7所示。

图3-7 分配物料界面

勾选管理单元"智航科技-序号（序号）"，选择未分配物料后点击全选，最后点击保存，系统提示保存成功，保存物料信息界面如图3-8所示。

图3-8 保存物料信息界面

点击已分配，确保13个物料均在已分配里面，如图3-9所示。

图3-9 已分配物料信息界面

2. 分配客户。

切换组织到管理单元，依次点击【企业建模】—【主数据】—【客户】—【客户】，进入客户查询界面，如图3-10所示。

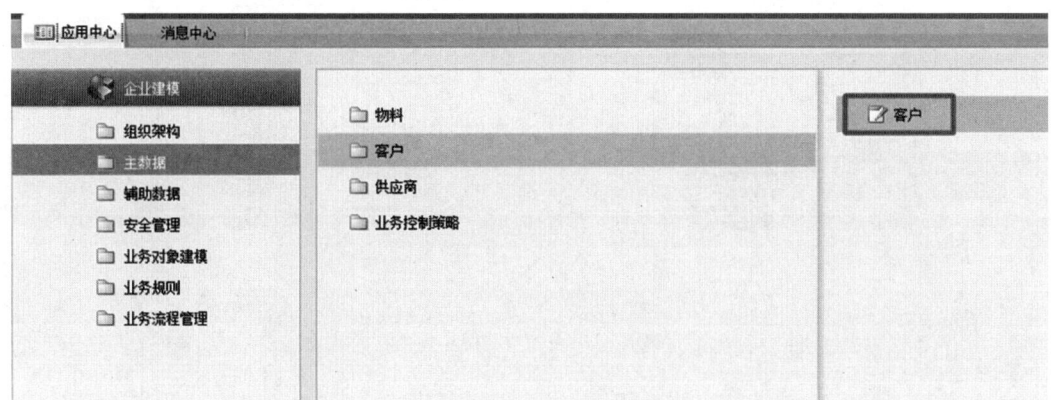

图3-10 客户查询界面

进入客户查询界面后，点击工具栏的【分配到管理单元】，进入分配客户界面，如图3-11所示。

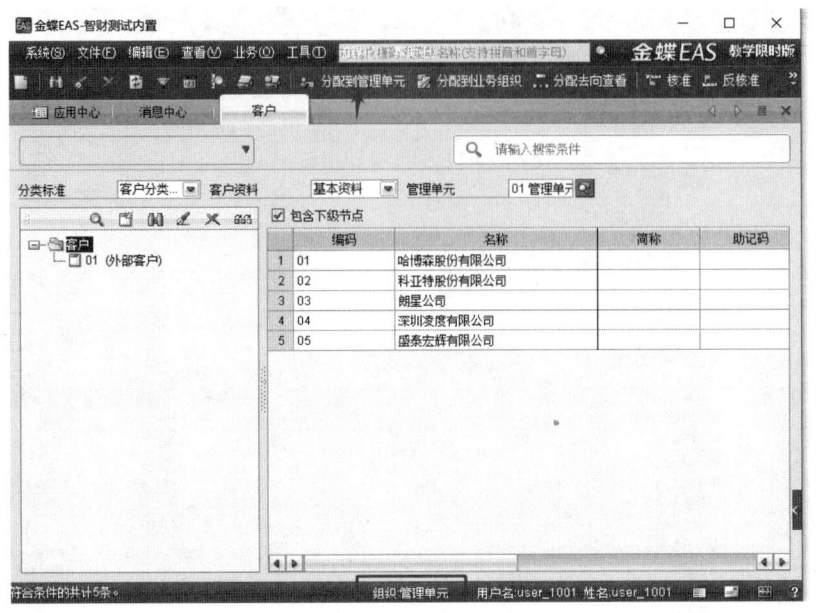

图3-11　分配客户界面

勾选管理单元"智航科技-序号（序号）"，选择未分配客户后点击全选，最后点击保存，系统提示保存成功，保存未分配客户界面如图3-12所示。

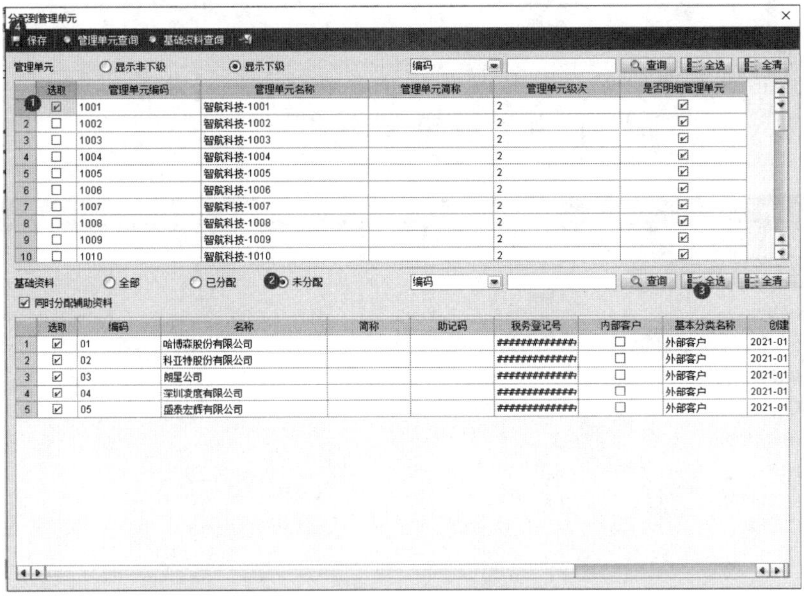

图3-12　保存未分配客户界面

点击已分配,确保 5 个客户均在已分配里面,确认客户分配界面如图 3-13 所示。

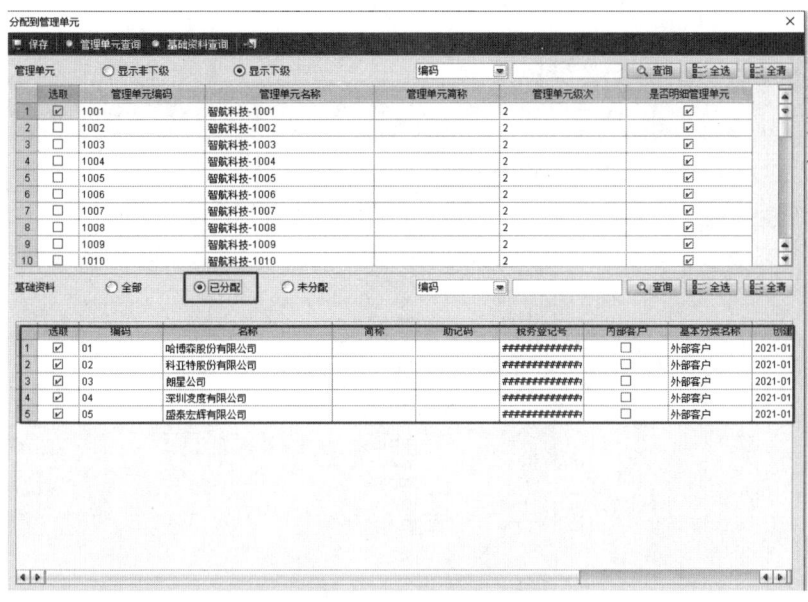

图 3-13　确认客户分配界面

3. 分配供应商。

切换组织到管理单元,依次点击【企业建模】—【主数据】—【供应商】—【供应商】,进入供应商查询界面,如图 3-14 所示。

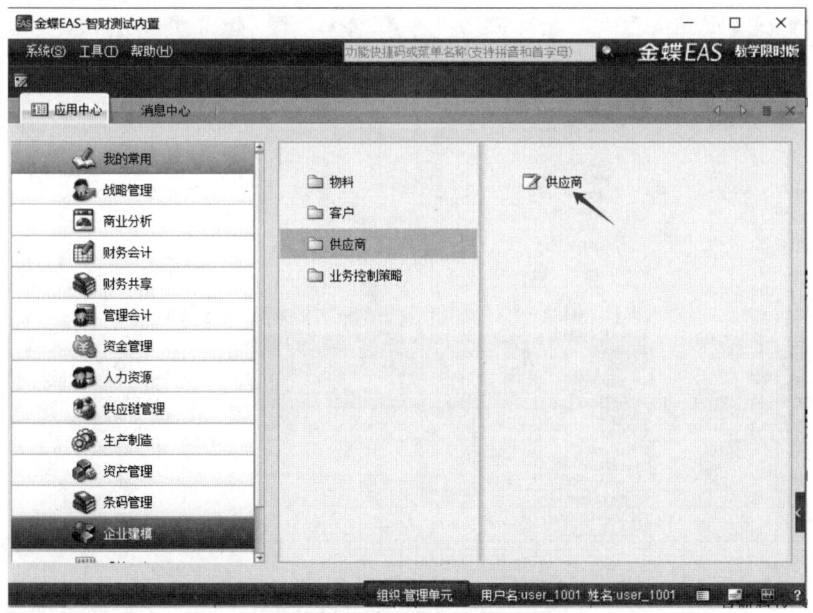

图 3-14　供应商查询界面

进入供应商查询界面后，点击工具栏的【分配到管理单元】，进入分配供应商界面，如图 3–15 所示。

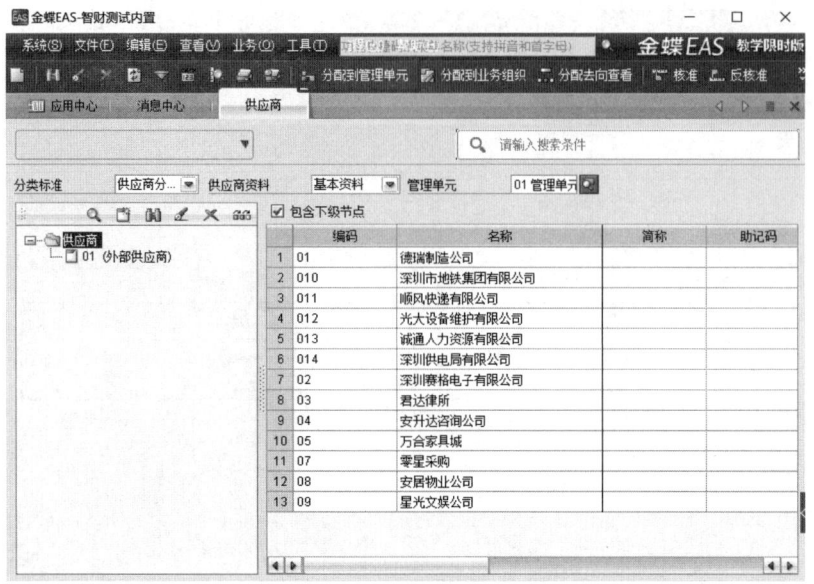

图 3–15　分配供应商界面

勾选管理单元"智航科技–序号（序号）"，选择未分配供应商后点击全选，最后点击保存，系统提示保存成功，保存供应商界面如图 3–16 所示。

图 3–16　保存供应商界面

点击已分配，确保 13 个供应商均在已分配里面，如图 3-17 所示。

图 3-17　供应商已分配情况界面

（二）分配物料、客户、供应商至"深圳智航科技公司（序号.01）"

1. 分配物料。

切换组织到智航科技-序号，依次点击【企业建模】—【主数据】—【物料】—【物料】，进入物料查询界面，如图 3-18 所示。

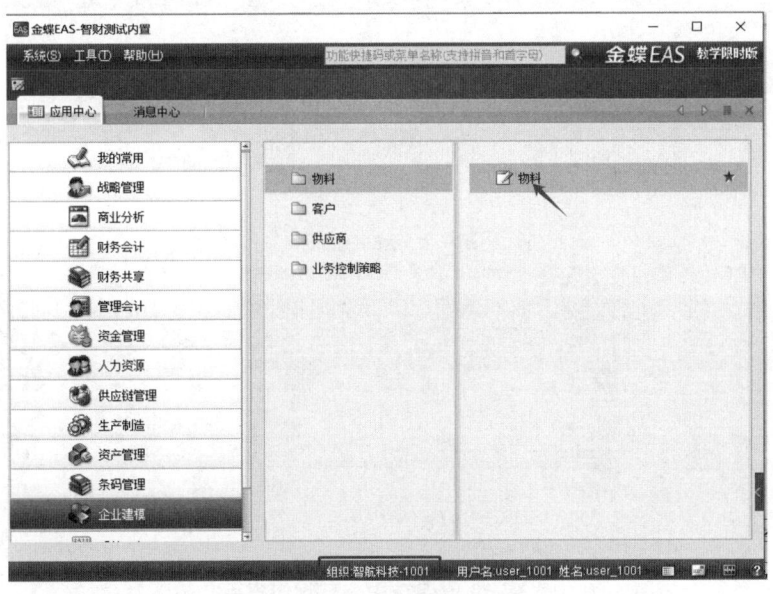

图 3-18　物料查询界面

进入物料查询界面后,点击工具栏的【分配到业务组织】,进入分配物料界面,如图3-19所示。

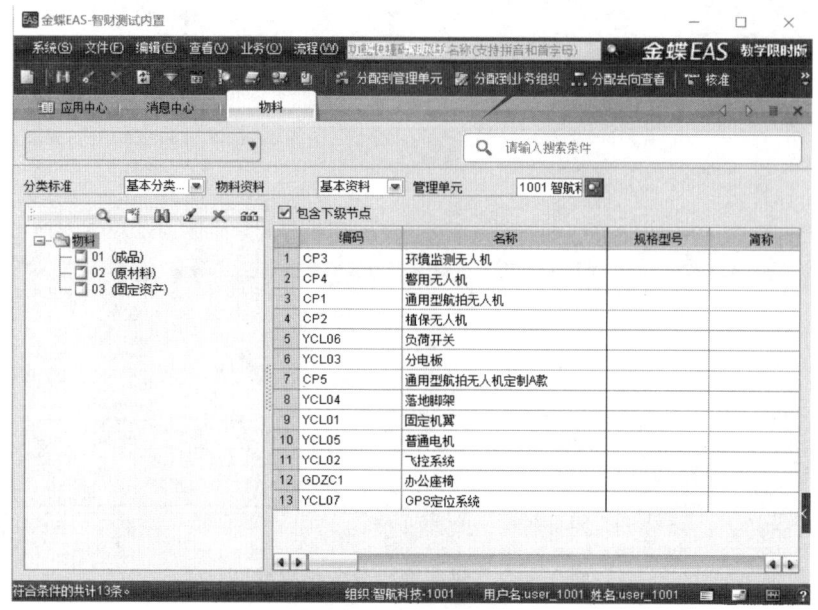

图3-19 分配物料界面

勾选组织单元"深圳智航科技公司(序号.01)",选择未分配物料后点击全选,最后点击保存,系统提示保存成功,保存未分配物料界面如图3-20所示。

图3-20 保存未分配物料界面

点击已分配，确保 13 个物料均在已分配里面，如图 3-21 所示。

图 3-21 已分配物料界面

2. 分配客户。

切换组织到智航科技-序号，依次点击【企业建模】—【主数据】—【客户】—【客户】，进入客户查询界面。点击工具栏的【分配到业务组织】，进入分配客户界面，如图 3-22 所示。

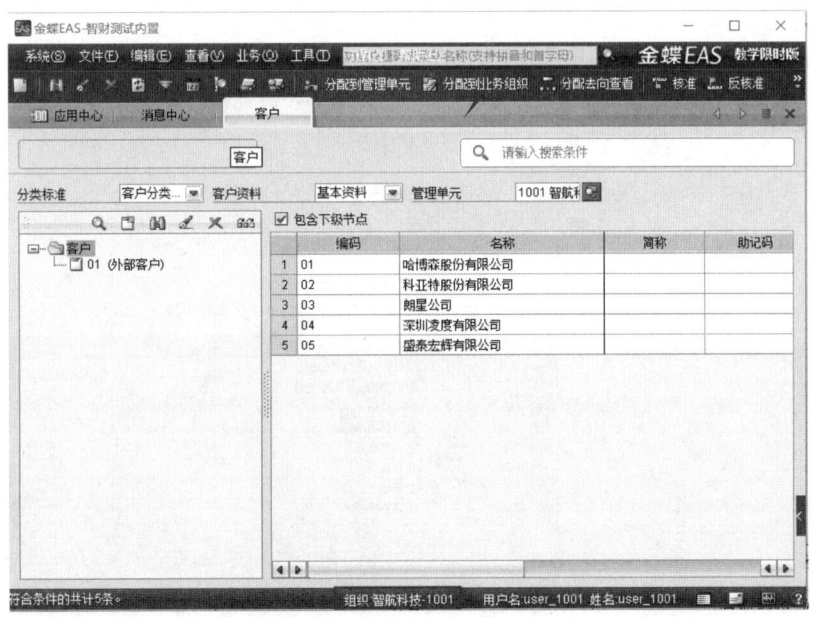

图 3-22 分配客户界面

勾选组织单元"深圳智航科技公司（序号.01）"，选择未分配客户后点击全选，最后点击保存，系统提示保存成功，确保5个客户均在已分配里面，如图3-23所示。

图3-23 保存客户分配界面

3. 分配供应商。

切换组织到智航科技-序号，依次点击【企业建模】—【主数据】—【供应商】—【供应商】，进入供应商查询界面，点击工具栏的【分配到业务组织】，进入分配供应商界面，如图3-24所示。

图3-24 分配供应商界面

勾选组织单元"深圳智航科技公司（序号.01）"，选择未分配供应商后点击全选，最后点击保存，系统提示保存成功，确保13个供应商均在已分配里面，如图3-25所示。

图3-25 保存供应商分配界面

第三节 案例任务三：新建银行账户信息

一、实验资料

（一）登录账号

登录账号：user_序号。

（二）实验步骤

切换到深圳智航科技公司新建银行账户。

（三）实验数据

银行账户信息如表3-5所示。

表 3-5　　　　　　　　　　银行账户信息

编码	银行账号	名称	开户单位	金融机构	币别	科目	用途	账户收支属性
序号.001	438746288800008 ***	工商银行南山支行	深圳智航科技公司	工商银行	人民币	银行存款	活期	收入户
序号.002	438746288800007 ***	工商银行宝安支行			人民币	银行存款	活期	支出户
序号.003	438746288800006 ***	工商银行罗湖支行			人民币	银行存款	活期	收支户

注：*** 为序号后三位。

二、操作指导

切换组织到深圳智航科技公司，依次点击【资金管理】—【账户管理】—【业务处理】—【银行账户维护】进入银行账户界面，点击新增按钮，如图 3-26、图 3-27 和图 3-28 所示。

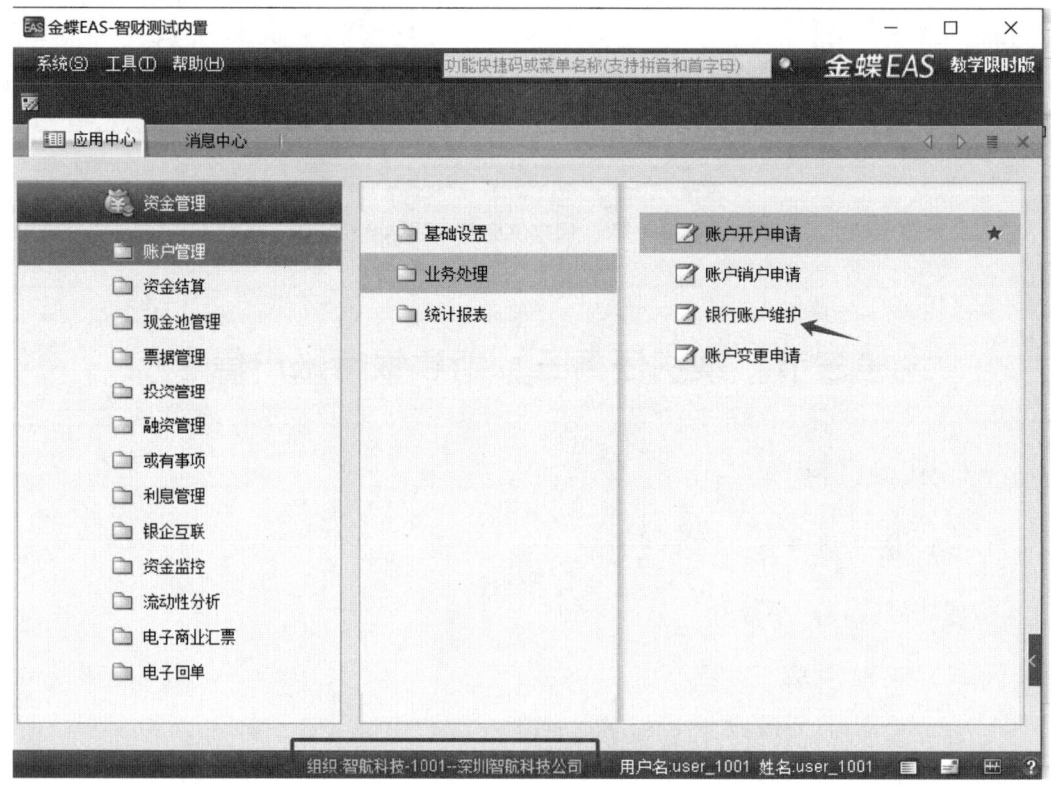

图 3-26　银行账户维护界面

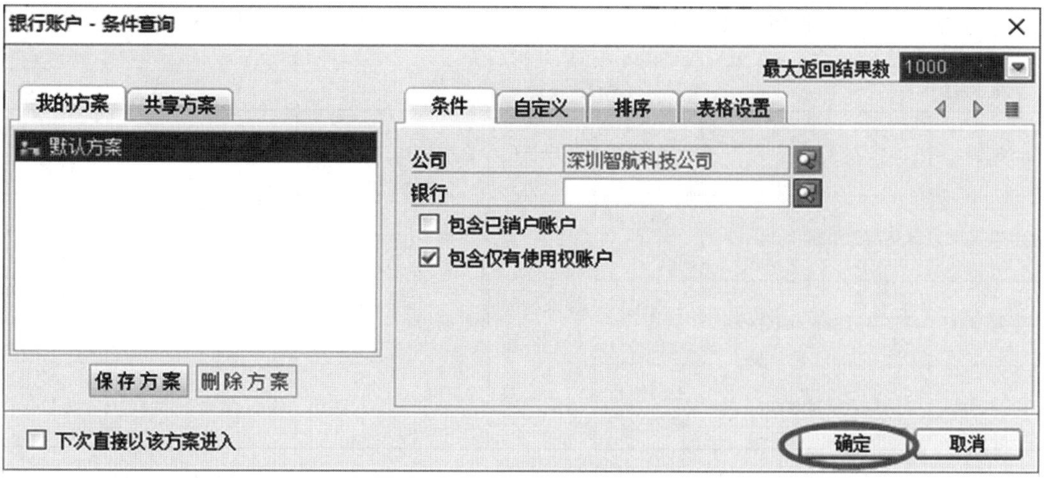

图 3–27 银行账户界面

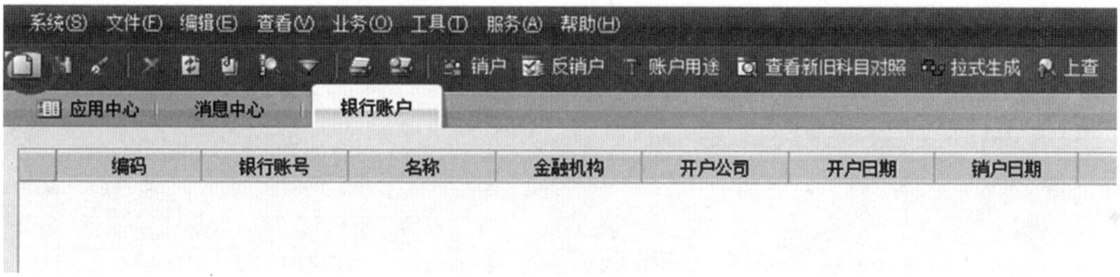

图 3–28 点击新增按钮

进入"银行账户—新增"界面后，按照银行账户信息表，输入编码为序号.001，银行账号为 438746288800008 ***（*** 是序号后三位），名称为工商银行南山支行，确认开户单位为深圳智航科技公司，金融机构选择工商银行，币别为人民币，科目选择银行存款，用途为活期，账户收支属性为收入户，确认所有信息无误后，保存银行账户信息，如图 3–29 所示。

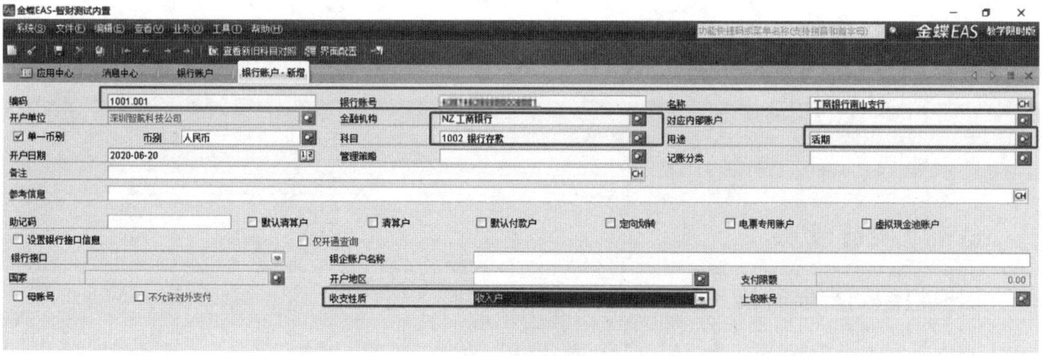

图 3–29 保存新增银行账户信息

另外两个银行账户按照相同的方式进行新增，具体信息如表 3－6 所示。

表 3－6　　　　　　　　　新增银行账户信息

编码	银行账号	名称	开户单位	金融机构	币别	科目	用途	账户收支属性
序号.001	438746288800008***	工商银行南山支行	深圳智航科技公司	工商银行	人民币	银行存款	活期	收入户
序号.002	438746288800007***	工商银行宝安支行			人民币	银行存款	活期	支出户
序号.003	438746288800006***	工商银行罗湖支行			人民币	银行存款	活期	收支户

3 个银行账户新增完成后，返回银行账户查询界面，可以看到 3 个银行账户，完成新增银行账户界面如图 3－30 所示。

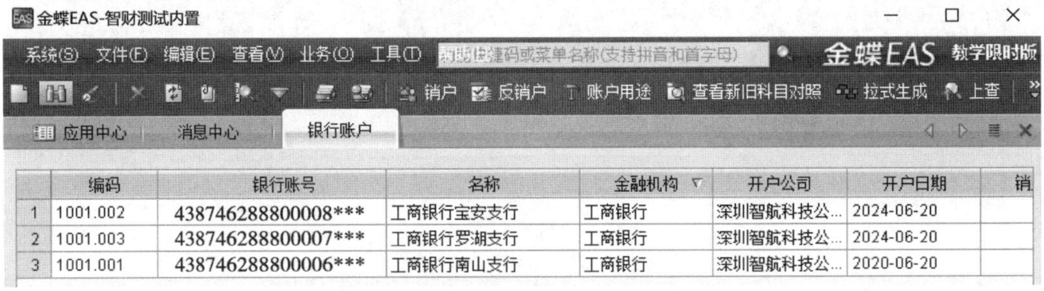

图 3－30　完成新增银行账户界面

第四节　案例任务四：新增凭证类型

一、实验资料

（一）登录账号

登录账号：user_序号。

（二）实验步骤

切换组织到智航科技－序号，新增凭证类型。

（三）实验数据

凭证类型信息如表 3－7 所示。

表 3 – 7　　　　　　　　　凭证类型信息

编码	名称	默认	创建管理单元
序号	记_序号	是	智航科技 – 序号

二、操作指导

切换组织为智航科技 – 序号，依次点击【财务会计】—【总账】—【基础设置】—【凭证类型】进入凭证类型查询界面，如图 3 – 31 所示。

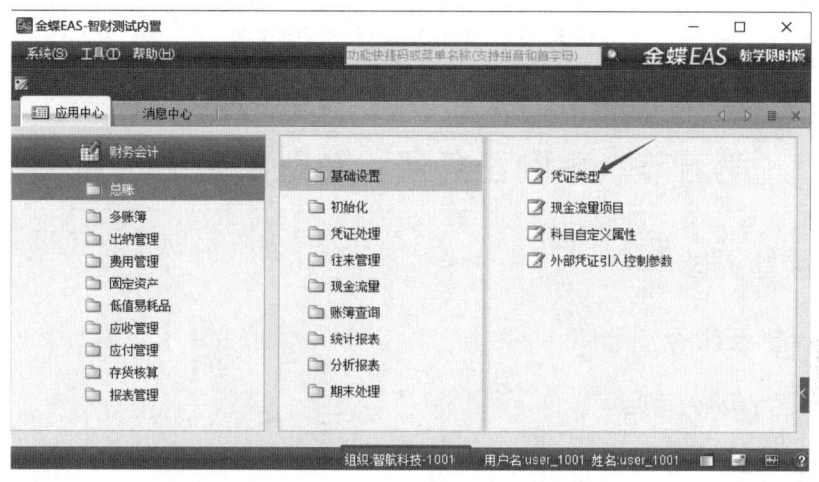

图 3 – 31　凭证类型查询界面

进入凭证类型查询界面后，点击新增，输入编码为序号，名称为记_序号，勾选默认选项框，然后点击保存，如图 3 – 32 所示。

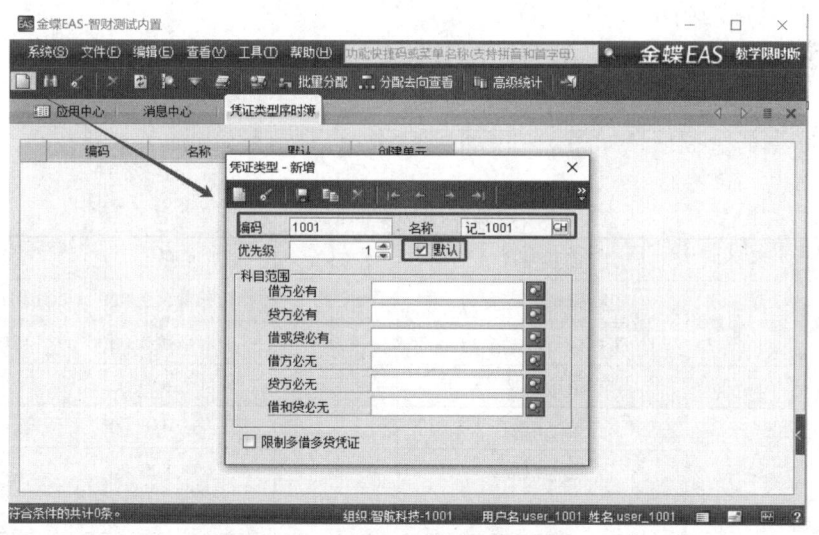

图 3 – 32　点击新增按钮

返回凭证类型查询界面，可以看到新增完成的凭证类型，创建单元为智航科技 - 序号，如图 3 - 33 所示。

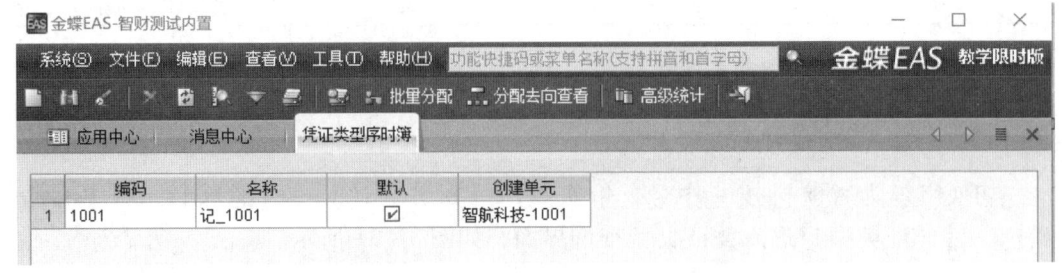

图 3 - 33　新增完成凭证类型界面

第五节　案例任务五：总账初始化设置

一、实验资料

（一）登录账号

登录账号：user_序号。

（二）实验步骤

切换到深圳智航科技公司进行总账初始化。

1. 启用期间设置
2. 辅助账余额初始化录入
3. 科目余额初始化录入

（三）实验数据

辅助账期初余额信息如图 3 - 8 所示。

表 3 - 8　　　　　　　　　　　辅助账期初余额信息

币别	科目	核算项目	方向	原币	本位币
人民币	银行存款	工商银行宝安支行	借	6,515,522.82	6,515,522.82
		工商银行罗湖支行		200,000.00	200,000.00
	原材料	落地脚架	借	8,820.00	8,820.00
		普通电机		65,436.00	65,436.00
		固定机翼		694,800.00	694,800.00
		飞控系统		382,452.00	382,452.00
		分电板		123,024.00	123,024.00

续表

币别	科目	核算项目	方向	原币	本位币
人民币	应收账款	朗星公司	借	15,899,950.00	15,899,950.00
		深圳凌度有限公司		917,800.00	917,800.00
	库存商品	通用型航拍无人机	借	560,000.00	560,000.00
		通用型航拍无人机定制A款		1,116,000.00	1,116,000.00
		警用无人机		622,872.00	622,872.00
		环境监测无人机		322,364.00	322,364.00
		植保无人机		4,159,968.00	4,159,968.00
	应付账款	德瑞制造公司	贷	1,619,100.00	1,619,100.00
		深圳赛格电子有限公司		376,480.00	376,480.00
		万合家具城		160,000.00	160,000.00

科目余额信息如表3-9所示。

表3-9　　　　　　　　　科目余额信息

科目			期初余额（人民币）
代码	名称	方向	本位币
1001	库存现金	借	20,000.00
1002	银行存款	借	6,715,522.82
1122	应收账款	借	16,817,750.00
1403	原材料	借	1,274,532.00
1405	库存商品	借	6,781,204.00
1601	固定资产	借	15,307,554.78
1801	长期待摊费用	借	240,000.00
2202	应付账款	贷	2,155,580.00
2211.01	工资	贷	1,618,000.00
2221.02	未交增值税	贷	483,849.00
2221.04	应交所得税	贷	825,180.00
2221.07	应交城市维护建设税	贷	33,869.43
2221.11	应交教育费附加	贷	14,515.47
2221.12	应交地方教育税附加	贷	677.39
2221.13	应交个人所得税	贷	24,892.31
4001	实收资本	贷	30,000,000.00
4002.01	资本（或股本）溢价	贷	7,500,000.00
4101.01	法定盈余公积	贷	3,300,000.00
4101.02	任意盈余公积	贷	1,200,000.00

二、操作指导

（一）启用期间设置

切换组织到深圳智航科技公司后，依次点击【系统平台】—【系统工具】—【系统配置】—【系统状态控制】进入系统状态控制界面，如图 3-34 所示。

图 3-34　系统状态控制界面

选择组织名称为"深圳智航科技公司"，设置总账系统的启用期间为"2021 年 1 期"，设置完成后点击保存，如图 3-35 所示。

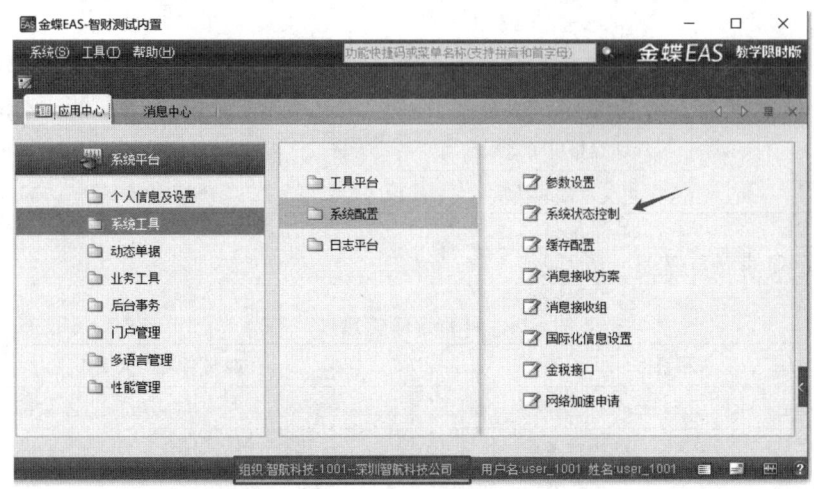

图 3-35　保存组织名称界面

(二) 辅助账余额初始化录入

登录 EAS 客户端后，依次点击【财务会计】—【总账】—【初始化】—【辅助账科目初始余额录入】打开辅助账初始化界面。

在辅助账初始数据界面，选择币别和科目后，按照辅助账期初余额信息表输入辅助账期初余额，以银行存款为例，选择科目为银行存款，因为银行存款设置了银行账户为辅助账，需要选择银行账户为工商银行宝安支行，输入原币金额后，完成第一个辅助账初始化，可点击工具栏的表格下的【新增行】，输入另外一个银行账户的期初余额，如图 3-36 和图 3-37 所示。

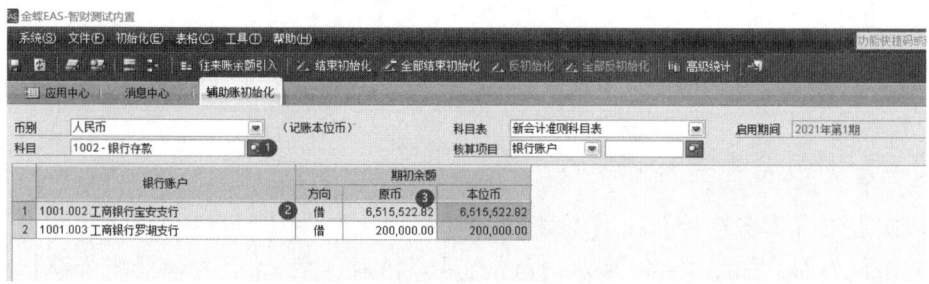

图 3-36　新增银行账户的期初余额界面

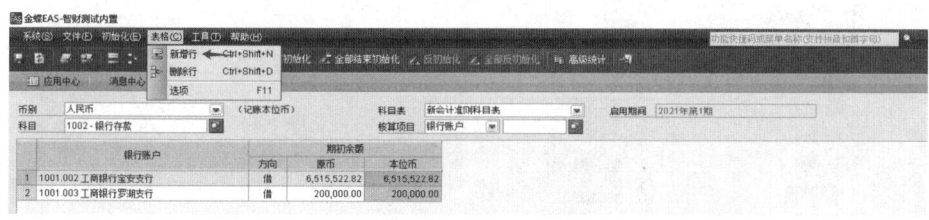

图 3-37　新增银行界面

确认当前科目的辅助账余额录入无误后，点击保存，按照同样的方法继续录入下一个科目的辅助账数据，如图 3-38 所示，具体信息如实验数据表。

图 3-38　新增银行账户的期初余额界面—点击保存按钮

完成全部辅助账初始化余额录入后，点击全部结束初始化按钮，完成辅助账初始化，如图 3-39 所示。

图 3-39　新增银行账户的期初余额界面—点击全部结束初始化按钮

（三）科目余额初始化录入

依次点击【财务会计】—【总账】—【初始化】—【科目初始余额录入】打开科目初始化界面，如图 3-40 所示。点击工具栏的业务下【引入辅助账余额】，将辅助账余额引入科目余额初始化界面，如图 3-41 所示。

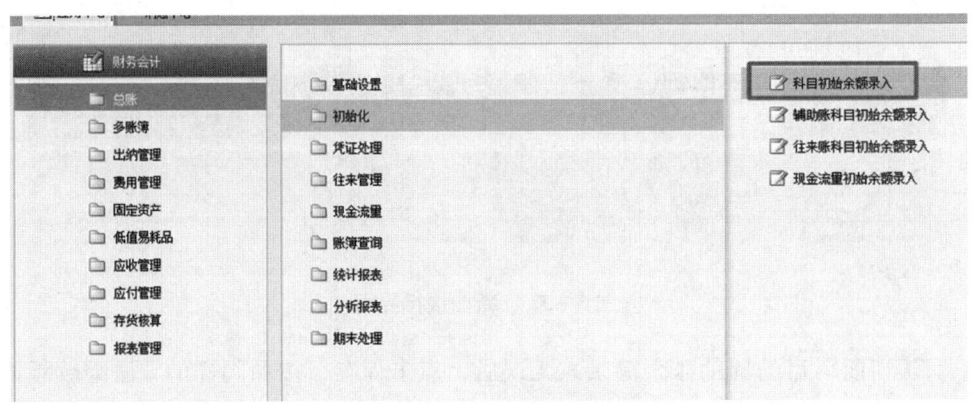

图 3-40　进入科目余额录入界面

图 3-41　进入科目余额初始化界面

按照科目余额信息，录入其他非辅助账科目的初始余额，具体信息如实验数据表。

所有科目初始余额录入完毕后，切换币别为综合本位币，点击工具栏的试算平衡，提示试算结果平衡即可关闭界面，如图3-42所示。点击结束初始化，完成总账初始化工作，如图3-43所示。科目余额初始化界面如图3-44所示。

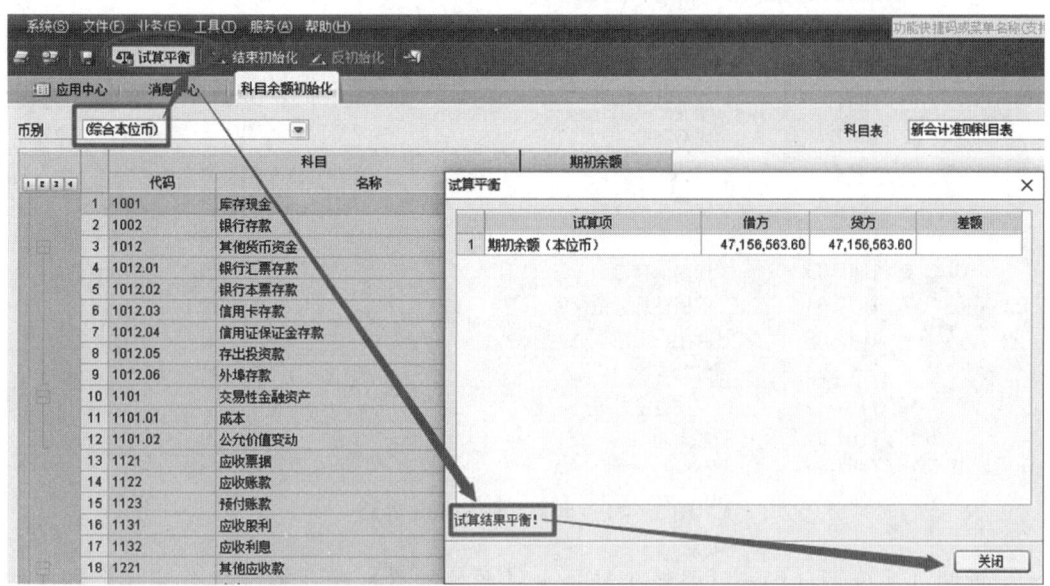

图3-42 进入试算平衡界面

图3-43 结束初始化界面

图 3-44 科目余额初始化界面

返回【系统平台】—【系统工具】—【系统配置】—【系统状态控制】进入系统状态控制界面，可以看到总账系统处于启用状态，如图 3-45 所示。

图 3-45 系统状态控制界面

第六节 案例任务六：出纳初始化设置

一、实验资料

（一）登录账号

登录账号：user_序号。

（二）实验步骤

1. 启用期间设置。
2. 出纳初始化录入。
3. 与总账联用。

（三）实验数据

出纳初始数据信息如表3－10所示。

表3－10 出纳初始数据信息

现金初始余额		
现金科目	初始余额（元）	币别
库存现金	20,000	人民币
银行存款与对账单初始余额		
银行账户	初始余额（元）	币别
工商银行宝安支行	6,515,522.82	人民币
工商银行罗湖支行	200,000.00	人民币

二、操作指导

（一）启用期间设置

登录 EAS 客户端后，依次点击【系统平台】—【系统工具】—【系统配置】—【系统状态控制】进入系统状态控制界面，如图3－46所示，选择组织名称为"深圳智航科技公司"，设置出纳系统的启用期间为"2021年1期"，设置完成后点击保存。

（二）出纳初始化录入

登录 EAS 客户端后，依次点击【财务会计】—【出纳管理】—【基础设置】—【出纳初始化】进入出纳初始化界面，如图3－47所示。

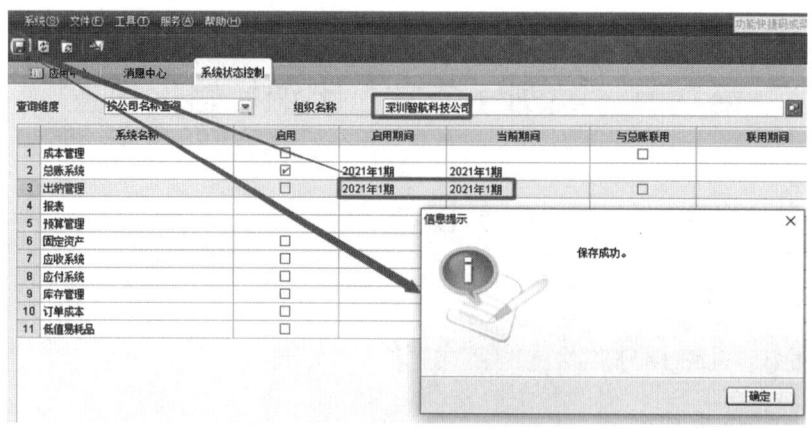

图 3-46　系统状态控制界面

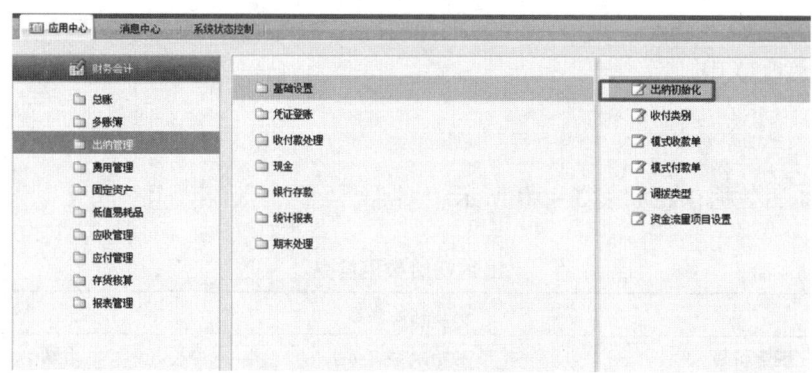

图 3-47　出纳初始化界面

在出纳初始化界面，选择类型为现金，币别为人民币，点击工具栏的【导入】，选择导入期间为 2021 年 1 期，将总账现金的初始余额导入出纳系统，然后保存，如图 3-48 所示。

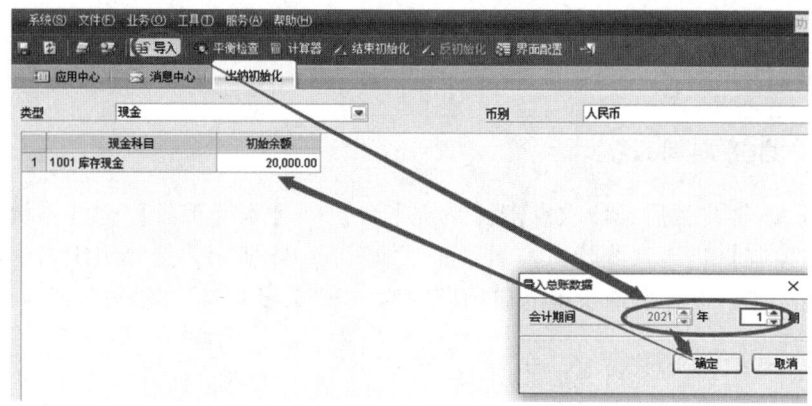

图 3-48　出纳初始化界面—导入总账数据

在出纳初始化界面，选择类型为银行存款，币别为人民币，点击工具栏的【导入】，选择导入期间为 2021 年 1 期，将总账银行存款的初始余额导入出纳系统，然后保存，如图 3–49 所示。

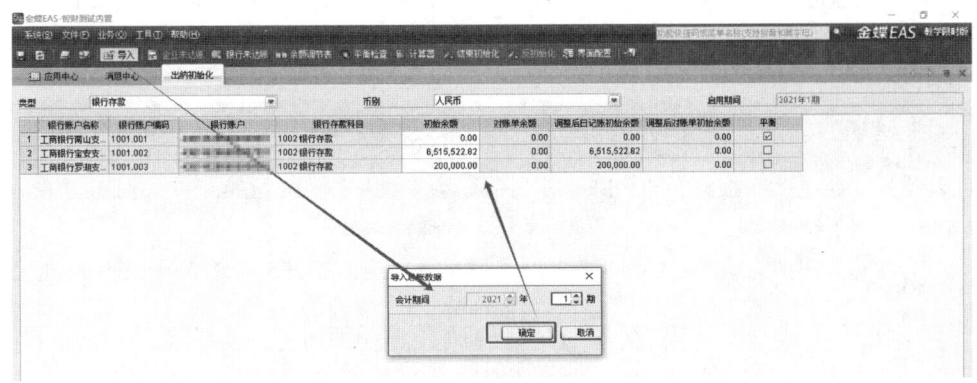

图 3–49　出纳初始化界面—导入总账数据

在出纳初始化界面，选择类型为对账单，币别为人民币，按照出纳初始数据信息输入宝安支行的对账单初始余额为 6,515,522.82 元，罗湖支行的初始余额为 200,000 元，然后保存，如图 3–50 所示。

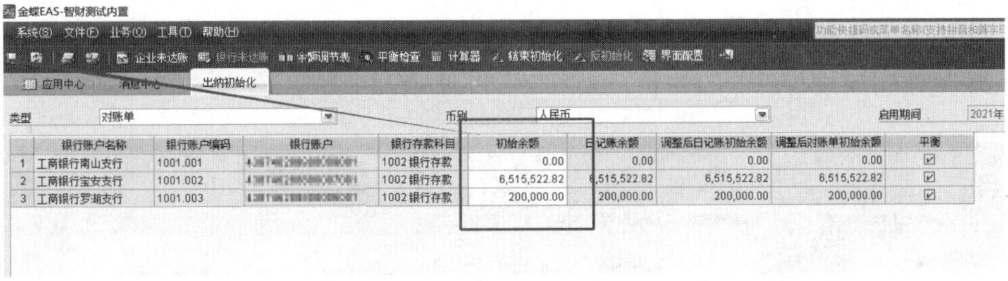

图 3–50　出纳初始化界面—保存

所有出纳初始数据录入完毕后，点击工具栏的结束初始化，完成出纳系统的初始化工作，如图 3–51 所示。

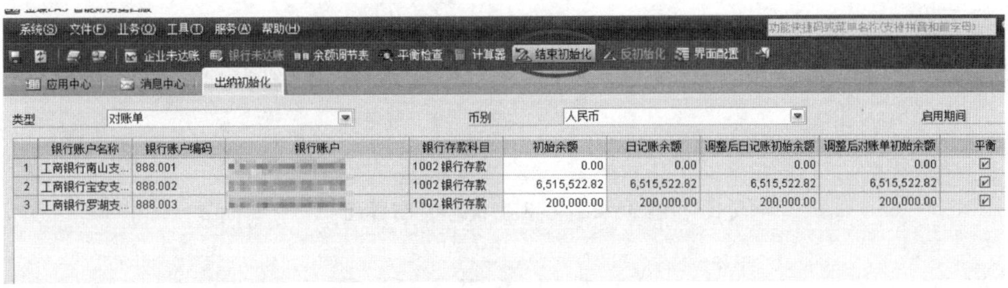

图 3–51　出纳初始化界面—结束初始化

（三）与总账联用

登录 EAS 客户端后，依次点击【系统平台】—【系统工具】—【系统配置】—【系统状态控制】进入系统状态控制界面，可以看到出纳系统属于启用状态，如图 3-52 所示。

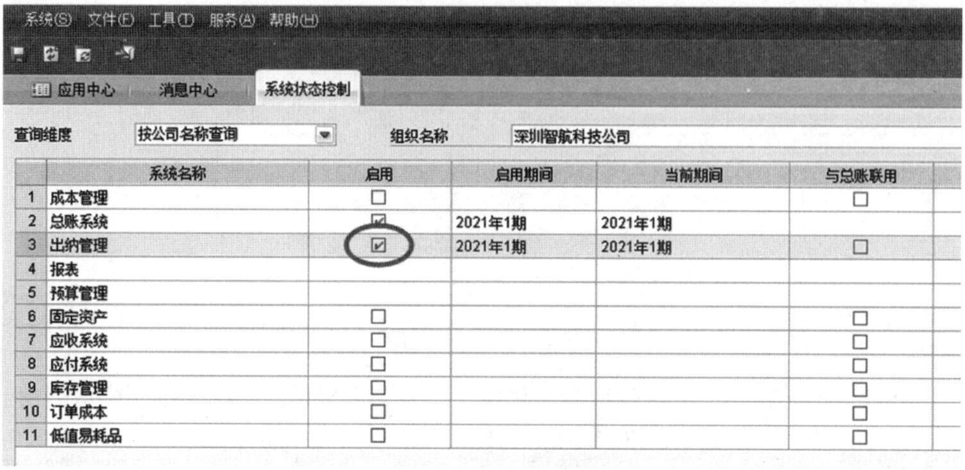

图 3-52 系统状态控制界面

选择组织名称为"深圳智航科技公司"，选择出纳管理后点击工具栏上的"与总账管理"按钮完成与总账的关联，如图 3-53 所示。

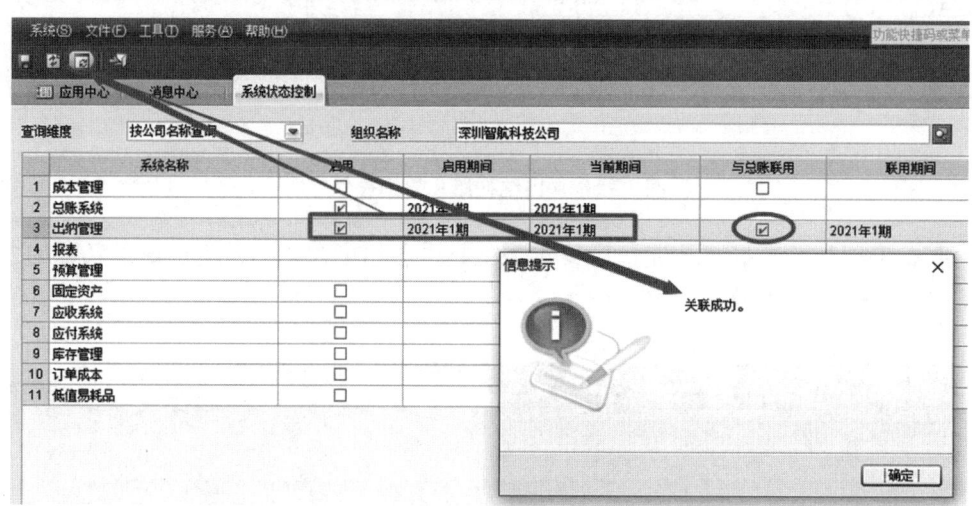

图 3-53 系统状态控制界面

第七节 案例任务七：应收初始化设置

一、实验资料

（一）登录账号

登录账号：user_序号。

（二）实验步骤

1. 启用期间设置。
2. 对账科目设置。
3. 期初应收单新增。
4. 初始化应收系统。
5. 与总账联用。

（三）实验数据

1. 对账科目：1122 应收账款 1221.02 其他应收款 – 其他客户往来 1221.03 其他应收款 – 其他供应商往来

2. 期初应收单信息如表 3 – 11 所示。

表 3 – 11　　　　　　　　　期初应收单信息

单据日期	往来户	币别	物料	数量	税率	含税单价	应收金额合计	应收科目	应收日期
2020 – 12 – 31	朗星公司	人民币	环境监测无人机	50	13%	29,999	1,499,950.00	应收账款	2021/3/10
			植保无人机	300	13%	48,000	14,400,000.00	应收账款	
2020 – 12 – 31	深圳凌度有限公司	人民币	通用型航拍无人机定制 A 款	10	13%	13,800	138,000.00	应收账款	2021/5/20
			警用无人机	20	13%	38,990	779,800.00	应收账款	

实验数据补充说明：表 3 – 11 中 2 张期初应收单的单据类型均为销售发票。

二、操作指导

（一）启用期间设置

登录 EAS 客户端后，依次点击【系统平台】—【系统工具】—【系统配置】—

【系统状态控制】进入系统状态控制界面，如图3-54和图3-55所示。选择组织名称为"深圳智航科技公司"，设置应收系统的启用期间为"2021年1期"，设置完成后点击保存。

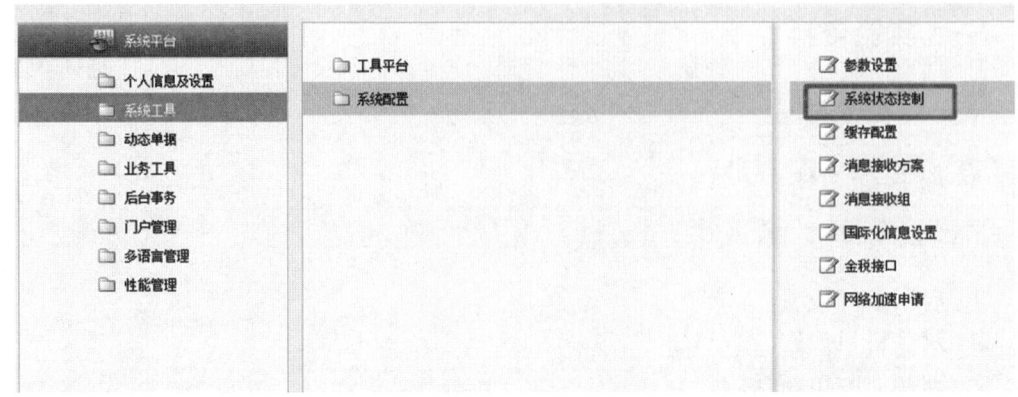

图3-54　系统平台界面

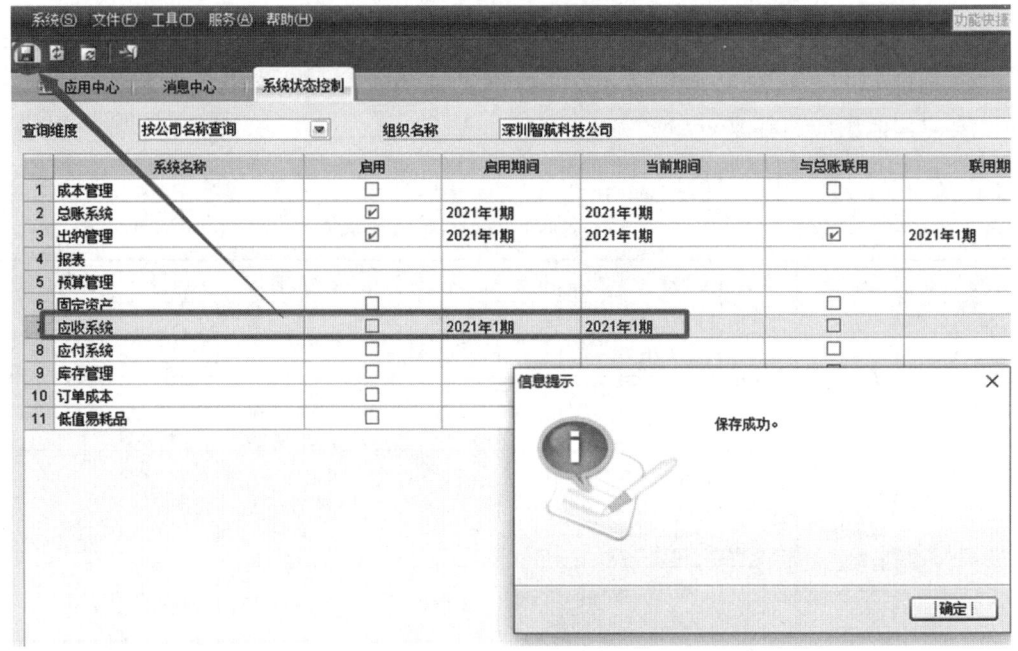

图3-55　系统状态控制界面

（二）对账科目设置

登录EAS客户端后，依次点击【财务会计】—【应收管理】—【初始化】—【对账科目设置】打开对账科目界面，如图3-56所示。

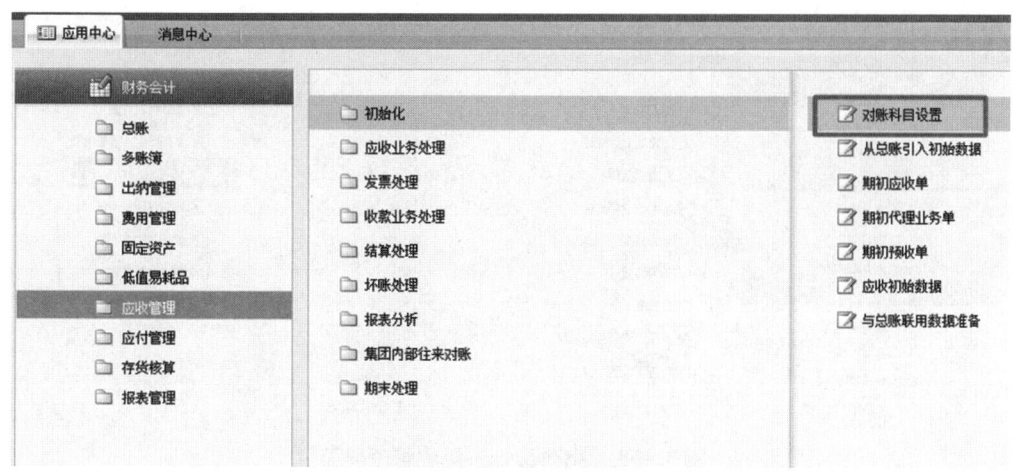

图 3-56 财务会计—应收管理界面

进入对账科目设置界面后,点击新增行,增加对账科目,选择会计科目为应收账款(1122)、其他应收款——其他客户往来(1221.02)、其他应收款——其他供应商往来(1221.03),设置完成后点击保存,完成对账科目设置,如图 3-57 所示。

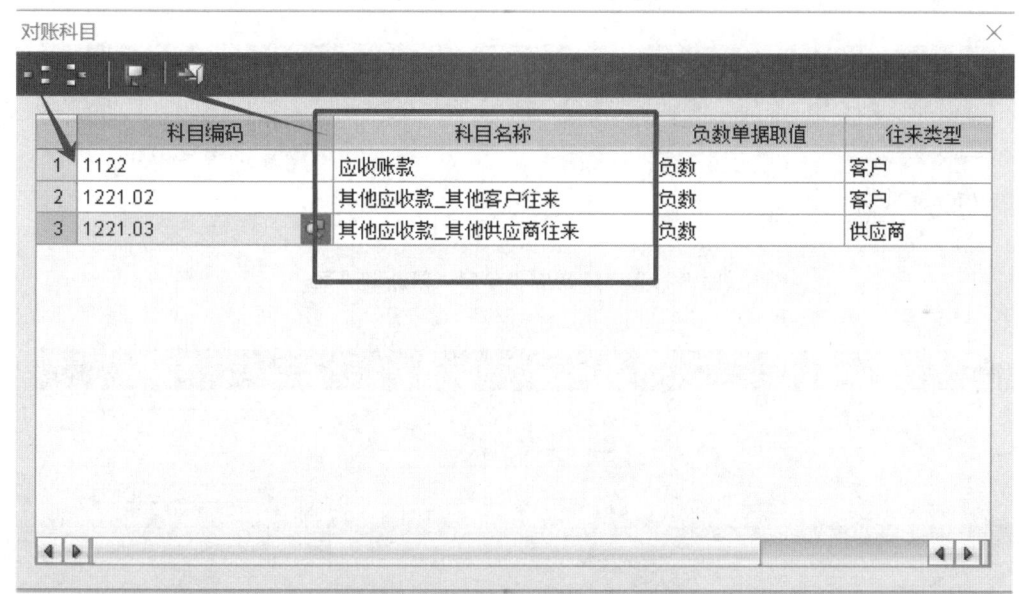

图 3-57 对账科目设置界面

(三)期初应收单新增

登录 EAS 客户端后,依次点击【财务会计】—【应收管理】—【初始化】—【期初应收单】打开期初应收单序时簿,如图 3-58 所示。

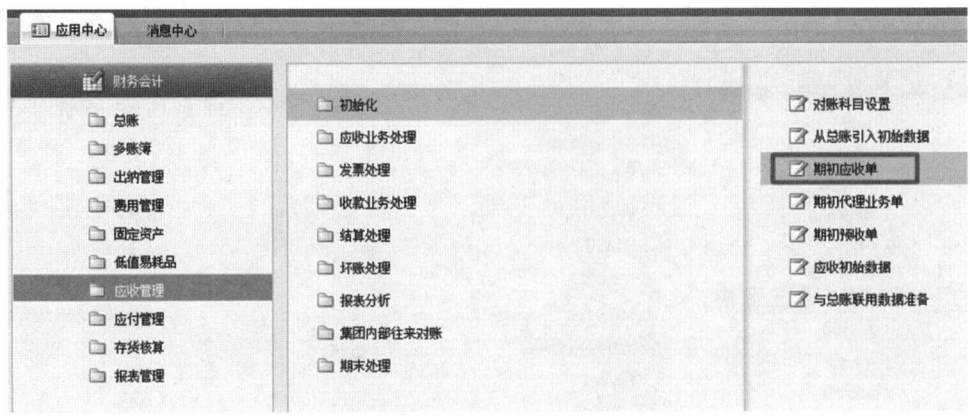

图 3-58　财务会计—应收管理界面

在期初应收单序时簿界面中,点击新增按钮,如图 3-59 所示。打开期初应收单界面,如图 3-60 所示,选择单据类型为销售发票,往来户选择深圳凌度有限公司,单据日期和业务日期均为 2020-12-31,在【明细】界面,选择物料为警用无人机和通用型航拍无人机定制 A 款,警用无人机数量为 20 台,税率为 13%,含税单价为 38,990元,通用型航拍无人机定制 A 款数量为 10 台,税率为 13%,含税单价为 13,800 元。

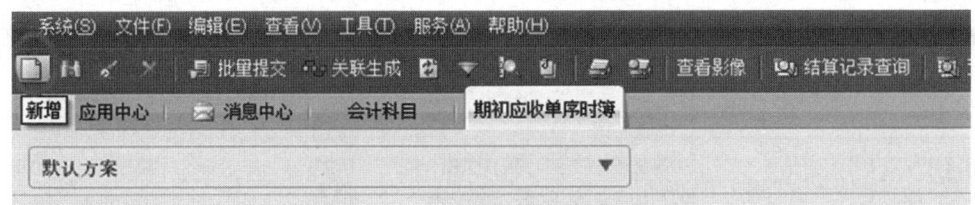

图 3-59　期初应收单序时簿新增界面

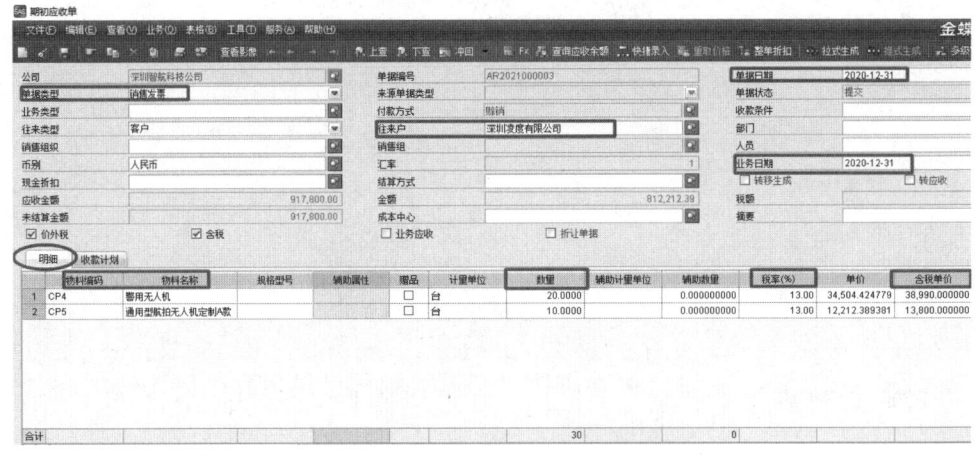

图 3-60　期初应收单新增界面

将下方的滚动条往右拉动，选择应收科目为应收账款，如图 3 – 61 所示。

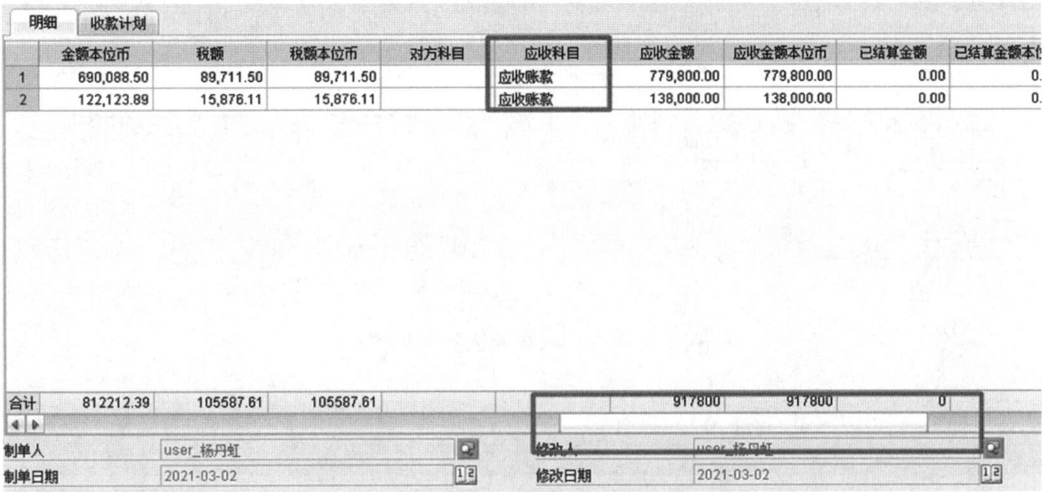

图 3 – 61　期初应收单新增—明细界面

切换【收款计划】界面，填写应收日期为 2021 – 05 – 20，确认应收金额为 917,800 元，确认所有信息无误后，依次点击保存、提交按钮，完成单据的提交，如图 3 – 62 所示。

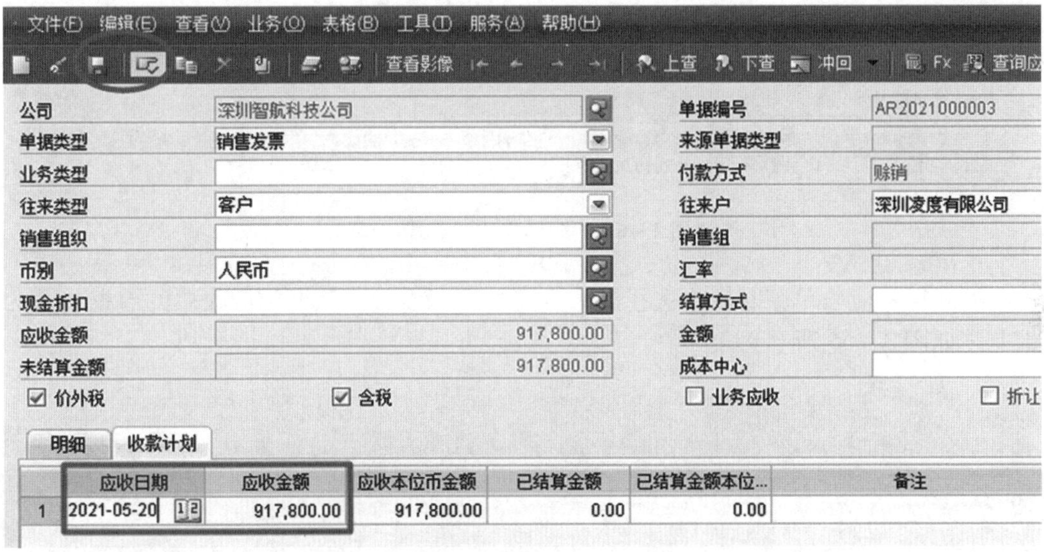

图 3 – 62　期初应收单新增—收款计划界面

另一个期初应收单也是按照相同的方式录入后进行提交即可，具体信息如实验数据。

朗星公司的期初应收单录入完成后如图 3 – 63 所示，期初应收单新增界面如图 3 – 64 所示。

图 3-63　应收单录入完成后界面

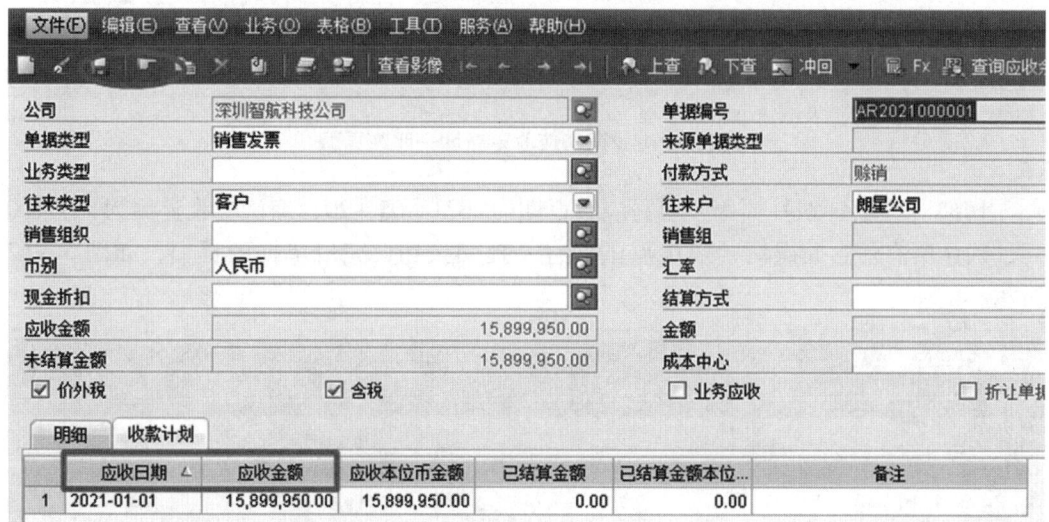

图 3-64　期初应收单新增界面

返回期初应收单序时簿,选择默认方案,可以看到两张期初应收单的单据状态为提交,如图 3-65 所示。

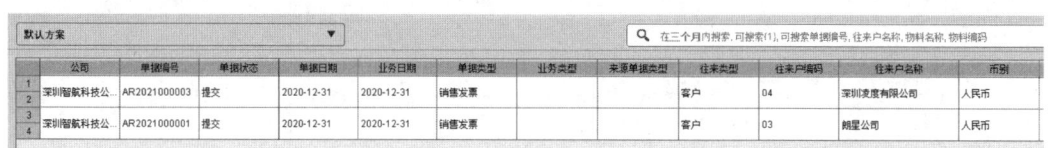

图 3-65　期初应收单序时簿界面

(四) 初始化应收系统

完成全部期初应收单录入后,依次点击【财务会计】—【应收管理】—【初始化】—【应收初始数据】打开应收初始数据录入界面,如图 3-66 所示。

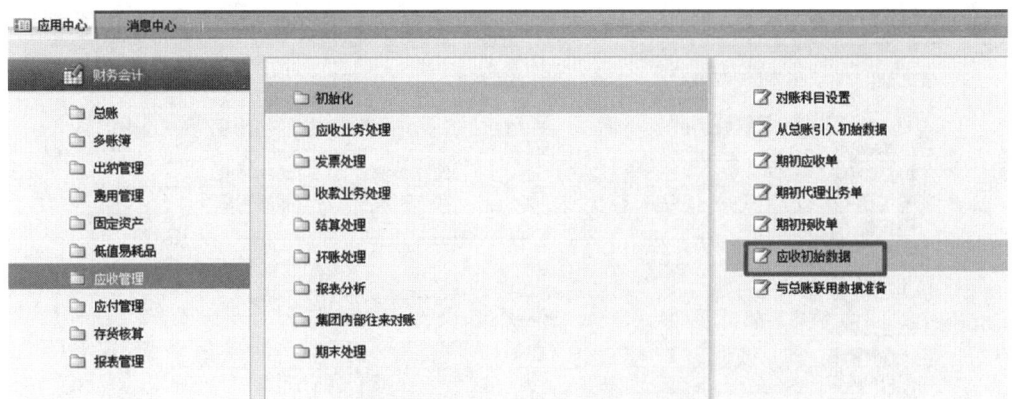

图 3 – 66   财务会计—应收管理界面

进入应收初始数据界面后,检查期初余额确保和总账期初应收账款数据一致,完成检查后点击结束初始化按钮完成应收系统初始化,如图 3 – 67 所示。

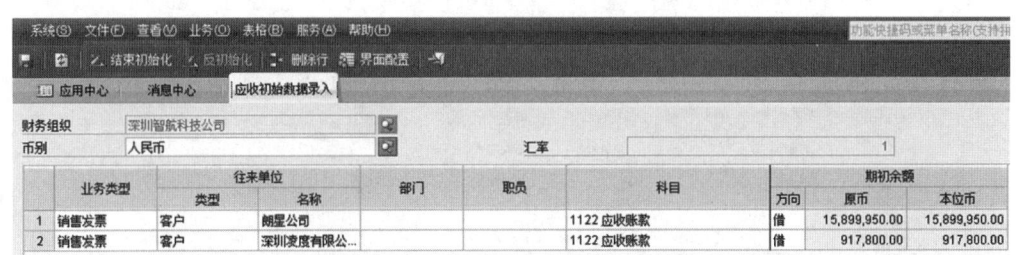

图 3 – 67   应收初始数据录入界面

(五) 与总账联用

登录 EAS 客户端后,依次点击【系统平台】—【系统工具】—【系统配置】—【系统状态控制】进入系统状态控制界面,可以看到出纳系统属于启用状态,如图 3 – 68 和图 3 – 69 所示。

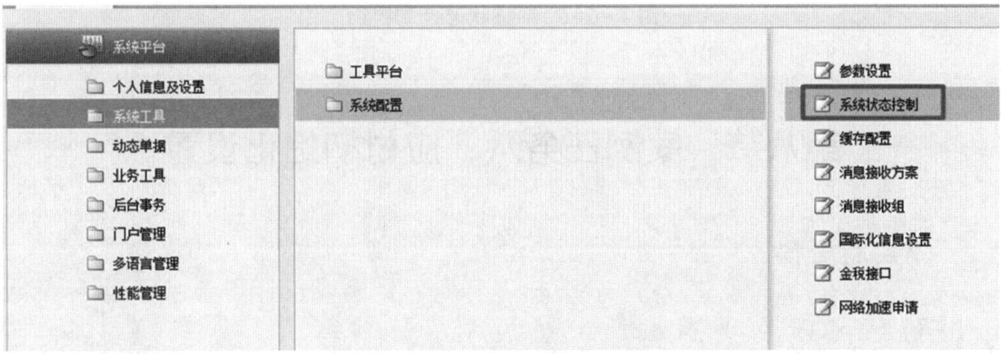

图 3 – 68   进入系统状态控制界面

图 3 – 69　系统状态控制界面

选择组织名称为"深圳智航科技公司",选择应收系统后点击工具栏上的"与总账管理"按钮完成与总账的关联,如图 3 – 70 所示。

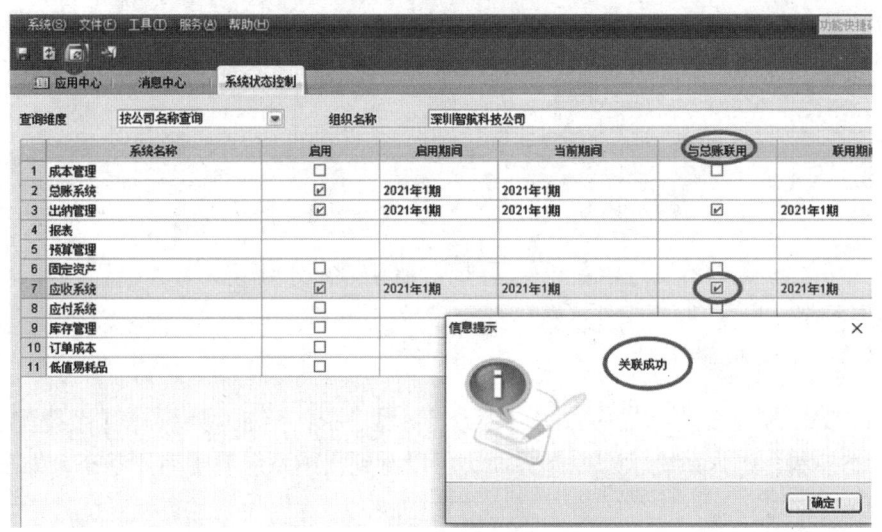

图 3 – 70　系统状态控制界面

第八节　案例任务八:应付初始化设置

一、实验资料

(一)登录账号

登录账号:user_序号。

（二）实验步骤

1. 启用期间设置。
2. 对账科目设置。
3. 期初应付单新增。
4. 初始化应付系统。
5. 与总账联用。

（三）实验数据

1. 对账科目：应付账款（2202），其他应付款——往来（2241.02）。
2. 期初应收单信息如表 3-12 所示。

表 3-12　　　　　　　　　　期初应付单信息

单据日期	往来户	币别	物料/费用项目名称	数量	税率	含税单价	应付金额	应付科目	应付日期
2020-12-31	德瑞制造公司	人民币	分电板	200	13%	3,046	609,200.00	应付账款	2021/3/11
			飞控系统	100	13%	10,099	1,009,900.00	应付账款	
2020-12-31	深圳赛格电子有限公司	人民币	普通电机	100	13%	1,289	128,900.00	应付账款	2021/3/26
			固定机翼	200	13%	842.9	168,580.00	应付账款	
			负荷开关	1,000	13%	79	79,000.00	应付账款	
2020-12-31	万合家具城	人民币	办公座椅	200	13%	800	160,000	应付账款	2021/3/10

实验数据补充说明：表 3-12 中 3 张期初应付单的单据类型均为采购发票。

二、操作指导

（一）启用期间设置

登录 EAS 客户端后，依次点击【系统平台】—【系统工具】—【系统配置】—【系统状态控制】进入系统状态控制界面，选择组织名称为"深圳智航科技公司"，设置应付系统的启用期间为"2021 年 1 期"，设置完成后点击保存，如图 3-71 所示。

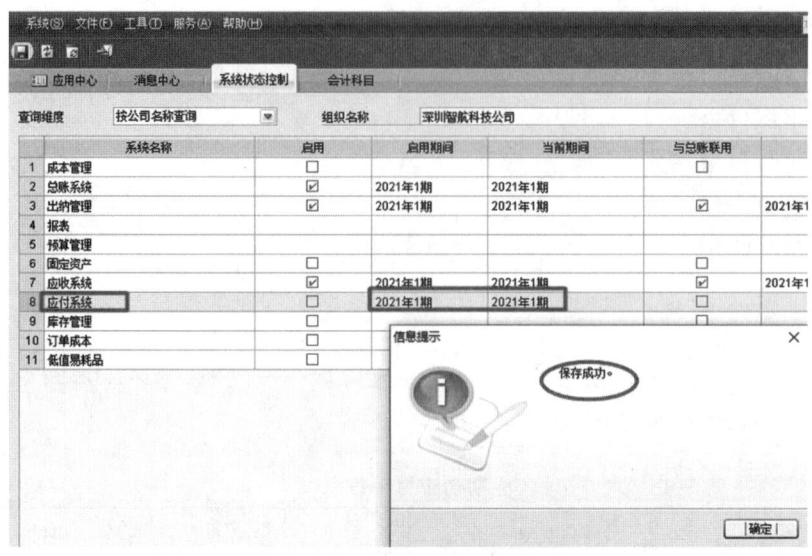

图 3-71　系统状态控制界面

（二）对账科目设置

登录 EAS 客户端后，依次点击【财务会计】—【应付管理】—【初始化】—【对账科目设置】打开对账科目界面，点击新增，选择对账科目为应付账款（2202）、其他应付款——往来（2241.02），设置完成后点击保存，完成对账科目设置，如图 3-72 所示。

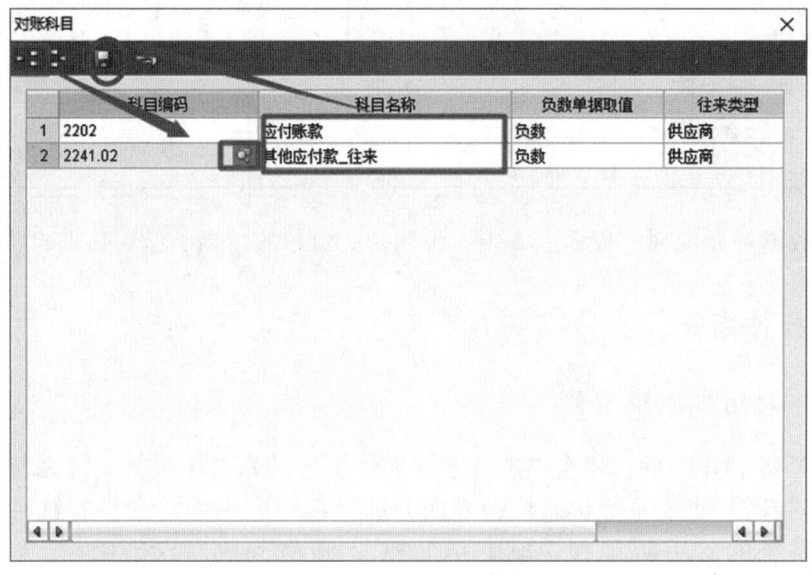

图 3-72　对账科目界面

（三）期初应付单新增

登录 EAS 客户端后，依次点击【财务会计】—【应付管理】—【初始化】—【期初应付单】打开对期初应付单序时簿，点击新增按钮，打开期初应付单界面，如图 3-73 和图 3-74 所示。

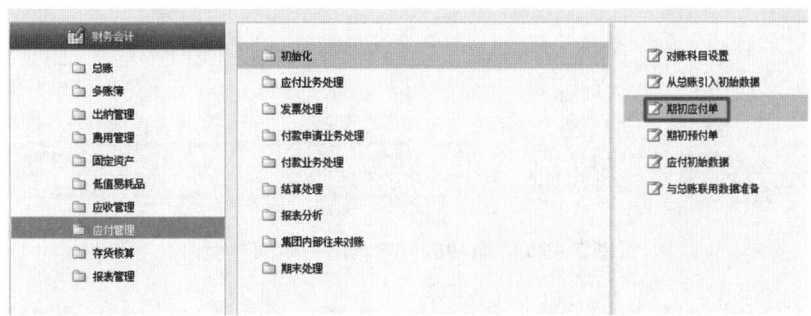

图 3-73 进入期初应付单界面

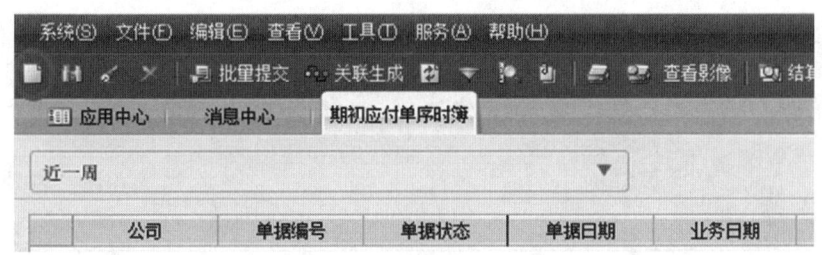

图 3-74 期初应付单序时簿界面

选择单据类型为采购发票，往来户选择德瑞制造公司，单据日期和业务日期均为 2020-12-31，在【明细】界面，选择物料为分电板和飞控系统，分电板数量为 200 件，税率为 13%，含税单价为 3,046 元，通飞控系统数量为 100 件，税率为 13%，含税单价为 10,099 元，如图 3-75 所示。

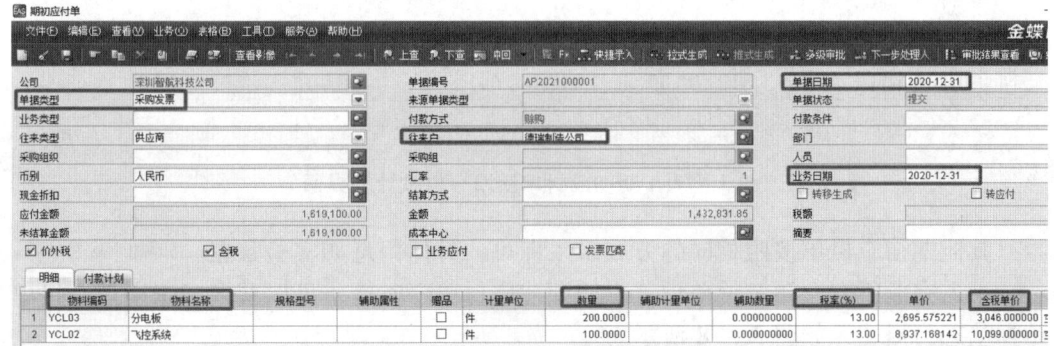

图 3-75 期初应付单新增界面

将下方的滚动条往右拉动，选择应付科目为应付账款，如图 3-76 所示。

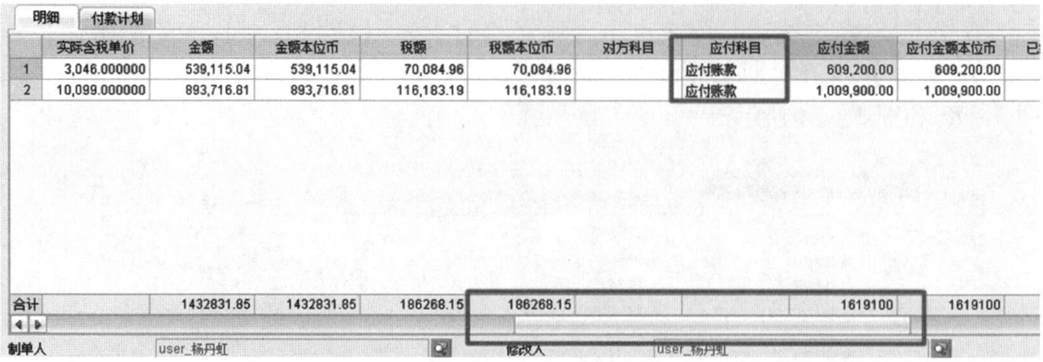

图 3-76 期初应付单新增—明细界面

切换【付款计划】界面，填写应付日期为 2021-03-11，完成单据填写后，确认所有信息无误，依次点击保存、提交按钮，完成单据的提交，如图 3-77 所示。

图 3-77 期初应付单新增—付款计划界面

其他期初应付单按照相同的方式录入即可，具体信息如实验数据。

录入完成所有期初应付单后，返回期初应付单序时簿，可以看到三张期初应付单单据状态为提交，如图 3-78 所示。

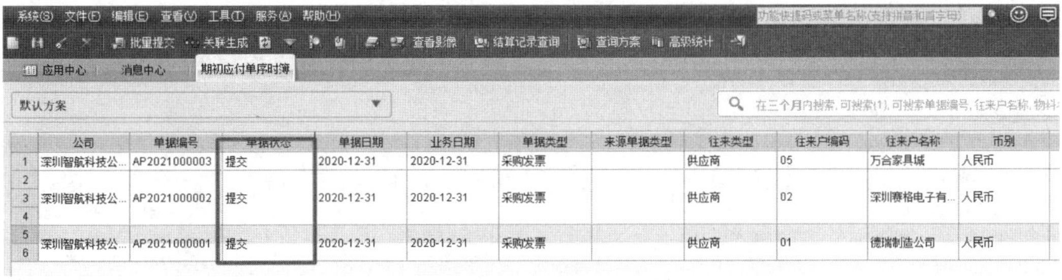

图 3-78 期初应付单序时簿界面

(四) 初始化应付系统

完成全部期初应付单录入后,依次点击【财务会计】—【应付管理】—【初始化】—【应付初始数据】打开应收初始数据录入,检查期初余额确保和总账期初应付账款数据一致,完成检查后点击结束初始化按钮完成应付系统初始化,如图 3-79、图 3-80 和图 3-81 所示。

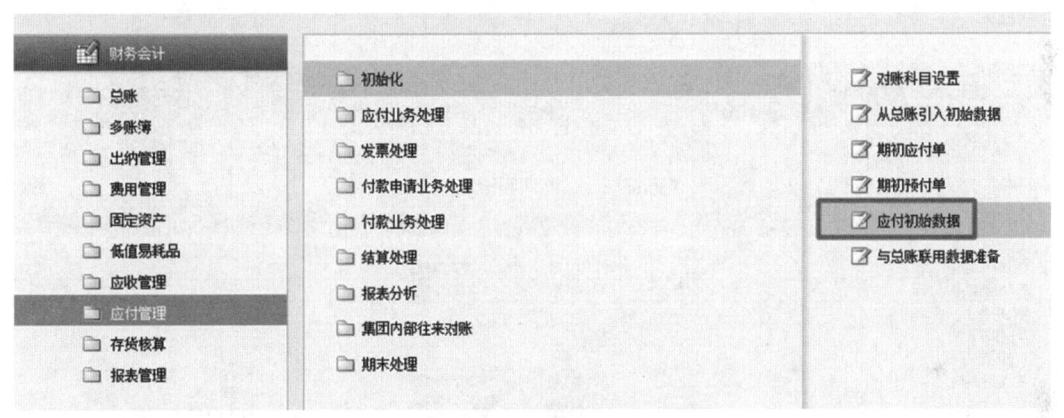

图 3-79 应付初始数据录入界面

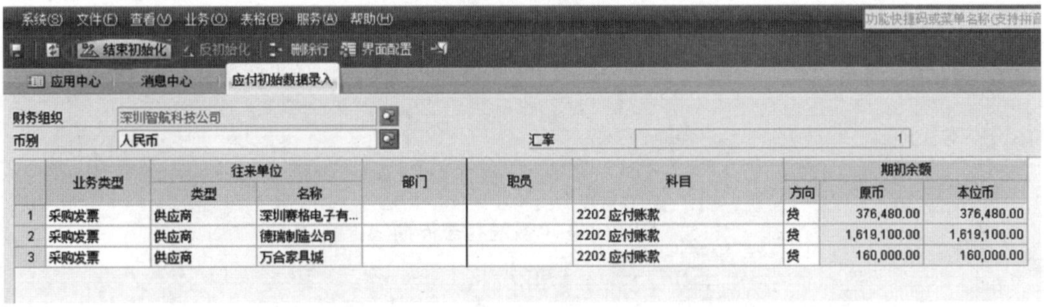

图 3-80 结束应付初始数据录入界面

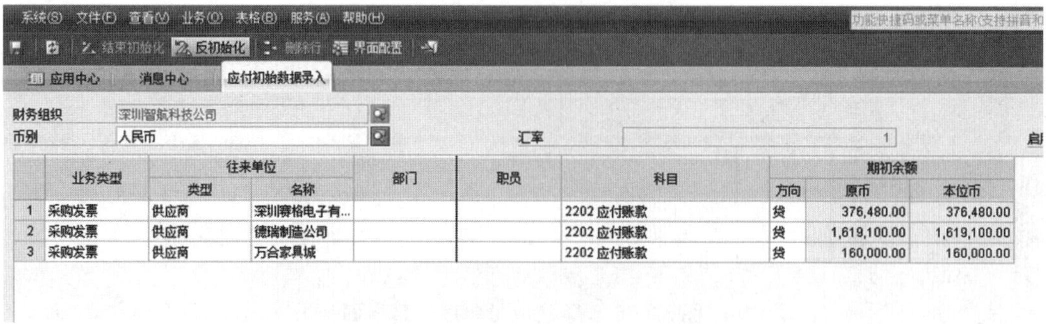

图 3–81 应付初始数据录入完成界面

（五）与总账联用

登录 EAS 客户端后，依次点击【系统平台】—【系统工具】—【系统配置】—【系统状态控制】进入系统状态控制界面，选择组织名称为"深圳智航科技公司"，选择应付系统后点击工具栏上的"与总账管理"按钮完成与总账的关联，如图 3–82 所示。

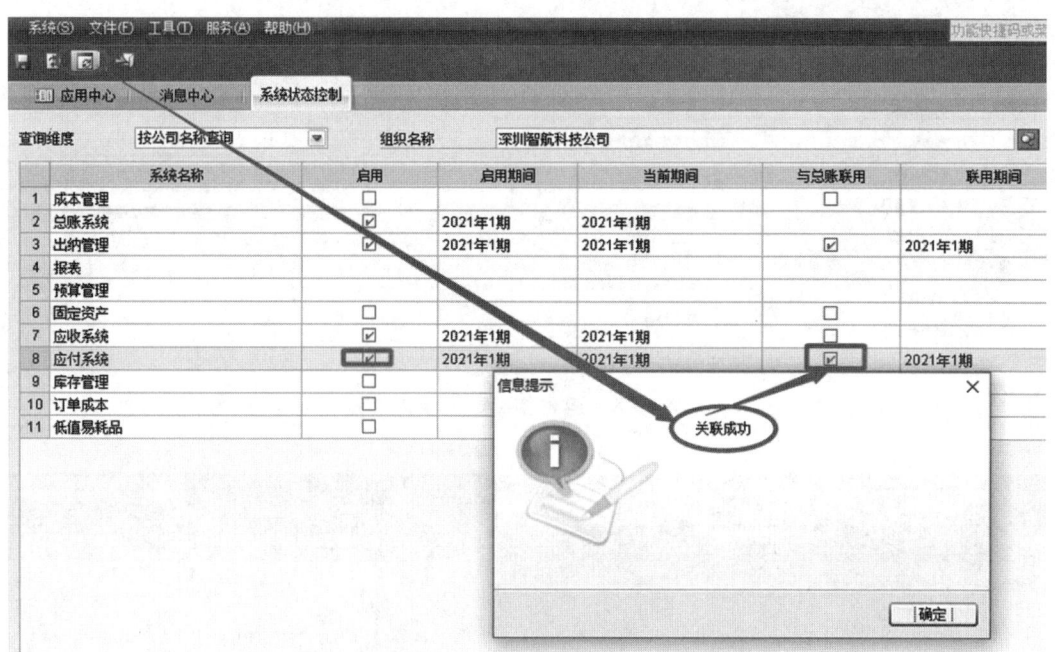

图 3–82 系统状态界面

第九节 案例任务九：更改参数设置

一、实验资料

（一）登录账号

登录账号：user_序号。

（二）参数设置

根据公司管理要求，设置以下参数。

总账系统参数：GL_014 录入凭证时现金流量科目必须录入主表项目=否。

总账系统参数：删除和作废机制凭证业务系统和总账/允许修改业务系统和生成的机制凭证，勾选"应收系统""应付系统""出纳管理""费用管理"。

出纳管理系统参数：修改出纳管理 CS001 这个参数的登账方式为单据登账。

费用管理系统参数：辅助账类型为职员。

应收系统参数：赊销收款凭证来源单据类型=收款单。

应付系统参数：赊购付款凭证来源单据类型=付款单。

二、操作指导

依次点击【系统平台】—【系统工具】—【系统配置】—【参数设置】，进入参数设置的界面，如图 3-83 所示。

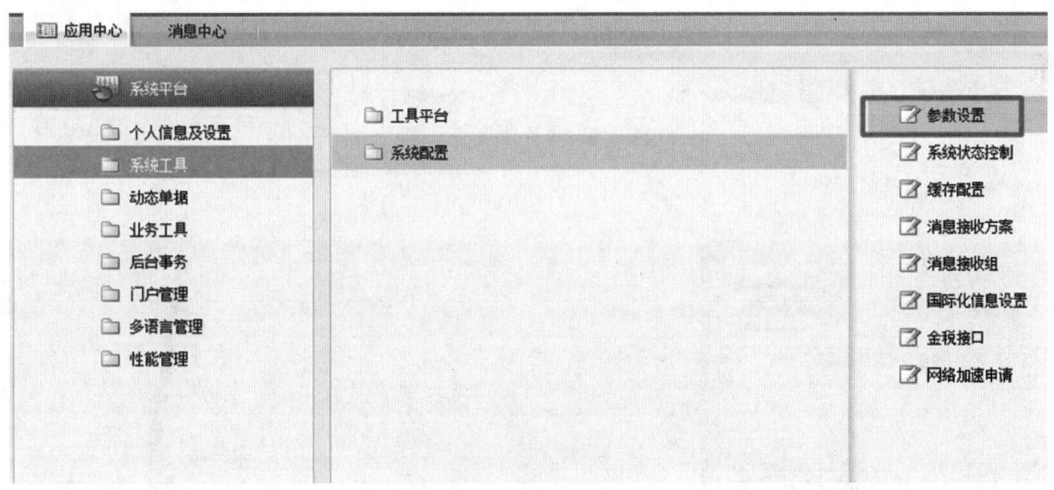

图 3-83　系统平台界面

在参数左边选择对应的系统进行设置参数,选择【财务会计】下的【总账】,在【参数列表】界面,选中 GL_014 后点击修改,然后点击控制范围,勾选控制框,参数值选择为否,然后点击保存,在设置参数值界面点击确定,如图 3-84、图 3-85 和图 3-86 所示。

图 3-84 设置系统参数界面

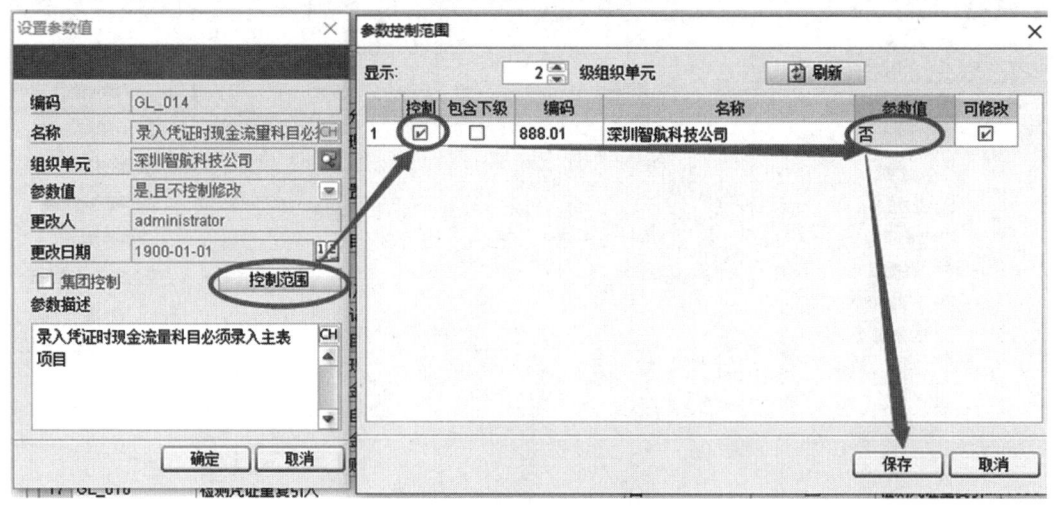

图 3-85 参数控制范围界面

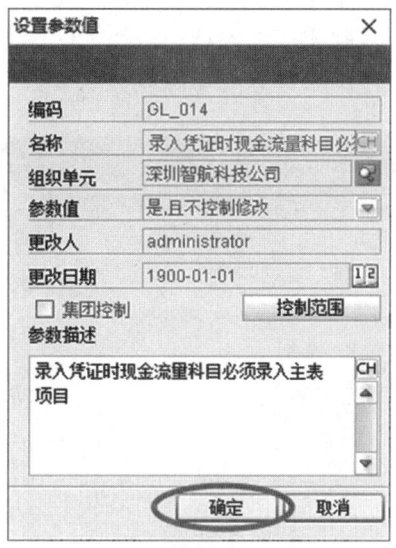

图 3 – 86　设置系统参数界面

返回财务会计下的总账，可以看到 GL_014 参数值为否，则代表成功设置该参数，如图 3 – 87 所示。

图 3 – 87　系统参数界面

切换到【其他参数】界面，在删除和作废机制凭证处，选中业务系统和总账，在允许修改业务系统生成的机制凭证处勾选应收系统、应付系统、出纳管理、费用管理，然后点击保存，即可保存总账部分的参数设置，如图 3-88 所示。

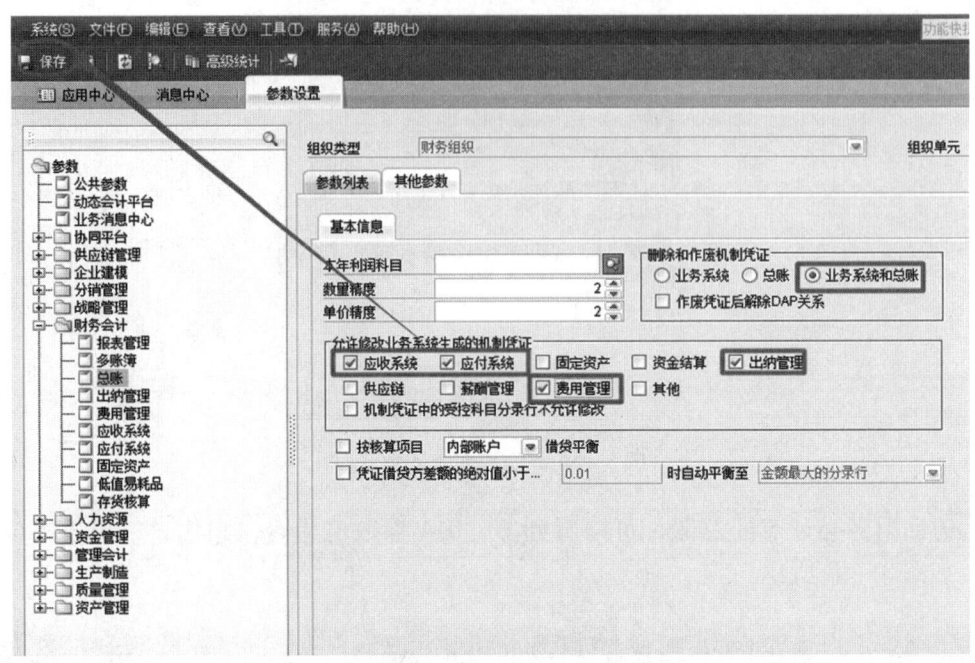

图 3-88　系统参数界面

依旧在参数设置界面，选中【财务会计】下的出纳管理，在【参数列表】界面选中 CS001 后点击修改，然后点击控制范围，勾选控制框，参数值选择为单据登账，然后点击保存，在设置参数值界面点击确定，如图 3-89 所示。

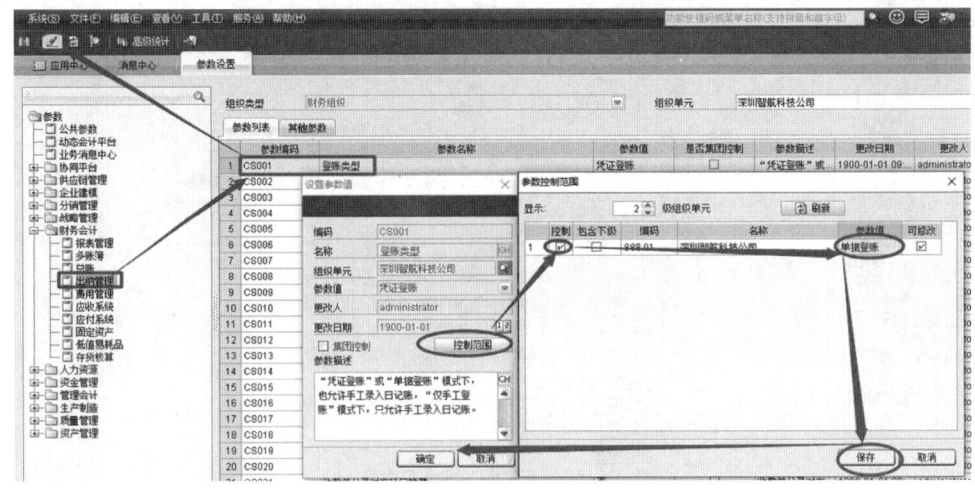

图 3-89　系统参数界面

返回财务会计下的出纳管理,可以看到 CS001 参数值为单据登账,则代表成功设置该参数,如图 3-90 所示。

图 3-90　系统参数界面

依旧在参数设置界面,选中【财务会计】下的费用管理,在【其他参数】界面选择备用金辅助账类型为职员后点击保存,如图 3-91 所示。

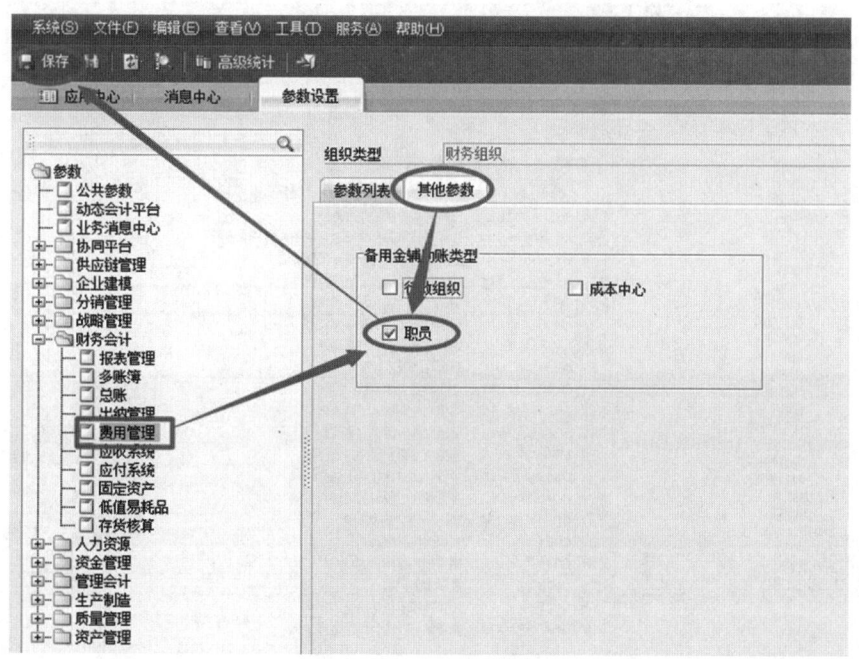

图 3-91　系统参数界面

依旧在参数设置界面，选中【财务会计】下的应收系统，在【参数列表】界面选中参数名称为"赊销收款凭证来源单据类型"行后点击修改，然后点击控制范围，勾选控制框，参数值选择为收款单，然后点击保存，在设置参数值界面点击确定，如图 3-92 所示。

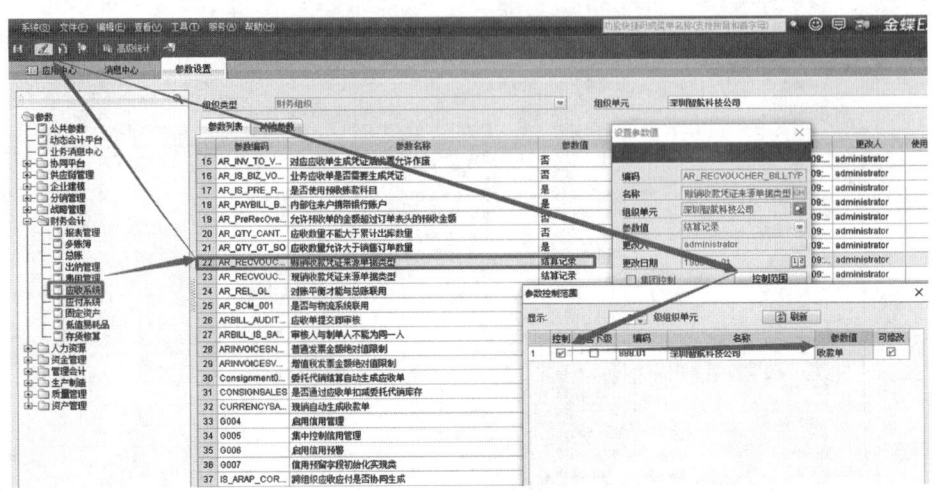

图 3-92　系统参数界面

返回财务会计下的应收系统，可以看到参数名称为"赊销收款凭证来源单据类型"的参数值为收款单，则代表成功设置该参数，如图 3-93 所示。

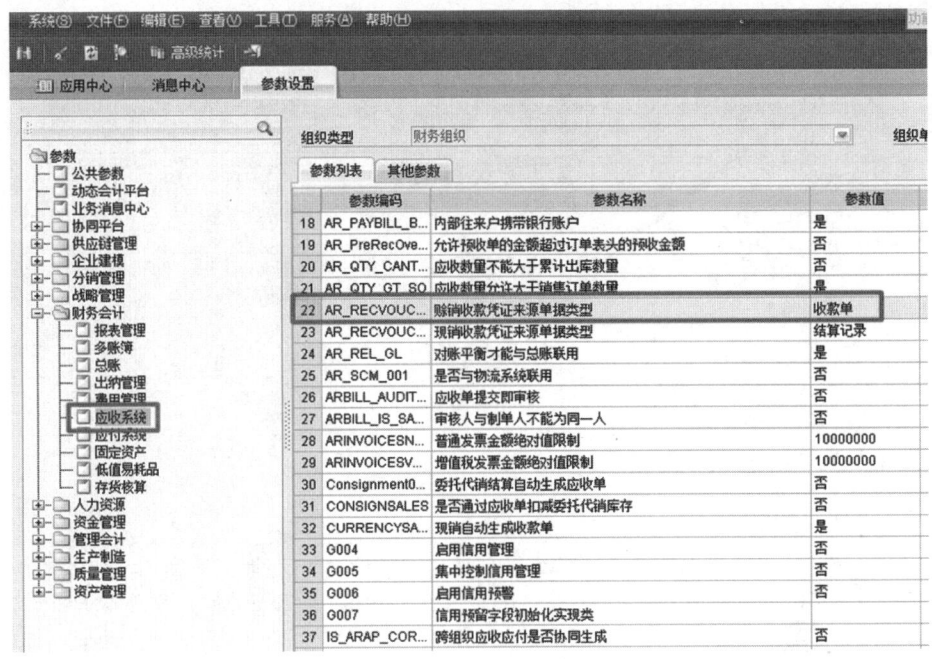

图 3-93　系统参数界面

依旧在参数设置界面，选中【财务会计】下的应付系统，在【参数列表】界面选中参数名称为"赊购付款凭证来源单据类型"行后点击修改，然后点击控制范围，勾选控制框，参数值选择为付款单，然后点击保存，在设置参数值界面点击确定，如图3－94所示。

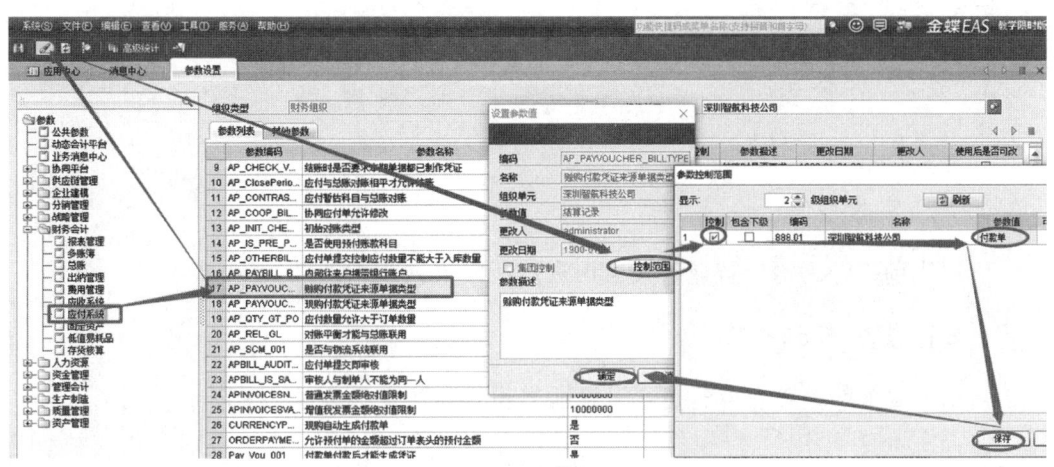

图3－94　系统参数界面

返回财务会计下的应收系统，可以看到参数名称为"赊购付款凭证来源单据类型"的参数值为付款单，则代表成功设置该参数，如图3－95所示。

图3－95　系统参数界面

第十节 案例任务十：新增收款账户信息

一、实验资料

（一）登录账号

登录账号：qy 序号。

（二）实验步骤

确保当前组织为深圳智航科技公司进行新增收款账户信息。

（三）实验数据

新增秦义的收款信息并设置为默认账号，具体信息如表 3 – 13 所示。

表 3 – 13　　　　　　　　　　收款信息

收款人	收款银行	收款账号	默认账号
秦义	中国银行深圳罗湖支行	666555888009 ***	勾选

注：*** 为序号后三位。

二、操作指导

点击系统下的【重新登录】，切换至用户 qy 序号进行收款信息新增，选择教师规定的数据中心，输入用户名为 qy 序号，无密码，单击【登录】，进入 EAS 系统，如图 3 – 96 所示。

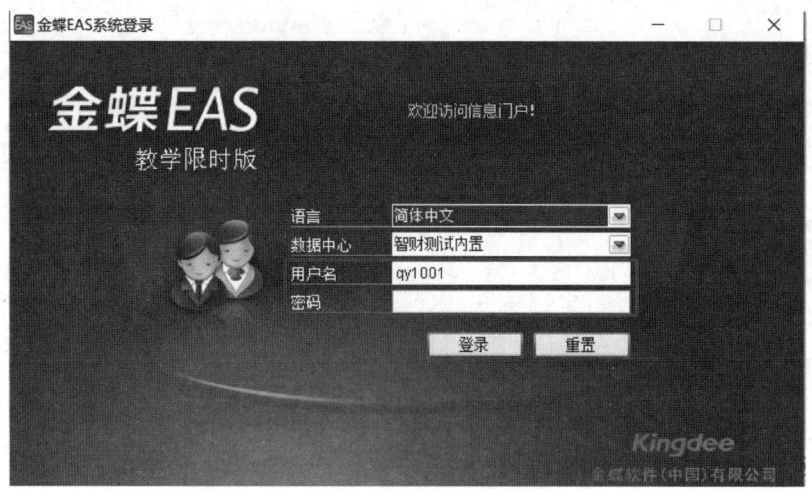

图 3 – 96　系统登录界面

依次点击【财务会计】—【费用管理】—【基础设置】—【收款信息】,进入收款信息查询界面,如图 3 – 97 所示。

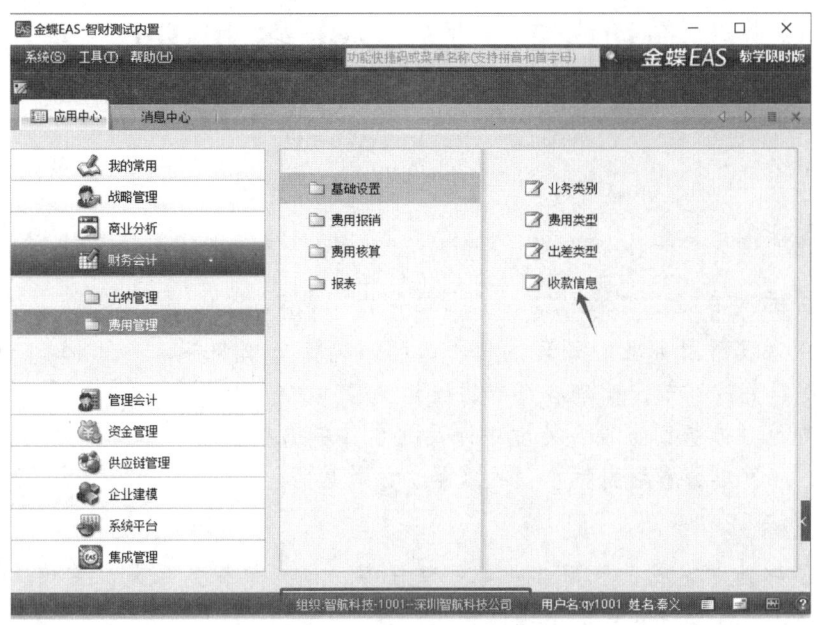

图 3 – 97　财务会计—费用管理界面

进入收款信息查询界面后,点击工具栏的【新增】,输入收款人为秦义,收款银行为中国银行深圳罗湖支行,收款账号为 666555888009 *** (*** 为序号后三位),勾选默认账号,然后点击保存,如图 3 – 98 所示。

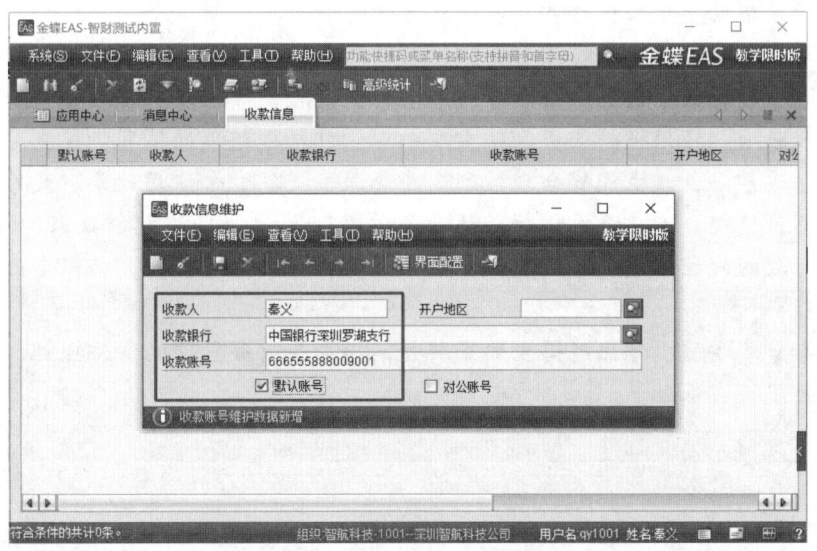

图 3 – 98　收款信息新增界面

第四章　财务业务处理

【学习目标】

知识目标

（1）深入理解财务业务处理的核心流程，包括应收业务、应付业务、费用报销及出纳管理等关键环节，明确各环节的操作步骤和关键要素。

（2）熟悉并掌握财务业务处理中涉及的各种单据和报表的填写规则及使用方法，如应收单、应付单、费用报销单、收款单、付款单等。

能力目标

（1）能够独立完成企业财务业务处理任务，包括单据的录入、审核、提交及报表的编制等，确保业务处理的准确性和及时性。

（2）能够运用所学知识，分析和解决企业在财务业务处理过程中遇到的实际问题，如单据错误处理、报表数据分析等，提升解决实际问题的能力。

【课程导读】

财务业务处理是财务管理的核心，涉及应收、应付、费用报销及收付款等多项业务。本章旨在帮助学生掌握这些业务的实际操作。

在应收业务中，学生能够学习如何根据销售合同正确填写应收单，确保企业及时收款。同时，应付业务则关注采购合同中的付款处理，学生能够了解如何填写应付单并按时支付款项。费用报销业务也是重要一环，包括报销单的填写、提交、审核及付款流程。通过学习，学生能够合理控制企业费用，提高资金使用效率。此外，收付款业务同样不可忽视。本章详细讲解销售业务收款、其他业务收款以及采购业务付款、其他业务付款的处理方法。学生能够掌握收付款业务的操作流程，确保企业财务运作顺畅。

通过本章的学习，学生能够全面了解并掌握企业财务管理的实际操作，为未来的职业发展打下坚实基础。

第一节 应收业务

案例任务：（应）公司和哈博森股份有限公司签订销售合同，确认应收

一、实验数据

2021年1月4日和哈博森股份有限公司签订销售合同，销售通用型航拍无人机10台，合同约定本月26日客户付款，当天发货并开具销售发票，往来会计周雯鑫填写应收单，财务经理邓永彬审核。

二、实验步骤

登录财务机器人规划平台，输入用户和密码后，进入【学生应用】—【财务业务】，查看题干资源中的业务原始票据信息后，点击【登录EAS】，进入EAS登录界面，如图4-1所示。

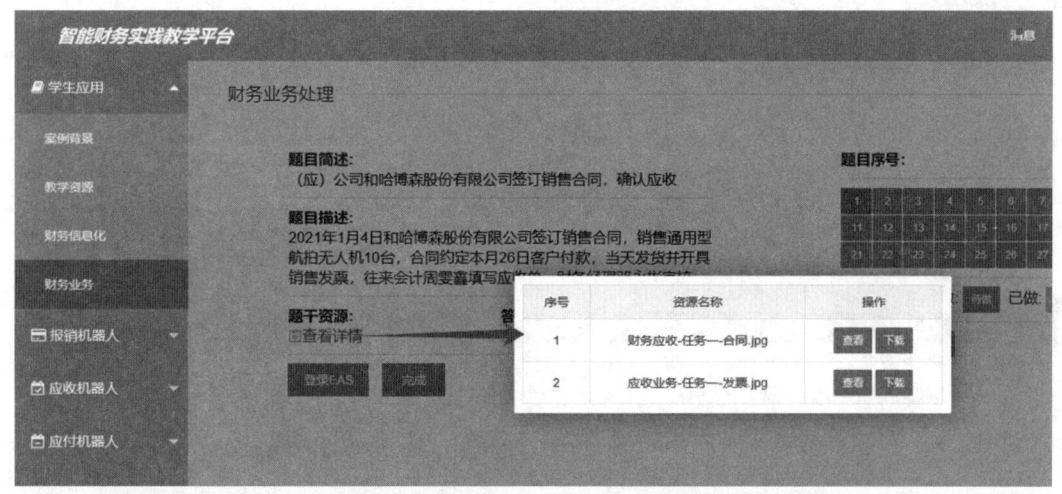

图4-1 智能财务实践教学平台—财务业务—题干资源界面

在EAS登录界面，选择规定的数据中心，用户名为zwx序号，无密码，点击登录，进入EAS操作界面，如图4-2所示。

点击右上角工具栏的【应用】后，依次点击【财务会计】—【应收管理】—【应收业务处理】—【应收单维护】，进入应收单维护界面，如图4-3所示。

在应收单维护界面，点击工具栏的【新增】按钮，进入应收单新增界面，如图4-4所示。

图 4-2　金蝶 EAS 登录界面

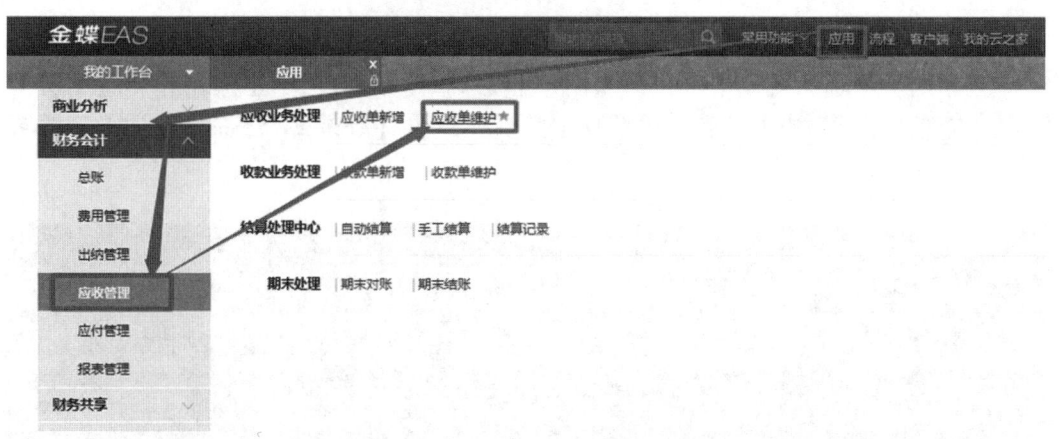

图 4-3　金蝶 EAS 财务会计—应收管理—应收业务处理—应收单维护界面

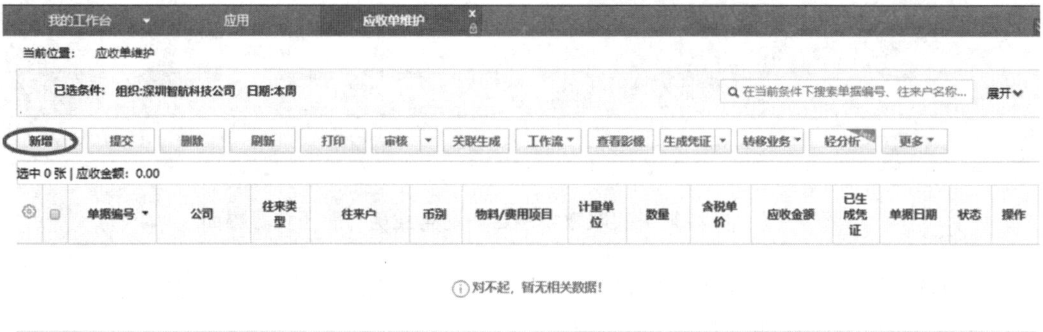

图 4-4　金蝶 EAS 应收单新增界面

按照题干资源原始票据的信息录入应收单，如图 4-5 所示，确认单据类型为销售发票，单据日期修改为 2021-01-04，往来户为哈博森股份有限公司，在【明细】

界面选择物料为通用型航拍无人机,输入数量为 10,含税单价为 4,520 元,税率为 13%,应收科目为应收账款,对方科目为主营业务收入,在【收款信息】界面,修改应收日期为 2021－01－26,确认应收金额为 45,200 元,确认所有信息无误后,保存后进行提交,如图 4－6 所示。提交至工作流,由财务经理邓永彬审核。

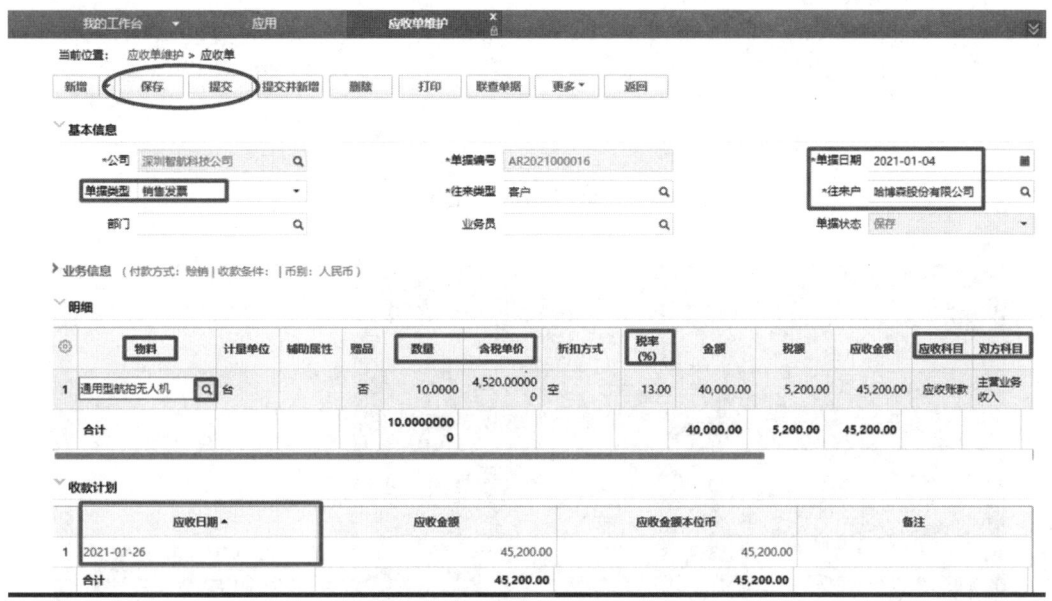

图 4－5　金蝶 EAS 应收单录入界面

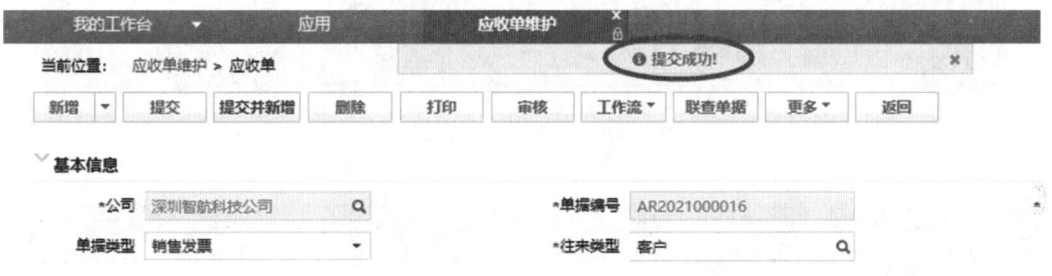

图 4－6　金蝶 EAS 应收单提交界面

提交成功应收单后,点击网页版的 EAS 的安全退出,如图 4－7 所示。选择教师规定的数据中心,输入用户名 dyb 序号,无密码,然后点击【登录】,进入 EAS 系统操作界面,如图 4－8 所示。

点击右上角的工具栏的【流程】,勾选刚才提交的应收单,点击【处理】,进入审批单据界面,如图 4－9 所示。

根据企业应收管理规范,确认审批通过,则提交应收单完成审批流程,审批完成后则业务完结,如图 4－10 和图 4－11 所示。

图4-7 金蝶EAS安全退出界面

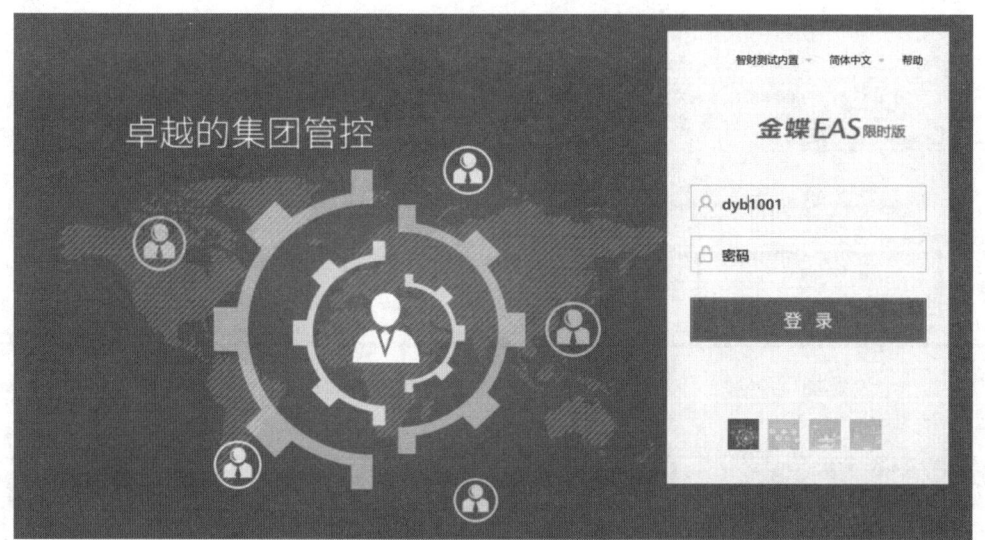

图4-8 金蝶EAS登录界面

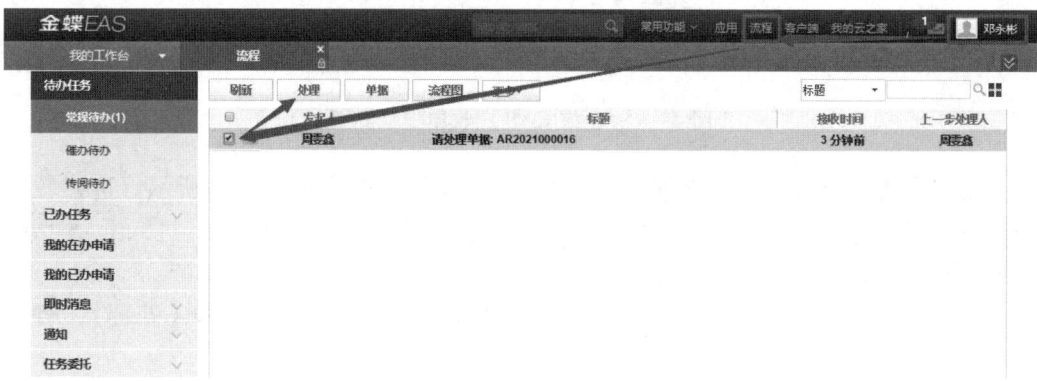

图4-9 金蝶EAS流程处理界面

第四章 财务业务处理

图 4-10　金蝶 EAS 提交审批界面

图 4-11　金蝶 EAS 审批完成——业务完结界面

第二节　应付业务

案例任务：（应）公司和德瑞制造公司签订采购合同，确认应付

一、实验数据

2021 年 1 月 10 日，和德瑞制造公司签订采购合同，采购 100 个固定机翼，并约定本月货到后付款，当月收到货物并取得发票，往来会计周雯鑫填写应付单，财务经理邓永彬审核。

二、实验步骤

在 EAS 登录界面,选择教师规定的数据中心,用户名为 zwx 序号,无密码,点击登录,进入 EAS 操作界面,如图 4-12 所示。

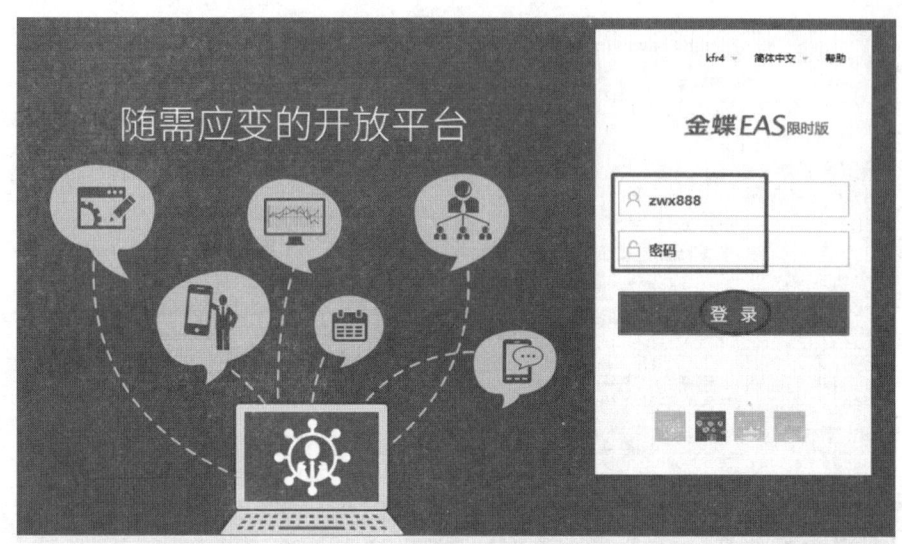

图 4-12　金蝶 EAS 登录界面

点击右上角工具栏的【应用】后,依次点击【财务会计】—【应付管理】—【应付业务处理】—【应付单维护】,进入应付单维护界面,如图 4-13 所示。

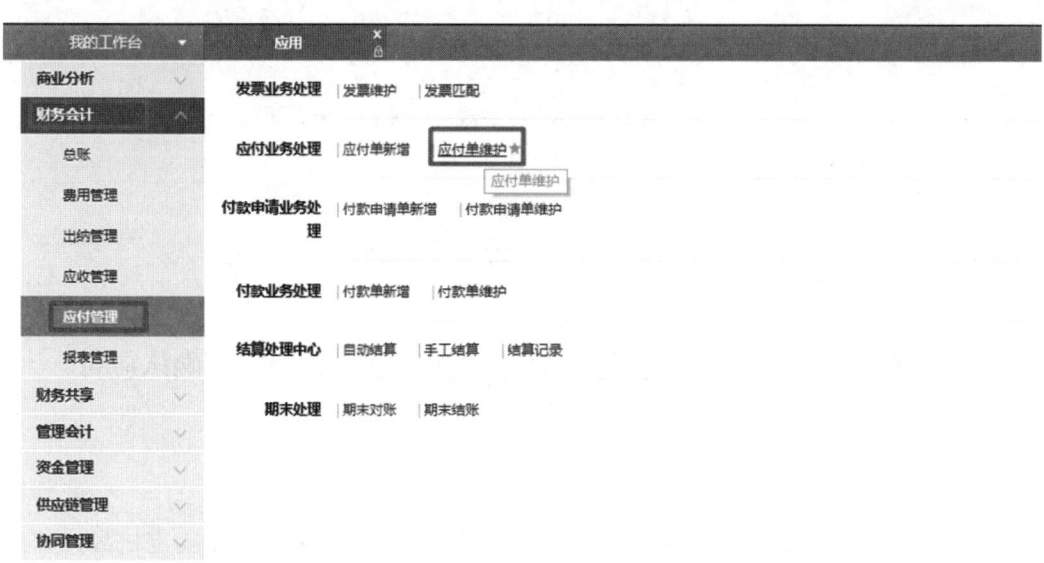

图 4-13　金蝶 EAS 财务会计—应付管理—应付业务处理—应付单维护界面

在应付单维护界面,点击工具栏的【新增】按钮,进入应付单新增界面,如图 4-14 所示。

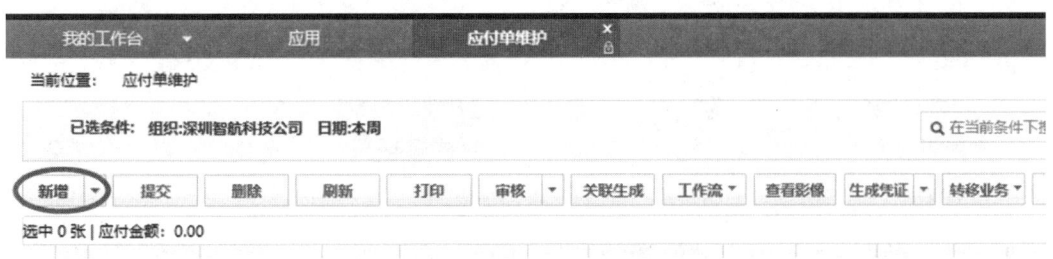

图 4-14 金蝶 EAS 应付单新增界面

按照实验数据录入应付单,确认单据类型为采购发票,单据日期修改为 2021-01-10,往来户为德瑞制造公司,在【明细】界面选择物料为固定机翼,输入数量为 100 件,含税单价为 847.5 元,税率为 13%,应收科目为应付账款,对方科目为原材料,在【付款计划】界面,修改应收日期为 2021-01-26,确认应付金额为 84,750 元,确认所有信息无误后,保存后进行提交,提交至工作流程,由财务经理邓永彬审核,如图 4-15 和图 4-16 所示。

图 4-15 金蝶 EAS 应付单录入界面

提交成功应付单后,点击网页版 EAS 的安全退出,选择教师规定的数据中心,输入用户名 dyb 序号,无密码,然后点击登录,进入 EAS 系统操作界面,如图 4-17 和图 4-18 所示。

图 4-16　金蝶 EAS 应付单提交界面

图 4-17　金蝶 EAS 安全退出界面

图 4-18　金蝶 EAS 登录界面

点击右上角的工具栏的【流程】，勾选刚才提交的应付单，点击【处理】，进入审批单据界面，如图 4-19 所示。

根据企业应付管理规范，确认审批通过，则提交应付单完成审批流程，审批完成后则业务完结，如图 4-20 和图 4-21 所示。

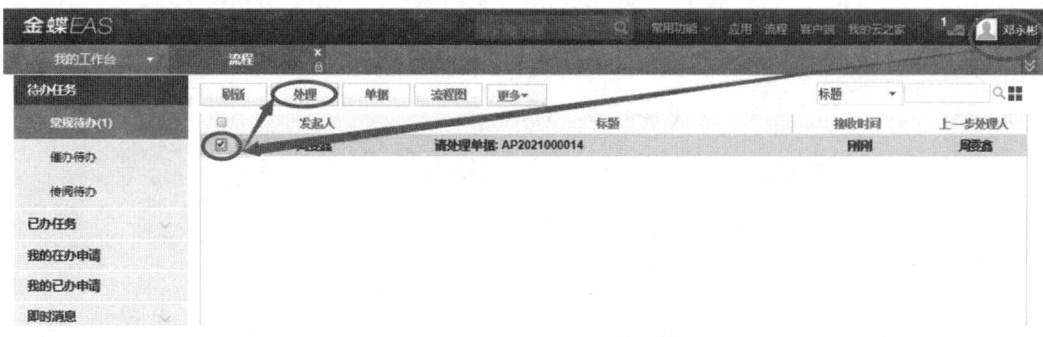

图4-19　金蝶EAS流程处理界面

图4-20　金蝶EAS提交审批界面

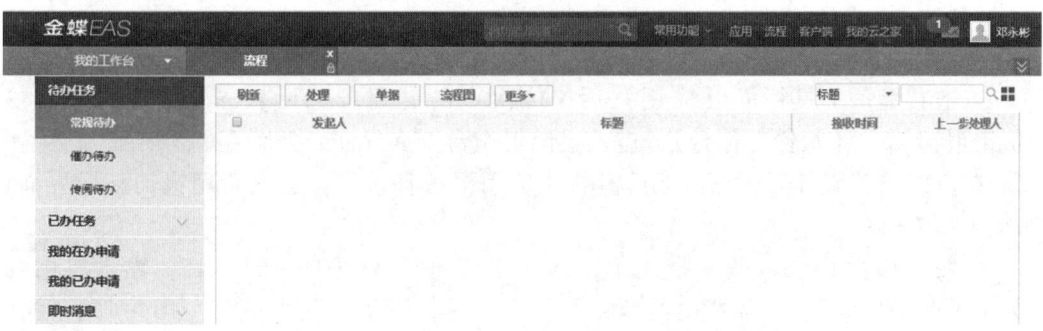

图4-21　金蝶EAS审批完成—业务完结界面

第三节　费用报销业务

案例任务：（应）秦义招待客户，申请报销

一、实验数据

2021年1月15日，秦义为了做业务推广，招待来公司考察的客户吃饭，提费用报销单，当天成本会计肖利华审核该报销单。

二、实验步骤

在EAS登录界面，选择教师规定的数据中心，用户名为qy序号，无密码，点击登录，进入EAS操作界面，如图4-22所示。

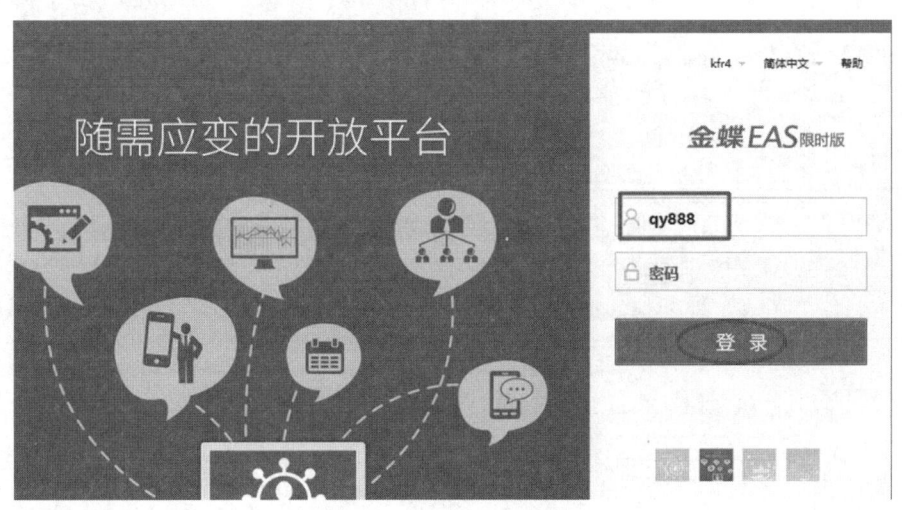

图4-22　金蝶EAS登录界面

点击右上角工具栏的【应用】后，依次点击【财务会计】—【费用管理】—【费用报销】—【报销工作台】，进入报销工作台查询界面，如图4-23所示。

在自助报销服务处，点击工具栏的【费用报销】按钮，进入费用报销新增界面，如图4-24所示。

按照实验数据录入费用报销单，选择申请日期为2021-01-15，输入事由为"为了做业务推广"，选择费用类型为业务招待费，发生时间为2021-01-15，输入报销金额为800元，确认收款信息为秦义，付现金额为800元，确认所有信息无误后，依次点击保存后提交，如图4-25、图4-26和图4-27所示。

第四章 财务业务处理 73

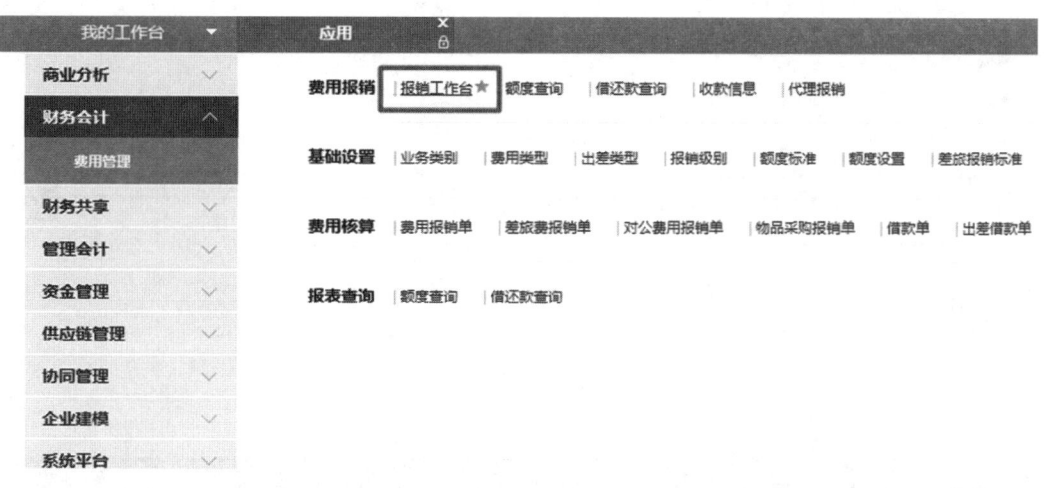

图 4-23　金蝶 EAS 财务会计—费用管理—费用报销—报销工作台界面

图 4-24　金蝶 EAS 费用报销界面

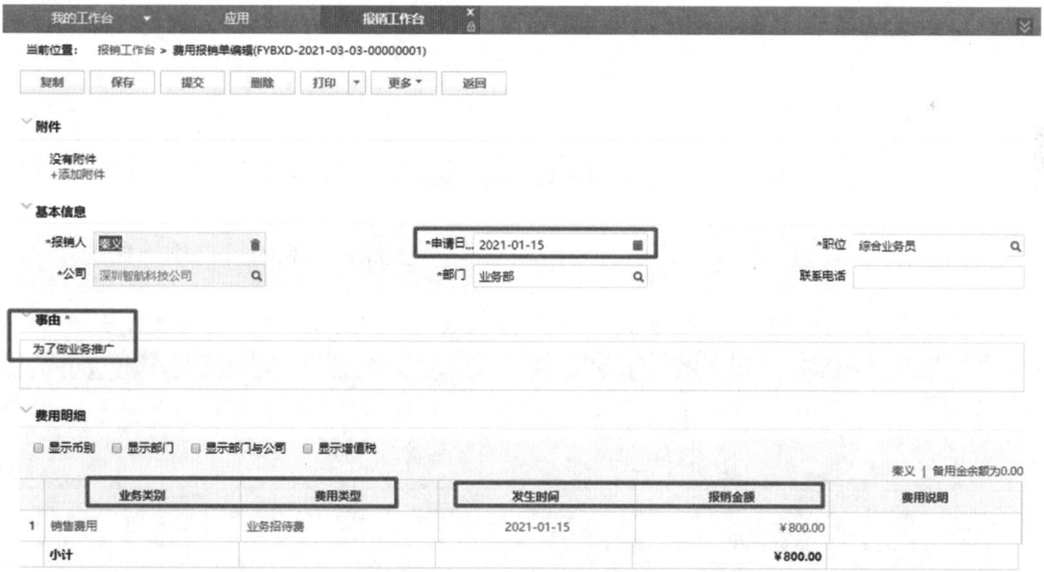

图 4-25　金蝶 EAS 费用报销单录入界面

图 4 – 26　金蝶 EAS 费用报销单录入界面

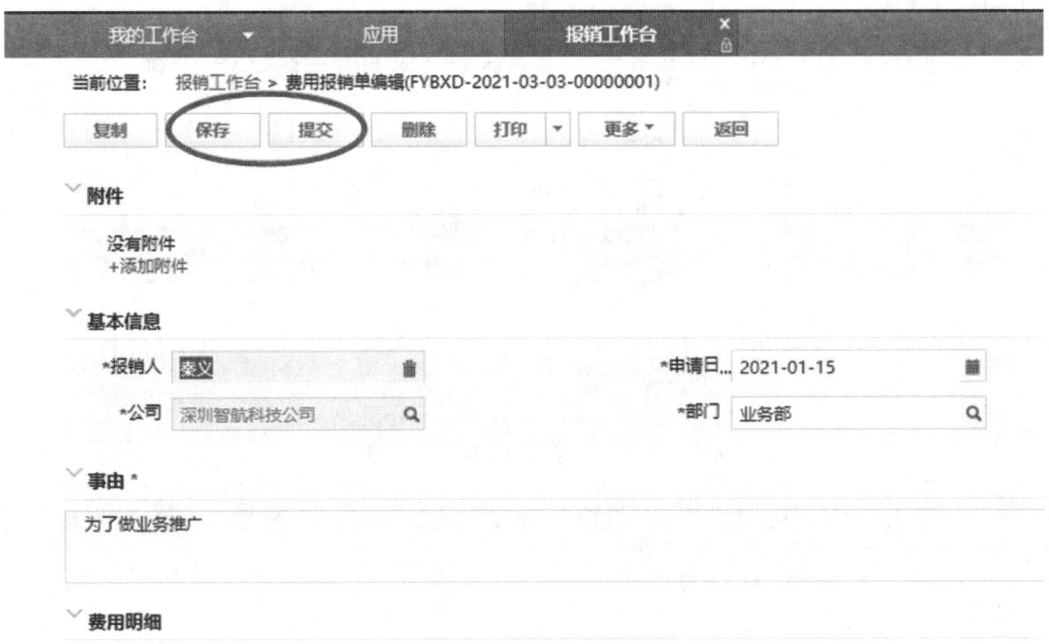

图 4 – 27　金蝶 EAS 费用报销单保存并提交界面

提交后返回报销工作台，可以看到单据状态为已提交的费用报销单，如图 4 – 28 所示。

图 4 – 28　金蝶 EAS 费用报销单已提交界面

提交成功费用报销单后,点击网页版 EAS 的安全退出,选择教师规定的数据中心,输入用户名 xlh 序号,无密码,然后点击登录,进入 EAS 系统操作界面,如图 4-29 所示。

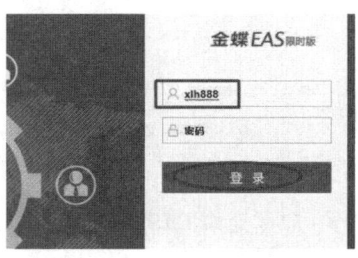

图 4-29 金蝶 EAS 登录界面

点击右上角的工具栏的【流程】,勾选刚才提交的费用报销单,点击【处理】,进入审批单据界面,如图 4-30 所示。

图 4-30 金蝶 EAS 流程处理界面

根据企业费用管理规范,确认审批通过,则提交费用报销单完成审批流程,审批完成后则费用报销业务完结,如图 4-31 所示。

图 4-31 金蝶 EAS 提交审批界面

返回报销工作台界面，筛选报销中的单据，可以看到费用报销单的审核状态，如图 4-32 所示。

图 4-32　金蝶 EAS 审批通过界面

第四节　差旅费报销业务

案例任务：（应）秦义出差，申请差旅报销

一、实验数据

2021 年 1 月 14 日秦义为了拓展市场，到成都出差 4 天做市场调研，回来后报销差旅费，成本会计肖利华审核报销单。

二、实验步骤

在 EAS 登录界面，选择教师规定的数据中心，用户名为 qy 序号，无密码，点击登录，进入 EAS 操作界面，如图 4-33 所示。

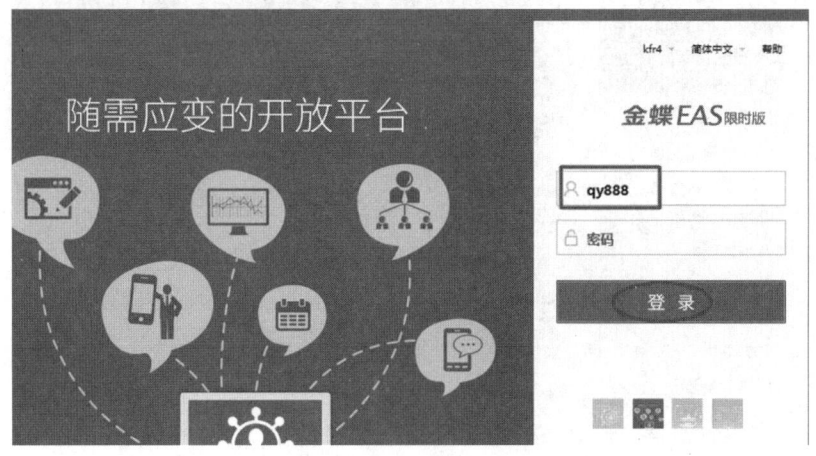

图 4-33　金蝶 EAS 登录界面

第四章　财务业务处理　77

点击右上角工具栏的【应用】后，依次点击【财务会计】—【费用管理】—【费用报销】—【报销工作台】，进入报销工作台查询界面，如图4－34所示。

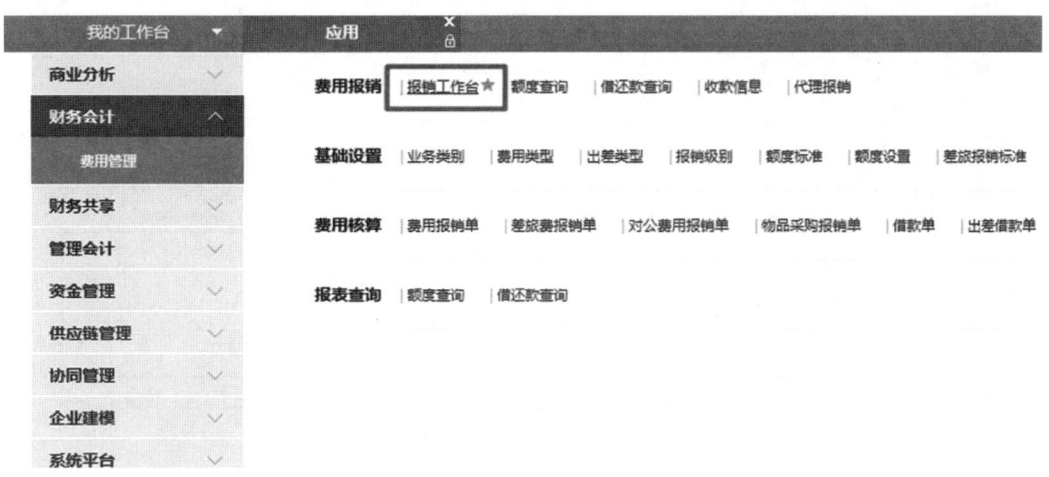

图4－34　金蝶EAS财务会计—费用管理—费用报销—报销工作台界面

在自助报销服务处，点击工具栏的【差旅费报销】按钮，进入差旅费报销单新增界面，如图4－35所示。

图4－35　金蝶EAS差旅费报销单新增界面

按照实验数据录入差旅费报销单，选择申请日期为2021－01－17，新增差旅费用明细，按实际发生的原始凭证信息填写后点击保存，返回费用明细界面，合计金额为3,920元，确认收款信息界面的收款人为秦义，然后依次点击保存后提交，如图4－36和图4－37所示。

提交后返回报销工作台，可以看到单据状态为已提交的差旅费报销单，如图4－38所示。

提交成功差旅费报销单后，点击网页版EAS的安全退出，选择教师规定的数据中心，输入用户名xlh序号，无密码，然后点击登录，进入EAS系统操作界面。

点击右上角的工具栏的【流程】，勾选刚才提交的差旅费报销单，点击【处理】，进入审批单据界面，如图4－39所示。

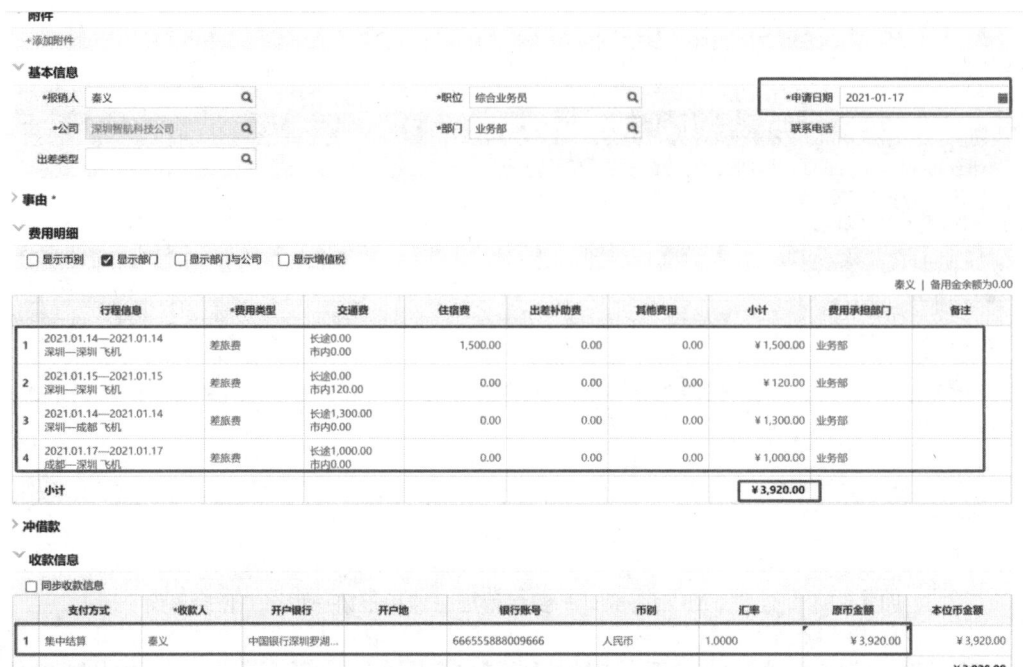

图 4-36　金蝶 EAS 差旅费报销单录入界面

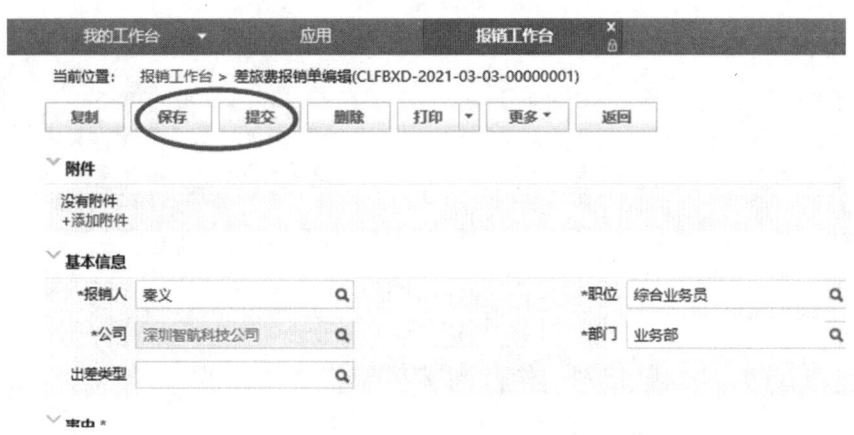

图 4-37　金蝶 EAS 差旅费报销单提交界面

图 4-38　金蝶 EAS 差旅费报销单已提交界面

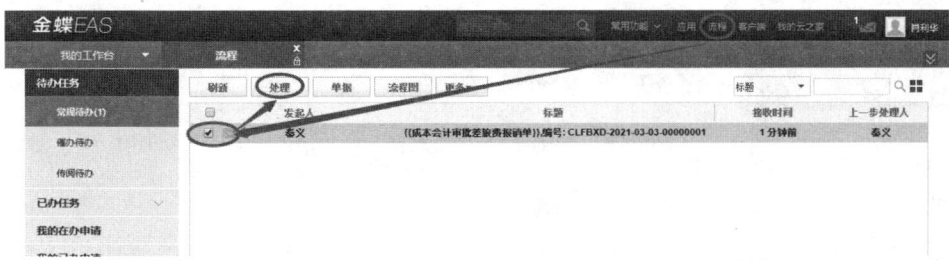

图 4-39　金蝶 EAS 流程处理界面

根据企业费用管理规范，确认审批通过，则提交差旅费报销单完成审批流程，审批完成后则差旅费报销业务完结，如图 4-40 和图 4-41 所示。

图 4-40　金蝶 EAS 提交审批界面

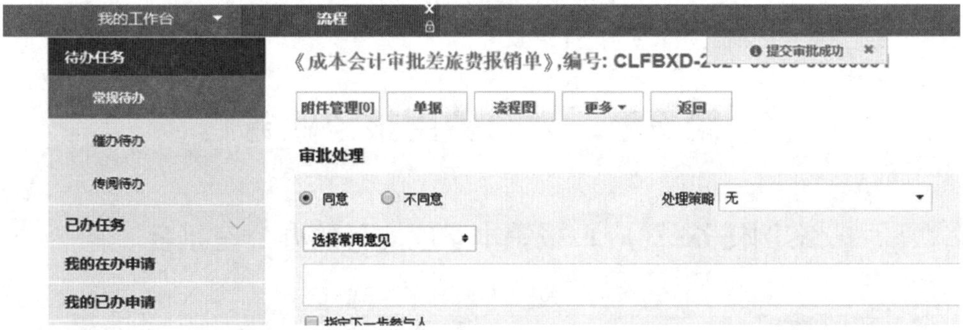

图 4-41　金蝶 EAS 审批完成—业务完结界面

依次打开【财务会计】—【费用管理】—【费用核算】—【差旅费报销单】，进入差旅报销单查询界面，如图 4-42 所示。

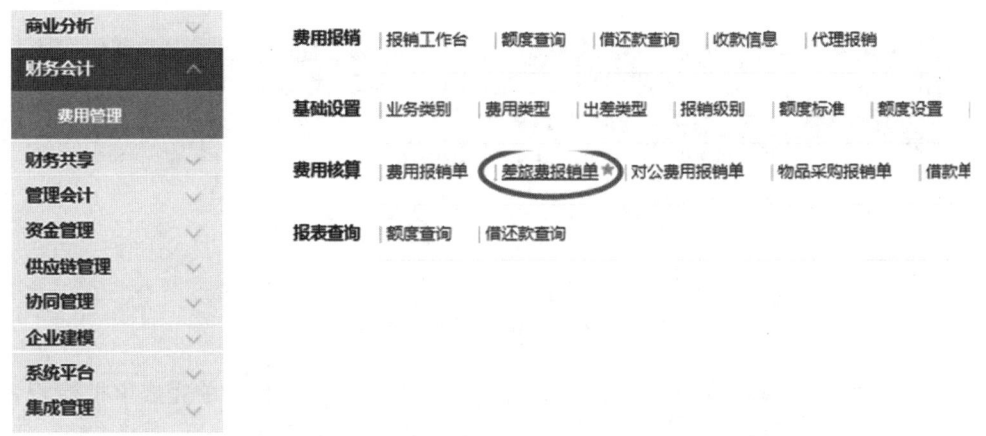

图 4-42 金蝶 EAS 差旅费报销单查询界面

进入差旅费报销单查询界面，展开过滤条件，选择日期为自定义，日期范围为 2021-01-01 至 2021-01-31，点击确定后，可以查询到单据状态为已审核的差旅费报销单，如图 4-43 所示。

图 4-43 金蝶 EAS 差旅费报销单审核通过界面

第五节　对公费用报销业务

案例任务：（应）报销本季度支付的办公室租金

一、实验数据

2021 年 1 月 9 日，秦义根据租赁合同要求，提交对公费用报销单，用于向深圳市小美家园有限公司支付本季度办公室租金，成本会计肖利华审核该报销单。

二、实验步骤

在 EAS 登录界面，选择教师规定的数据中心，用户名为 qy 序号，无密码，点击登录，进入 EAS 操作界面，如图 4-44 所示。

图 4-44　金蝶 EAS 登录界面

点击右上角工具栏的【应用】后，依次点击【财务会计】—【费用管理】—【费用报销】—【报销工作台】，进入报销工作台查询界面，如图 4-45 所示。

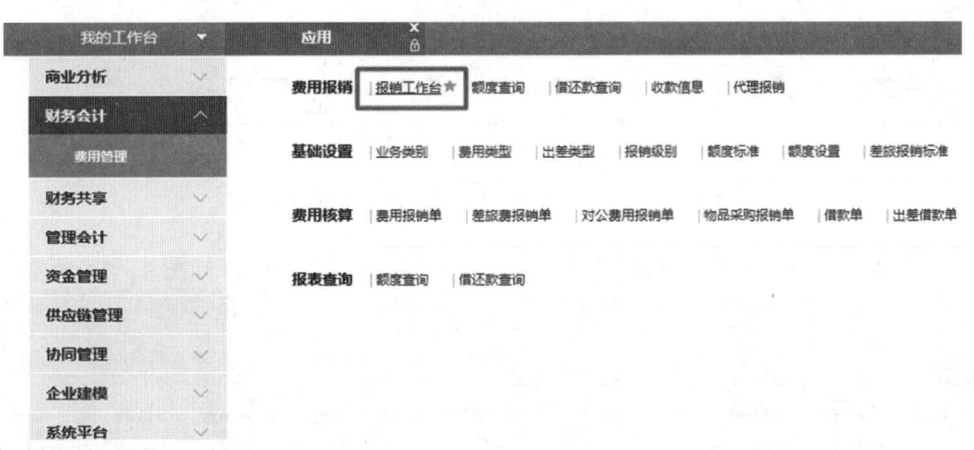

图 4-45　金蝶 EAS 财务会计—费用管理—费用报销—报销工作台界面

在自助报销服务处，点击工具栏的【对公费用报销单】按钮，进入对公费用报销单新增界面，如图 4-46 所示。

82 智能财务应用

图 4-46 金蝶 EAS 对公费用报销单新增界面

按照实验数据录入对公费用报销单,选择申请日期为 2021-01-09,选择收款人类型为其他,收款人为深圳市小美家园有限公司,输入事由为"办公场地租赁",选择费用类型为租金,发生时间为 2021-01-09,输入报销金额为 60,000 元,确认所有信息无误后,依次点击保存后提交,如图 4-47 所示。

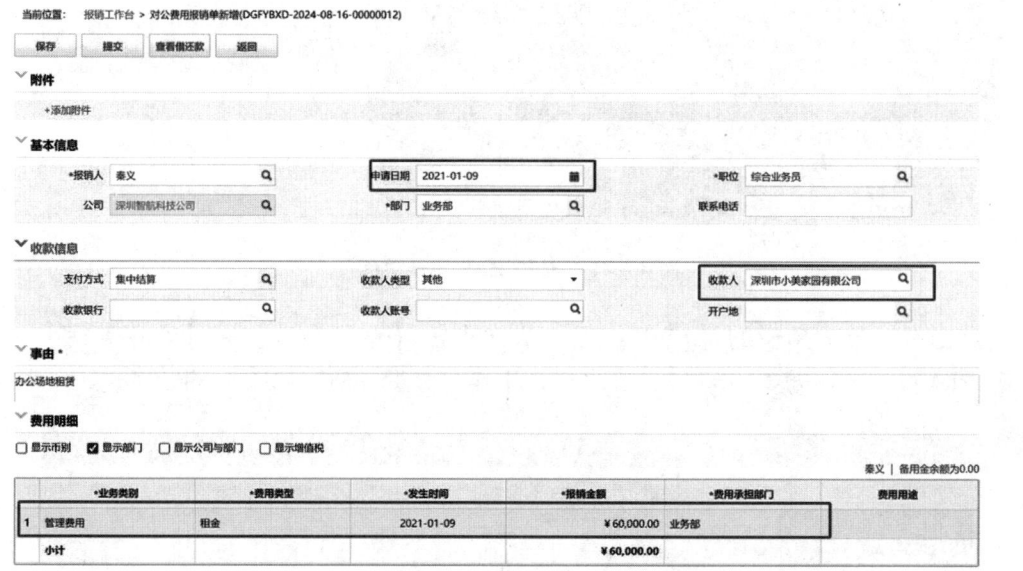

图 4-47 金蝶 EAS 对公费用报销单录入界面

返回报销工作台界面,可以看到已提交的对公费用报销单,如图 4-48 所示。

图 4-48 金蝶 EAS 对公费用报销单已提交界面

提交成功对公费用报销单后,点击网页版的 EAS 的安全退出,选择教师规定的数据中心,输入用户名 xlh 序号,无密码,然后点击登录,进入 EAS 系统操作界面。

点击右上角的工具栏的【流程】,勾选刚才提交的对公费用报销单,点击【处理】,进入审批单据界面,如图 4-49 所示。

图 4-49　金蝶 EAS 流程处理界面

根据企业费用管理规范,确认审批通过,则提交对公费用报销单完成审批流程,审批完成后则对公费用报销业务完结,如图 4-50 和图 4-51 所示。

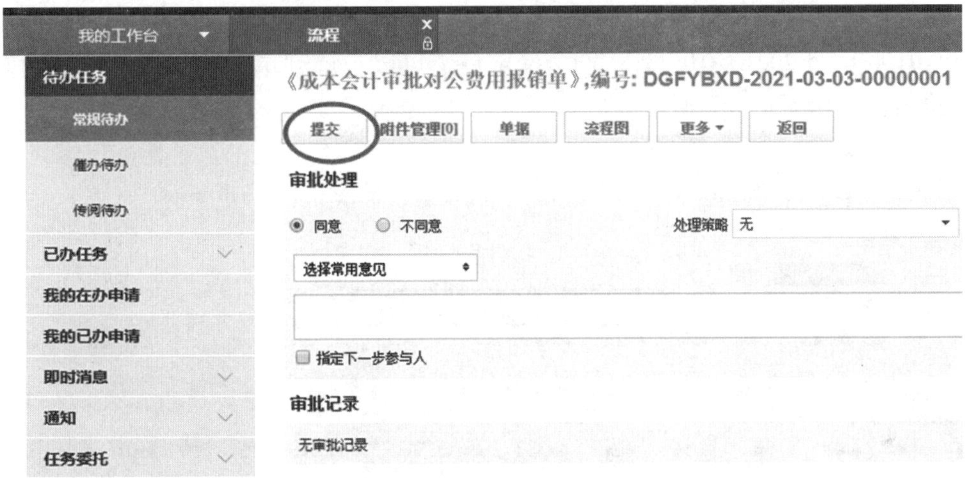

图 4-50　金蝶 EAS 提交审批界面

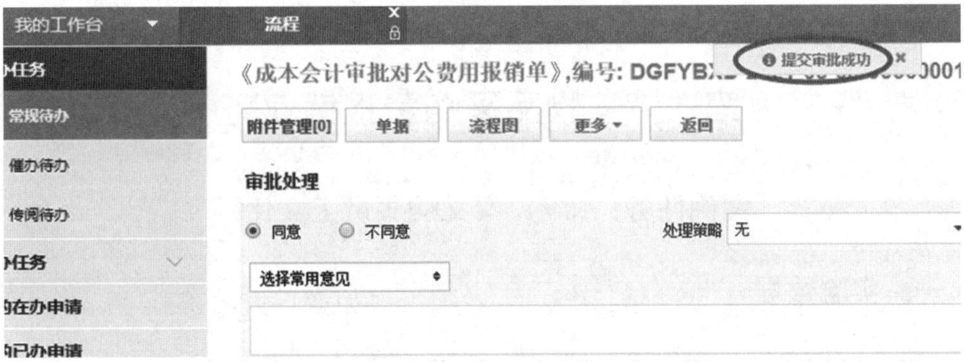

图 4-51　金蝶 EAS 审批完成—业务完结界面

依次打开【财务会计】—【费用管理】—【费用核算】—【对公费用报销单】，进入对公费用报销单查询界面，如图4-52所示。

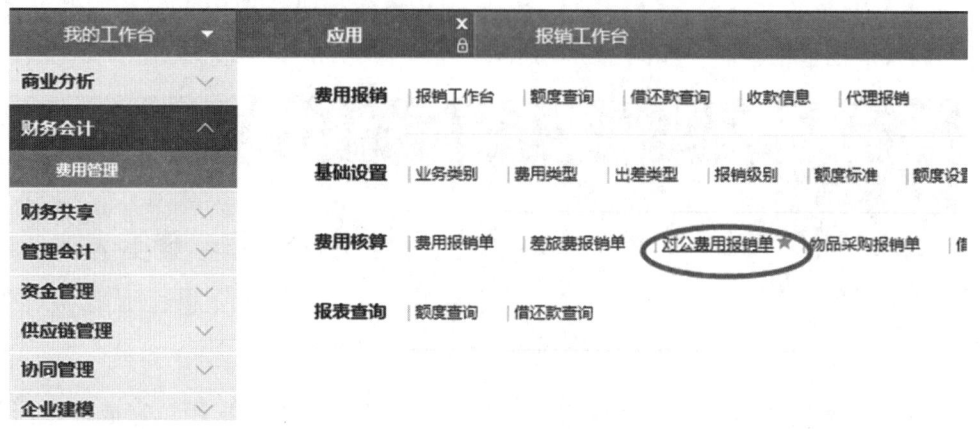

图4-52 对公费用报销单查询界面

进入对公费用报销单查询界面，展开过滤条件，选择日期为自定义，日期范围为2021-01-01至2021-01-31，点击确定后，可以查询到单据状态为已审核的对公费用报销单，如图4-53所示。

图4-53 金蝶EAS对公费用报销单审核通过界面

第六节 物品采购费报销业务

案例任务：（应）秦义购买员工文化衫

一、实验数据

2021年1月3日，秦义在天猫（作为零星采购）上购买50件文化衫，填写物品采购报销单，成本会计肖利华审核该报销单。

二、实验步骤

点击右上角工具栏的【应用】后，依次点击【财务会计】—【费用管理】—【费用报销】—【报销工作台】，进入报销工作台查询界面。在自助报销服务处，点击工具栏的【物品采购报销单】按钮，进入物品采购报销单新增界面，如图4-54所示。

图4-54　金蝶EAS应用—财务会计—费用管理—费用报销—报销工作台—物品采购报销单界面

按照实验数据录入物品采购报销单，选择申请日期为2021-01-03，选择收款人类型为其他，收款人为秦义，确认对应的收款银行和收款人账号，输入事由为"购买50件文化衫"，选择费用类型为员工文化衫，发生时间为2021-01-03，输入单价为50元，数量为50件，确认报销金额为2,500元，确认所有信息无误后，依次点击保存后提交，如图4-55所示。

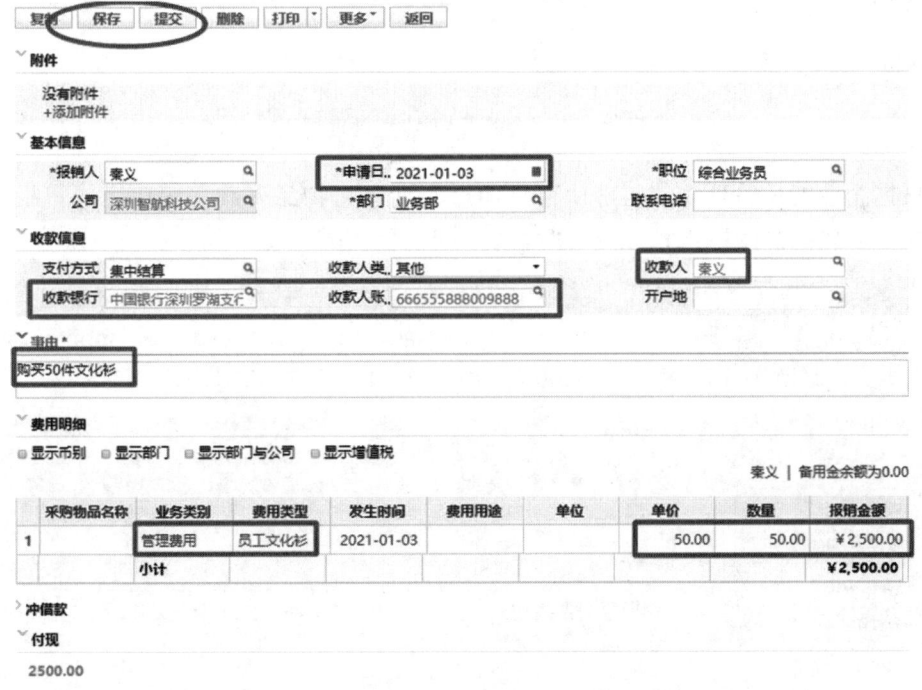

图4-55　金蝶EAS物品采购报销单录入界面

返回报销工作台界面，可以看到已提交的物品采购报销单，如图4-56所示。

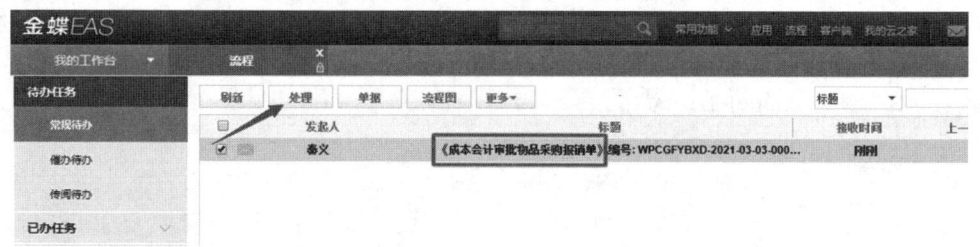

图4-56　金蝶EAS物品采购报销单已提交界面

提交成功物品采购报销单后，点击网页版EAS的安全退出，选择教师规定的数据中心，输入用户名xlh序号，无密码，然后点击登录，进入EAS系统操作界面。点击右上角的工具栏的【流程】，勾选刚才提交的物品采购报销单，点击【处理】，进入审批单据界面，如图4-57所示。

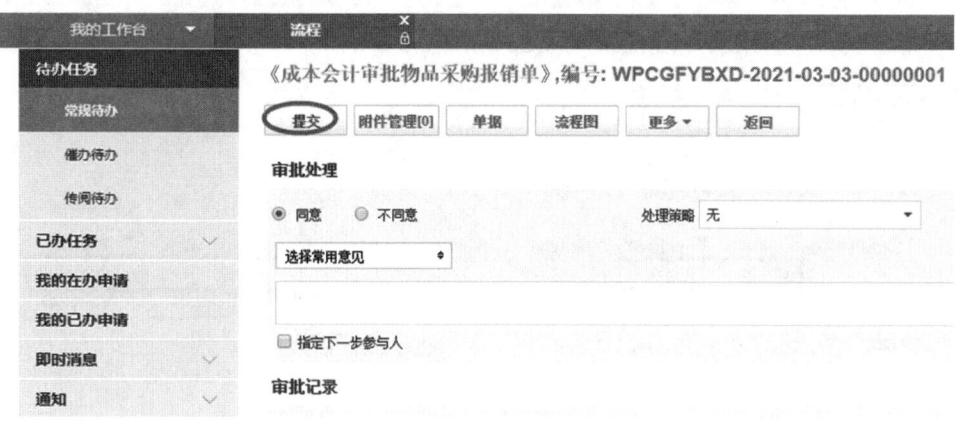

图4-57　金蝶EAS流程处理界面

根据企业费用管理规范，确认审批通过，则提交物品采购报销单完成审批流程，审批完成后则物品采购报销业务完结，如图4-58和图4-59所示。

图4-58　金蝶EAS提交审批界面

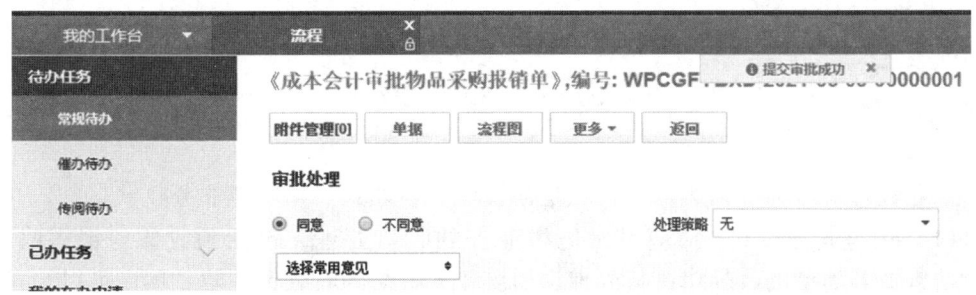

图 4–59　金蝶 EAS 审批完成—业务完结界面

依次打开【财务会计】—【费用管理】—【费用核算】—【物品采购报销单】，进入物品采购报销单查询界面，如图 4–60 所示。

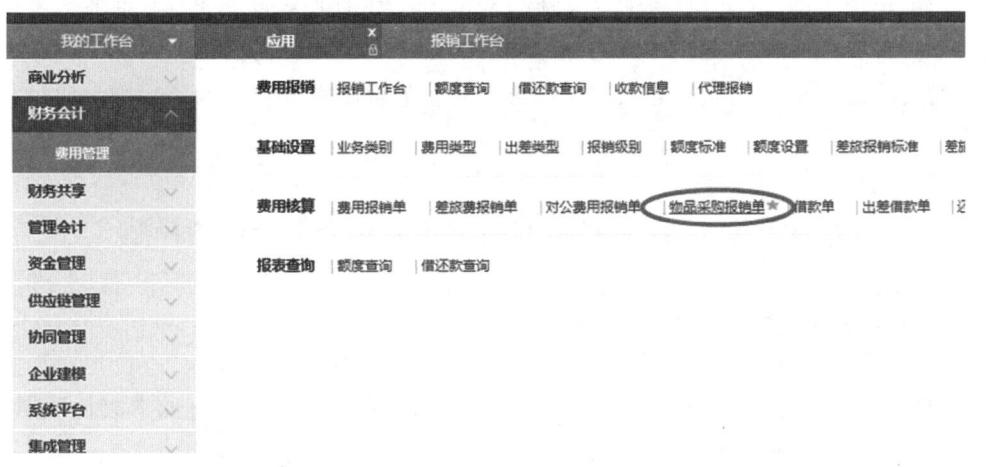

图 4–60　金蝶 EAS 物品采购报销单查询界面

进入物品采购报销单查询界面，展开过滤条件，选择日期为自定义，日期范围为 2021-01-01 至 2021-01-31，点击确定后，可以查询到单据状态为已审核的物品采购报销单，如图 4–61 所示。

图 4–61　金蝶 EAS 物品采购报销单审核通过界面

第七节　收款业务

企业收款可分为两大类业务：一是销售业务收款；二是其他业务收款。

（1）销售业务收款，对应日常销售业务的收款处理，包括预收款与销售收款，通过销售业务类型的收款单进行处理。销售业务收款的收款单，收款用途可以为预收款或者销售收款。

（2）其他业务收款，指除了企业日常销售业务收款之外的其他所有对外收款业务，其他业务收款的对象类型，包括客户、供应商、部门、员工以及其他往来单位等。其他业务类型的收款用途，包括罚款收入、利息收入、捐赠收入、其他等，同时支持用户根据企业实际情况自定义其他收款用途。其他业务收款通过其他业务类型的收款单进行处理。

需要注意的是，其他业务收款与销售业务收款都是对外收款业务，均是通过收款单进行处理。

案例任务一：（应）企业收到政府对创新企业的补贴

一、实验数据

2021年1月10日，收到政府对创新企业的补贴100万元，出纳李兴做收款单，财务经理邓永彬审核。

二、实验步骤

在EAS登录界面，选择教师规定的数据中心，用户名为lx序号，无密码，点击登录，进入EAS操作界面，如图4-62所示。

图4-62　金蝶EAS登录界面

点击右上角工具栏的【应用】后,依次点击【财务会计】—【出纳管理】—【收付款处理】—【收款单处理】,进入收款单查询界面,如图 4-63 所示。

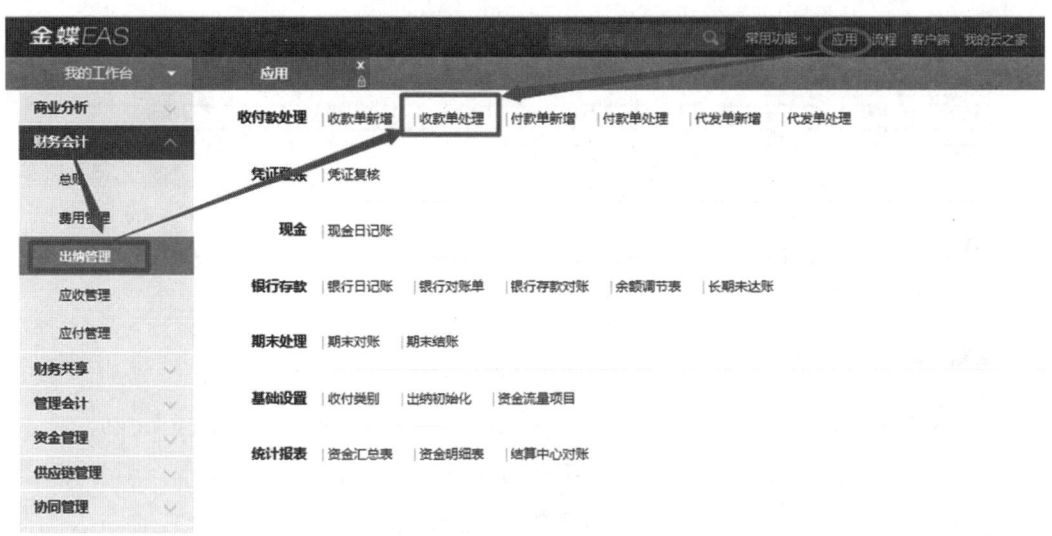

图 4-63　金蝶 EAS 应用—财务会计—出纳管理—收付款处理—收款单处理界面

在收款单查询界面,点击工具栏的【新增】进入收款单新增界面,如图 4-64 所示。

图 4-64　金蝶 EAS 收款单新增界面

按实验数据录入收款单,选择业务日期为 2021-01-10,收款类型为政府补贴,收款账户为工商银行罗湖支行,确认收款银行为工商银行,收款科目为银行存款,选择往来类型为其他,输入付款单位为深圳市人民政府,输入金额为 100 万元,选择对方科目为营业外收入,确认所有信息无误后,依次单击保存、提交,如图 4-65 和图 4-66 所示。

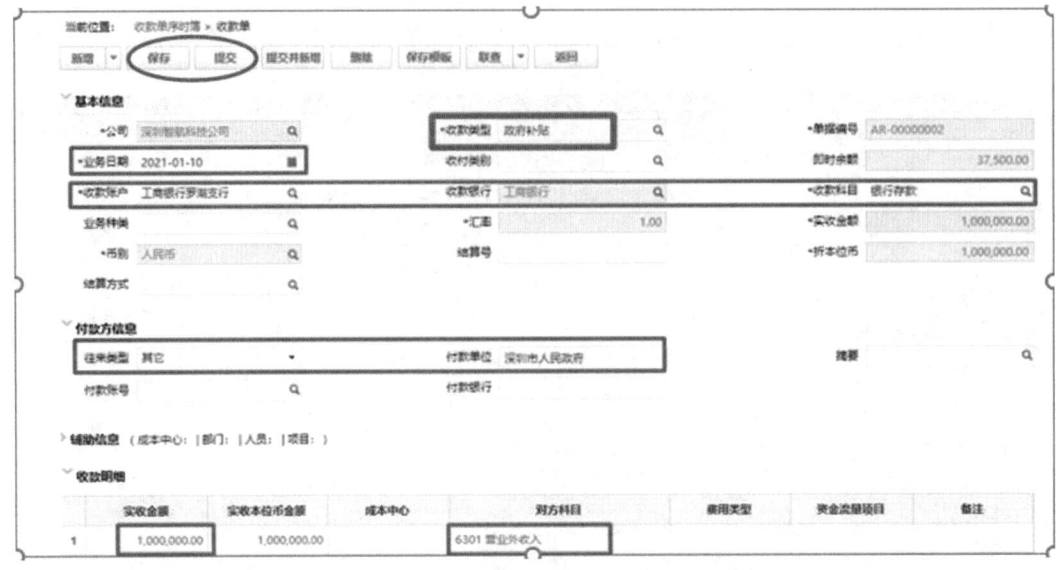

图 4-65 金蝶 EAS 收款单录入界面

图 4-66 金蝶 EAS 收款单提交界面

切换用户至 dyb 序号进行单据审批，如图 4-67 所示。

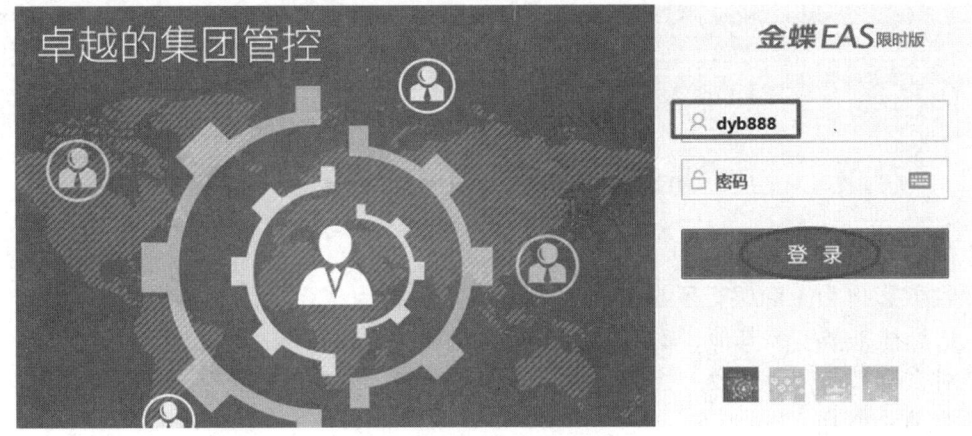

图 4-67 金蝶 EAS 登录界面

点击右上角的工具栏的【流程】，勾选刚才提交的收款单，点击【处理】，进入审批单据界面，如图 4-68 所示。

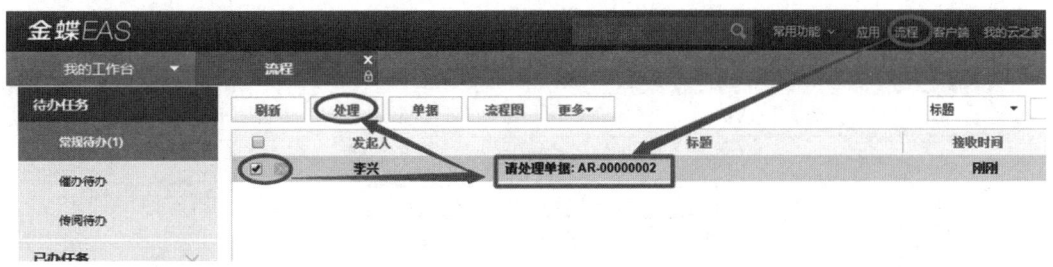

图 4-68　金蝶 EAS 流程处理界面

根据企业收款业务规范，确认审批通过，则提交收款单完成审批流程，审批完成后则收款业务完结，如图 4-69 和图 4-70 所示。

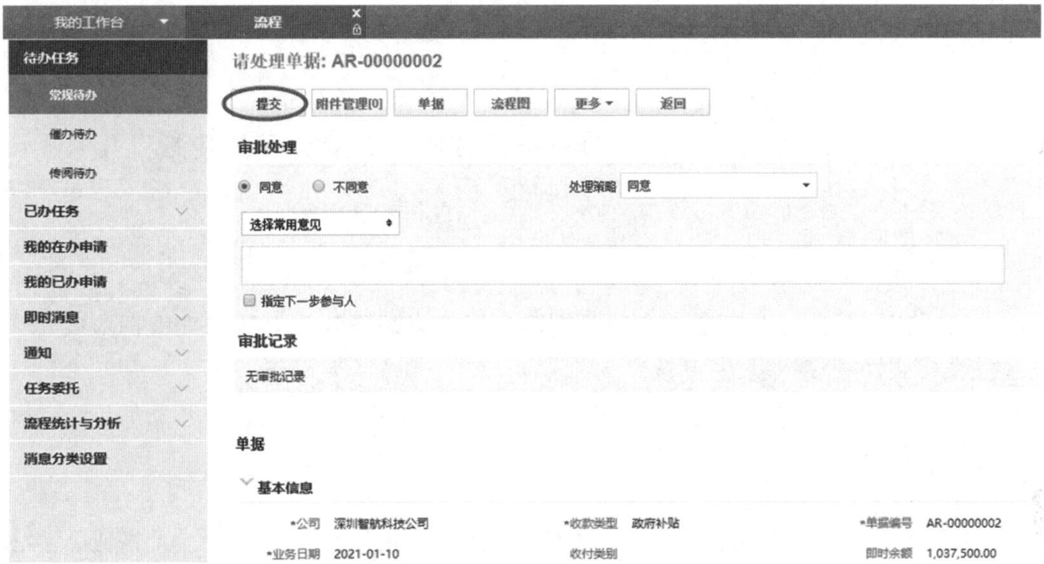

图 4-69　金蝶 EAS 提交审批界面

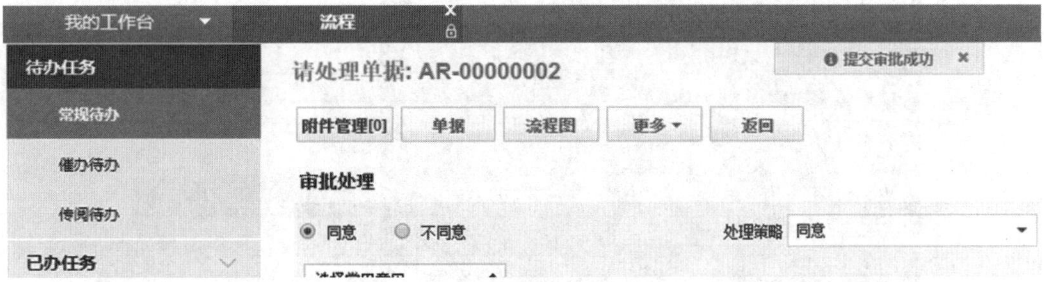

图 4-70　金蝶 EAS 审批完成—业务完结界面

返回收款单查询界面,可以看到已经审核成功的收款单,单据状态为已审批,如图4-71所示。

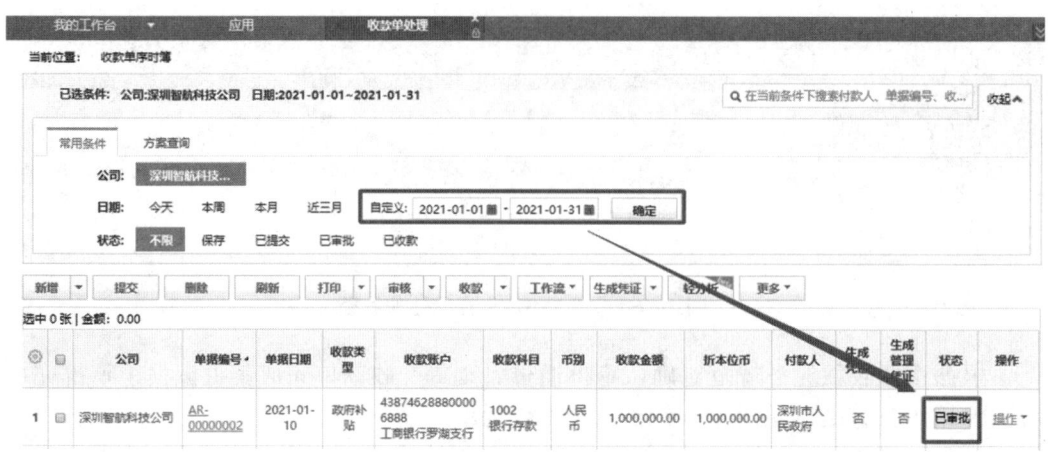

图4-71　金蝶EAS收款单已审批界面

案例任务二:(应)收到哈博森股份有限公司的货款

一、实验数据

2021年1月26日收到哈博森股份有限公司发来的货款,出纳李兴根据应收单生成收款单,财务经理邓永彬审核。

二、实验步骤

在EAS登录界面,选择教师规定的数据中心,用户名为lx序号,无密码,点击登录,进入EAS操作界面,如图4-72所示。

图4-72　金蝶EAS登录界面

点击右上角工具栏的【应用】后，依次点击【财务会计】—【应收管理】—【应收业务处理】—【应收单维护】，进入应收单查询界面，如图 4-73 所示。

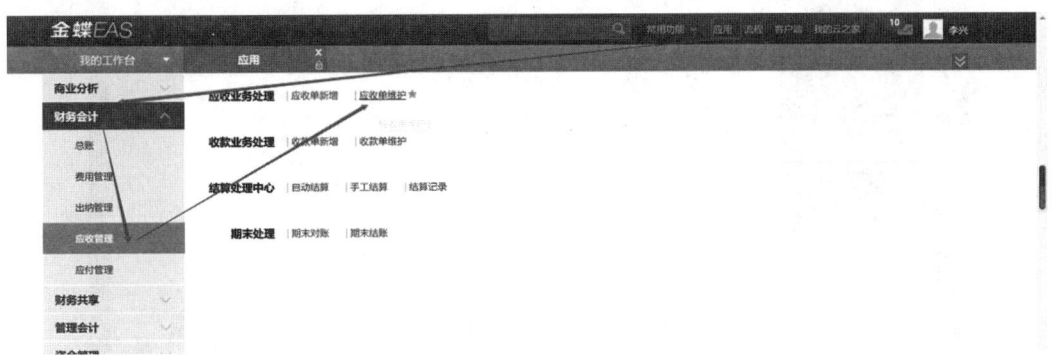

图 4-73　金蝶 EAS 应用—财务会计—应收管理—应收业务处理—应收单维护界面

在应收单查询界面，点击方案查询，选择时间介于 2021-01-01 与 2021-01-31，点击查询出 1 月全部的应收单，如图 4-74 所示。

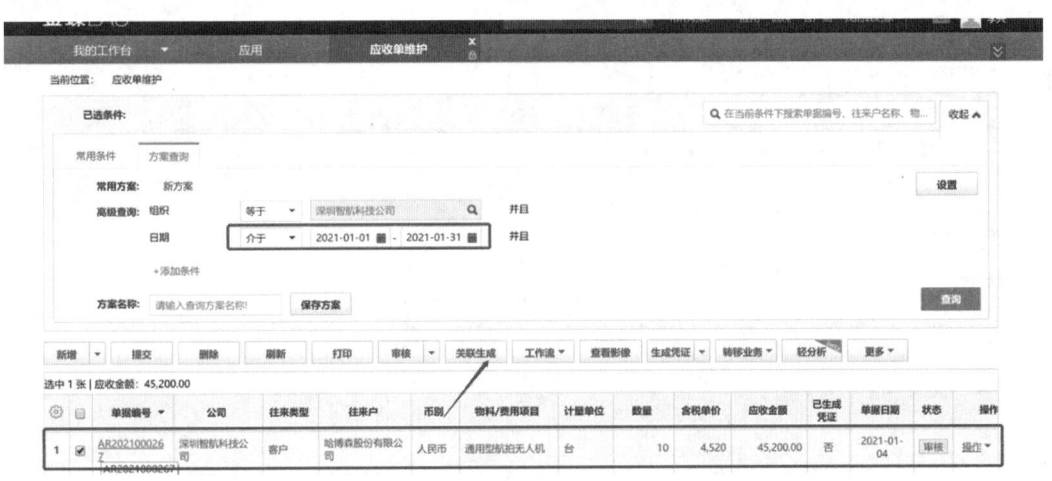

图 4-74　金蝶 EAS 应收单查询界面

按实验数据选择哈博森股份有限公司的应收单，点击关联生成，选择目标单据为收款单，如图 4-75 所示。

在关联生成的收款单中，根据实验数据，选择业务日期为 2021-01-26，收款类型为销售回款，收款账户为工商银行罗湖支行，确认收款银行为工商银行，收款科目为银行存款，选择往来类型为客户，选择付款单位为哈博森股份有限公司，输入金额为 45,200 元，选择对方科目为应收账款，确认所有信息无误后，依次单击保存、提交，如图 4-76 所示。

切换用户至 dyb 序号进行单据审批。点击右上角的工具栏的【流程】，勾选刚才提交的收款单，点击【处理】，进入审批单据界面，如图 4-77 所示。

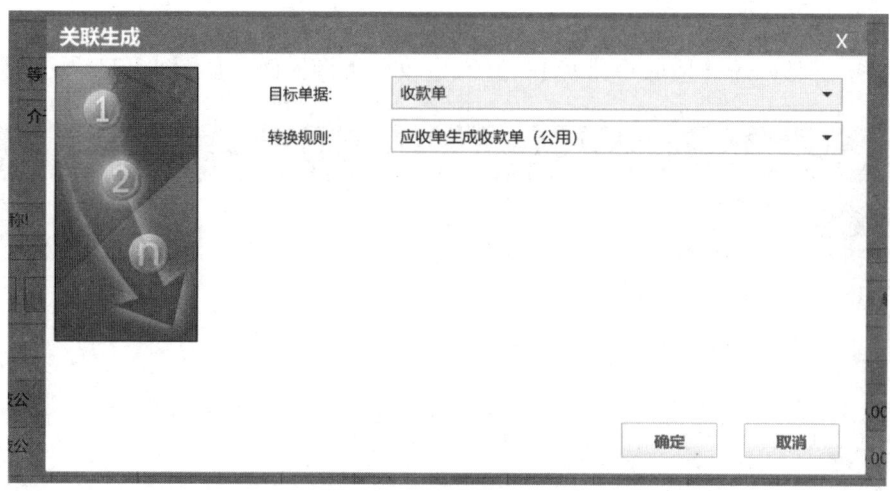

图 4-75 金蝶 EAS 应收单关联生成收款单界面

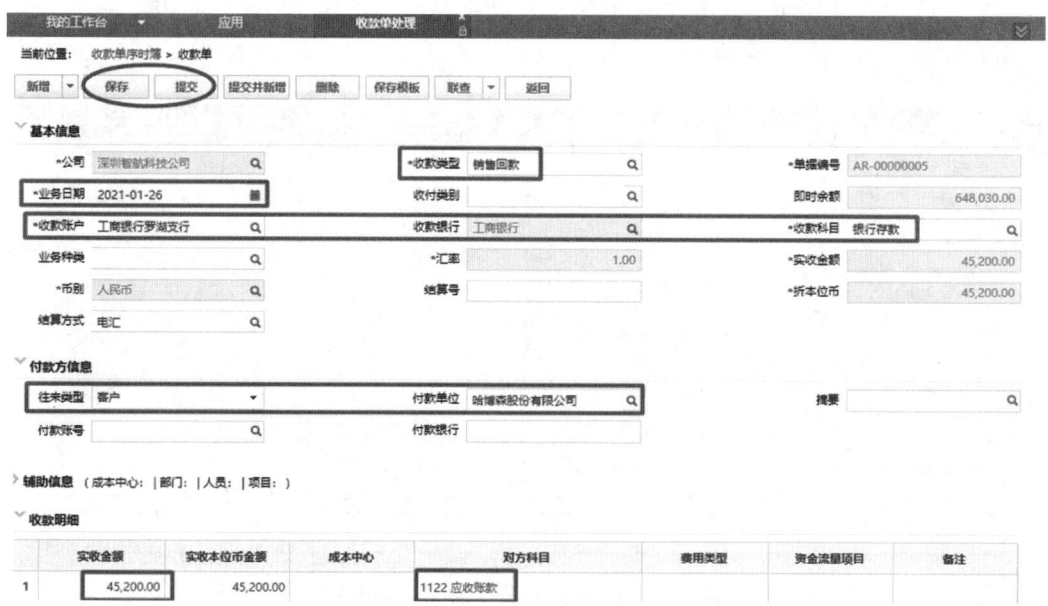

图 4-76 金蝶 EAS 收款单录入界面

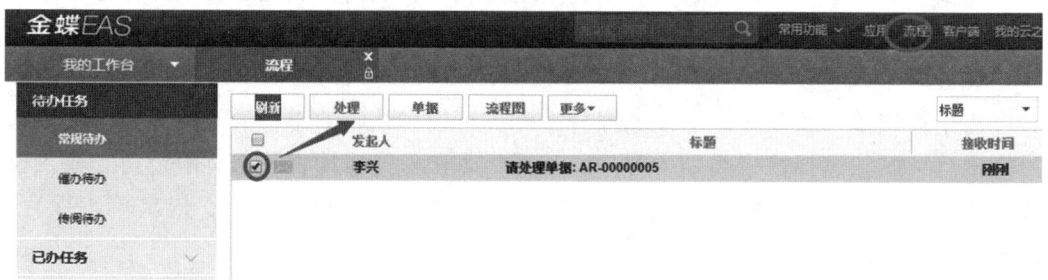

图 4-77 金蝶 EAS 流程处理界面

根据企业收款业务规范，确认审批通过，则提交收款单完成审批流程，审批完成后则收款业务完结，如图 4-78 所示。

图 4-78　金蝶 EAS 提交审批界面

返回收款单查询界面，可以看到已经审核成功的收款单，单据状态为已审批，如图 4-79 所示。

图 4-79　金蝶 EAS 收款单已审批界面

第八节 付款业务

企业付款可分为两大类付款：一是采购业务付款；二是其他业务付款。

（1）采购业务付款，对应日常采购业务的付款处理，包括预付款与采购付款，通过采购业务类型的付款单进行处理。采购业务付款的付款单，付款用途可以为预付款或者采购付款。

（2）其他业务付款，指除了企业日常采购业务付款之外的其他所有对外付款业务。其他业务付款的对象类型，包括客户、供应商、部门、员工以及其他往来单位等。其他业务类型的付款用途，包括工资发放、费用报销、个人借款、购买发票、银行手续费、罚款支出以及其他等，同时支持用户根据企业实际情况自定义其他付款用途。其他业务付款通过其他业务类型的付款单进行处理。

需要注意的是，其他业务付款与采购业务付款都是对外付款业务，均是通过付款单进行处理。

案例任务一：（应）企业购买特殊原材料，支付预付款

一、实验数据

2021年1月4日，根据与深圳赛格电子有限公司签订的采购合同付款条款，支付给供应商预付款10万元，出纳李兴填写付款单，财务经理邓永彬审核。

二、实验步骤

在EAS登录界面，选择教师规定的数据中心，用户名为lx序号，无密码，点击登录，进入EAS操作界面。点击右上角工具栏的【应用】后，依次点击【财务会计】—【出纳管理】—【收付款处理】—【付款单处理】，进入付款单查询界面，如图4-80所示。

在付款单查询界面，点击工具栏的【新增】进入付款单新增界面，如图4-81所示。

按实验数据录入付款单，选择业务日期为2021-01-04，付款类型为预付款，付款账户为工商银行罗湖支行，确认付款银行为工商银行，付款科目为银行存款，选择往来类型为供应商，选择收款人名称为深圳赛格电子有限公司，输入金额为100,000元，选择对方科目为预付账款，确认所有信息无误后，依次单击保存、提交，如图4-82所示。

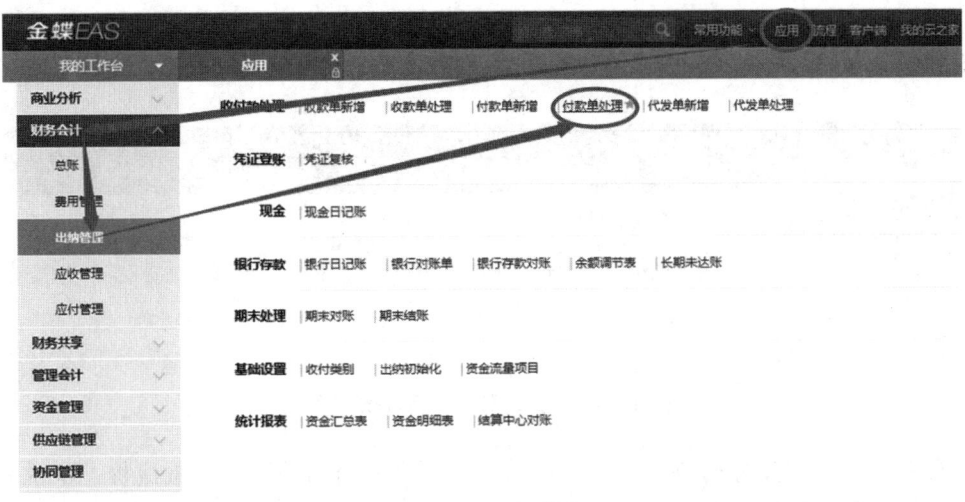

图4-80　金蝶EAS应用—财务会计—出纳管理—收付款处理—付款单处理界面

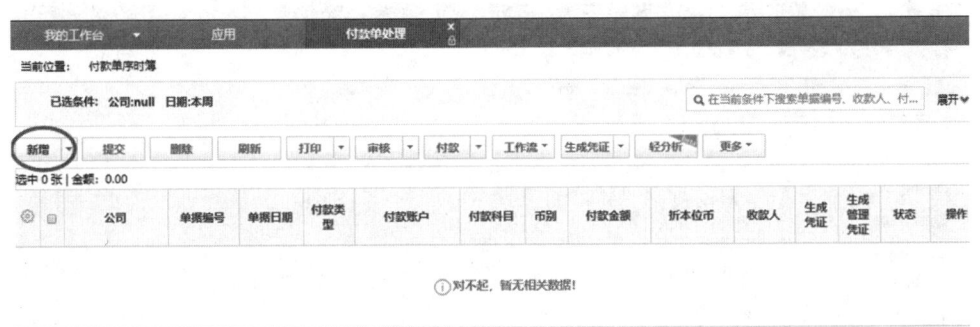

图4-81　金蝶EAS付款单新增界面

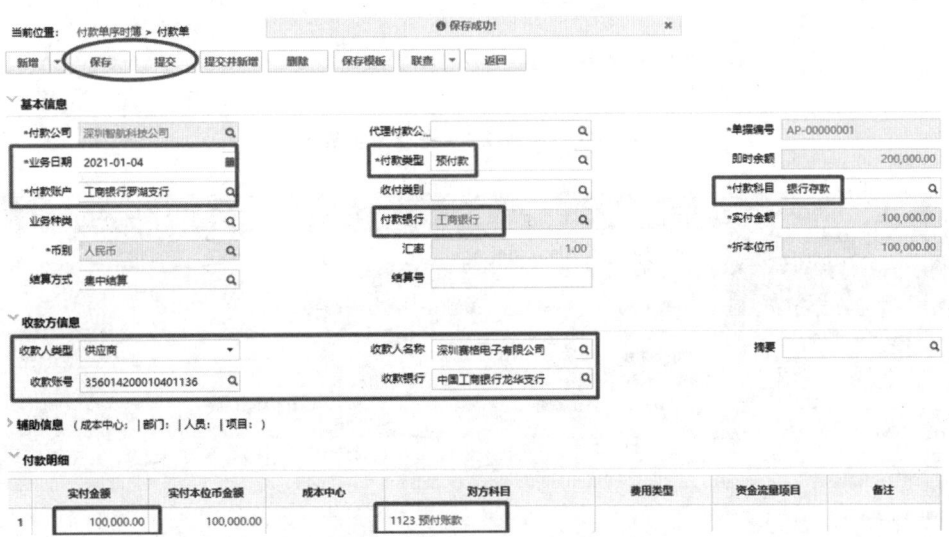

图4-82　金蝶EAS付款单录入界面

切换用户至 dyb 序号进行单据审批。点击右上角的工具栏的【流程】，勾选刚才提交的付款单，点击【处理】，进入审批单据界面，如图 4-83 所示。

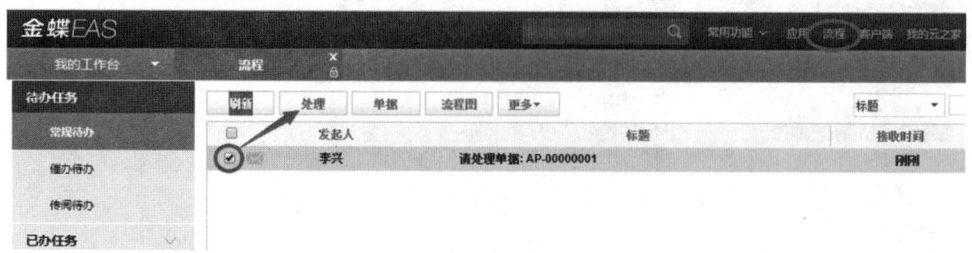

图 4-83　金蝶 EAS 流程处理界面

根据企业付款业务规范，确认审批通过，则提交付款单完成审批流程，审批完成后则付款业务完结，如图 4-84 和图 4-85 所示。

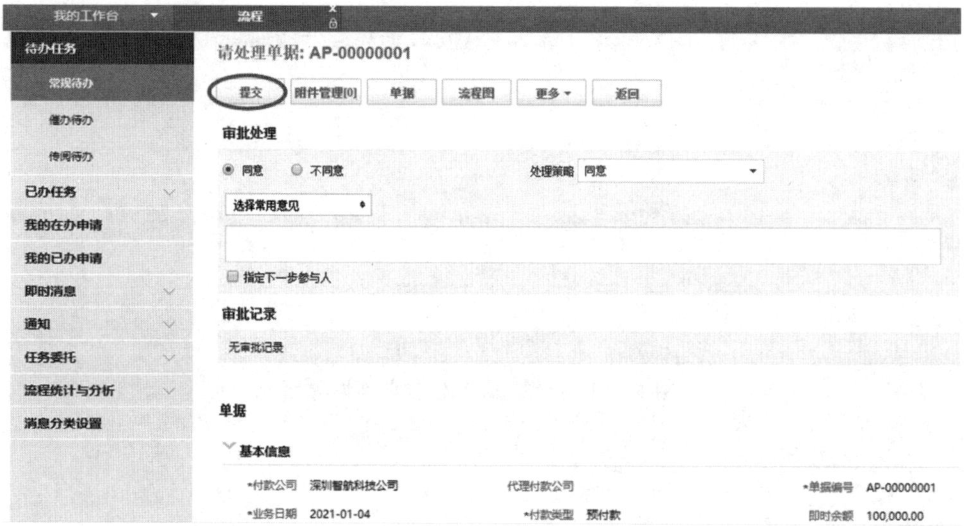

图 4-84　金蝶 EAS 提交审批界面

图 4-85　金蝶 EAS 审批完成—业务完结界面

返回付款单查询界面，可以看到已经审核成功的付款单，单据状态为已审批，如图 4-86 所示。

图 4-86　金蝶 EAS 付款单已审批界面

案例任务二：（应）公司领导决定对公益事业进行捐款

一、实验数据

2021 年 1 月 25 日，公司为支援抗疫的深圳医疗队捐献 30 万元购买物资，出纳李兴填写付款单，财务经理邓永彬审核。

二、实验步骤

在 EAS 登录界面，选择教师规定的数据中心，用户名为 lx 序号，无密码，点击登录，进入 EAS 操作界面。点击右上角工具栏的【应用】后，依次点击【财务会计】—【出纳管理】—【收付款处理】—【付款单处理】，进入付款单查询界面，如图 4-87 所示。

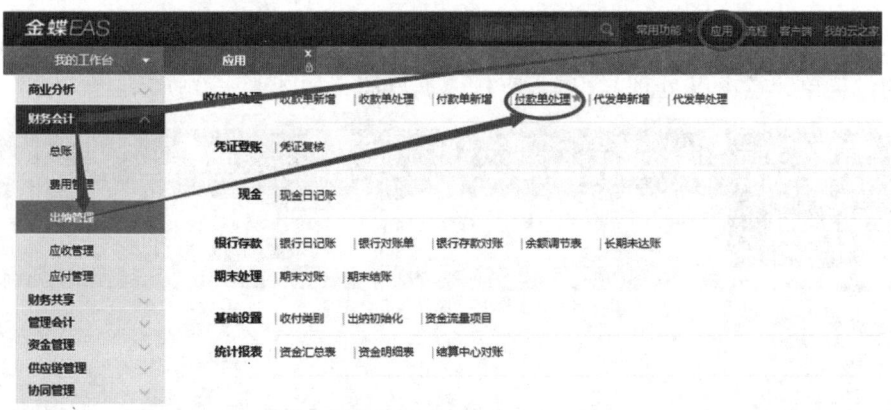

图 4-87　金蝶 EAS 应用—财务会计—出纳管理—收付款处理—付款单处理界面

在付款单查询界面,点击工具栏的【新增】进入付款单新增界面,如图4-88所示。

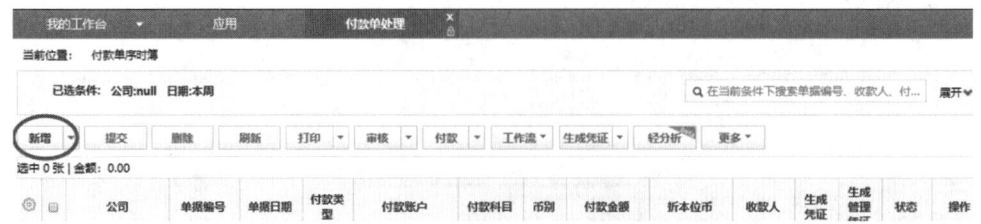

图4-88 金蝶EAS付款单新增界面

按实验数据录入付款单,选择业务日期为2021-01-25,付款类型为公益捐款,付款账户为工商银行罗湖支行,确认付款银行为工商银行,付款科目为银行存款,选择往来类型为其他,输入收款人名称为深圳医疗队,输入金额为300,000元,选择对方科目为营业外支出,确认所有信息无误后,依次单击保存、提交,如图4-89所示。

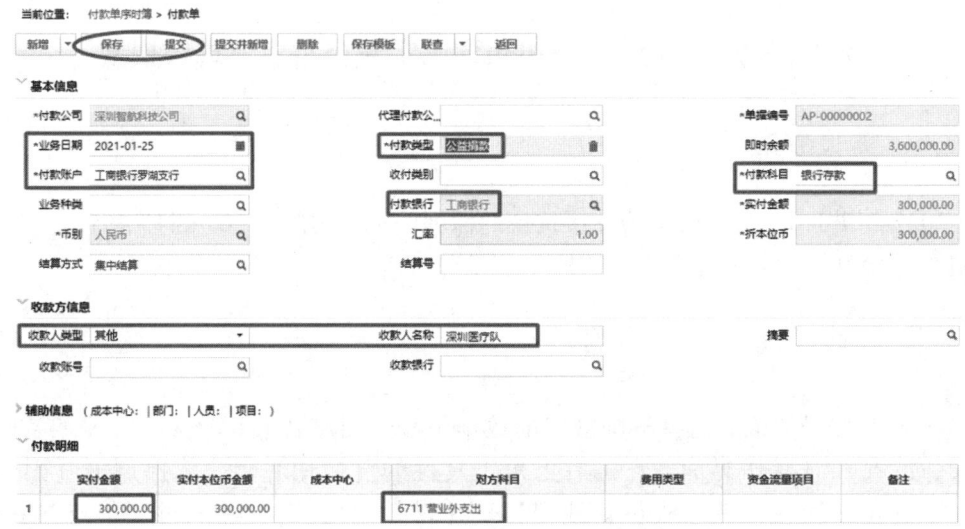

图4-89 金蝶EAS付款单录入界面

切换用户至dyb序号进行单据审批。点击右上角的工具栏的【流程】,勾选刚才提交的付款单,点击【处理】,进入审批单据界面,如图4-90所示。

图4-90 金蝶EAS流程处理界面

根据企业付款业务规范，确认审批通过，则提交付款单完成审批流程，审批完成后则付款业务完结，如图 4-91 所示。

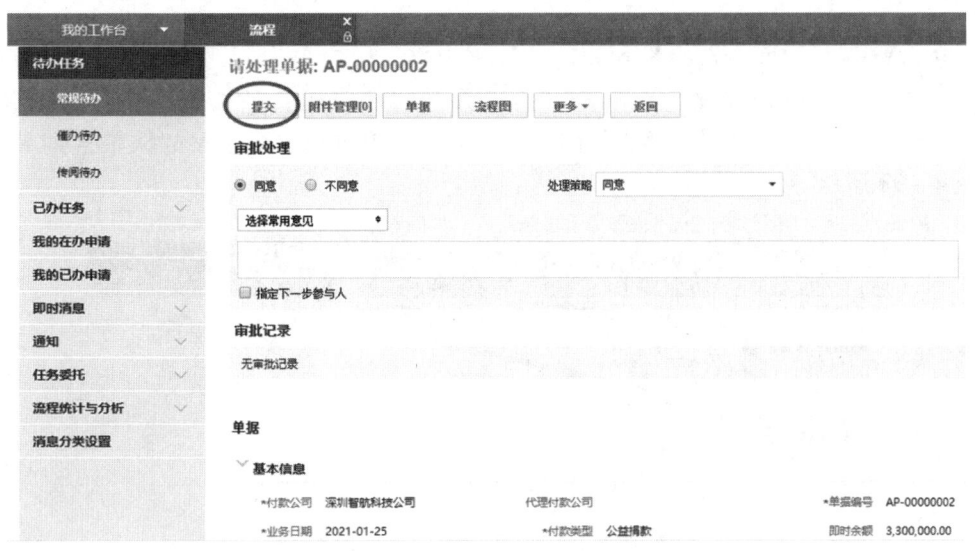

图 4-91　金蝶 EAS 提交审批界面

返回付款单查询界面，可以看到已经审核成功的付款单，单据状态为已审批，如图 4-92 所示。

图 4-92　金蝶 EAS 付款单已审批界面

案例任务三：（应）出纳支付费用报销款

一、实验数据

2021 年 1 月 16 日，费用报销单审核通过，出纳李兴做付款单支付秦义招待客户费用 800 元，财务经理邓永彬审核。

二、实验步骤

在 EAS 登录界面，选择教师规定的数据中心，用户名为 lx 序号，无密码，点击登录，进入 EAS 操作界面。点击右上角工具栏的【应用】后，依次点击【财务会计】—【出纳管理】—【收付款处理】—【付款单处理】，进入付款单查询界面，如图 4-93 所示。

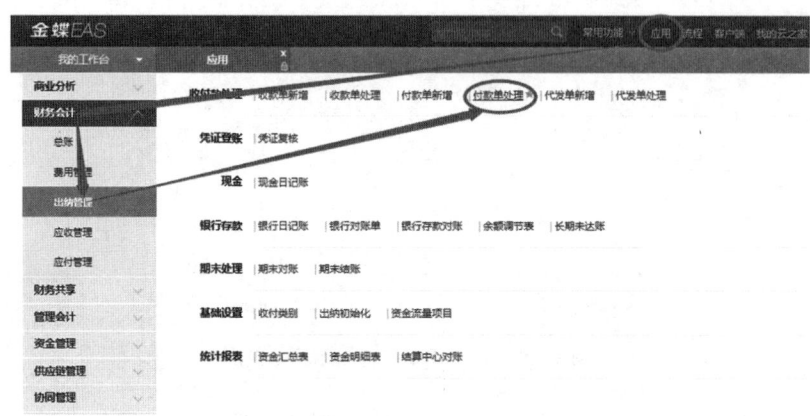

图 4-93 金蝶 EAS 应用—财务会计—出纳管理—收付款处理—付款单处理界面

在付款单查询界面，点击工具栏的【新增】进入付款单新增界面。按实验数据录入付款单，选择业务日期为 2021-01-16，付款类型为费用报销，付款账户为工商银行罗湖支行，确认付款银行为工商银行，付款科目为银行存款，选择往来类型为其他，输入收款人名称为秦义，输入金额为 800 元，选择对方科目为销售费用——业务招待费，确认所有信息无误后，依次单击保存、提交，如图 4-94 所示。

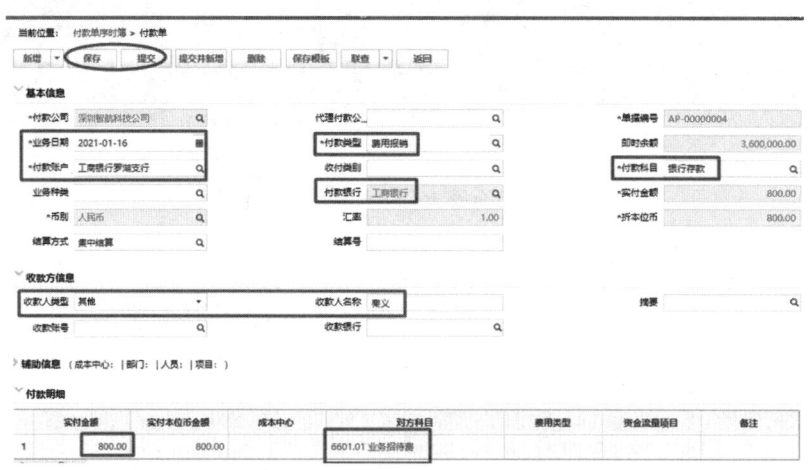

图 4-94 金蝶 EAS 付款单录入界面

切换用户至 dyb 序号进行单据审批。点击右上角的工具栏的【流程】，勾选刚才提交的付款单，点击【处理】，进入审批单据界面，如图 4-95 所示。

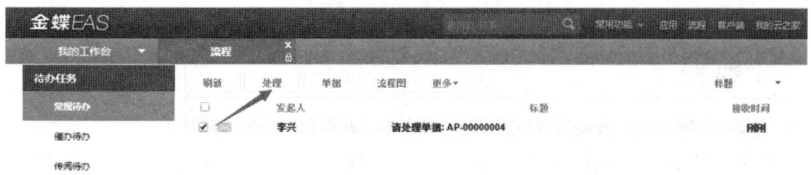

图 4-95　金蝶 EAS 流程处理界面

根据企业付款业务规范，确认审批通过，则提交付款单完成审批流程，审批完成后则付款业务完结，如图 4-96 所示。

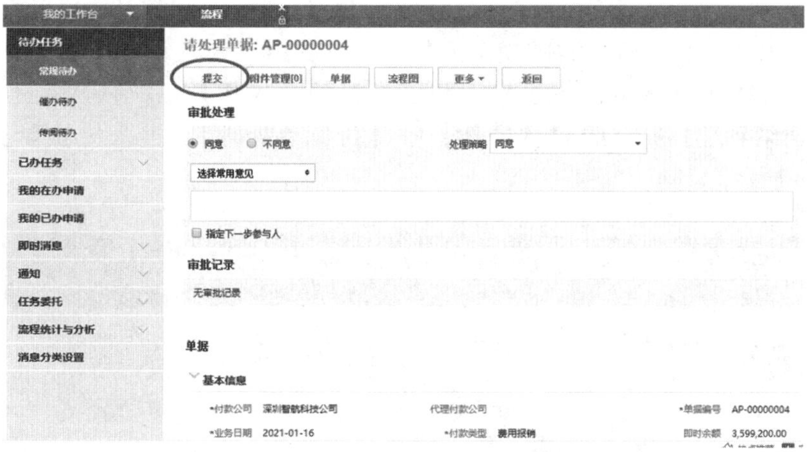

图 4-96　金蝶 EAS 提交审批界面

返回付款单查询界面，可以看到已经审核成功的付款单，单据状态为已审批，如图 4-97 所示。

图 4-97　金蝶 EAS 付款单已审批界面

案例任务四：（应）出纳支付对公费用报销款

一、实验数据

2021年1月10日，租金支付的对公费用报销单审核通过，出纳李兴做付款单支付给深圳市小美家园有限公司办公室租金款6万元，财务经理邓永彬审核（该业务是B013对公费用报销对应）。

二、实验步骤

在EAS登录界面，选择教师规定的数据中心，用户名为lx序号，无密码，点击登录，进入EAS操作界面。点击右上角工具栏的【应用】后，依次点击【财务会计】—【出纳管理】—【收付款处理】—【付款单处理】，进入付款单查询界面，如图4-98所示。

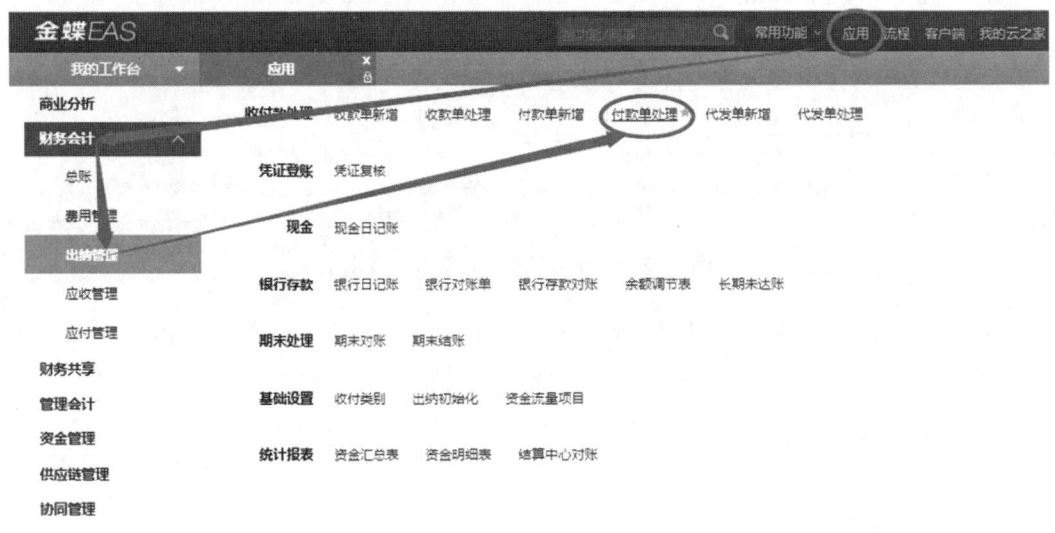

图4-98 金蝶EAS应用—财务会计—出纳管理—收付款处理—付款单处理界面

在付款单查询界面，点击工具栏的【新增】进入付款单新增界面。在付款单查询界面，点击工具栏的【新增】进入付款单新增界面。按实验数据录入付款单，选择业务日期为2021-01-10，付款类型为费用报销，付款账户为工商银行罗湖支行，确认付款银行为工商银行，付款科目为银行存款，选择往来类型为其他，输入收款人名称为深圳市小美家园有限公司，输入金额为60,000元，选择对方科目为管理费用——租金，确认所有信息无误后，依次单击保存、提交，如图4-99所示。

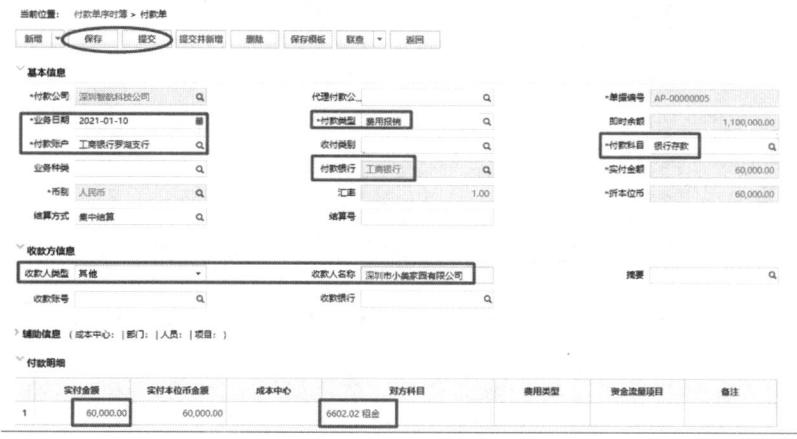

图 4-99　金蝶 EAS 付款单录入界面

切换用户至 dyb 序号进行单据审批。点击右上角的工具栏的【流程】，勾选刚才提交的付款单，点击【处理】，进入审批单据界面，如图 4-100 所示。

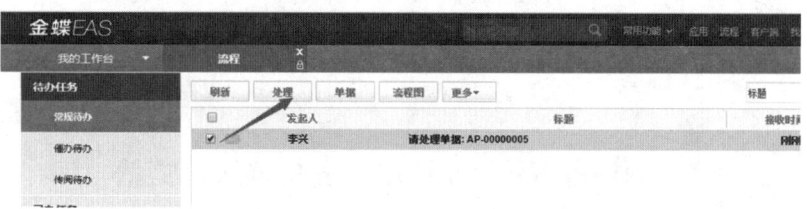

图 4-100　金蝶 EAS 流程处理界面

根据企业付款业务规范，确认审批通过，则提交付款单完成审批流程，审批完成后则付款业务完结，如图 4-101 所示。

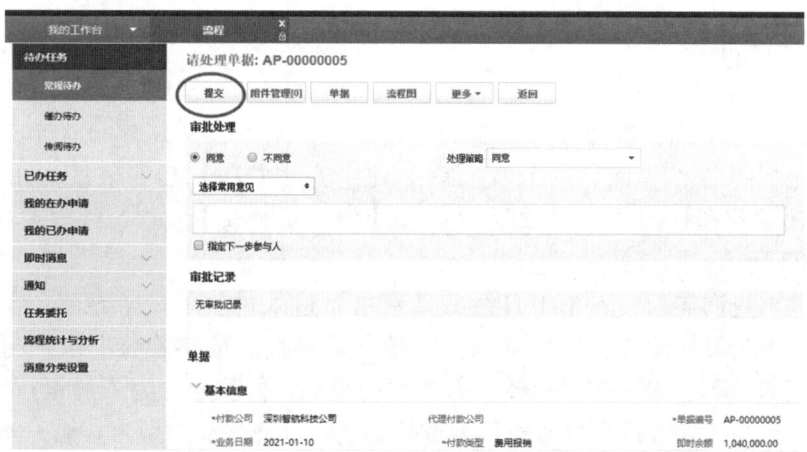

图 4-101　金蝶 EAS 提交审批界面

返回付款单查询界面，可以看到已经审核成功的付款单，单据状态为已审批，如图4-102所示。

图4-102　金蝶EAS付款单已审批界面

案例任务五：（应）出纳支付差旅报销款

一、实验数据

2021年1月20日，差旅报销单审核通过，出纳李兴做付款单支付秦义的出差费用3,920元，财务经理邓永彬审核（该业务和B015差旅报销单对应）。

二、实验步骤

在EAS登录界面，选择教师规定的数据中心，用户名为lx序号，无密码，点击登录，进入EAS操作界面。点击右上角工具栏的【应用】后，依次点击【财务会计】—【出纳管理】—【收付款处理】—【付款单处理】，进入付款单查询界面，如图4-103所示。

在付款单查询界面，点击工具栏的【新增】进入付款单新增界面。在付款单查询界面，点击工具栏的【新增】进入付款单新增界面。按实验数据录入付款单，选择业务日期为2021-01-20，付款类型为费用报销，付款账户为工商银行罗湖支行，确认付款银行为工商银行，付款科目为银行存款，选择往来类型为其他，输入收款人名称为秦义，输入金额为3,920元，选择对方科目为销售费用——差旅费，确认所有信息无误后，依次单击保存、提交，如图4-104所示。

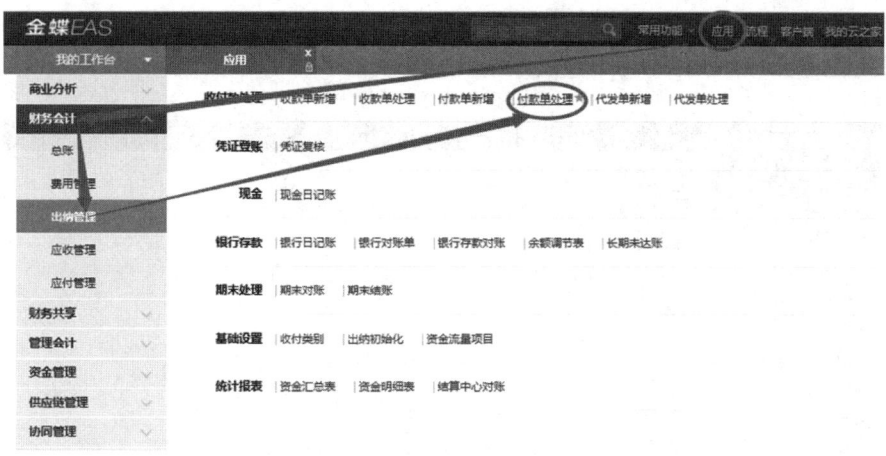

图 4–103　金蝶 EAS 应用—财务会计—出纳管理—收付款处理—付款单处理界面

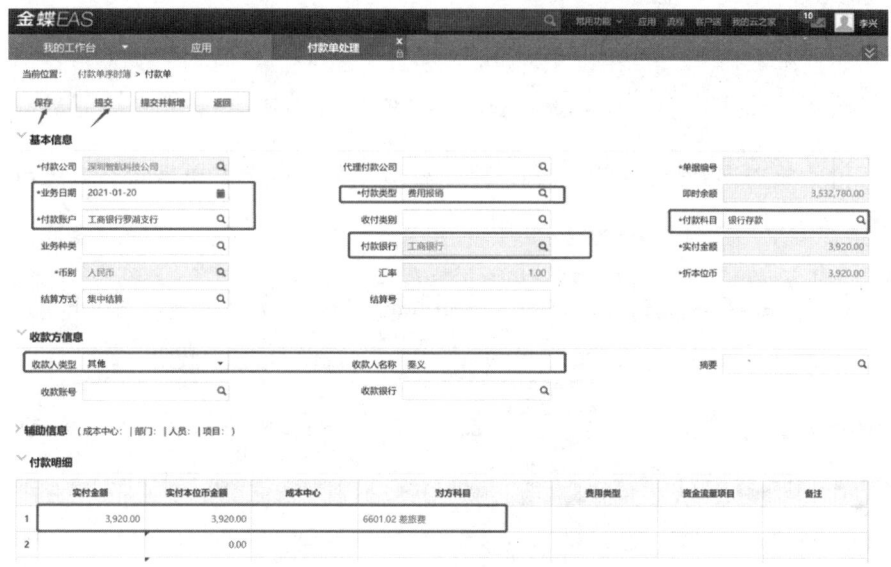

图 4–104　金蝶 EAS 付款单录入界面

切换用户至 dyb 序号进行单据审批。点击右上角的工具栏的【流程】，勾选刚才提交的付款单，点击【处理】，进入审批单据界面，如图 4–105 所示。

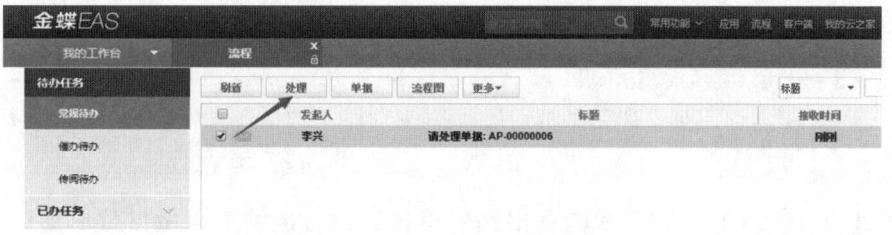

图 4–105　金蝶 EAS 流程处理界面

根据企业付款业务规范，确认审批通过，则提交付款单完成审批流程，审批完成后则付款业务完结，如图 4－106 所示。

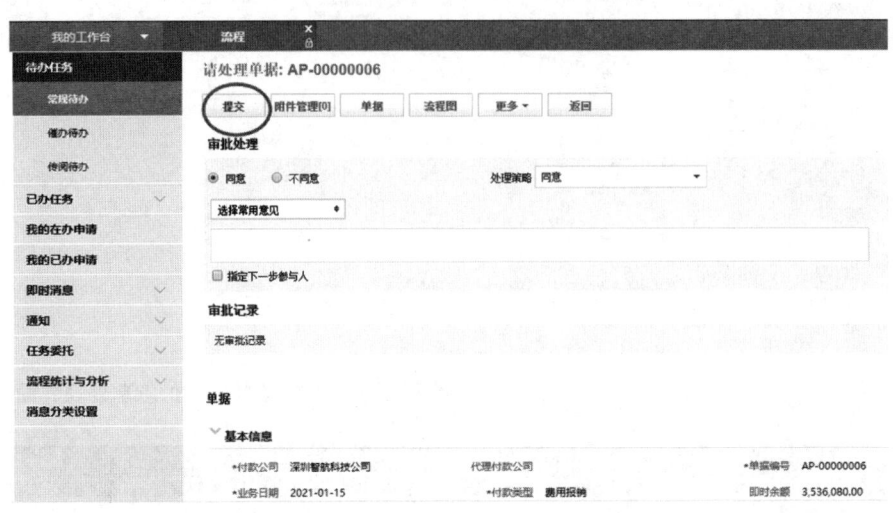

图 4－106 金蝶 EAS 提交审批界面

返回付款单查询界面，可以看到已经审核成功的付款单，单据状态为已审批，如图 4－107 所示。

		公司	单据编号	单据日期	付款类型	付款账户	付款科目	币别	付款金额	折本位币	收款人	生成凭证	生成管理凭证	状态	操作
1		深圳智航科技公司	AP-00000001	2021-01-04	预付款	438746288800006888 工商银行罗湖支行	1002 银行存款	人民币	100,000.00	100,000.00	深圳赛格电子有限公司	否	否	已审批	操作
2		深圳智航科技公司	AP-00000002	2021-01-25	公益捐款	438746288800006888 工商银行罗湖支行	1002 银行存款	人民币	300,000.00	300,000.00	深圳医疗队	否	否	已审批	操作
3		深圳智航科技公司	AP-00000003	2021-01-26	采购付款	438746288800006888 工商银行罗湖支行	1002 银行存款	人民币	84,750.00	84,750.00	德瑞制造公司	否	否	已审批	操作
4		深圳智航科技公司	AP-00000004	2021-01-16	费用报销	438746288800006888 工商银行罗湖支行	1002 银行存款	人民币	800.00	800.00	秦义	否	否	已审批	操作
5		深圳智航科技公司	AP-00000005	2021-01-10	费用报销	438746288800006888 工商银行罗湖支行	1002 银行存款	人民币	60,000.00	60,000.00	深圳市小美家园有限公司	否	否	已审批	操作
6		深圳智航科技公司	AP-00000006	2021-01-15	费用报销	438746288800006888 工商银行罗湖支行	1002 银行存款	人民币	3,920.00	3,920.00	秦义	否	否	已审批	操作

图 4－107 金蝶 EAS 付款单已审批界面

案例任务六：（应）出纳支付物品采购报销款

一、实验数据

2021 年 1 月 7 日，物品采购费报销单审核通过，出纳李兴做付款单支付零星采购的员工文化衫费用，财务经理邓永彬审核（该案例和物品采购报销单对应）。

二、实验步骤

在 EAS 登录界面，选择教师规定的数据中心，用户名为 lx 序号，无密码，点击登录，进入 EAS 操作界面。点击右上角工具栏的【应用】后，依次点击【财务会计】—【出纳管理】—【收付款处理】—【付款单处理】，进入付款单查询界面，如图 4-108 所示。

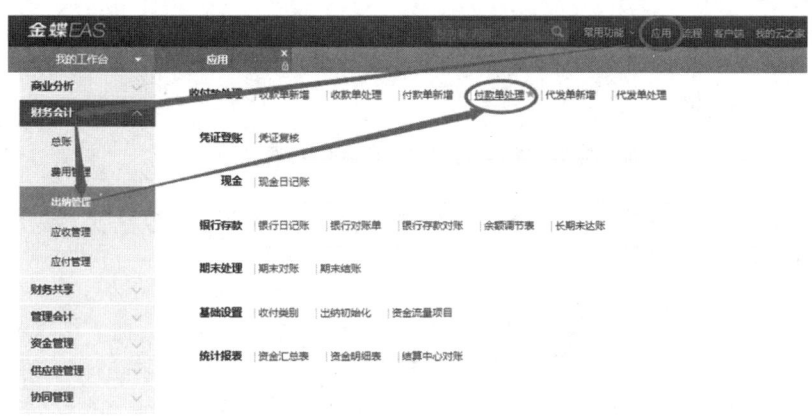

图 4-108　金蝶 EAS 应用—财务会计—出纳管理—收付款处理—付款单处理界面

在付款单查询界面，点击工具栏的【新增】进入付款单新增界面。在付款单查询界面，点击工具栏的【新增】进入付款单新增界面。按实验数据录入付款单，选择业务日期为 2021-01-07，付款类型为费用报销，付款账户为工商银行罗湖支行，确认付款银行为工商银行，付款科目为银行存款，选择往来类型为其他，输入收款人名称为秦义，输入金额为 2,500 元，选择对方科目为管理费用——员工文化衫，确认所有信息无误后，依次单击保存、提交，如图 4-109 所示。

图 4-109　金蝶 EAS 付款单录入界面

切换用户至 dyb 序号进行单据审批。点击右上角的工具栏的【流程】，勾选刚才提交的付款单，点击【处理】，进入审批单据界面，如图 4－110 所示。

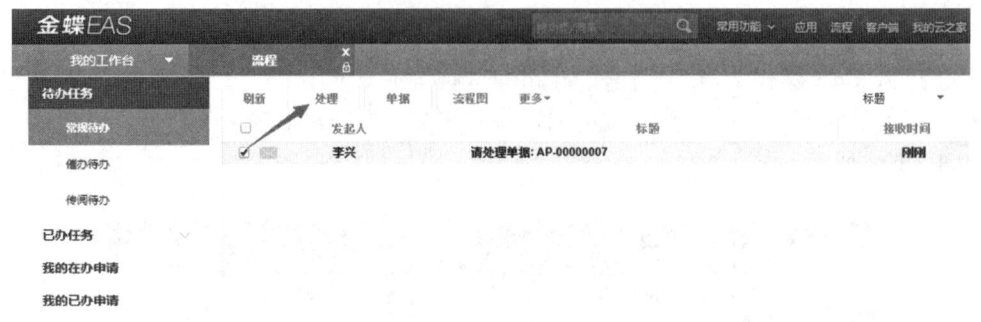

图 4－110　金蝶 EAS 流程处理界面

返回付款单查询界面，可以看到已经审核成功的付款单，单据状态为已审批，如图 4－111 所示。

	公司	单据编号	单据日期	付款类型	付款账户	付款科目	币别	付款金额	折本位币	收款人	生成凭证	生成管理凭证	状态	操作
1	深圳智航科技公司	AP-00000001	2021-01-04	预付款	438746288800006888 工商银行罗湖支行	1002 银行存款	人民币	100,000.00	100,000.00	深圳赛格电子有限公司	否	否	已审批	操作
2	深圳智航科技公司	AP-00000002	2021-01-25	公益捐款	438746288800006888 工商银行罗湖支行	1002 银行存款	人民币	300,000.00	300,000.00	深圳医疗队	否	否	已审批	操作
3	深圳智航科技公司	AP-00000003	2021-01-26	采购付款	438746288800006888 工商银行罗湖支行	1002 银行存款	人民币	84,750.00	84,750.00	德瑞制造公司	否	否	已审批	操作
4	深圳智航科技公司	AP-00000004	2021-01-16	费用报销	438746288800006888 工商银行罗湖支行	1002 银行存款	人民币	800.00	800.00	秦义	否	否	已审批	操作
5	深圳智航科技公司	AP-00000005	2021-01-10	费用报销	438746288800006888 工商银行罗湖支行	1002 银行存款	人民币	60,000.00	60,000.00	深圳市小美家园有限公司	否	否	已审批	操作
6	深圳智航科技公司	AP-00000006	2021-01-15	费用报销	438746288800006888 工商银行罗湖支行	1002 银行存款	人民币	3,920.00	3,920.00	秦义	否	否	已审批	操作
7	深圳智航科技公司	AP-00000007	2021-01-07	费用报销	438746288800006888 工商银行罗湖支行	1002 银行存款	人民币	2,500.00	2,500.00	秦义	否	否	已审批	操作

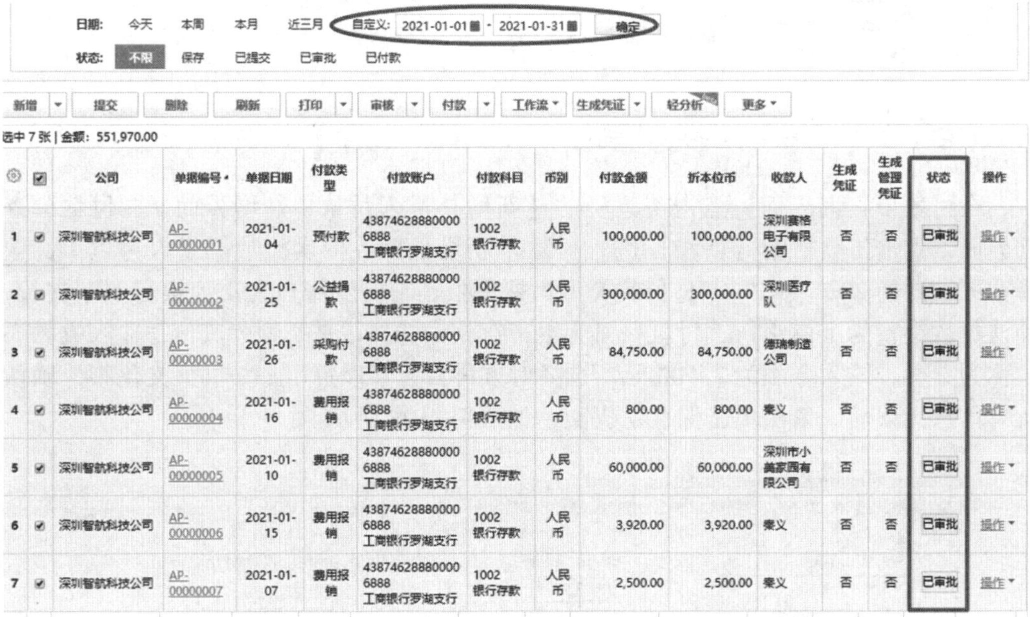

图 4－111　金蝶 EAS 付款单已审批界面

第五章　智能财务

【学习目标】

知识目标

(1) 理解记账机器人、对账机器人、报表机器人、收款机器人、付款机器人等的应用场景。

(2) 掌握智能财务机器人在不同业务条件下的实际操作流程。

能力目标

(1) 培养学生运用智能财务机器人处理财务问题的思维。

(2) 学生能够使用金蝶 EAS 软件进行财务业务的相关处理。

【课程导读】

在当今这个信息化高速发展的时代,财务工作也迎来了智能化变革的浪潮。想象一下,在一家大型企业的财务部门中,出纳员李兴正面临着海量的银行回单和原始票据处理任务。传统的手工核对与录入方式不仅耗时费力,还容易出错,给企业的财务管理带来了不小的挑战。

然而,随着智能财务技术的兴起,特别是财务机器人的广泛应用,这一困境得到了极大的改善。财务机器人以其高效、准确的特点,能够迅速处理大量的财务数据,从而出纳员李兴得以从烦琐的手工操作中解脱出来,将更多的精力投入到更具价值的财务分析与决策支持工作中。

本章将以财务机器人为核心,深入探讨智能财务在记账、对账、报表、收款等不同业务场景的应用。通过生动的案例和严谨的理论分析,帮助大家理解并掌握智能财务机器人的工作原理与操作技巧。

希望通过本节课的学习,大家能够深刻地认识到智能财务技术的重要性与必要性,积极投身于智能财务的实践与创新,为企业的财务管理和经济社会发展贡献自己的力量。

第一节　记账机器人

会计核算处理系统是以证—账—表为核心的有关企业财务信息加工系统。会计凭证是整个会计核算系统的主要数据来源,是整个核算系统的基础,会计凭证的正确性直接影响到整个会计信息系统的真实性、可靠性,因此,系统必须能保证会计凭证录入数据的正确性。

系统中凭证支持手工新增凭证和从其他业务系统生成。当业务发生时,用户可以根据业务单据直接在总账系统手工新增凭证,也可以从业务系统中根据单据直接生成总账凭证。从业务财务一体化的角度出发,凭证应该尽量来自业务系统的单据,保证业务和财务的一致性。智能记账的目的就是实现业务单据按正确的业务规则批量生成凭证,保证财务业务的统一性。

从出纳收款业务、付款业务、往来应收业务、应付业务这几个典型业务场景出发,会计凭证记账可以优先考虑将收款单、付款单、应收单、应付单这几个典型单据对应的财务处理通过智能记账来实现。

财务处理除了凭证的处理外,出纳还需要根据收付款单的情况做银行日记账、通过银行提供的电子对账单在系统中录入银行对账单,这两类出纳的记账业务也可以优先考虑通过智能记账来实现。

案例任务一:(应)银行日记账收款记账规划设置

一、业务场景

银行日记账是专门用来记录企业银行存款收支业务的日记账,出纳李兴在平时工作中,完成收款单收款后就需要对应地记录一条银行日记账,该工作属于高重复低价值的财务工作,李兴希望通过智能财务的规划设置将该部分工作交由智能财务机器人来完成。

二、任务要求

根据出纳完成银行日记账填写的习惯,设置收款类银行日记账的自动填写规划,并将完成的机器人规划用于真实业务中以验证机器人执行的正确性。

三、任务解析

思考问题:

1. 在前述业务场景下,银行日记账是根据什么单据来填写的?
2. 在填写银行日记账的过程中如何保持记账数据和收款业务数据一致?
3. 银行日记账录入的执行人是谁?
4. 在现有的信息化的系统中,要实现银行日记账快速准确地录入,可以执行的操作是什么?

标准答案：

1. 银行日记账是根据企业录入的收款单来填写的。

2. 为了保证银行日记账的数据和收款单数据统一，银行日记账填写的数据要与收款单一致，可以考虑通过收款单来生成银行日记账数据。

3. 银行日记账由出纳李兴负责录入。

4. 在现有的 EAS 系统中，根据系统参数设置（出纳管理 CS001 这个参数的登账方式为单据登账）可知要实现银行日记账快速准确地录入可以通过对收款单进行收款操作来实现银行日记账的自动录入，同时从业务的严谨性考虑，对审核的收款单才可以进行收款处理，同步实现银行日记账的快速录入。

四、实验数据

根据前述任务解析可得到实验数据，如表 5-1 和表 5-2 所示。

表 5-1　　　　　　　　　　　收款单收款过滤方案

方案名称	已审核待收款
过滤条件	日期：2021-01-01 ~ 2021-01-31 单据状态：已审核

表 5-2　　　　　　　　　　　收款单收款规划设置

操作人	lx 序号
操作对象	网页端
操作路径	【财务会计】—【出纳管理】—【收付款处理】—【收款单处理】
操作按钮	收款
筛选方案	已审核待收款

五、实验步骤

1. 收款单收款过滤方案设置
2. 进入智能财务规划教学平台设置智能执行路径

六、操作指导

（一）收款单收款过滤方案设置

在 EAS 登录界面，选择教师规定的数据中心，用户名为 lx 序号，登录 EAS 系统，依次点击【应用】—【财务会计】—【出纳管理】—【收款单处理】，打开收款单列表界面,在方案查询界面,根据出纳处理收款单收款处理的要求设置并保存过滤方案,如图 5-1 所示。

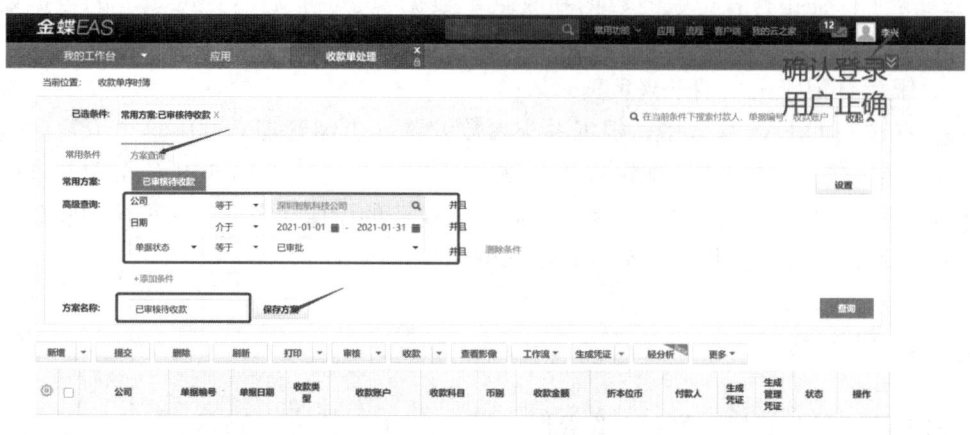

图 5-1　收款单处理界面

(二) 进入智能财务规划教学平台设置智能执行路径

双击打开桌面上的金蝶智能财务机器人客户端,客户端启动成功后,会自动打开金蝶财务机器人登录界面,在登录界面输入用户名和密码,用户名为学生序号,密码默认为 123456。进入系统后,依次点击【记账机器人】—【记账机器人规划】打开记账机器人规划界面,在该界面可以查看建议的规划要求,如图 5-2 所示。

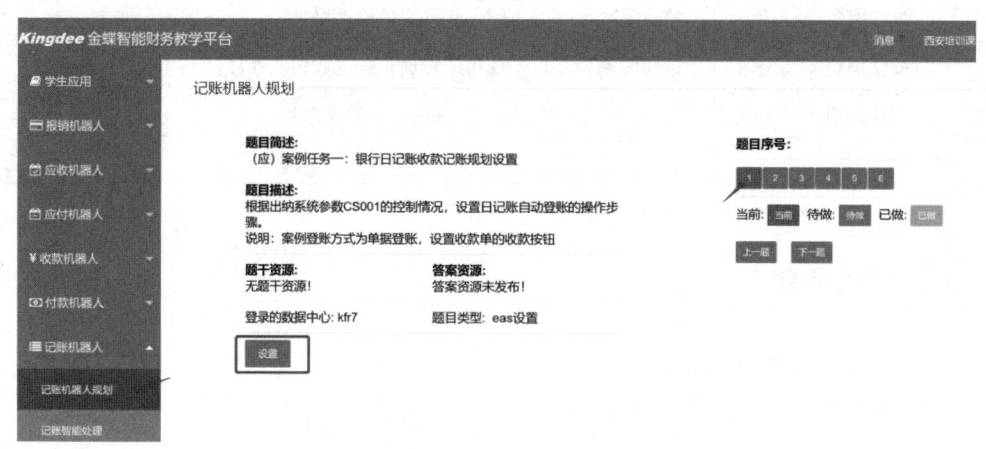

图 5-2　记账机器人规划界面

点击设置按钮,进入银行日记账收款记账规划设置界面,根据实验数据设置操作人为 lx 序号,点击新增打开规则执行路径界面,填写操作路径为财务会计—出纳管理—收付款处理—收款单处理,填写操作按钮为收款,填写筛选方案为已审核待收款,填写完成后点击确定,并点击保存设置完成规划的设置,如图 5-3 所示。

第五章 智能财务 115

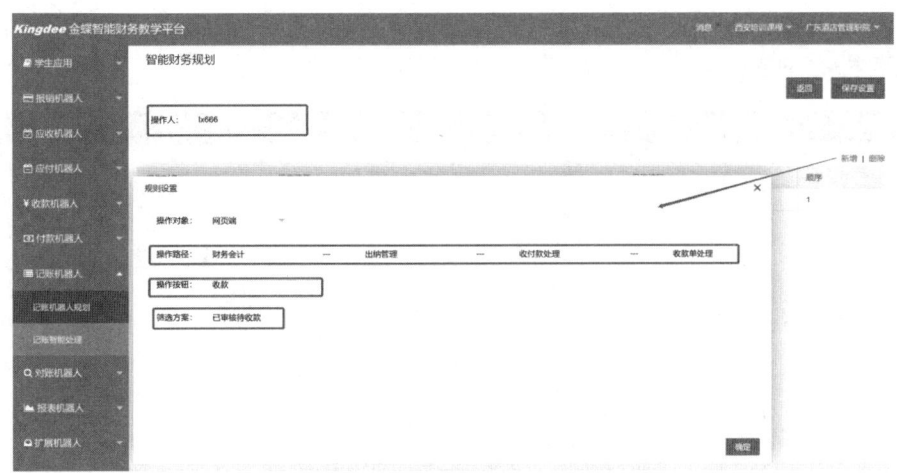

图 5-3 保存设置完成规划界面

案例任务二：（应）银行日记账收款智能登账处理

一、业务场景

出纳李兴完成银行日记账收款记账规划设置后，调用记账机器人对当月收款单进行收款处理，完成银行日记账自动登账处理。

二、操作指导

进入智能财务规划教学平台，依次点击【记账机器人】—【记账智能处理】打开记账机器人智能处理界面，找到对应的收款单智能登账的题目，点击运行设置，机器人会自动进行收款单智能登账处理，如图 5-4 所示。

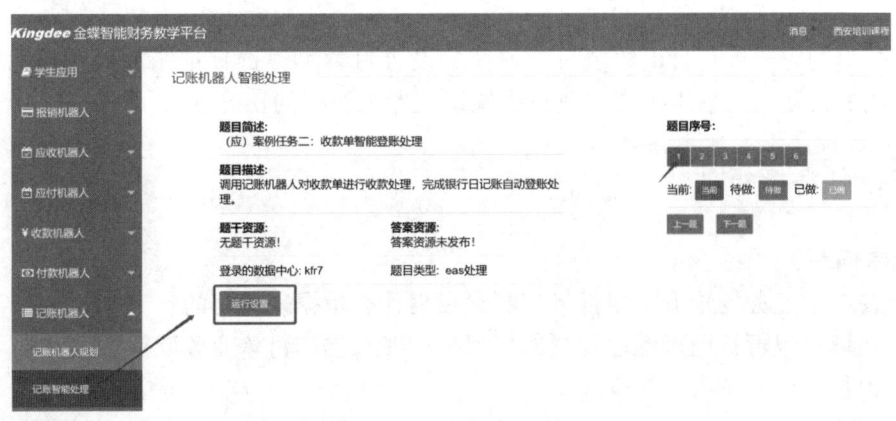

图 5-4 智能财务平台界面

机器人执行成功后,可在银行日记账界面看见机器人自动记录的银行日记账记录,如图5-5所示。

图5-5 查看银行日记账记录界面

案例任务三:(应)银行日记账付款记账规划设置

一、业务场景

银行日记账是专门用来记录企业银行存款收支业务的一种特种日记账,出纳李兴在平时工作中对付款单执行付款确认后就需要对应地记录一条银行日记账,该工作属于高重复低价值的财务工作,李兴希望通过智能财务的规划设置将该部分工作交由智能财务机器人来完成。

二、任务要求

根据出纳完成银行日记账填写的习惯,设置付款类银行日记账的自动填写规划,并将完成的机器人规划用于真实业务中验证机器人执行的正确性。

三、任务解析

思考问题:
1. 在以上业务场景下,银行日记账是根据什么单据来填写的?
2. 在填写银行日记账的过程中如何保持记账数据和付款业务数据一致?
3. 银行日记账录入的执行人是谁?
4. 在现有的信息化的系统中,要实现银行日记账快速准确地录入,可以执行的操作是什么?

标准答案：

1. 银行日记账是根据企业录入的付款单来填写的。
2. 为了保证银行日记账的数据和付款单数据统一，银行日记账填写的数据要与付款单一致，可以考虑通过付款单来生成银行日记账数据。
3. 银行日记账由出纳李兴负责录入。
4. 在现有的 EAS 系统中，根据系统参数设置可知要实现银行日记账快速准确地录入可以通过对付款单进行付款操作来实现银行日记账的自动录入，同时，从业务的严谨性考虑，对审核的付款单才可以进行付款处理，同步实现银行日记账的快速录入。

四、实验数据

根据前述任务解析可得到实验数据，如表 5-3 和表 5-4 所示。

表 5-3　　　　　　　　　　付款单付款过滤方案

方案名称	已审核待付款
过滤条件	日期：2021-01-01 ~ 2021-01-31 单据状态：已审核

表 5-4　　　　　　　　　　收款单收款规划设置

操作人	lx 序号
操作对象	网页端
操作路径	【财务会计】—【出纳管理】—【收付款处理】—【付款单处理】
操作按钮	付款
筛选方案	已审核待付款

五、实验步骤

1. 付款单付款过滤方案设置。
2. 进入智能财务规划教学平台设置智能执行路径。

六、操作指导

（一）付款单日记账登账过滤方案设置

在 EAS 登录界面，选择教师规定的数据中心，用户名为 lx 序号，登录 EAS 系统，依次点击【应用】—【财务会计】—【出纳管理】—【付款单处理】，打开付款单列表界面，在方案查询界面，根据出纳处理付款单付款记账处理的要求设置并保存过滤方案，如图 5-6 所示。

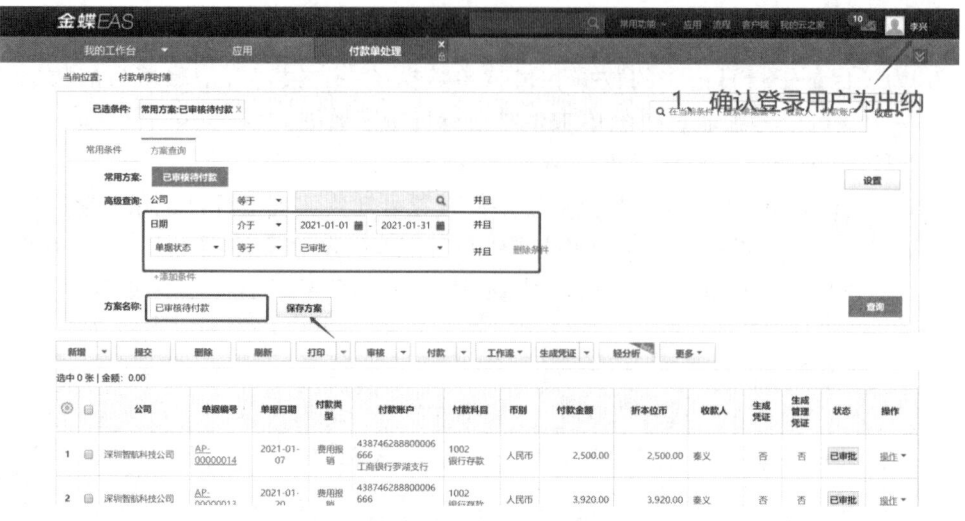

图 5-6　付款单日记账登账过滤方案设置

（二）进入智能财务规划教学平台设置智能执行路径

在金蝶财务机器人登录界输入用户名和密码，用户名为学生序号，密码默认为 123456。进入系统后，依次点击【记账机器人】—【记账机器人规划】打开记账机器人规划界面，在该界面找到对应的案例任务，如图 5-7 所示。

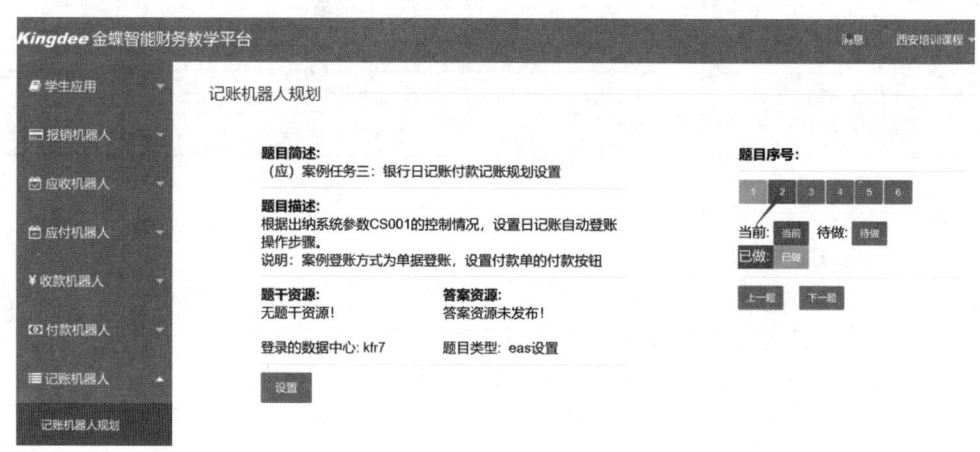

图 5-7　记账机器人规划设置

点击设置按钮，进入银行日记账付款记账规划设置界面，根据实验数据设置操作人为 lx 序号，点击新增打开规则执行路径界面，填写操作路径为财务会计—出纳管理—收付款处理—付款单处理，填写操作按钮为付款，填写筛选方案为已审核待付款，填写完成后点击确定，并点击保存设置完成规划的设置，如图 5-8 所示。

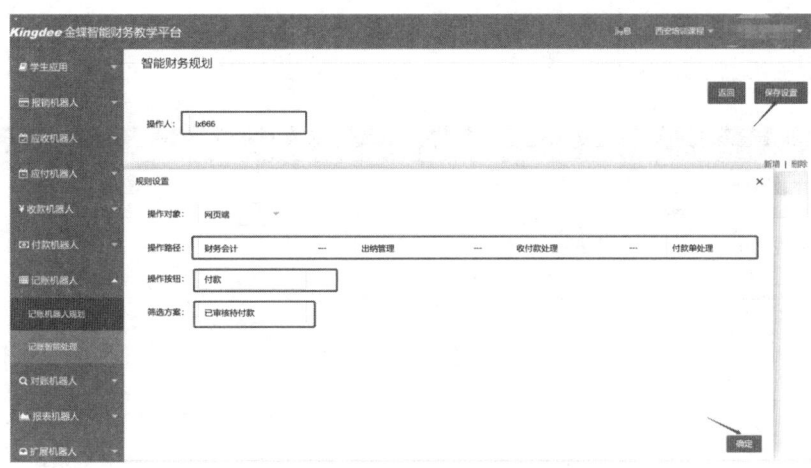

图 5-8 保存设置完成规划

案例任务四：（应）银行日记账付款智能登账处理

一、业务场景

出纳李兴完成银行日记账付款记账规划设置后，调用记账机器人对当月付款单进行付款处理，完成银行日记账自动登账处理。

二、操作指导

进入智能财务规划教学平台，依次点击【记账机器人】—【记账智能处理】打开记账机器人智能处理界面，找到对应的付款单智能登账的题目，点击运行设置，机器人会自动进行付款单智能登账处理，如图 5-9 所示。

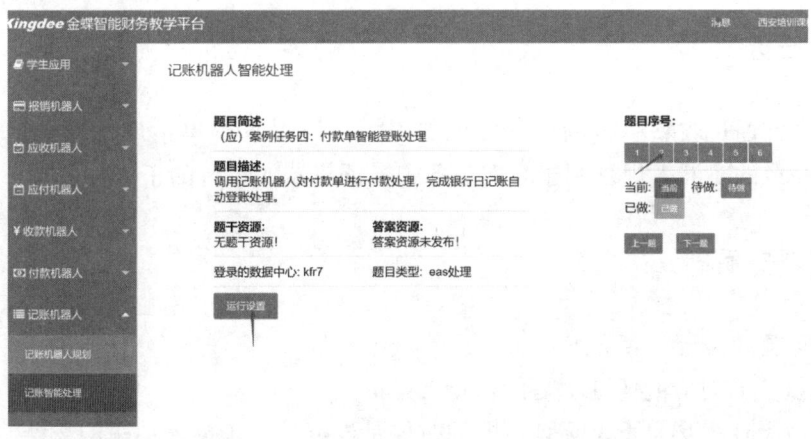

图 5-9 付款单智能登账处理设置

机器人执行成功后，可在银行日记账界面看见机器人自动记录的银行日记账记录，如图 5 – 10 所示。

图 5 – 10　查看银行日记账记录

案例任务五：（应）收款单记账规划设置

一、业务场景

出纳收款后，会计需要根据业务情况在系统中增加对应的凭证，会计聂小莉每天都需要花大量的时间做凭证处理，聂小莉希望通过智能财务的规划设置将该部分工作交由智能财务机器人来完成。

二、任务要求

根据会计通过收款单编制记账凭证的习惯，设置收款单生成记账凭证的规划设置，并将完成的机器人规划用于真实业务中验证机器人执行的正确性。

三、任务解析

思考问题：
1. 收款业务对应的凭证填写的执行人是谁？
2. 在以上业务场景下，会计记账的时候是根据什么单据来填写的凭证信息的？
3. 在填写凭证的过程中如何保持凭证分录数据和收款业务数据一致？

4. 在现有的信息化的系统中，要实现凭证快速准确地录入，可以执行的操作是什么？前置条件是什么？

标准答案：

1. 凭证填写都是由会计聂小莉负责。
2. 收款类凭证是根据企业录入的收款单来填写的。
3. 为了保证凭证分录的数据和收款业务数据统一，可以考虑通过收款单来生成对应的凭证。
4. 在现有的 EAS 系统中，收款单提供了生成凭证的功能，可以实现收款单生成对应的凭证，同时，从业务的严谨性考虑，只对已经收款的收款单进行凭证处理。

为了实现收款单生成凭证，需要提前设置收款单生成凭证的规则，设置收款单与凭证数据的对应关系，以方便自动获取凭证记账日期、凭证类型、凭证科目、借贷方金额等信息。

四、实验数据

根据前述任务解析可得到实验数据，如表 5-5、表 5-6 和表 5-7 所示。

表 5-5　　　　　　　　　　　　收款单转凭证规则设置

复制规则编码	SKDSCPZ
复制规则名称	收款单生成凭证（供复制用）
编码	SKDSCPZcopy + 序号
名称	收款单生成凭证 + 序号
单头转换规则—凭证类型	记_序号

表 5-6　　　　　　　　　　　　收款单记账过滤方案

方案名称	已收款待生成凭证
过滤条件	日期：2021-01-01 ~ 2021-01-31 单据状态：已收款 生成凭证：否

表 5-7　　　　　　　　　　　　收款单记账规划设置

操作人	nxl 序号
操作对象	网页端
操作路径	【财务会计】—【出纳管理】—【收付款处理】—【收款单处理】
操作按钮	生成凭证
筛选方案	已收款待生成凭证

五、实验步骤

1. user 用户进行收款单单据转换规则设置。
2. 会计聂小莉进行收款单记账过滤方案设置。
3. 进入智能规划教学平台设置智能执行路径。

六、操作指导

（一）user 用户进行收款单单据转换规则设置

用户 user_序号登录 EAS 客户端，依次点击【企业建模】—【业务规则】—【单据转换规则】—【单据转换规则配置】打开规则配置列表界面，进入规则配置界面后，依次点击左边菜单树【财务会计】—【出纳管理】，选择收款单，可在右边的列表里，根据实验数据找到待复制的规则，如图 5 – 11 所示。

图 5 – 11　出纳管理中选择收款单界面

选择待复制的规则后，双击打开规则查看界面，点击复制按钮，完成规则的复制，如图 5 – 12 所示。

复制好规则后，根据实验数据的内容，调整规则信息，完成规则设置后点击保存按钮，完成规则保存，如图 5 – 13 所示。

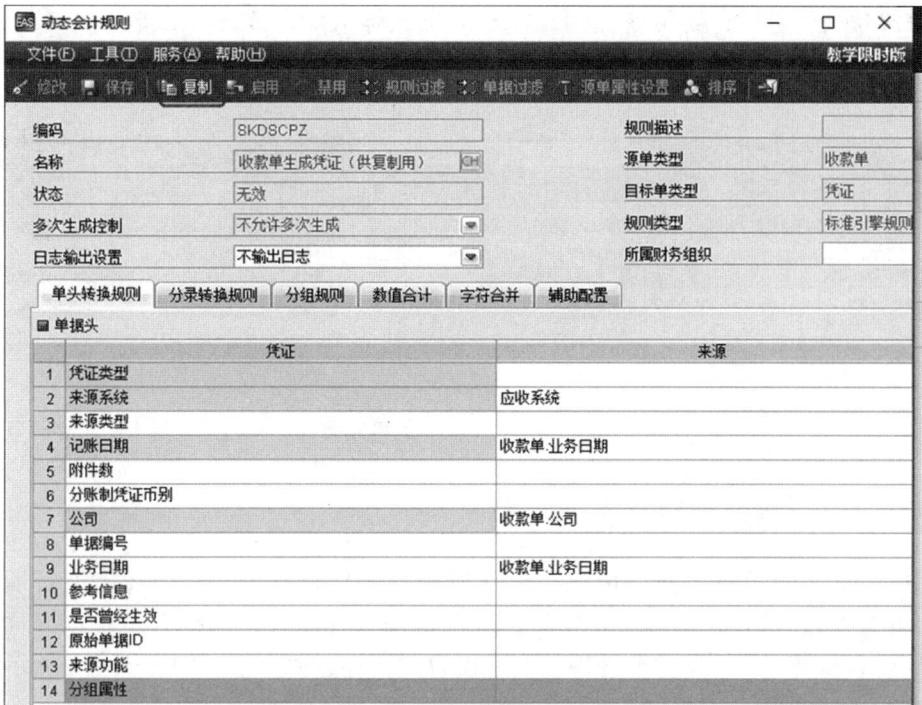

图 5-12 复制规则界面

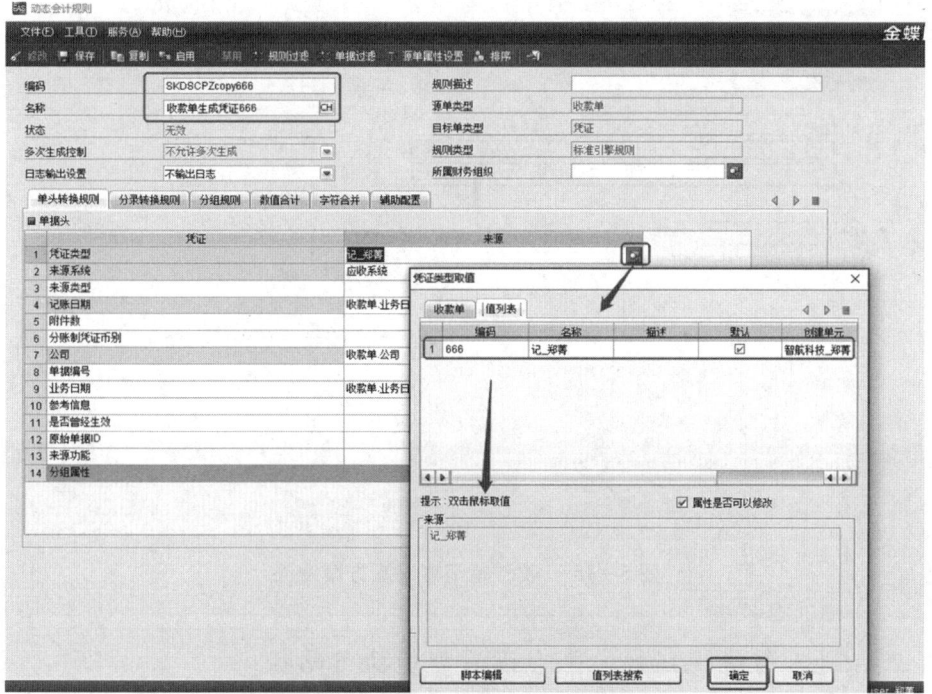

图 5-13 调整并保存规则界面

完成规则设置后,启用该规则,并于后续机器人调用规则生成收款单对应的凭证,如图5-14所示。

图5-14 生成收款单凭证

(二) 收款单记账过滤方案设置

用户nxl登录EAS系统,依次点击【应用】—【财务会计】—【出纳管理】—【收款单处理】,打开收款单列表界面,点击查询条件展开,选择方案查询界面,根据会计聂小莉处理收款单记账处理的要求设置并保存过滤方案,如图5-15所示。

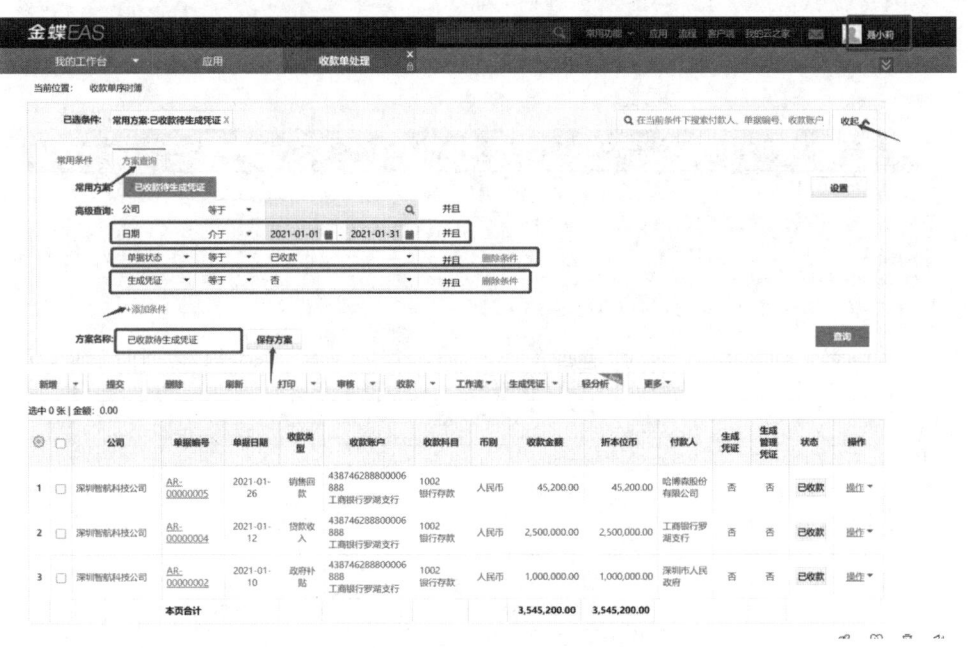

图5-15 收款单记账过滤方案设置

(三) 进入智能规划教学平台设置智能执行路径

进入智能财务规划教学平台,依次点击【记账机器人】—【记账机器人规划】打开记账机器人规划界面,在该界面可以查看建议的规划要求,如图5-16所示。

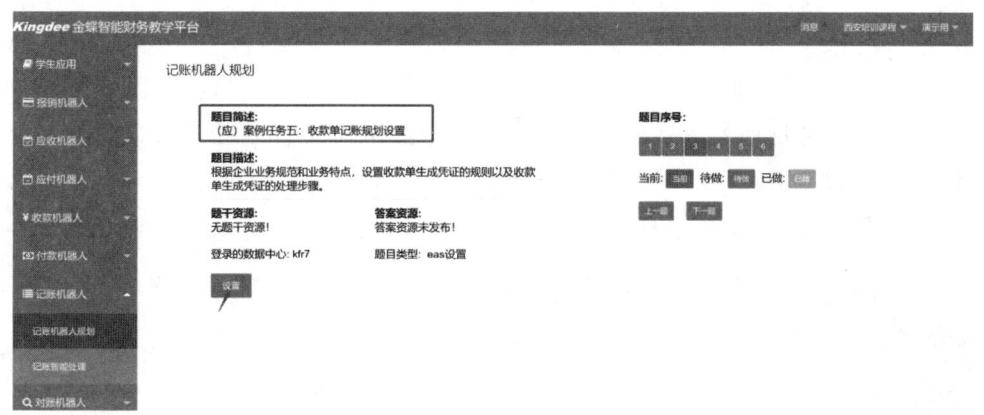

图 5-16　记账机器人规划界面

点击设置按钮,根据收款单记账规划设置的实验数据,完成财务机器人自动化操作的规划设置,完成后点击保存设置,如图 5-17 所示。

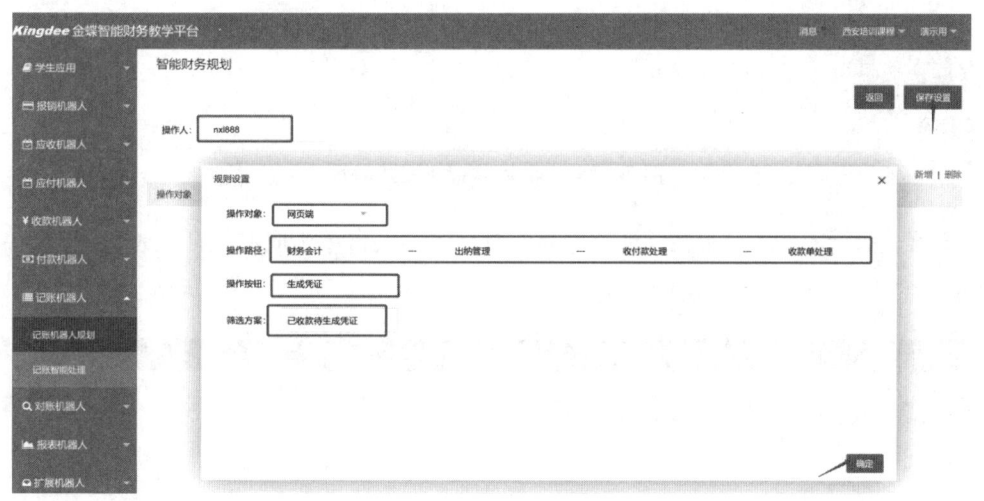

图 5-17　完成机器人自动化规划设置并保存

案例任务六:(应)收款单智能记账处理

一、业务场景

会计聂小莉完成收款单记账规划设置后,调用记账机器人,完成当月收款单记账处理。

二、操作指导

进入智能财务规划教学平台，依次点击【记账机器人】—【记账智能处理】打开记账机器人智能处理界面，找到对应的题目，点击运行设置，机器人会自动进行收款单智能记账处理，如图 5-18 所示。

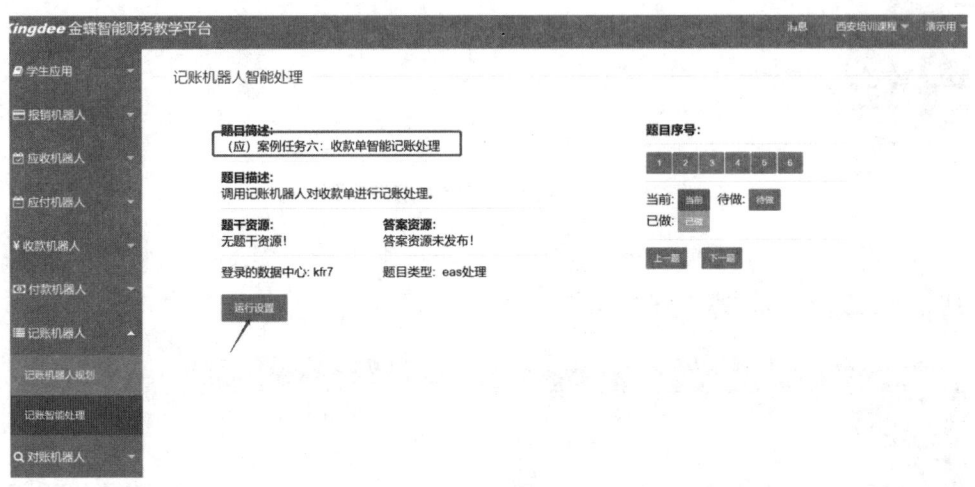

图 5-18　收款单智能记账处理

机器人执行成功后，可在凭证查询界面看见机器人自动生成的凭证记录，如图 5-19 所示。

图 5-19　自动生成凭证记录

案例任务七：（应）付款单记账规划设置

一、业务场景

出纳付款后，会计需要根据业务情况在系统中增加对应的凭证，会计聂小莉每天都需要花大量的时间做凭证处理，聂小莉希望通过智能财务的规划设置将该部分工作交由智能财务机器人来完成。

二、任务要求

根据会计通过付款单编制记账凭证的习惯，设置付款单生成记账凭证的规划设置，并将完成的机器人规划用于真实业务中验证机器人执行的正确性。

三、任务解析

思考问题：
1. 付款业务对应的凭证填写的执行人是谁？
2. 在以上业务场景下，会计记账的时候是根据什么单据来填写凭证信息的？
3. 在填写凭证的过程中如何保持凭证分录数据和付款业务数据一致？
4. 在现有的信息化的系统中，要实现凭证快速准确地录入，可以执行的操作是什么？前置条件是什么？

标准答案：
1. 凭证填写都是由会计聂小莉负责。
2. 付款类凭证是根据企业录入的付款单来填写的。
3. 为了保证凭证分录的数据和付款业务数据统一，可以考虑通过付款单来生成对应的凭证。
4. 在现有的 EAS 系统中，付款单提供了生成凭证的功能，可以实现付款单生成对应的凭证，同时从业务的严谨性考虑，只对已经付款的付款单进行凭证处理。

为了实现付款单生成凭证，需要提前设置付款单生成凭证的规则，设置付款单与凭证数据的对应关系，以方便自动获取凭证记账日期、凭证类型、凭证科目、借贷方金额等信息。

四、实验数据

根据前述任务解析可得到实验数据，如表 5-8、表 5-9 和表 5-10 所示。

表 5-8　　付款单转凭证规则设置

复制规则编码	FKDSCPZ
复制规则名称	付款单生成凭证（供复制用）
编码	FKDSCPZcopy + 序号
名称	付款单生成凭证 + 序号
单头转换规则—凭证类型	记_序号

表 5-9　　付款单记账过滤方案

方案名称	已付款待生成凭证
过滤条件	日期：2021-01-01 ~ 2021-01-31 单据状态：已付款 已生成凭证：否

表 5-10　　付款单记账规划设置

操作人	nxl 序号
操作对象	网页端
操作路径	【财务会计】—【出纳管理】—【收付款处理】—【付款单处理】
操作按钮	生成凭证
筛选方案	已付款待生成凭证

五、实验步骤

1. user 用户进行付款单单据转换规则设置。
2. 付款单记账过滤方案设置。
3. 进入智能规划教学平台设置智能执行路径。

六、操作指导

（一）user 用户进行付款单单据转换规则设置

用户 user_序号 EAS 客户端，依次点击【企业建模】—【业务规则】—【单据转换规则】—【单据转换规则配置】打开规则配置列表界面。根据实验数据找到待复制的规则。选择待复制的规则后，双击打开规则查看界面，点击复制按钮，完成规则的复制。复制好规则后，根据实验数据的内容，调整规则信息，完成规则设置后点击保存按钮，完成规则保存。规则设置后，启用该规则，并于后续机器人调用规则生成收款单对应的凭证，如图 5-20 所示。

第五章　智能财务

图 5-20　付款单记账规则

（二）付款单记账过滤方案设置

用户 nxl 登录 EAS 系统，依次点击【应用】—【财务会计】—【出纳管理】—【付款单处理】，打开付款单列表界面，在方案查询界面，根据会计聂小莉处理付款单记账处理的要求设置并保存过滤方案，如图 5-21 所示。

图 5-21　付款单要求设置并保存过滤方案

（三）进入智能规划教学平台设置智能执行路径

进入智能财务规划教学平台，依次点击【记账机器人】—【记账机器人规划】打开记账机器人规划界面，在该界面可以查看建议的规划要求，如图 5-22 所示。

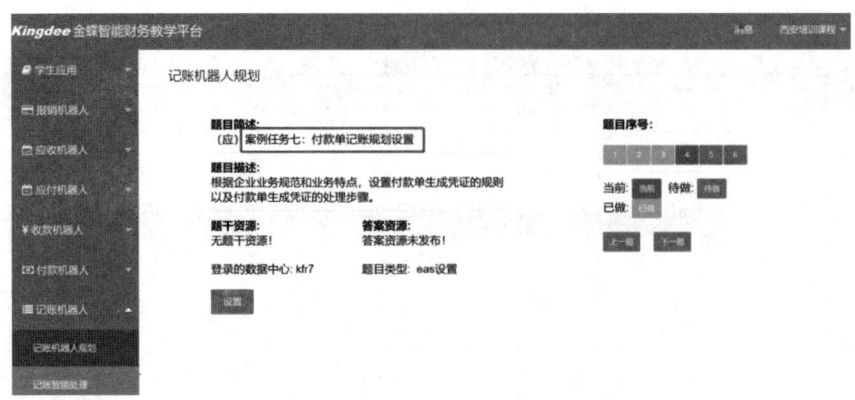

图 5–22　记账机器人规划中查看规划要求

点击设置按钮，根据收款单记账规划设置的实验数据，完成财务机器人自动化操作的规划设置，完成后点击保存设置，如图 5–23 所示。

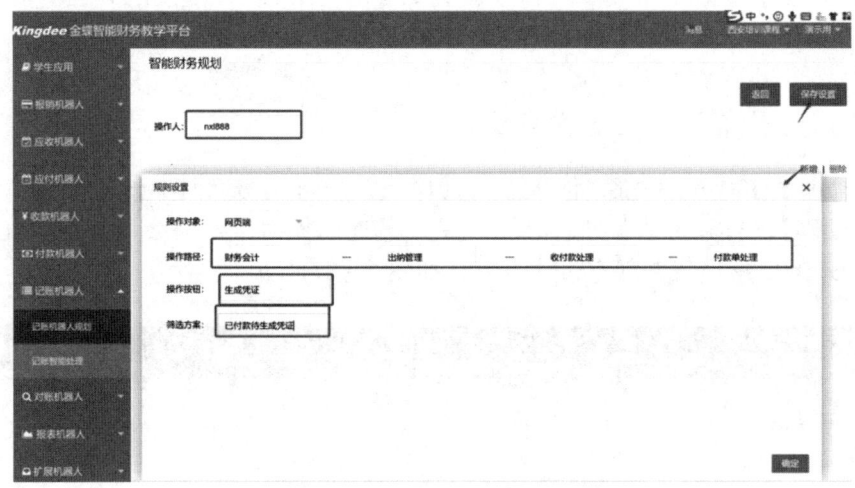

图 5–23　完成自动化规划设置并保存

案例任务八：（应）付款单智能记账处理

一、业务场景

会计聂小莉完成付款记账规划后，调用记账机器人，完成当月付款单记账处理。

二、操作指导

进入智能财务规划教学平台，依次点击【记账机器人】—【记账智能处理】打开记账机器人智能处理界面，找到对应的题目，点击运行设置，机器人会自动进行付款单智能记账处理，如图 5 – 24 所示。

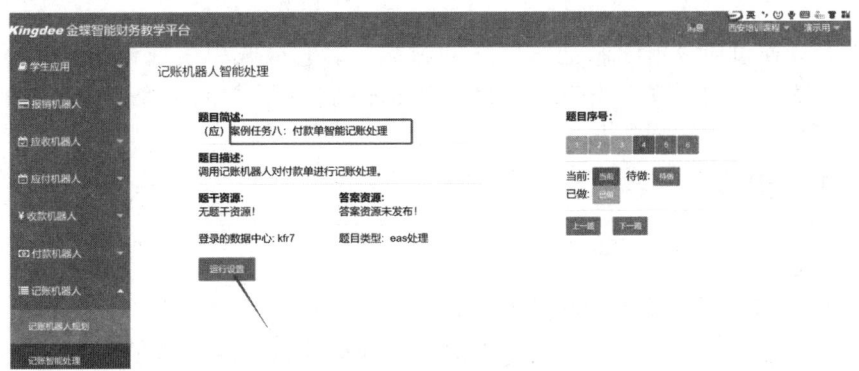

图 5 – 24　付款单智能记账处理

机器人执行成功后，可在凭证查询界面看见机器人自动生成的凭证记录，如图 5 – 25 所示。

图 5 – 25　查询自动生成的凭证记录

案例任务九：（应）应收单记账规则设置

一、业务场景

往来会计做完应收业务后，会计需要根据业务情况在系统中增加对应的凭证，会计聂小莉每天都需要花大量的时间做凭证处理，聂小莉希望通过智能财务的规划设置将该部分工作交由智能财务机器人来完成。

二、任务要求

根据会计通过应收单编制记账凭证的习惯,设置应收单生成记账凭证的规划设置,并将完成的机器人规划用于真实业务中验证机器人执行的正确性。

三、任务解析

思考问题:
1. 应收业务对应的凭证填写的执行人是谁?
2. 在以上业务场景下,会计记账的时候是根据什么单据来填写凭证信息的?
3. 在填写凭证的过程中如何保持凭证分录数据和应收业务数据一致?
4. 在现有的信息化的系统中,要实现凭证快速准确地录入,可以执行的操作是什么?前置条件是什么?

标准答案:
1. 凭证填写都是由会计聂小莉负责。
2. 应收类凭证是根据企业录入的应收单来填写的。
3. 为了保证凭证分录的数据和应收业务数据统一,可以考虑通过应收单来生成对应的凭证。
4. 在现有的 EAS 系统中,应收单提供了生成凭证的功能,可以实现应收单生成对应的凭证,同时从业务的严谨性考虑,只对已经审核的应收单进行凭证处理。

为了实现应收单生成凭证,需要提前设置应收单生成凭证的规则,设置应收单与凭证数据的对应关系,以方便自动获取凭证记账日期、凭证类型、凭证科目、借贷方金额等信息。

四、实验数据

根据前述任务解析可得到实验数据,如表 5-11、表 5-12 和表 5-13 所示。

表 5-11　　　　　　　　应收单转凭证规则设置

复制规则编码	YSDSCPZ
复制规则名称	应收单生成凭证(供复制用)
编码	YSDSCPZcopy + 序号
名称	应收单生成凭证 + 序号
单头转换规则—凭证类型	记_序号
分录转换规则—科目	重新选择"销项税额"科目

表 5-12　　　　　　　　　　　应收单记账过滤方案

方案名称	已审核待生成凭证
过滤条件	日期：2021-01-01~2021-01-31 单据状态：审核 是否已生成凭证：否

表 5-13　　　　　　　　　　　应收单记账规划设置

操作人	nxl 序号
操作对象	网页端
操作路径	【财务会计】—【应收管理】—【应收业务处理】—【应收单维护】
操作按钮	生成凭证
筛选方案	已审核待生成凭证

五、实验步骤

1. user 用户进行应收单单据转换规则设置。
2. 应收单记账过滤方案设置。
3. 进入智能规划教学平台设置智能执行路径。

六、操作指导

（一）user 用户进行应收单单据转换规则设置

用户 user_序号 EAS 客户端，依次点击【企业建模】—【业务规则】—【单据转换规则】—【单据转换规则配置】打开规则配置列表界面。根据实验数据找到待复制的规则。选择待复制的规则后，双击打开规则查看界面，点击复制按钮，完成规则的复制。复制好规则后，根据实验数据的内容，调整规则信息，完成规则设置后点击保存按钮，完成规则保存。规则设置后，启用该规则，如图 5-26 所示。

（二）应收单记账过滤方案设置

用户 nxl 登录 EAS 系统，依次点击【应用】—【财务会计】—【应收管理】—【应收单维护】，打开应收单列表界面，在方案查询界面，根据会计聂小莉处理应收单记账处理的要求设置并保存过滤方案，如图 5-27 所示。

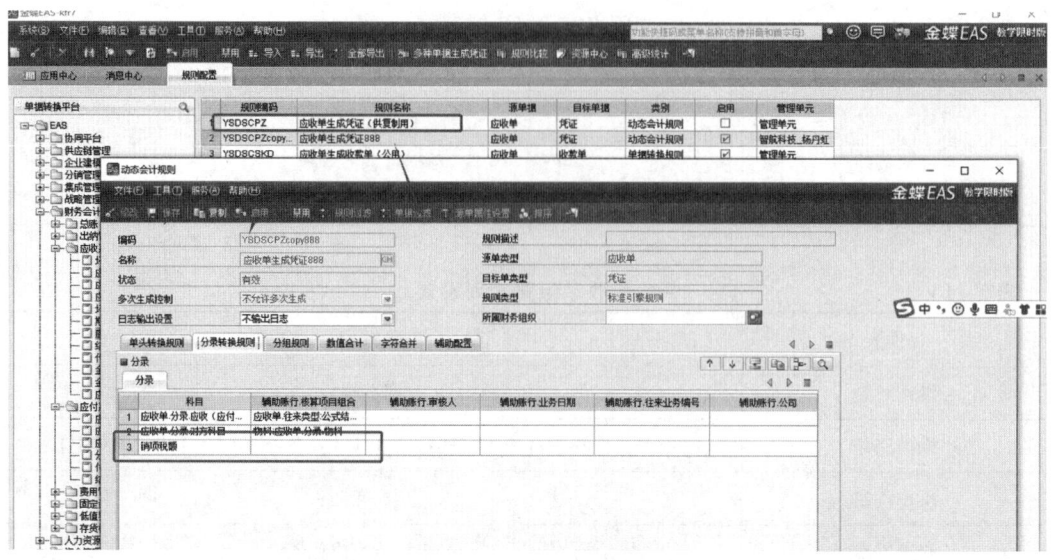

图 5-26　打开记账规则界面

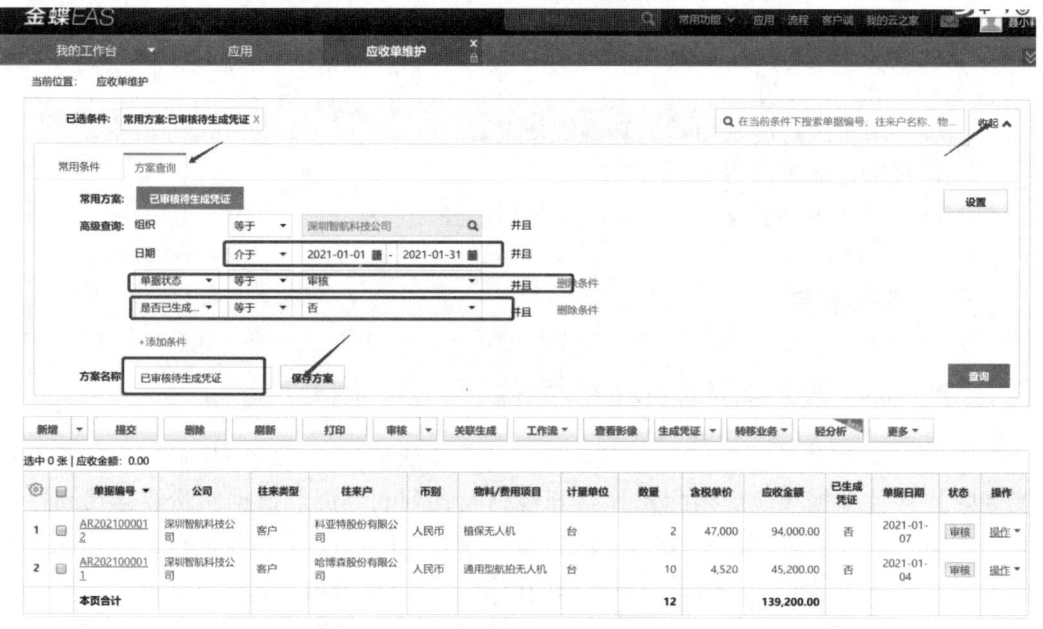

图 5-27　记账处理的要求设置并保存过滤方案

（三）进入智能规划教学平台设置智能执行路径

进入智能财务规划教学平台，依次点击【记账机器人】—【记账机器人规划】打开记账机器人规划界面，在该界面可以查看建议的规划要求，如图 5-28 所示。

点击设置按钮，根据应收单记账规划设置的要求，完成财务机器人自动化操作的规划设置，完成后点击保存设置，如图 5-29 所示。

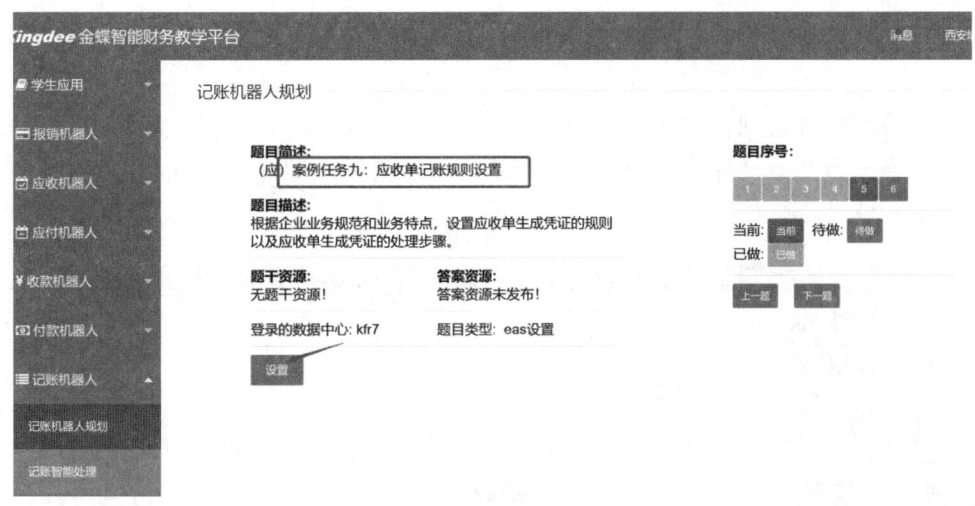

图 5-28 查看规划要求

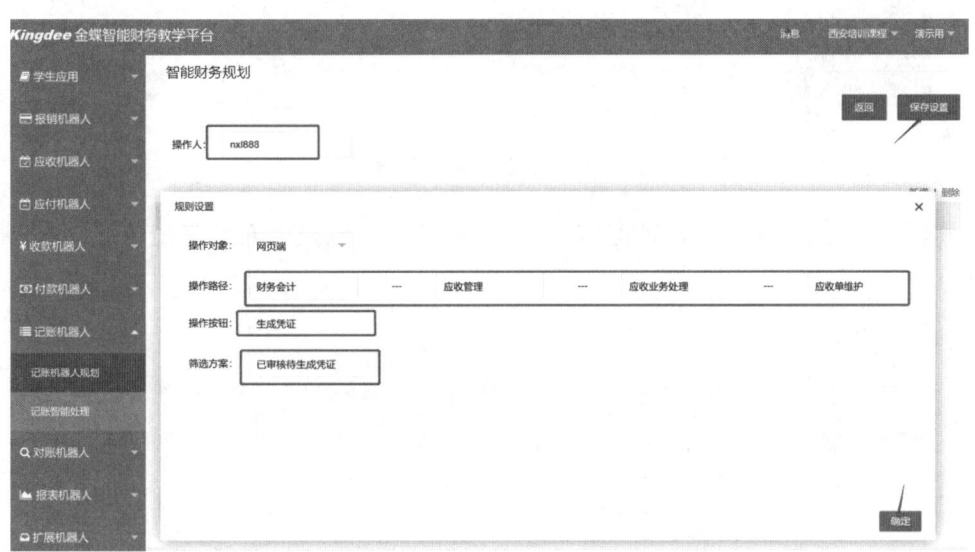

图 5-29 完成自动化规划设置并保存

案例任务十：（应）应收单智能记账处理

一、业务场景

会计聂小莉完成应收记账规划后，调用记账机器人，调用记账机器人对当月应收单进行记账处理。

二、操作指导

进入智能财务规划教学平台，依次点击【记账机器人】—【记账智能处理】打开记账机器人智能处理界面，找到对应的题目，点击运行设置，机器人会自动进行付款单智能记账处理，如图 5-30 所示。

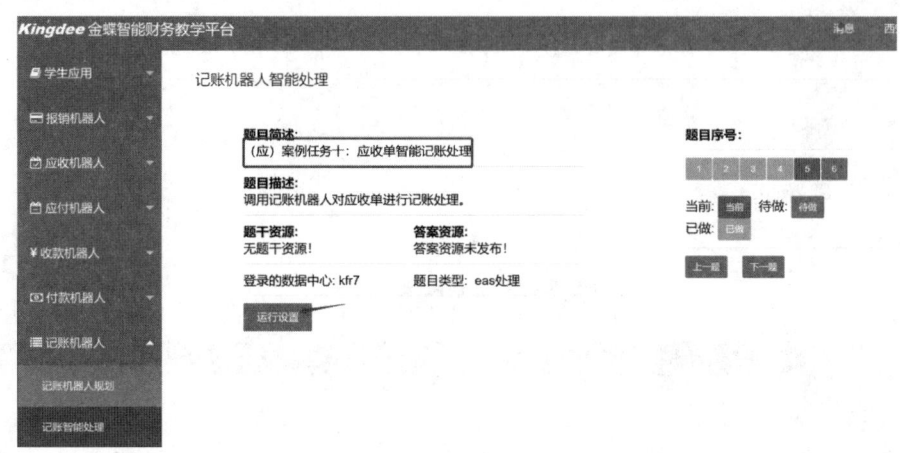

图 5-30　付款单智能记账处理

机器人执行成功后，可在凭证查询界面看见机器人自动生成的凭证记录，如图 5-31 所示。

图 5-31　查询自动生成的凭证记录

案例任务十一：（应）应付单记账规划设置

一、业务场景

往来会计做完应付业务后，会计需要根据业务情况在系统中增加对应的凭证，会计聂小莉每天都需要花大量的时间做凭证处理，聂小莉希望通过智能财务的规划设置将该部分工作交由智能财务机器人来完成。

二、任务要求

根据会计通过应付单编制记账凭证的习惯，设置应付单生成记账凭证的规划设置，并将完成的机器人规划用于真实业务中验证机器人执行的正确性。

三、任务解析

思考问题：
1. 应付业务对应的凭证填写的执行人是谁？
2. 在以上业务场景下，会计记账的时候是根据什么单据来填写凭证信息的？
3. 在填写凭证的过程中如何保持凭证分录数据和应付业务数据一致？
4. 在现有的信息化的系统中，要实现凭证快速准确地录入，可以执行的操作是什么？前置条件是什么？

标准答案：
1. 凭证填写都是由会计聂小莉负责。
2. 应付类凭证是根据企业录入的应付单来填写的。
3. 为了保证凭证分录的数据和应付业务数据统一，可以考虑通过应付单来生成对应的凭证。
4. 在现有的 EAS 系统中，应付单提供了生成凭证的功能，可以实现应付单生成对应的凭证，同时，从业务的严谨性考虑，只对已经审核的应付单进行凭证处理。

为了实现应付单生成凭证，需要提前设置应付单生成凭证的规则，设置应付单与凭证数据的对应关系，以方便自动获取凭证记账日期、凭证类型、凭证科目、借贷方金额等信息。

四、实验数据

根据前述任务解析可得到实验数据，如表 5-14、表 5-15 和表 5-16 所示。

表 5-14　应付单转凭证规则设置

复制规则编码	YFDSCPZ
复制规则名称	应付单生成凭证（供复制用）
编码	YFDSCPZcopy + 序号
名称	应付单生成凭证 + 序号
单头转换规则—凭证类型	记_序号
分录转换规则—科目	重新选择"进项税额"科目

表 5-15　应付单记账过滤方案

方案名称	已审核待生成凭证
过滤条件	日期：2021-01-01 ~ 2021-01-31 单据状态：审核 已生成凭证：否

表 5-16　应付单记账规划设置

操作人	nxl 序号
操作对象	网页端
操作路径	【财务会计】—【应付管理】—【应付业务处理】—【应付单维护】
操作按钮	生成凭证
筛选方案	已审核待生成凭证

五、实验步骤

1. user 用户进行应付单单据转换规则设置。
2. 应付单记账过滤方案设置。
3. 进入智能规划教学平台设置智能执行路径。

六、操作指导

（一）user 用户进行应付单单据转换规则设置

用户 user_序号 EAS 客户端，依次点击【企业建模】—【业务规则】—【单据转换规则】—【单据转换规则配置】打开规则配置列表界面。根据实验数据找到待复制的规则。选择待复制的规则后，双击打开规则查看界面，点击复制按钮，完成规则的复制。复制好规则后，根据实验数据的内容，调整规则信息，完成规则设置后点击保存按钮，完成规则保存。规则设置后，启用该规则，如图 5-32 所示。

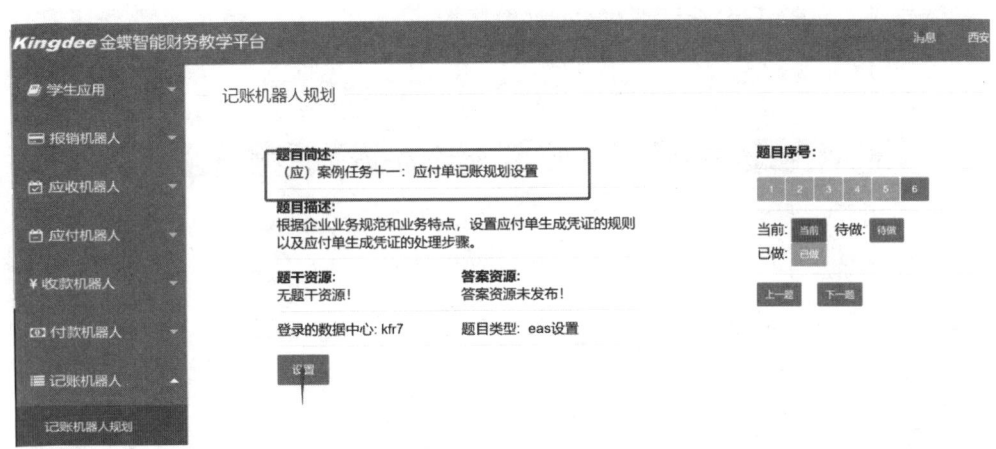

图 5-34　查看规划要求

点击设置按钮,根据应收单记账规划设置的要求,完成财务机器人自动化操作的规划设置,完成后点击保存设置,如图 5-35 所示。

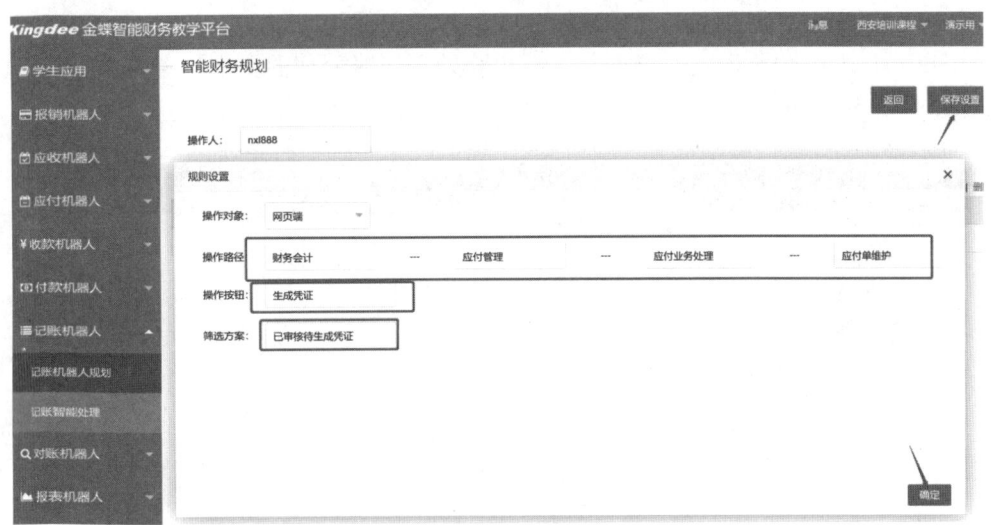

图 5-35　完成自动化规划设置并保存

案例任务十二:(应)应付单智能记账处理

一、业务场景

会计聂小莉完成应收记账规划后,调用记账机器人对当月应付单进行记账处理。

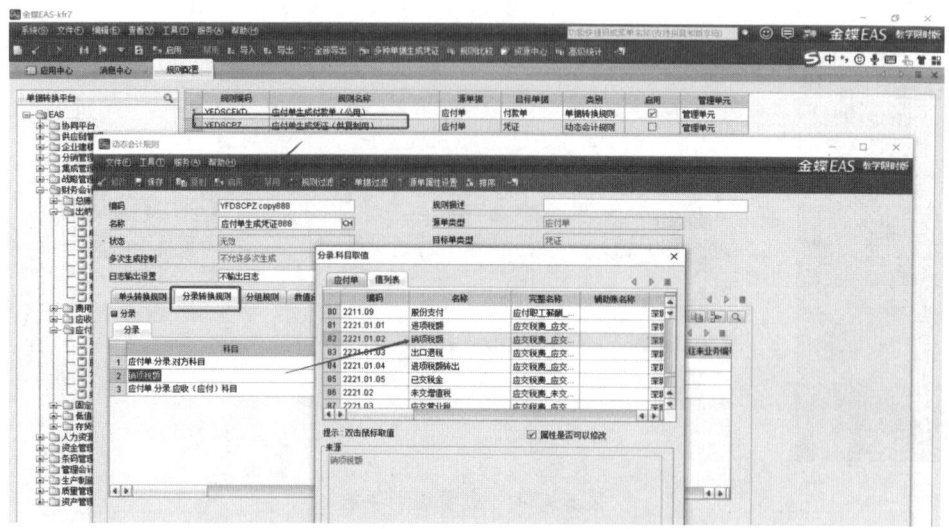

图 5-32　单据转换规则设置并启用规则

（二）应付单记账过滤方案设置

用户 nxl 登录 EAS 系统，根据会计聂小莉处理记账处理的要求设置并保存过滤方案，如图 5-33 所示。

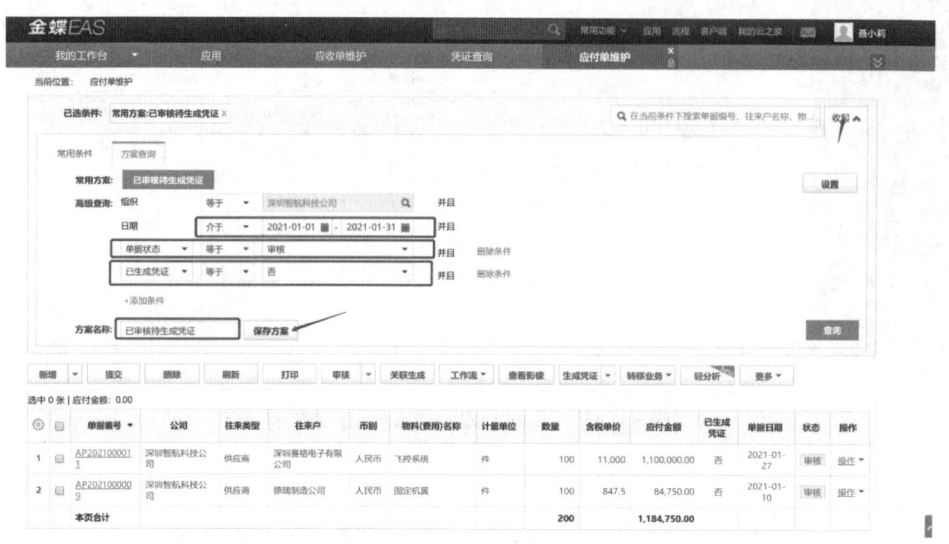

图 5-33　应付单记账要求设置并保存过滤方案

（三）进入智能规划教学平台设置智能执行路径

进入智能财务规划教学平台，依次点击【记账机器人】—【记账机器人规划】打开记账机器人规划界面，在该界面可以查看建议的规划要求，如图 5-34 所示。

二、操作指导

进入智能财务规划教学平台，依次点击【记账机器人】—【记账智能处理】打开记账机器人智能处理界面，找到对应的题目，点击运行设置，机器人会自动进行应付单智能记账处理，如图 5–36 所示。

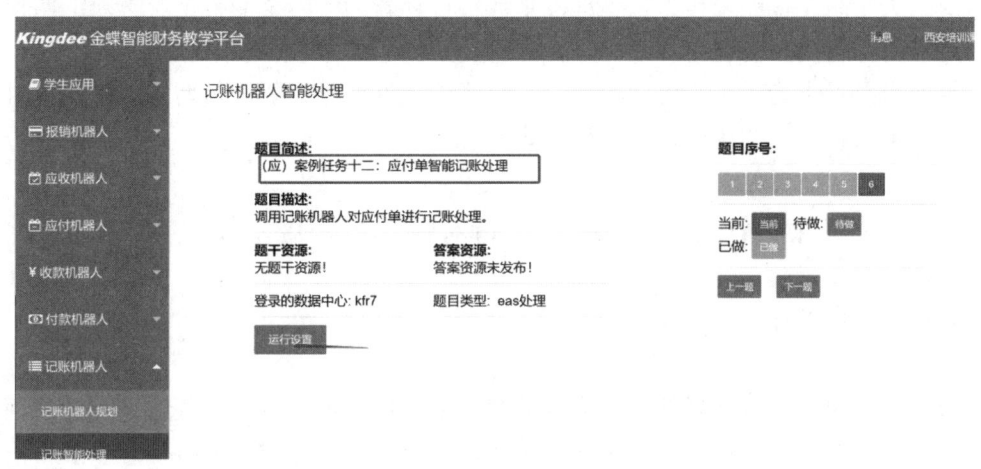

图 5–36　应付单智能记账处理

机器人执行成功后，可在凭证查询界面看见机器人自动生成的凭证记录，如图 5–37 所示。

图 5–37　查询自动生成的凭证记录

第二节 对账机器人

银行存款对账是企业出纳人员的基本工作之一，企业的结算业务大部分要通过银行进行结算，但由于企业与银行的账务处理时间不一致，往往会发生双方账面不一致的情况。为了防止记账发生差错，准确掌握银行存款的实际金额，企业必须定期将银行日记账与银行出具的银行对账单进行核对。

企业每月月末为了确定各业务系统与总账的数据统一，要进行期末对账，及时保证账务处理的合理性和正确性，保证账账相符。

案例任务一：（应）银行对账单填写规划设置

一、业务场景

银行对账单是银行和企业核对账务的联系单，也是证实企业业务往来的记录，出纳李兴每个月拿到银行提供的电子对账单后都需要花大量的时间将银行对账单的信息录入系统，该工作属于高重复低价值的财务工作，李兴希望通过智能财务的规划设置将该部分工作交由智能财务机器人来完成。

二、任务要求

根据出纳填写银行对账单的习惯，设置银行对账单自动填写规划，并将完成的机器人规划用于真实业务中验证机器人执行的正确性。

三、任务解析

思考问题：
1. 银行对账单信息录入人是谁？
2. 在前述业务场景下，银行对账单根据什么单据来填写？
3. 在填写的时候会出现原始单据有多张的情况吗，如果出现该如何处理？
4. 使用机器人识别对应的原始单据信息时，识别率如何？如果出现识别错误的情况应该怎么处理比较合适？
5. 在填写过程中如何保证填写的信息和原始单据的对应关系？

标准答案：
1. 银行对账单填写都是由出纳李兴完成。
2. 银行对账单是通过银行提供的Excel对账单信息来填写的。

3. 因为提供的是银行对账单的 Excel 表，一个账号对应一个 Excel 表，只要参考这一个表格就可以，所以不存在多个表格的情况。

4. 通过程序识别 Excel 数据基本不会出现错误，因此不需要人工核对数据的正确性。

根据以上 4 个答案，可用得到如表 5-17 的规划填写要求。

表 5-17　　　　　　　　　　　　　单据信息

多张票据	单据信息参考一张票据
制单人	lx 序号
人工核对	不启用

5. 为了保证系统中的银行对账单数据正确，在填写银行对账单的时候要根据银行提供的对账单数据对应填写，要确定 EAS 系统中银行对账单每个字段的数据来源于银行提供的 Excel 对账单中的哪个字段，如填写银行对账单的时候，先要选择银行账户、开始和截止期间，根据 Excel 中提供的数据分析，可知 Excel 中提供的开始日期和结束日期中的年月信息可作为系统中的期间，账号信息可作为系统中的银行账户，因此规划对应设置信息如表 5-18 所示。

表 5-18　　　　　　　　　　　　规划对应设置信息

开始期间	Y[${银行对账单发票.开始日期}] + '年' + M[${银行对账单发票.开始日期}] + '期'
结束期间	Y[${银行对账单发票.截止日期}] + '年' + M[${银行对账单发票.截止日期}] + '期'
银行账户	${银行对账单发票.账号}

新增一条银行对账单记录的时候，需要填写日期、摘要、借贷方金额、对方单位和对方账号等信息，这些信息都可以对应地从银行提供的银行对账单 Excel 中获取，分析 Excel 数据后，可知设置信息如表 5-19 所示。

表 5-19　　　　　　　　　　　　　设置信息

日期	${银行对账单发票.日期}
摘要	${银行对账单发票.摘要}
借方金额	${银行对账单发票.借方发生额}
贷方金额	${银行对账单发票.贷方发生额}
对方单位	${银行对账单发票.对方户名}
对方账号	${银行对账单发票.对方账号}

四、实验数据

根据前述任务解析可得到实验数据，如表 5-20 所示。

表 5 – 20　　　　　　　　　　　银行对账单规划

多张票据	单据信息参考一张票据
制单人	lx 序号
人工核对	不启用
开始期间	Y[${银行对账单发票.开始日期}]+'年'+M[${银行对账单发票.开始日期}]+'期'
结束期间	Y[${银行对账单发票.截止日期}]+'年'+M[${银行对账单发票.截止日期}]+'期'
银行账户	${银行对账单发票.账号}
日期	${银行对账单发票.日期}
摘要	${银行对账单发票.摘要}
借方金额	${银行对账单发票.借方发生额}
贷方金额	${银行对账单发票.贷方发生额}
对方单位	${银行对账单发票.对方户名}
对方账号	${银行对账单发票.对方账号}

五、实验步骤

进入智能财务规划教学平台设置银行对账单自动填写规划。

六、操作指导

进入智能财务规划教学平台，依次点击【对账机器人】—【对账机器人规划】打开对账机器人规划界面，在该界面可以查看建议的规划要求，如图 5 – 38 所示。

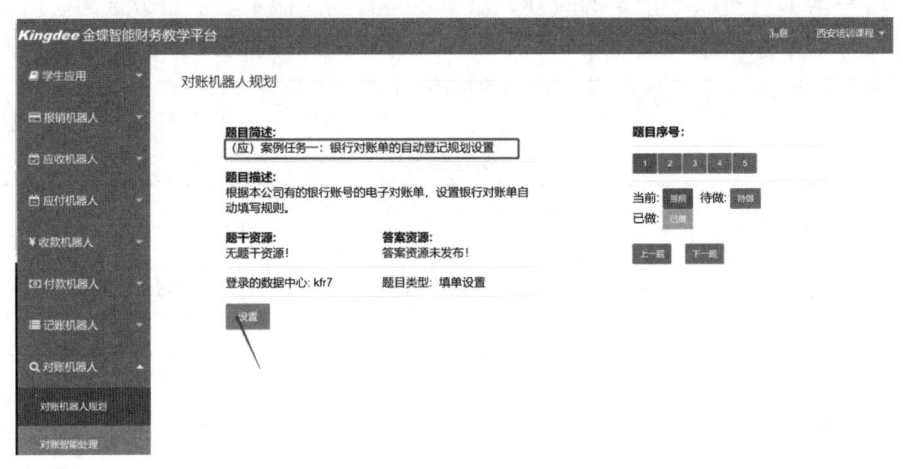

图 5 – 38　查看规划要求

点击设置，进入对账机器人规划界面，根据分析得到的规划设置要求进行规划设置，先完成整体设置要求，如图 5 – 39 所示。

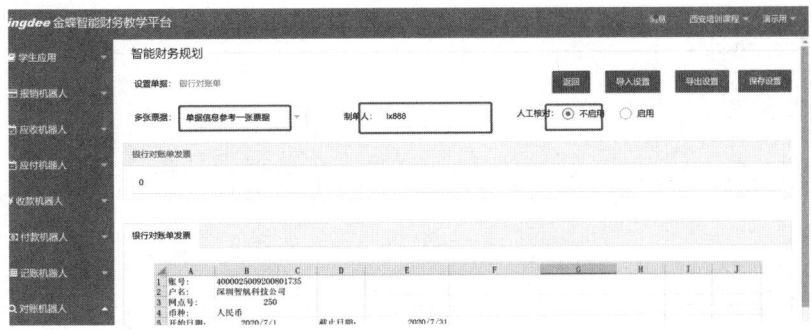

图 5-39　完成整体设置要求

再设置字段对应关系，如图 5-40 所示。

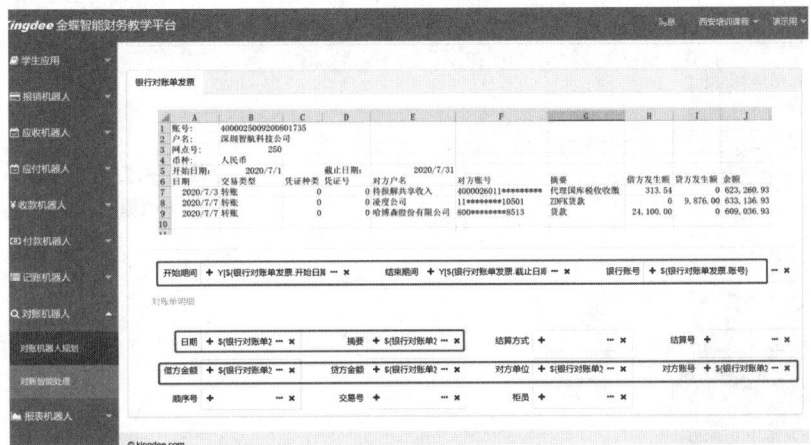

图 5-40　设置字段对应关系

设置字段对应关系的时候，点击每个字段前面的"＋"，进行字段对应关系设置，如图 5-41 所示。

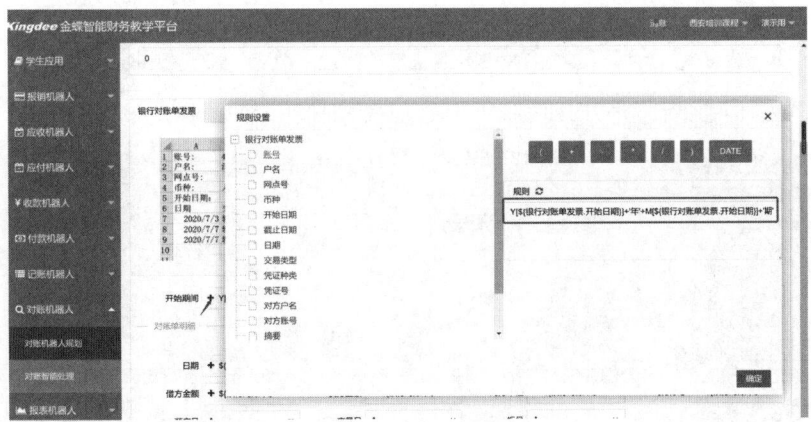

图 5-41　进行字段对应关系设置

案例任务二：（应）银行对账单智能填写处理

一、业务场景

出纳李兴完成银行对账单填写规划后，调用对账机器人完成当月银行对账单自动填写。

二、操作指导

进入智能财务规划教学平台，依次点击【对账机器人】—【对账智能处理】打开对账机器人智能处理界面，找到对应的题目，下载题干资源中的银行对账单到本地，然后点击智能处理，机器人会自动进行银行对账单录入智能处理，如图 5–42 所示。

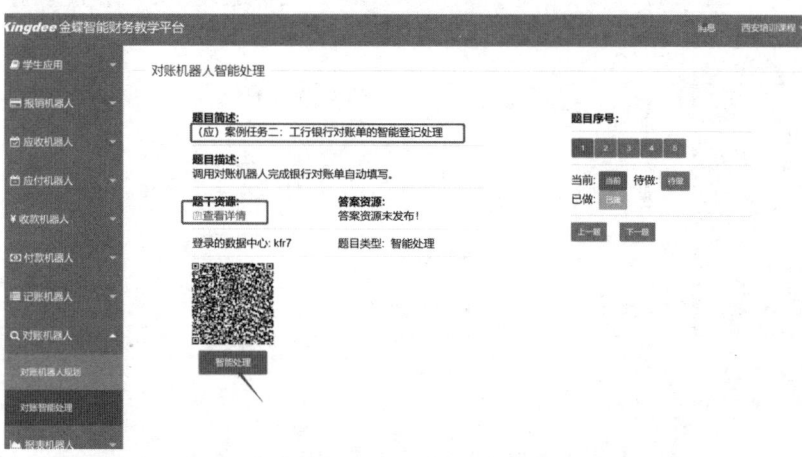

图 5–42　下载资源并自动录入智能处理

处理的过程中，人工上传对应的银行对账单，如图 5–43 所示。

图 5–43　上传对应银行对账单

机器人识别完对账单信息后,点击确定开始解析填单,后续机器人可自动完成银行对账单的填写,如图5-44所示。

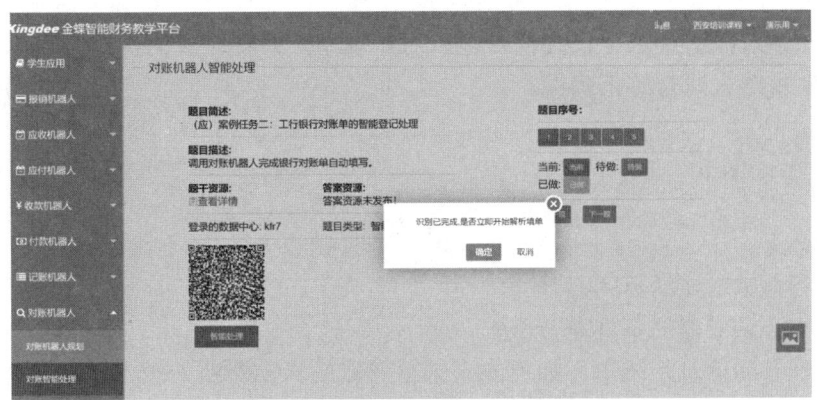

图5-44 自动完成银行对账单填写

机器人执行成功后,可在银行对账单查询界面看见机器人自动录入的银行对账单信息,如图5-45所示。

图5-45 查询自动录入的银行对账单信息

案例任务三:(应)银行存款对账规划设置

一、业务场景

每月月末,出纳李兴都要进行银行存款对账操作,发现对账不平的账号需要找出原因处理,李兴希望通过智能财务的规划设置将该对账工作交由智能财务机器人来完成,他可以专注于对账不平的账户的处理。

二、任务要求

根据出纳对账的要求,设置银行存款对账规划,并将完成的机器人规划用于真实业务中验证机器人执行的正确性。

三、任务解析

思考问题:
1. 银行存款对账的目的是什么?
2. 银行存款对账的条件是什么?
3. 在现有的信息系统里,如何实现银行对账的自动对账处理?

标准答案:

1. 企业的结算业务大部分要通过银行进行结算,为了避免企业与银行的账务处理时间不一致导致双方账面不一致的情况,企业必须定期将银行日记账与银行出具的银行对账单进行核对。

2. 出纳进行对账的前提条件是日期一致的先对账,如果对账后还有不平的,再根据具体业务情况进行处理。

3. 现有的信息系统可通过自动对账操作实现自动对账处理。

四、实验数据

根据前述任务解析可得到实验数据,如表5-21和表5-22所示。

表5-21　　　　　　　　　　银行存款对账方案

方案名称	银行存款对账方案
是否默认方案	勾选
一对一对账条件	日期相同

表5-22　　　　　　　　　　银行存款对账规划设置

操作人	lx 序号
操作对象	网页端
操作路径	【财务会计】—【出纳管理】—【银行存款】—【银行存款对账】
操作按钮	自动对账

五、实验步骤

1. 银行存款对账方案设置。
2. 进入智能财务规划教学平台设置智能执行路径。

六、操作指导

（一）银行存款对账方案设置

用户李兴登录 EAS 系统，依次点击【应用】—【财务会计】—【出纳管理】—【银行存款对账】，打开对账界面后，点击对账设置按钮，进入对账方案设置界面，根据出纳处理银行对账的要求设置好对账方案，如图 5-46 所示。

图 5-46 设置对账方案

（二）进入智能财务规划教学平台设置智能执行路径

进入智能财务规划教学平台，依次点击【对账机器人】—【对账机器人规划】打开对账机器人规划界面，在该界面可以查看建议的规划要求，如图 5-47 所示。

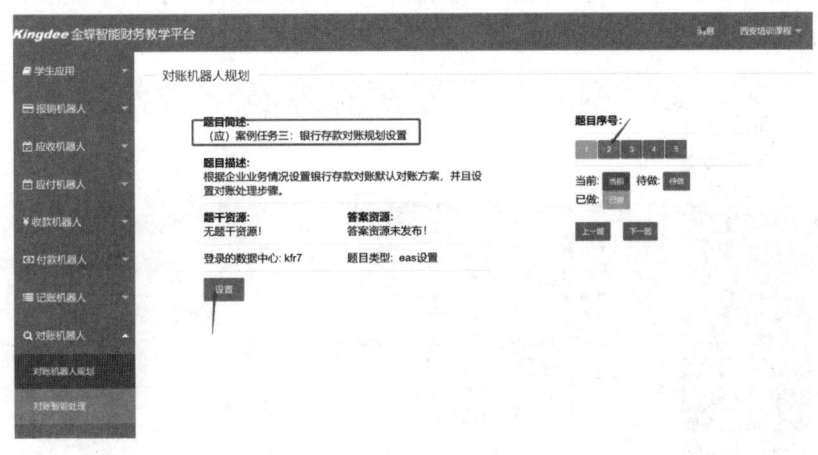

图 5-47 查看规划要求

根据企业业务情况设置银行存款对账自动对账处理步骤,如图 5-48 所示。

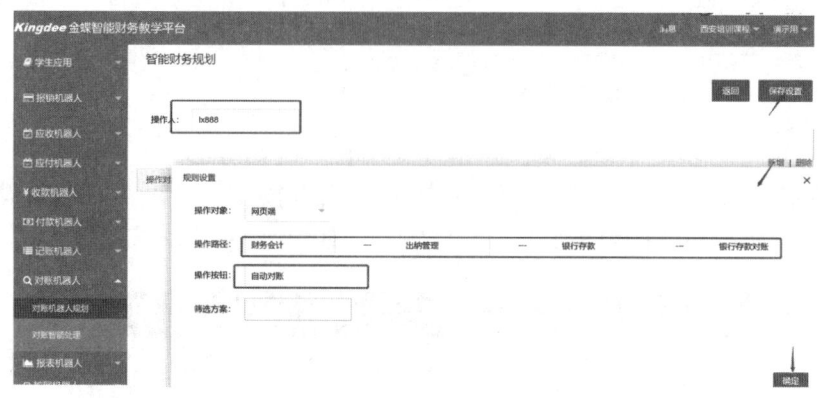

图 5-48　设置银行存款对账自动对账处理

案例任务四:(应)银行存款对账智能处理

一、业务场景

出纳李兴完成银行存款对账规划后,调用对账机器人对银行存款进行对账处理,出纳检查对账结果。

二、操作指导

进入智能财务规划教学平台,依次点击【对账机器人】—【对账智能处理】打开对账机器人智能处理界面,找到对应的题目,点击运行设置,机器人会自动进行银行存款对账智能处理,如图 5-49 所示。

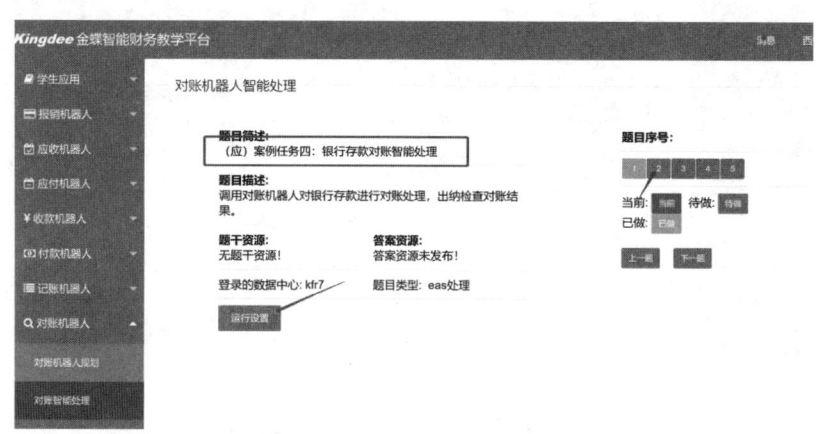

图 5-49　进行银行存款对账智能处理

机器人执行成功后，可在银行存款对账界面查看对账状态，针对对账不平的账号进行单独处理，如图 5-50 所示。

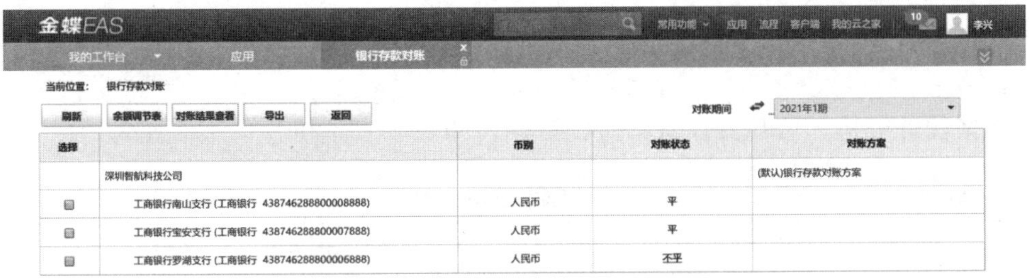

图 5-50 查看对账状态并进行单独处理

案例任务五：（应）应收期末对账规划设置

一、业务场景

每月月末，往来会计周雯鑫都要进行应收期末对账处理，发现对账不平的情况才需要和会计一起找出不平的原因，周雯鑫希望通过智能财务的规划设置将该对账工作交由智能财务机器人来完成，他可以专注于对账不平时的业务处理。

二、任务要求

根据应收对账的要求，设置应收期末对账规划，并将完成的机器人规划用于真实业务中验证机器人执行的正确性。

三、任务解析

思考问题：
1. 应收期末对账的目的是什么？
2. 应收期末对账的条件是什么？
3. 在现有的信息系统里，如何实现应收的自动对账处理？

标准答案：
1. 将应收业务系统与总账系统的数据进行比对，及时保证账务处理的合理性和正确性。
2. 往来会计进行对账的前提条件根据应收账款科目进行对账处理，包含未过账的凭证。

3. 现有的信息系统可通过期末对账的对账按钮实现根据默认对账方案进行自动对账处理。

四、实验数据

根据任务解析，可知要设置的实验数据，如表 5-23 和表 5-24 所示。

表 5-23　　　　　　　　　　应收期末对账方案

方案名称	应收期末对账方案
默认方案	勾选
对账方式	按科目对账
科目	1122 应收账款
包括未过账凭证	勾选
显示往来户明细	勾选

表 5-24　　　　　　　　　　应收期末对账规划设置

操作人	zwx 序号
操作对象	网页端
操作路径	【财务会计】—【应收管理】—【期末处理】—【期末对账】
操作按钮	对账

五、实验步骤

1. 应收期末对账方案设置。
2. 进入智能财务规划教学平台设置智能执行路径。

六、操作指导

（一）应收期末对账方案设置

用户周雯鑫登录 EAS 系统，依次点击【应用】—【财务会计】—【应收管理】—【期末对账】，打开对账界面后，点击设置按钮，进入对账方案设置界面，根据往来会计周雯鑫处理对账的习惯设置好对账方案，如图 5-51 所示。

图 5-51　设置对账方案

(二) 进入智能财务规划教学平台设置智能执行路径

进入智能财务规划教学平台，依次点击【对账机器人】—【对账机器人规划】打开对账机器人规划界面，在该界面可以查看建议的规划要求，如图 5-52 所示。

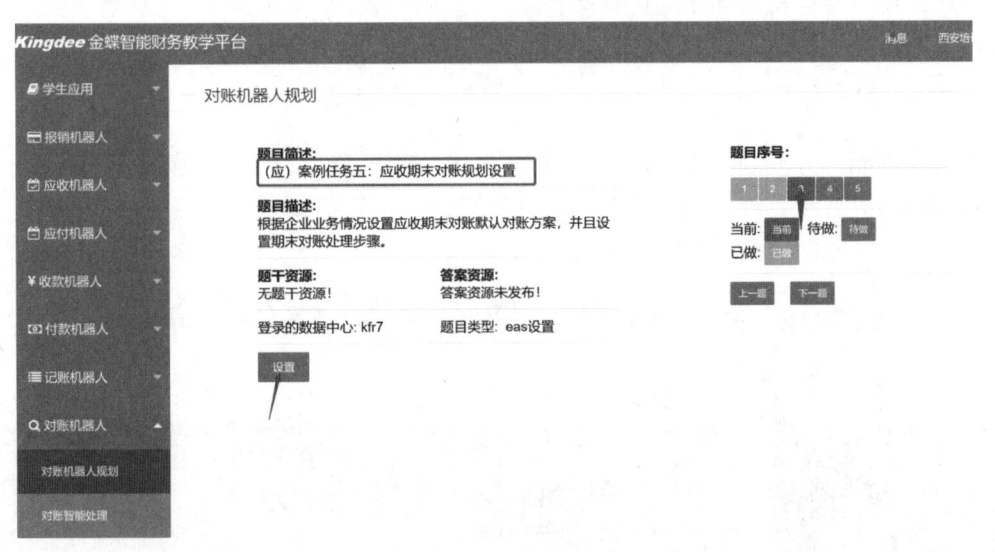

图 5-52　查看规划要求

根据企业业务情况，点击设置按钮，打开智能规划设置界面，设置智能处理步骤，如图 5-53 所示。

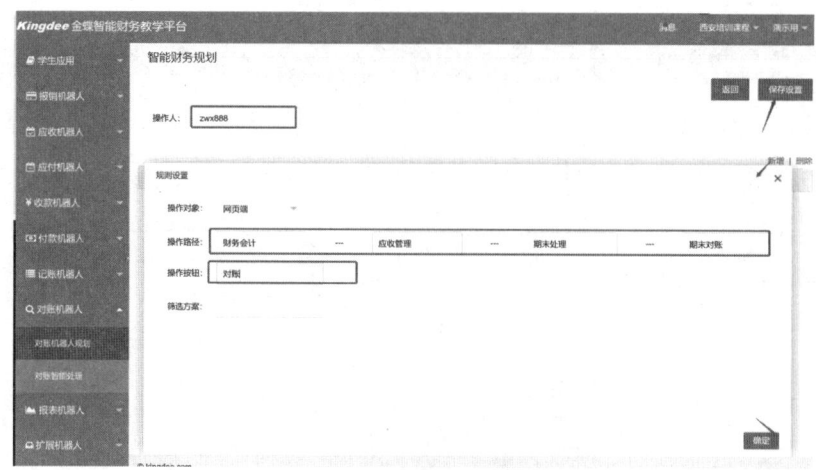

图 5-53　设置智能处理

案例任务六：（应）应收期末对账智能处理

一、业务场景

往来会计周雯鑫完成应收期末对账规划后，调用对账机器人对应收的期末对账进行处理，往来会计检查期末对账结果。

二、操作指导

进入智能财务规划教学平台，依次点击【对账机器人】—【对账智能处理】打开对账机器人智能处理界面，找到对应的题目，点击运行设置，机器人会自动进行对账智能处理，如图 5-54 所示。

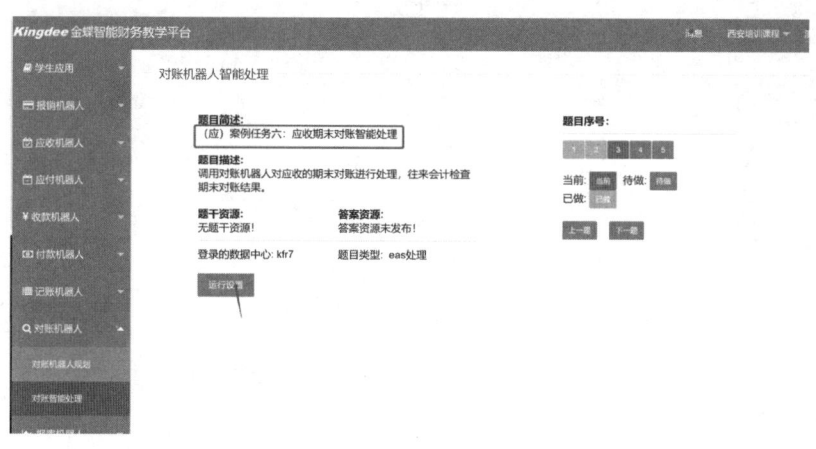

图 5-54　自动进行对账智能处理

机器人执行成功后，可在期末对账界面查看对账结果，针对对账不平的进行单独处理，如图 5-55 所示。

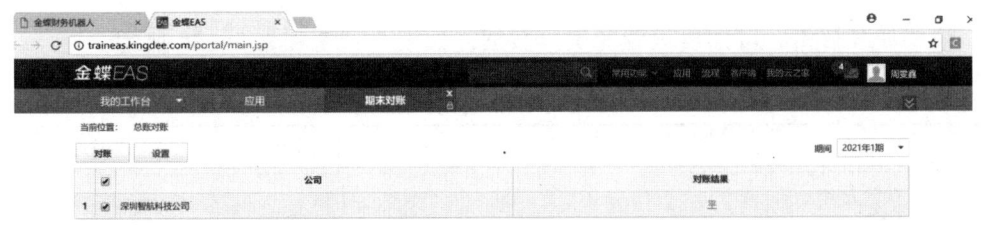

图 5-55　查看对账结果并进行单独处理

案例任务七：（应）应付期末对账规划设置

一、业务场景

每月月末，往来会计周雯鑫都要进行应付期末对账处理，发现对账不平的情况才需要和会计一起找出不平的原因，周雯鑫希望通过智能财务的规划设置将该对账工作交由智能财务机器人来完成，他可以专注于对账不平时的业务处理。

二、任务要求

根据应付对账的要求，设置应付期末对账规划，并将完成的机器人规划用于真实业务中验证机器人执行的正确性。

三、任务解析

思考问题：
1. 应付期末对账的目的是什么？
2. 应付期末对账的条件是什么？
3. 在现有的信息系统里，如何实现应付的自动对账处理？

标准答案：
1. 将应付业务系统与总账系统的数据进行比对，及时保证账务处理的合理性和正确性。
2. 往来会计进行对账的前提条件根据应付账款科目和其他应付科目进行对账处理，包含未过账的凭证。
3. 现有的信息系统可通过期末对账的对账按钮实现根据默认对账方案进行自动对账处理。

四、实验数据

根据任务解析，可知要设置的实验数据，如表 5-25 和表 5-26 所示。

表 5-25　　　　　　　　　　应付期末对账方案

方案名称	应付期末对账方案
默认方案	勾选
对账方式	按科目对账
科目	2202 应付账款 2241.02 往来
包括未过账凭证	勾选
显示往来户明细	勾选

表 5-26　　　　　　　　　　应付期末对账规划设置

操作人	zwx 序号
操作对象	网页端
操作路径	【财务会计】—【应付管理】—【期末处理】—【期末对账】
操作按钮	对账

五、实验步骤

1. 应付期末对账方案设置。
2. 进入智能财务规划教学平台设置智能执行路径。

六、操作指导

（一）应收期末对账方案设置

用户周雯鑫登录 EAS 系统，依次点击【应用】—【财务会计】—【应付管理】—【期末对账】，打开对账界面后，点击设置按钮，进入对账方案设置界面，根据往来会计周雯鑫处理对账的习惯设置好对账方案，如图 5-56 所示。

（二）进入智能财务规划教学平台设置智能执行路径

进入智能财务规划教学平台，依次点击【对账机器人】—【对账机器人规划】打开对账机器人规划界面，在该界面可以查看建议的规划要求，如图 5-57 所示。

根据企业业务情况设置智能处理步骤，如图 5-58 所示。

图 5-56　设置对账方案

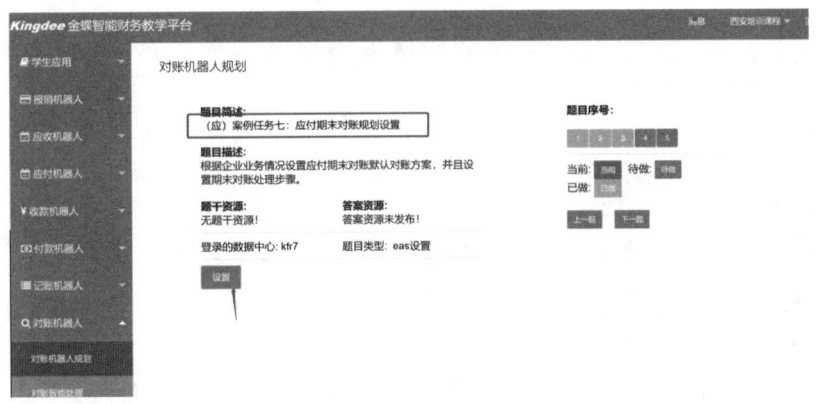

图 5-57　查看规划要求

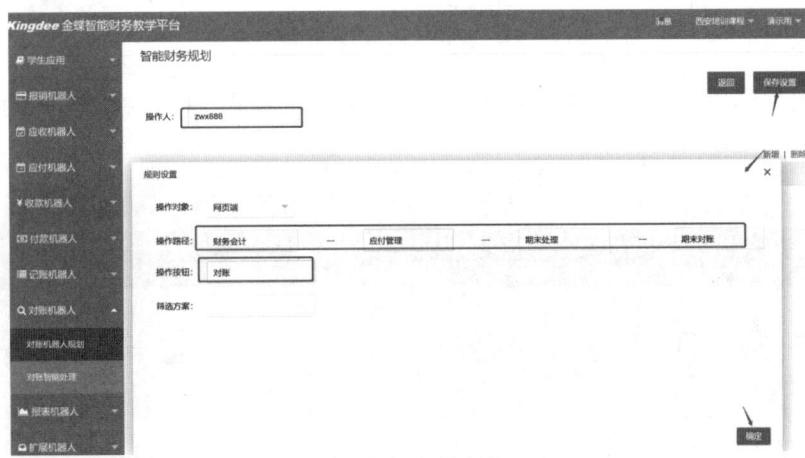

图 5-58　设置智能处理

案例任务八：（应）应付期末对账智能处理

一、业务场景

往来会计周雯鑫完成应付期末对账规划后，调用对账机器人对应付的期末对账进行处理，往来会计检查期末对账结果。

二、操作指导

进入智能财务规划教学平台，依次点击【对账机器人】—【对账智能处理】打开对账机器人智能处理界面，找到对应的题目，点击运行设置，机器人会自动进行对账智能处理，如图 5-59 所示。

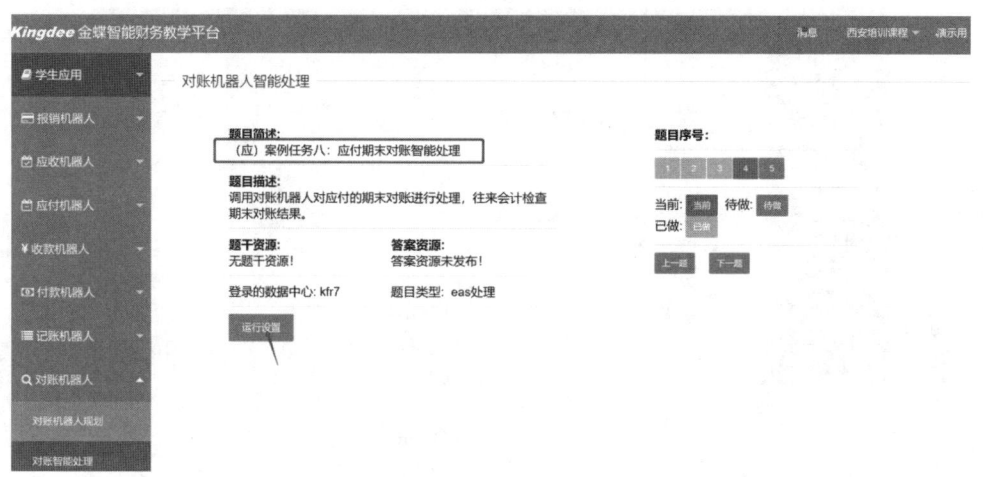

图 5-59　自动进行对账智能处理

机器人执行成功后，可在期末对账界面查看对账结果，针对对账不平的进行单独处理，如图 5-60 所示。

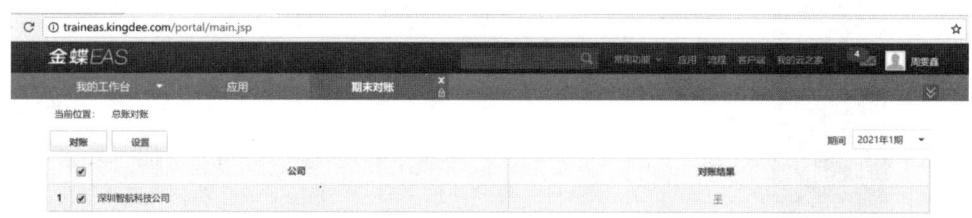

图 5-60　查看对账结果并进行单独处理

案例任务九:(应)出纳期末对账规划设置

一、业务场景

每月月末,出纳李兴都要进行出纳期末对账处理,发现对账不平的情况才需要和会计一起找出不平的原因,李兴希望通过智能财务的规划设置将该对账工作交由智能财务机器人来完成,他可以专注于对账不平时的业务处理。

二、任务要求

根据出纳对账的要求,设置出纳期末对账规划,并将完成的机器人规划用于真实业务中验证机器人执行的正确性。

三、任务解析

思考问题:
1. 出纳期末对账的目的是什么?
2. 出纳期末对账的条件是什么?
3. 在现有的信息系统里,如何实现出纳的自动对账处理?

标准答案:
1. 将出纳业务系统与总账系统的数据进行比对,及时保证账务处理的合理性和正确性。
2. 出纳进行对账的前提条件是针对银行存款和库存现金进行对账处理,对账时考虑未过账的凭证。
3. 现有的信息系统可通过期末对账的对账按钮实现根据默认对账方案进行自动对账处理。

四、实验数据

根据任务解析,可知要设置的实验数据,如表 5-27 和表 5-28 所示。

表 5-27　　　　　　　　　　　　　出纳期末对账方案

方案名称	出纳期末对账方案
是否默认方案	勾选
包括未过账凭证	勾选

表 5-28　　　　　　　　出纳期末对账规划设置

操作人	lx 序号
操作对象	网页端
操作路径	【财务会计】—【出纳管理】—【期末处理】—【期末对账】
操作按钮	对账

五、实验步骤

1. 出纳期末对账方案设置。
2. 进入智能财务规划教学平台设置智能执行路径。

六、操作指导

（一）出纳期末对账方案设置

用户李兴登录 EAS 系统，依次点击【应用】—【财务会计】—【出纳管理】—【期末对账】，打开对账界面后，点击设置按钮，进入对账方案设置界面，根据李兴处理对账的习惯设置好对账方案，如图 5-61 所示。

图 5-61　设置对账方案

（二）进入智能财务规划教学平台设置智能执行路径

进入智能财务规划教学平台，依次点击【对账机器人】—【对账机器人规划】打开对账机器人规划界面，在该界面可以查看建议的规划要求，如图 5-62 所示。

第五章　智能财务

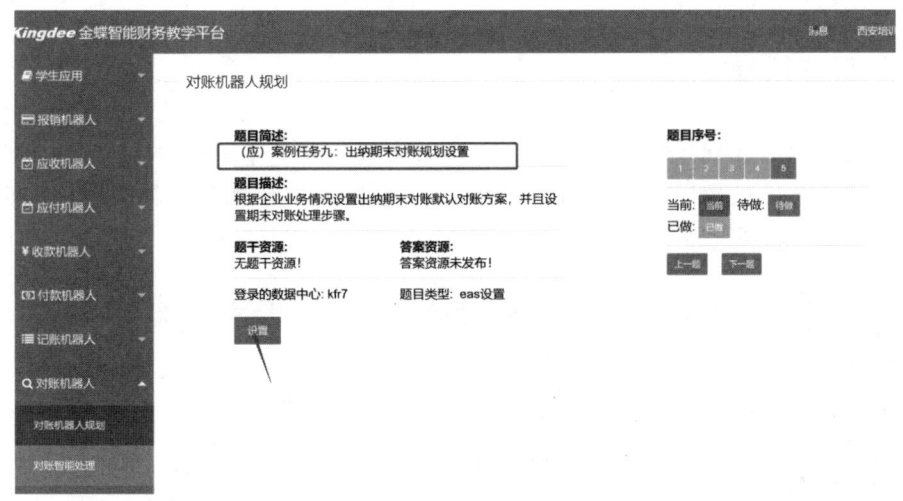

图 5－62　查看规划要求

点击设置，根据企业业务情况设置智能处理步骤，如图 5－63 所示。

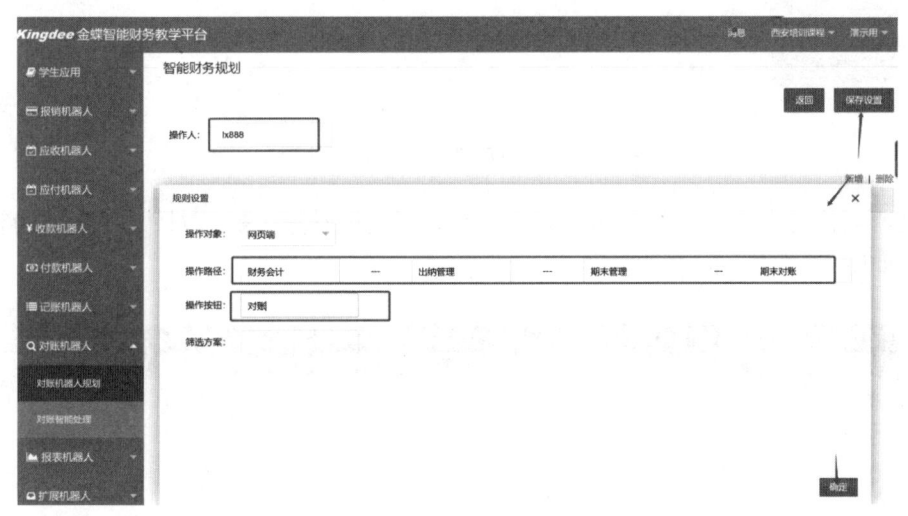

图 5－63　设置智能处理

案例任务十：（应）出纳期末对账智能处理

一、业务场景

出纳李兴完成出纳期末对账规划后，调用对账机器人对出纳的期末对账进行处理，出纳检查期末对账结果。

二、操作指导

进入智能财务规划教学平台，依次点击【对账机器人】—【对账智能处理】打开对账机器人智能处理界面，找到对应的题目，点击运行设置，机器人会自动进行对账智能处理，如图 5-64 所示。

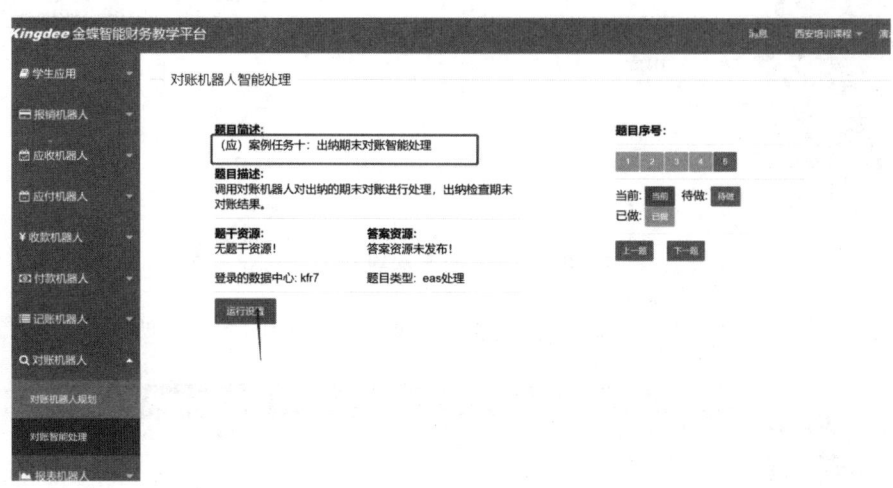

图 5-64　自动进行对账智能处理

机器人执行成功后，可在期末对账界面查看对账结果，针对对账不平的进行单独处理，如图 5-65 所示。

图 5-65　查看对账结果并进行单独处理

第三节　报表机器人

财务报表是反映企业或预算单位一定时期资金、利润状况的会计报表。我国财务报表的种类、格式、编报要求，均由统一的会计制度作出规定，要求企业每月编报。因此，每月月末都要完成全部的财务处理以及期末结转损益后才可以编制报表，报表编制完成后就可以进行期末结账了。

案例任务一：（应）凭证审核规划设置

一、业务场景

启用智能记账后，凭证由单据自动生成，一般不会出现错误，财务经理邓永彬希望通过智能财务的规划设置将凭证审核的工作交由智能财务机器人来完成。

二、任务要求

根据财务经理审核凭证的习惯，设置凭证审核规划，并将完成的机器人规划用于真实业务中验证机器人执行的正确性。

三、实验数据

凭证审核过滤方案和规划设置如表 5-29 和表 5-30 所示。

表 5-29　　　　　　　　　　　凭证审核过滤方案

方案名称	待审核
过滤条件	日期：2021-01-01~2021-01-31 状态：已提交

表 5-30　　　　　　　　　　　凭证审核规划设置

操作人	dyb 序号
操作对象	网页端
操作路径	【财务会计】—【总账】—【凭证处理】—【凭证查询】
操作按钮	审核
筛选方案	待审核

四、实验步骤

1. 凭证审核过滤方案设置。
2. 进入智能财务规划教学平台设置智能执行路径。

五、操作指导

(一) 凭证审核过滤方案设置

用户 dyb 序号登录 EAS 系统,依次点击【财务会计】—【总账】—【凭证处理】—【凭证查询】,打开凭证查询列表界面,在方案查询界面设置并保存过滤方案,如图 5-66 所示。

图 5-66　凭证方案查询并保存过滤方案

(二) 进入智能财务规划教学平台设置智能执行路径

依次点击【报表机器人】—【报表机器人规划】打开报表机器人规划界面,找到对应的案例任务,如图 5-67 所示。

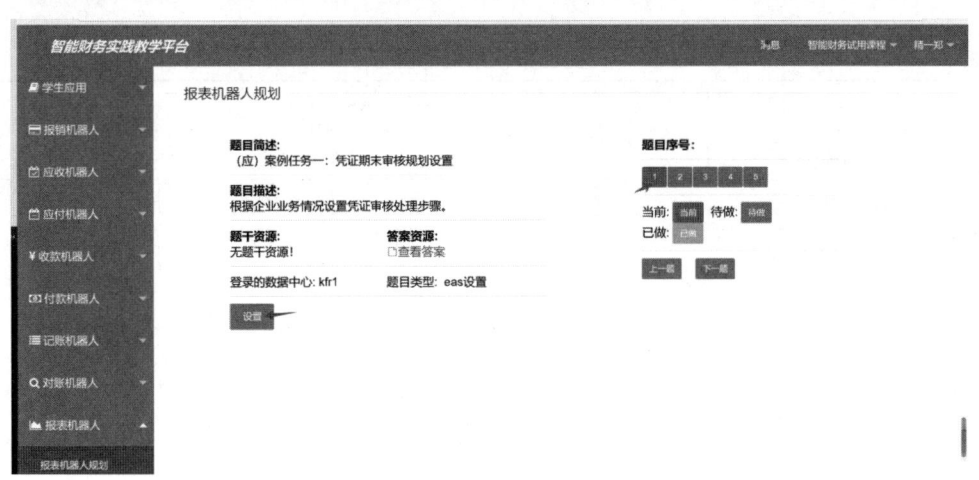

图 5-67　打开机器人规划并找到案例任务

点击设置按钮,根据实验数据,完成财务机器人自动化操作的规划设置,完成后点击保存设置,如图 5-68 所示。

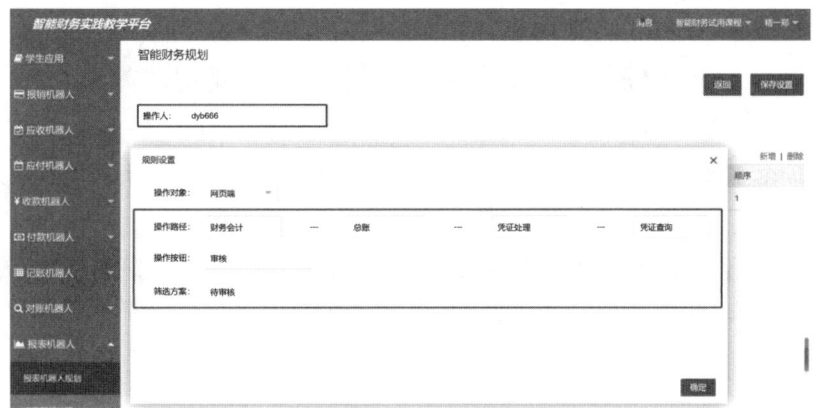

图 5-68　完成自动化规划设置并保存

案例任务二：（应）凭证审核智能处理

一、业务场景

财务经理邓永彬完成凭证审核规划后，月末所有业务处理完结后，将当月所有凭证通过智能财务机器人执行凭证审核处理，完成所有凭证审核工作。

二、操作指导

进入智能财务规划教学平台，依次点击【报表机器人】—【报表智能处理】打开报表机器人智能处理界面，找到对应的题目，点击运行设置，机器人会自动进行智能处理，如图 5-69 所示。

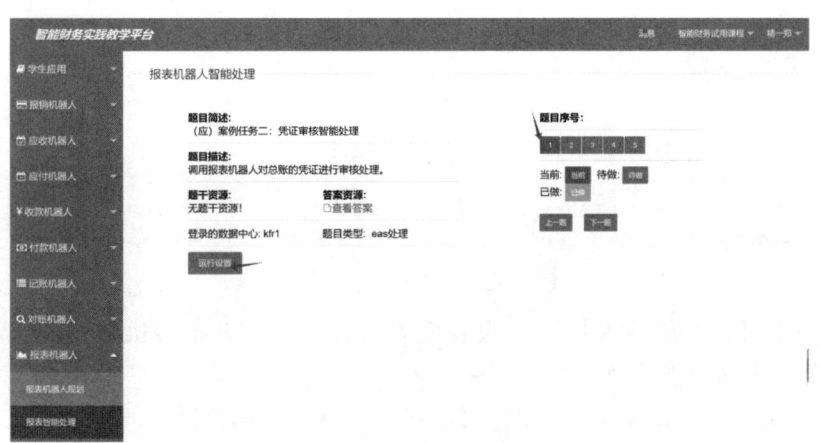

图 5-69　自动进行智能处理

案例任务三:(应)凭证期末过账规划设置

一、业务场景

每月月末,会计聂小莉都需要对当月的全部凭证进行过账,该工作属于高重复低价值的财务工作,聂小莉希望通过智能财务的规划设置将该部分工作交由智能财务机器人来完成。

二、任务要求

根据总账会计过账的习惯,设置凭证过账规划,并将完成的机器人规划用于真实业务中验证机器人执行的正确性。

三、实验数据

凭证过账规划设置如表 5-31 所示。

表 5-31　　　　　　　　　　凭证过账规划设置

操作人	nxl 序号
操作对象	网页端
操作路径	【财务会计】—【总账】—【批量处理】—【批量过账】
操作按钮	开始

四、实验步骤

进入智能财务规划教学平台设置智能执行路径。

五、操作指导

依次点击【报表机器人】—【报表机器人规划】打开报表机器人规划界面,找到对应的案例任务,如图 5-70 所示。
点击设置按钮,根据实验数据,完成财务机器人自动化操作的规划设置,完成后点击保存设置,如图 5-71 所示。

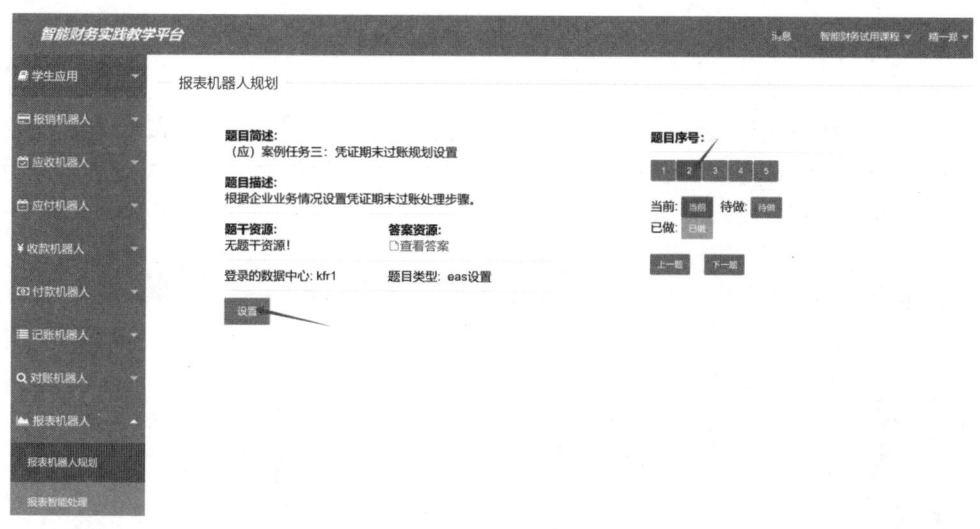

图 5-70　打开机器人规划界面并找到案例任务

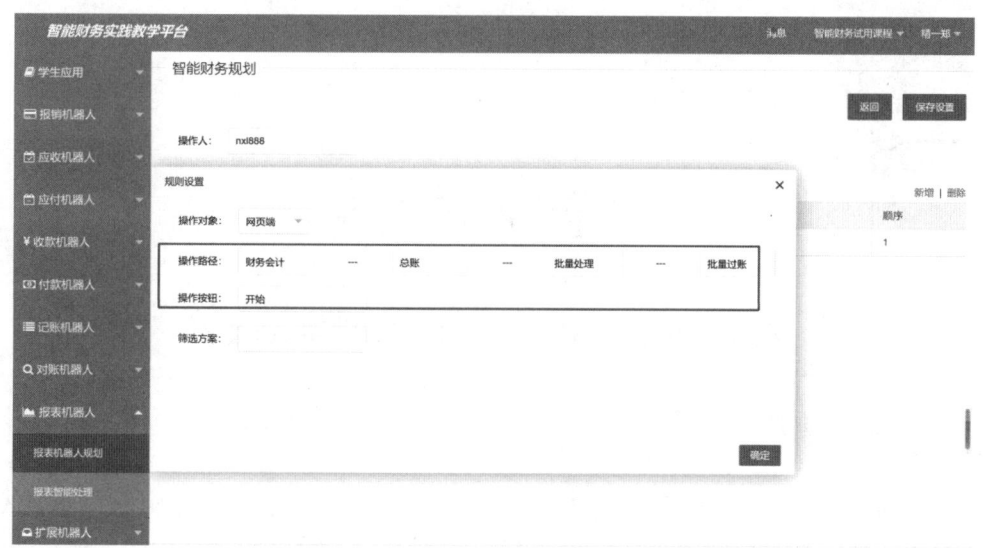

图 5-71　完成自动化规划设置并保存

案例任务四：（应）凭证期末过账智能处理

一、业务场景

会计聂小莉完成凭证期末过账规划后，调用报表机器人对当月凭证进行过账处理。

二、操作指导

进入智能财务规划教学平台,依次点击【报表机器人】—【报表智能处理】打开报表机器人智能处理界面,找到对应的题目,点击运行设置,机器人会自动进行智能处理,如图5-72所示。

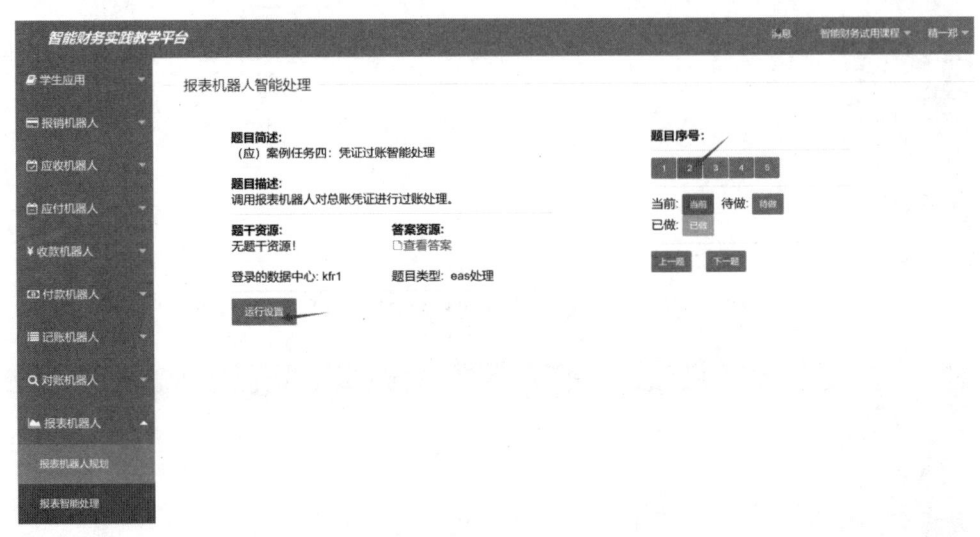

图5-72 自动进行智能处理

案例任务五:(选)期末自动转账规划设置

一、业务场景

每月月末,会计聂小莉都要做制造费用结转的财务处理,该工作属于高重复低价值的财务工作,聂小莉希望通过智能财务的规划设置将该部分工作交由智能财务机器人来完成。

二、任务要求

根据总账会计相关业务期末转账的习惯,设置期末自动转账规划,并将完成的机器人规划用于真实业务中验证机器人执行的正确性。

三、实验数据

自动转账方案和规划设置如表5-32和表5-33所示。

表 5-32　　　　　　　　　　　　　　自动转账方案

公司	编码	名称	凭证类型	转账类型	凭证分录顺序	摘要	科目	币别	借贷	数据来源	转账比例
深圳智航科技公司	序号	结转制造费用	记_序号	普通转账	模板顺序	结转制造费用	5001.03（生产成本——制造费用）	人民币	自动	转入	100%
							5101.01（制造费用——水电费）			按比例转出余额	100%
							5101.02（制造费用——折旧费）			按比例转出余额	100%

表 5-33　　　　　　　　　　　　　　自动转账规划设置

操作人	nxl 序号
操作对象	网页端
操作路径	【财务会计】—【总账】—【期末处理】—【自动转账】
操作按钮	生成凭证

四、实验步骤

1. 期末自动转账方案设置。
2. 进入智能财务规划教学平台设置智能执行路径。

五、操作指导

（一）期末自动转账方案设置

用户 nxl 登录 EAS 系统，依次点击【财务会计】—【总账】—【期末处理】—【自动转账】，打开自动转账序时簿，新增并保存自动转账方案，如图 5-73 所示。

（二）进入智能财务规划教学平台设置智能执行路径

进入智能财务规划教学平台，依次点击【报表机器人】—【报表机器人规划】打开报表机器人规划界面，找到对应的案例任务，如图 5-74 所示。

点击设置按钮，根据实验数据，完成财务机器人自动化操作的规划设置，完成后点击保存设置，如图 5-75 所示。

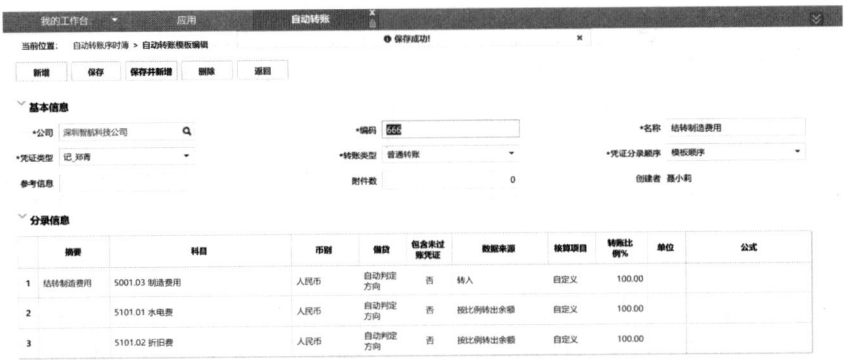

图 5-73　新增并保存自动转账方案

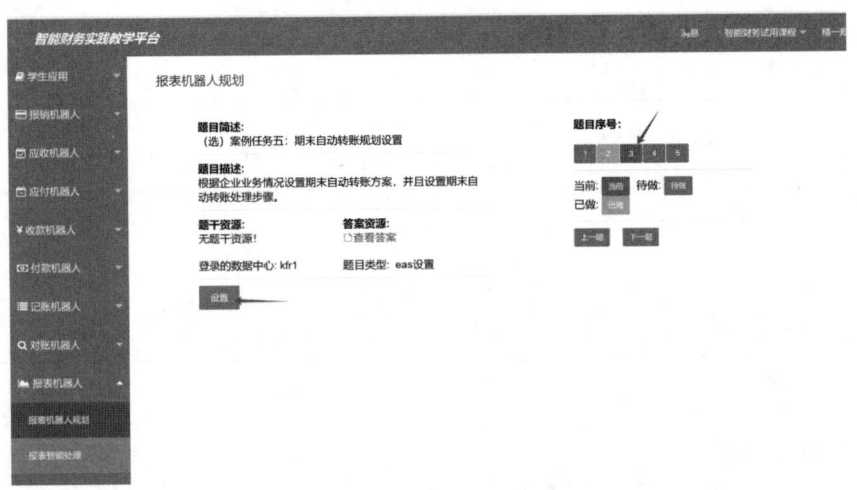

图 5-74　打开规划界面并找到案例任务

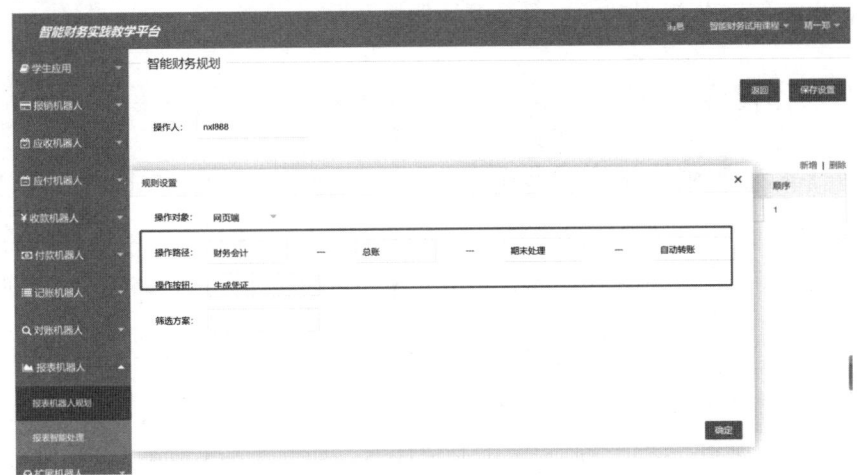

图 5-75　完成自动化规划设置并保存

第四节　收款机器人

案例任务一：（应）收款单填写规划设置

一、业务场景

收款是企业经营活动、投资活动和筹资活动实现资金流入的一种表现，通过收款完成企业的收益。因此，出纳李兴每月都要花比较多的时间根据业务员提供的银行回单及原始票据到系统中做收款单，该工作属于高重复低价值的财务工作，出纳李兴希望通过智能财务的规划设置将该部分高重复的工作交由智能财务机器人来完成。

二、任务要求

根据出纳参考原始票据做收款单的工作习惯，设置收款单填写规划，并将完成的机器人规划用于真实业务中验证机器人执行的正确性。

三、任务解析

思考问题：
1. 根据企业收款管理规范，谁负责填写收款单？对应岗位负责人根据什么原始票据信息填写收款单？当出现多种类型的原始票据时以什么票据信息为准？
2. 在填写收款单的时候有哪些必填字段是打开界面就已经填写的？这些字段是否有需要在填写的时候做修改的？修改的依据是什么？
3. 在填写收款单的时候哪些必填字段是空白需要填写的？这些空白的必填字段填写的依据和规范是什么样的？
4. 在填写收款单的时候有哪些非必填字段填写的时候有明确的要求？具体要求是什么？

标准答案：
1. 公司收款单填写的时候主要参考工商银行银行回单的数据，如果出现银行回单和其他单原始票据同时存在的情况，以银行回单为准填写。
2. 收款单新增界面打开后默认已经填写的字段有公司、业务日期、币别、汇率4个字段，这些字段中业务日期每次填写的时候要根据银行回单中的日期来填写。
3. 收款单填写的时候，还有收款类型、收款科目、实收本位币金额需要填写，收款科目默认就是银行存款科目，收款类型要根据公司的收款管理规范，必须和真实发生的业务一致，实收本位币金额就是真实银行回单上的交易金额。

4. 收款单填写的时候还需要填写付款方的全部信息，要注意的是往来类型根据真实业务情况进行选择，收款明细的对方科目的填写要与该笔收款业务发生的业务一致，收款账户是公司的收支账户为工商银行罗湖支行。

四、实验数据

根据任务解析可得到实验数据，如表 5-34 和表 5-35 所示。

表 5-34　　　　　　　　　收款单规划——整体规划

多张票据	单据信息参考一张票据
制单人	lx 序号
人工核对	启用
票据优先级	销售合同：0 中国工商银行客户回单：1 中国建设银行网上银行电子回执：1 增值税专用发票：0 增值税发票：0

表 5-35　　　　　　　收款单规划——中国工商银行客户回单

收款类型	如果（${中国工商银行客户回单.用途摘要}）包含（'预收'）那么 收款类型（'预收款'）； 如果（${中国工商银行客户回单.用途摘要}）包含（'物流'）那么 收款类型（'代垫运费'）； 如果（${中国工商银行客户回单.用途摘要}）包含（'保险'）那么 收款类型（'保险赔款'）； 如果（${中国工商银行客户回单.用途摘要}）包含（'政府'）那么 收款类型（'政府补贴'）； 如果（${中国工商银行客户回单.用途摘要}）包含（'贷款'）那么 收款类型（'贷款收入'）； 如果（无条件）那么 收款类型（'销售回款'）
业务日期	${中国工商银行客户回单.日期}
收款账户	'工商银行罗湖支行'
收款科目	'1002 '
往来类型	如果（${中国工商银行客户回单.用途摘要}）包含（'货款'）那么 往来类型（'客户'）； 如果（${中国工商银行客户回单.用途摘要}）包含（'物流'）那么 往来类型（'客户'）； 如果（无条件）那么 往来类型（'其他'）
付款单位	${中国工商银行客户回单.付款人名称}
摘要	${中国工商银行客户回单.用途摘要}
付款账号	${中国工商银行客户回单.付款人账号}
付款银行	${中国工商银行客户回单.付款人开户行}
实收金额	${中国工商银行客户回单.金额（小写）}-'RMB：'
对方科目	如果（${中国工商银行客户回单.用途摘要}）包含（'预收'）那么 对方科目（'2203 '）； 如果（${中国工商银行客户回单.用途摘要}）包含（'贷款'）那么 对方科目（'2001 '）； 如果（${中国工商银行客户回单.用途摘要}）包含（'保险'）那么 对方科目（'6301 '）； 如果（${中国工商银行客户回单.用途摘要}）包含（'政府'）那么 对方科目（'6301 '）； 如果（无条件）那么 对方科目（'1122 '）

五、实验步骤

进入智能财务规划教学平台设置收款单自动填写规划。

六、操作指导

进入智能财务规划教学平台,依次点击【收款机器人】—【收款机器人规划】打开收款机器人规划界面,在该界面可以查看建议的规划要求,如图 5-76 所示。

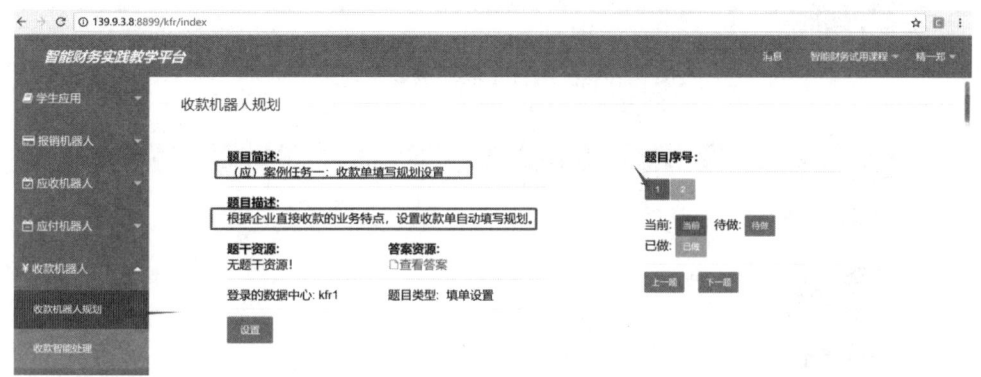

图 5-76　打开规划界面并查看要求

点击设置,进入收款机器人规划界面,根据分析得到的规划设置要求进行规划设置,先完成整体设置要求,如图 5-77 所示。

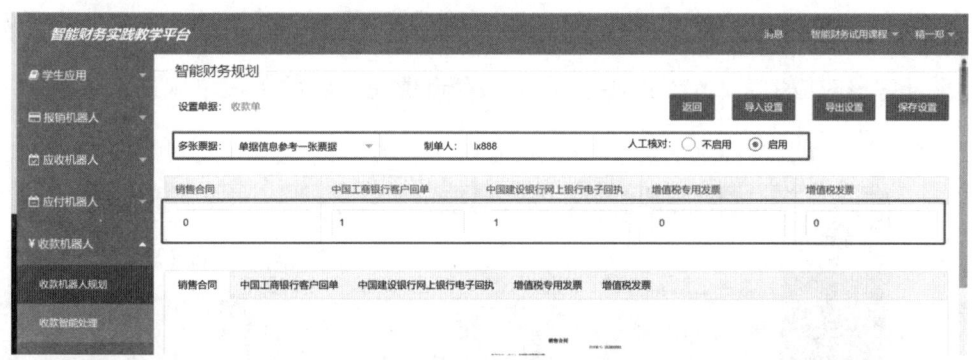

图 5-77　完成整体设置要求

再点击中国工商银行客户回单,按实验数据设置用银行回单进行填单的字段对应关系。针对字段对应关系是一对一的字段,点击字段前面的"+"进入设置,如图 5-78 所示。

针对字段对应关系按条件设置的,以往来类型字段为例,点击字段后面的"…"进入条件设置界面,如图 5-79 所示。

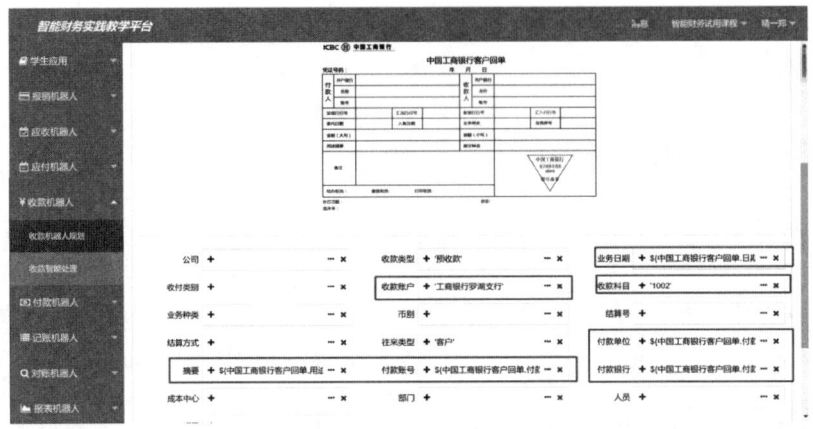

图 5-78　进行字段对应关系设置

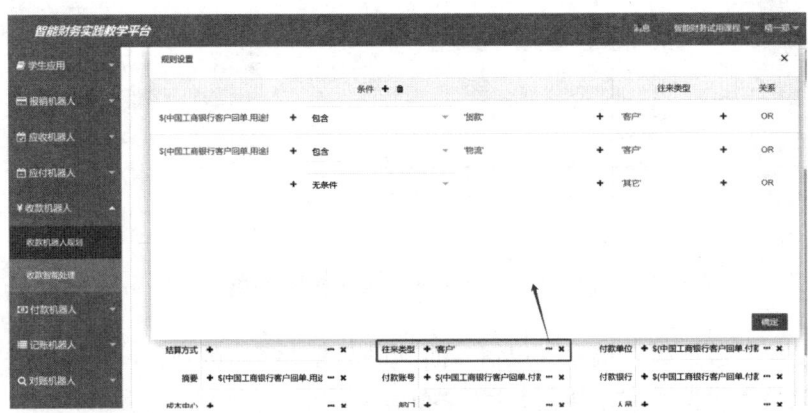

图 5-79　进入条件设置界面

全部字段对应关系设置完毕后,点击保存设置完成收款单填单规划,如图 5-80 所示。

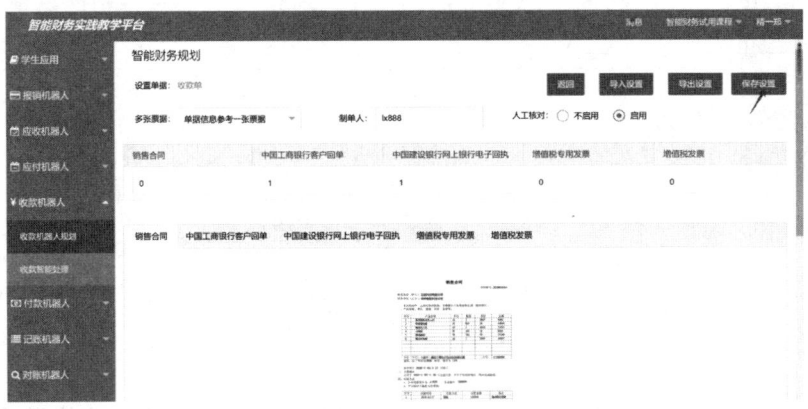

图 5-80　保存设置完成收款单填单规划

案例任务二：（应）收款单审核规划设置

一、业务场景

每天，财务经理邓永彬都需要抽时间对当天产生的收款单进行审核，审核的重点是收款账号必须为公司的收支账号或者收入账号，收款单金额和真实票据的金额一致，业务如果存在发票，要核验发票金额和单据金额一致。该工作属于高重复低价值的财务工作，邓永彬希望通过智能财务的规划设置将该部分工作交由智能财务机器人来完成。

二、实验步骤

进入智能财务规划教学平台设置收款单审核规划。

三、实验数据

收款单审核规划如表 5-36 所示。

表 5-36　　　　　　　　　　收款单审核规划

校验点名称	校验要求
审核人	dyb 序号
人工参与	开启
收款账户确认	执行方式：执行规则 执行规则：收款单的收款账户为工商银行南山支行或工商银行罗湖支行 检查点执行：不通过继续检查
收款金额确认	执行方式：执行规则 执行规则：收款单实收金额 = 银行回单金额 检查点执行：不通过继续检查
发票金额和业务金额一致	执行方式：按执行类执行 执行类：发票总金额和单据上业务发生的金额一致 检查点执行：不通过继续检查
发票是真发票	执行方式：按执行类执行 执行类：发票真伪验证 检查点执行：不通过继续检查
合同是真合同	执行方式：按执行类执行 执行类：合同真伪验证 检查点执行：不通过继续检查

四、操作指导

进入智能财务规划教学平台，依次点击【收款机器人】—【收款机器人规划】

打开收款机器人规划界面,在该界面选题目序号2,查看收款单审核规划要求,如图5-81所示。

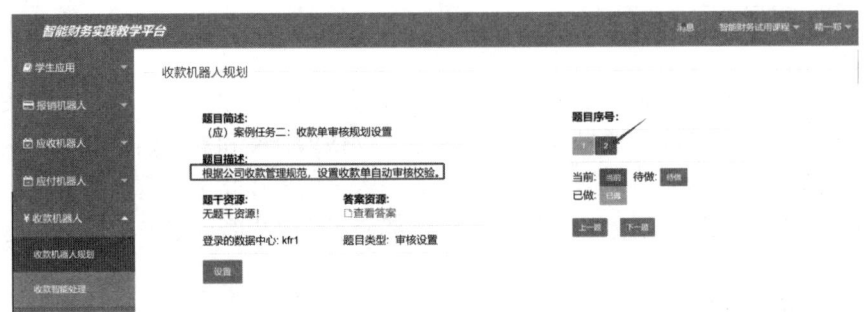

图5-81　打开规划界面并查看收款单审核要求

点击设置,按实验数据设置审核人和人工参与方式,如图5-82所示。

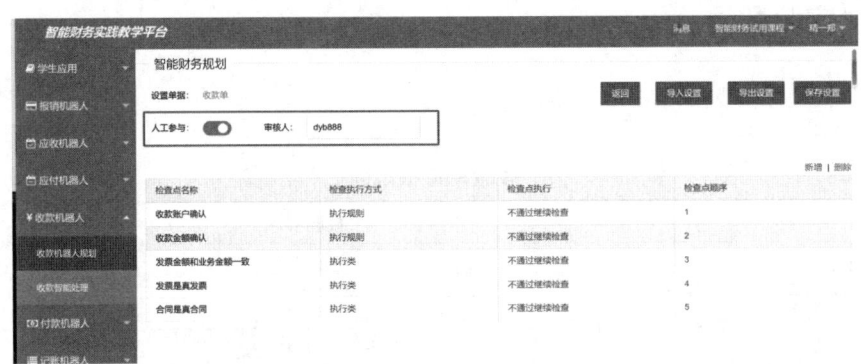

图5-82　设置审核人和人工参与方式

点击新增,按实验数据设置审核规则,如图5-83所示。

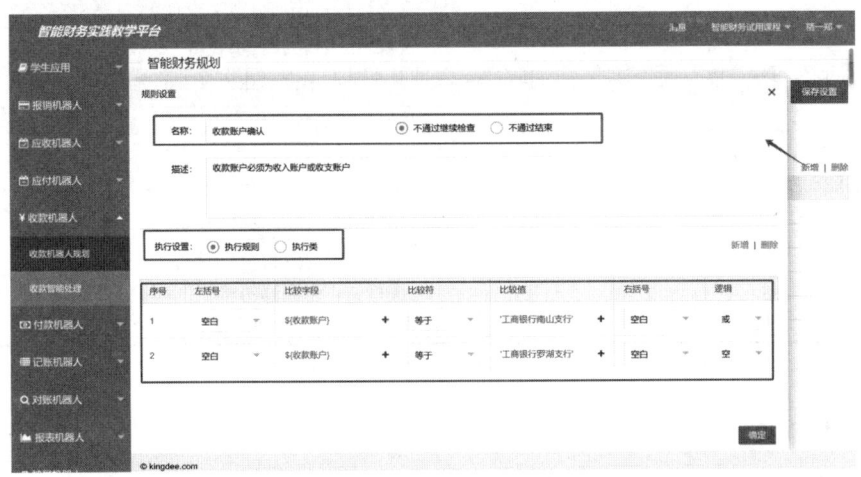

(a)

第五章　智能财务

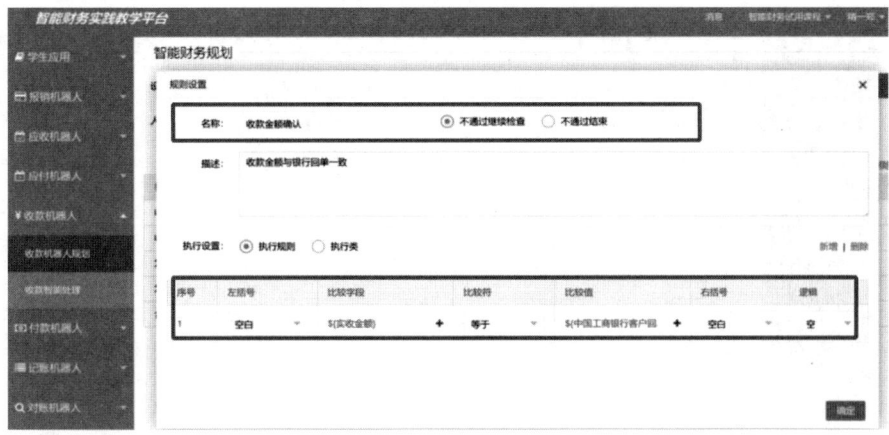

(b)

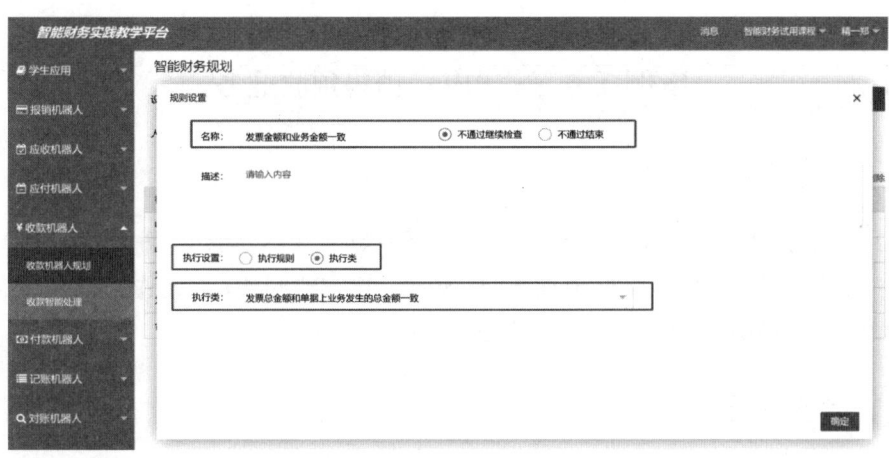

(c)

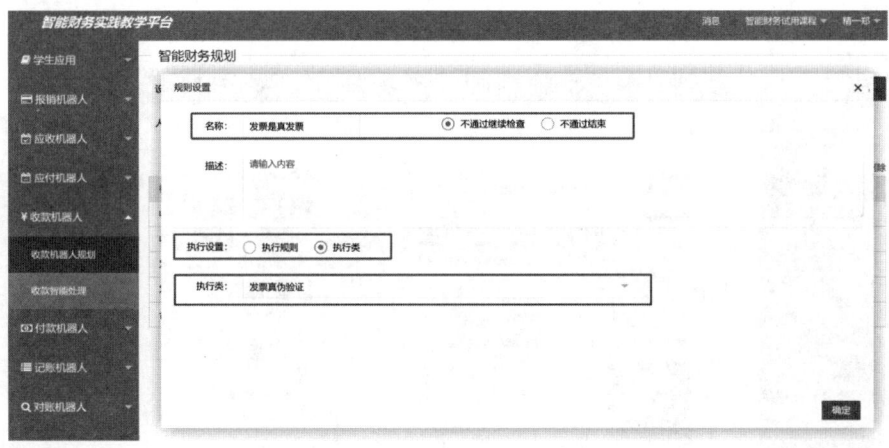

(d)

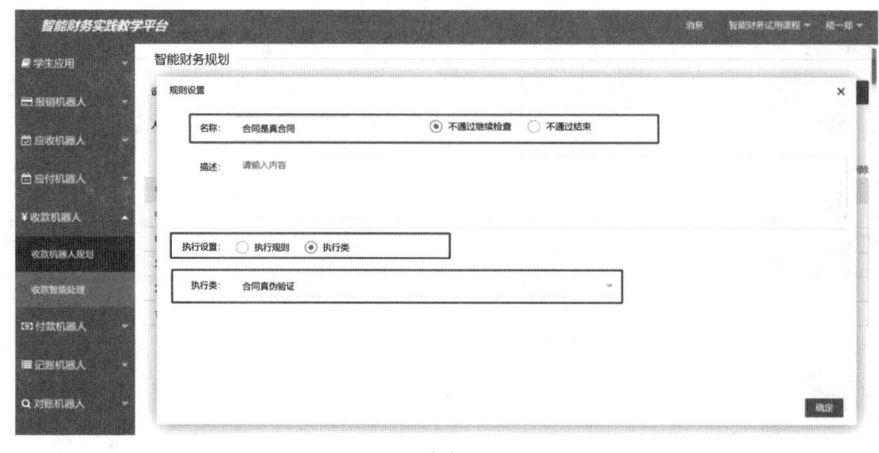

(e)

图 5-83 设置审核规则

案例任务三：（应）销售预收业务

一、业务场景

2021年2月4日，科亚特股份有限公司要求购买30台通用型航拍无人机（定制A款），当天签订销售合同要求3月10日发货，客户支付10万元作为预收款，出纳根据该业务情况调用收款机器人完成收款单填写。

二、操作指导

进入智能财务规划教学平台，依次点击【收款机器人】—【收款单智能处理】打开收款机器人智能处理界面，找到对应的题目，下载题干资源里的原始单据后点击智能处理，收款机器人执行收款单自动填写，如图5-84所示。

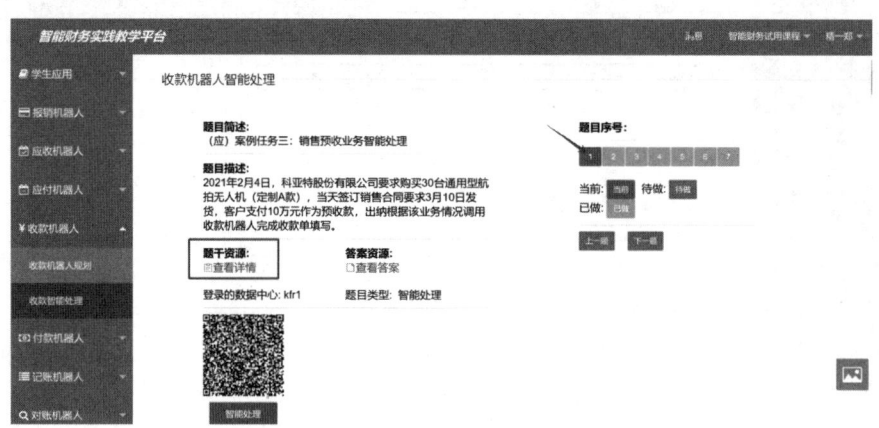

图 5-84 下载单据并执行收款单自动填写

机器人执行成功后，可检查自动填写的收款单的字段信息，是否和预计的一致，如图5-85所示。

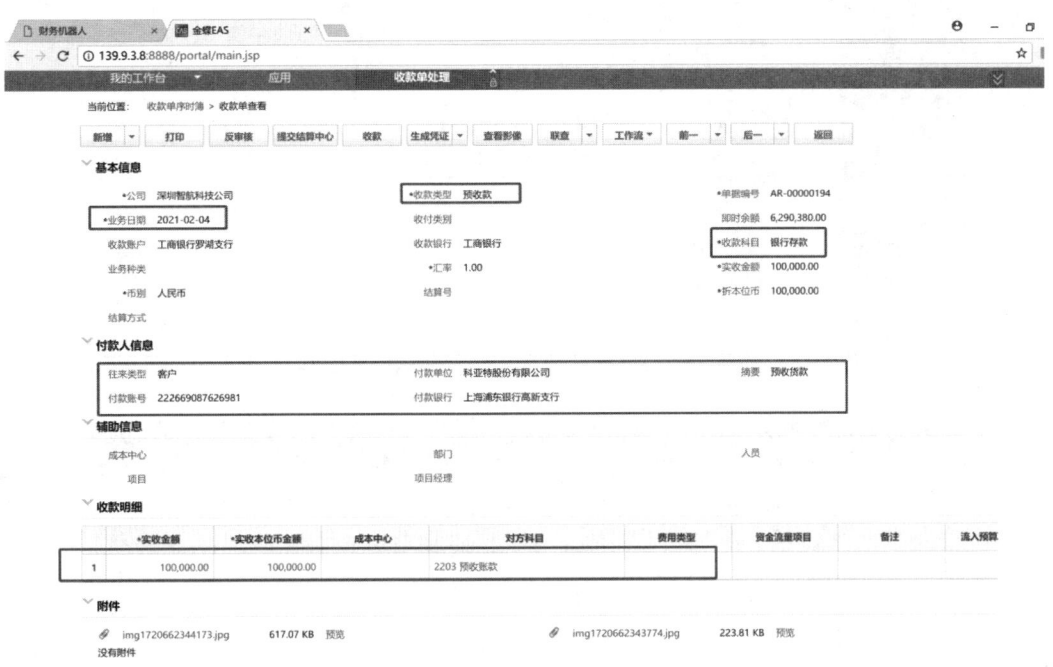

图5-85 检查收款单字段信息

案例任务四：（应）销售收款业务

一、业务场景

2021年2月7日，朗星公司购买植保无人机支付货款10万元，并提供银行回单，出纳根据该业务情况调用收款机器人完成收款单填写。

二、操作指导

进入智能财务规划教学平台，依次点击【收款机器人】—【收款单智能处理】打开收款机器人智能处理界面，找到对应的题目，下载题干资源里的原始单据后点击智能处理，收款机器人执行收款单自动填写，如图5-86所示。

机器人执行成功后，可检查自动填写的收款单的字段信息是否和预计的一致，如图5-87所示。

180　智能财务应用

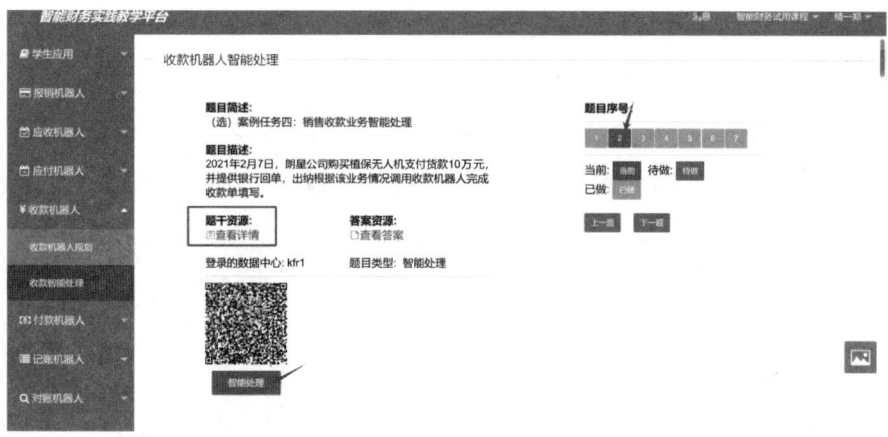

图 5-86　下载单据并执行收款单自动填写

图 5-87　检查收款单的字段信息

案例任务五：（应）收回代垫客户运费

一、业务场景

2021年2月28日，收到为客户朗星公司代垫的运输物流费1,000元，出纳调用收款机器人完成收款单填写。

二、操作指导

进入智能财务规划教学平台，依次点击【收款机器人】—【收款单智能处理】

打开收款机器人智能处理界面，找到对应的题目，下载题干资源里的原始单据后点击智能处理，收款机器人执行收款单自动填写，如图 5-88 所示。

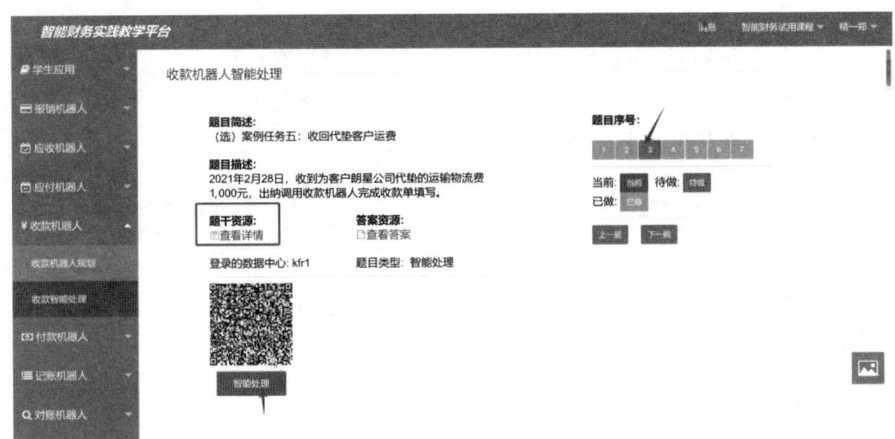

图 5-88　下载单据并执行收款单自动填写

机器人执行成功后，可检查自动填写的收款单的字段信息是否和预计的一致，如图 5-89 所示。

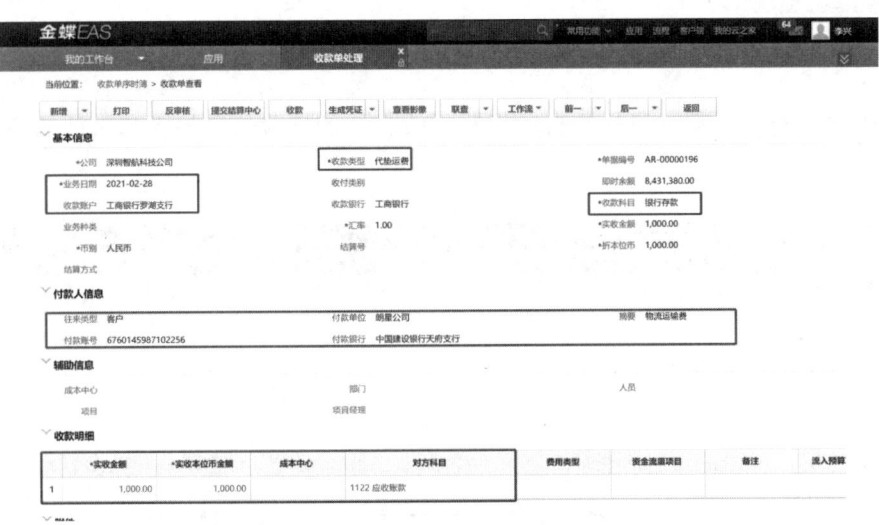

图 5-89　检查收款单的字段信息

案例任务六：（选）收到政府奖励

一、业务场景

公司在上一年度申请的专利符合政府奖励条件，2021 年 2 月 7 日，收到政府奖励 20 万元，出纳调用收款机器人完成收款单填写。

二、操作指导

进入智能财务规划教学平台，依次点击【收款机器人】—【收款单智能处理】打开收款机器人智能处理界面，找到对应的题目，下载题干资源里的原始单据后点击智能处理，收款机器人执行收款单自动填写，如图 5-90 所示。

图 5-90　下载单据并执行收款单自动填写

机器人执行成功后，可检查自动填写的收款单的字段信息是否和预计的一致，如图 5-91 所示。

图 5-91　检查收款单的字段信息

第五节　付款机器人

案例任务一：（应）付款单填写规划设置

一、业务场景

付款相对于收款而言，是企业资金相对流出的一种形式。常见付款单有采购付款、预付款、费用报销付款等。出纳李兴每月都要花比较多的时间根据业务提供的银行回单及原始票据到系统中做付款单，该工作属于高重复低价值的财务工作，李兴希望通过智能财务的规划设置将该部分高重复的工作交由智能财务机器人来完成。

二、任务要求

根据出纳参考原始票据做付款单的工作习惯，设置付款单填写规划，并将完成的机器人规划用于真实业务中验证机器人执行的正确性。

三、任务解析

思考问题：

1. 根据企业付款管理规范，谁负责填写收款单？对应岗位负责人根据什么原始票据信息填写付款单？当出现多种类型的原始票据时以什么票据信息为准？

2. 在填写付款单的时候有哪些必填字段是打开界面就已经填写的？这些字段是否有需要在填写的时候做修改的？修改的依据是什么？

3. 在填写付款单的时候哪些必填字段是空白需要填写的？这些空白的必填字段填写的依据和规范是什么样的？

4. 在填写付款单的时候有哪些非必填字段填写的时候有明确的要求？具体要求是什么？

标准答案：

1. 填写公司付款单的时候主要参考工商银行银行回单的数据，如果出现银行回单和其他单原始票据同时存在的情况，以银行回单为准填写。

2. 付款单新增界面打开后默认已经填写的字段有公司、业务日期、币别、汇率、付款类型，这些字段中业务日期和付款类型每次填写的时候要根据实际业务情况进行修改，业务日期要和银行回单中的日期一致，付款类型要和实际业务一致。

3. 填写付款单的时候，还有付款科目、对方科目、实付金额需要填写，付款科目默认就是银行存款科目，对方科目要根据公司的付款管理规范要求与真实发生的业务一致，实收金额就是真实银行回单上的交易金额。

4. 填写付款单的时候还需要填写收款方的信息，要注意的是收款人类型根据真实业务情况进行选择，付款账户是公司的收支账户为工商银行罗湖支行。

四、实验数据

根据任务解析可得到实验数据，如表 5-37 和表 5-38 所示。

表 5-37 付款单规划——整体规划

多张票据	单据信息参考一张票据
制单人	lx 序号
人工核对	启用
票据优先级	销售合同：0 中国工商银行客户回单：1 中国建设银行网上银行电子回执：1 增值税专用发票：0 增值税发票：0 入库通知单：0

表 5-38 付款单规划——中国工商银行客户回单

业务日期	${中国工商银行客户回单.日期}$
付款类型	如果（${中国工商银行客户回单.用途摘要}$）包含（'预付'）那么 付款类型（'预付款'）； 如果（${中国工商银行客户回单.用途摘要}$）包含（'投资'）那么 付款类型（'对外投资'）； 如果（${中国工商银行客户回单.用途摘要}$）包含（'支援'）那么 付款类型（'公益捐款'）； 如果（${中国工商银行客户回单.用途摘要}$）包含（'押金'）那么 付款类型（'押金付款'）； 如果（无条件）那么 付款类型（'采购付款'）
付款账户	'工商银行罗湖支行'
付款科目	'1002'
收款人类型	如果（${中国工商银行客户回单.用途摘要}$）包含（'押金'）那么 收款人类型（'其他'）； 如果（${中国工商银行客户回单.用途摘要}$）包含（'投资'）那么 收款人类型（'其他'）； 如果（${中国工商银行客户回单.用途摘要}$）包含（'支援'）那么 收款人类型（'其他'）； 如果（无条件）那么 收款人类型（'供应商'）
收款人名称	${中国工商银行客户回单.收款人名称}$
摘要	${中国工商银行客户回单.用途摘要}$
实付金额	${中国工商银行客户回单.金额（小写）}$ - 'RMB：'
对方科目	如果（${中国工商银行客户回单.用途摘要}$）包含（'预付'）那么 对方科目（'1123'）； 如果（${中国工商银行客户回单.用途摘要}$）包含（'投资'）那么 对方科目（'1012.05'）； 如果（${中国工商银行客户回单.用途摘要}$）包含（'支援'）那么 对方科目（'6711'）； 如果（${中国工商银行客户回单.用途摘要}$）包含（'押金'）那么 对方科目（'6602.03'）； 如果（无条件）那么 对方科目（'2202'）

五、实验步骤

进入智能财务规划教学平台设置付款单自动填写规划。

六、操作指导

进入智能财务规划教学平台,依次点击【付款机器人】—【付款机器人规划】打开付款机器人规划界面,在该界面可以查看建议的规划要求。根据企业业务情况设置付款单填单规则,如图5-92所示。

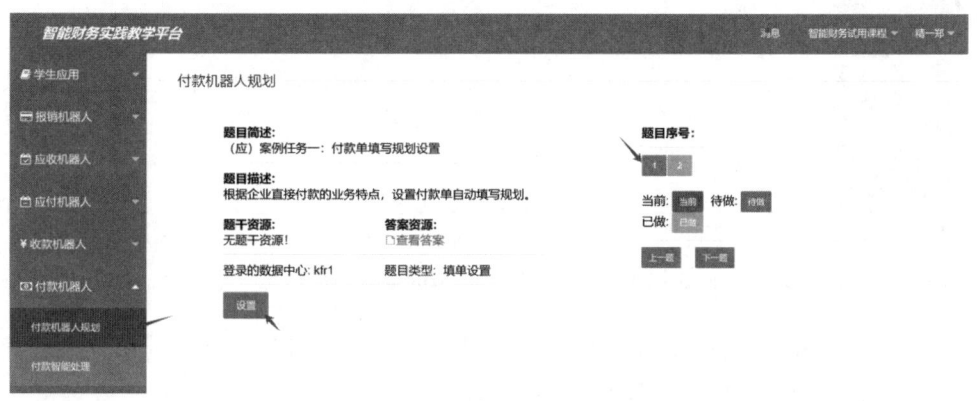

图 5-92 查看规划要求并设置付款单填单规则

点击设置,进入付款机器人规划界面,根据分析得到的规划设置要求进行规划设置,先完成整体设置要求,如图5-93所示。

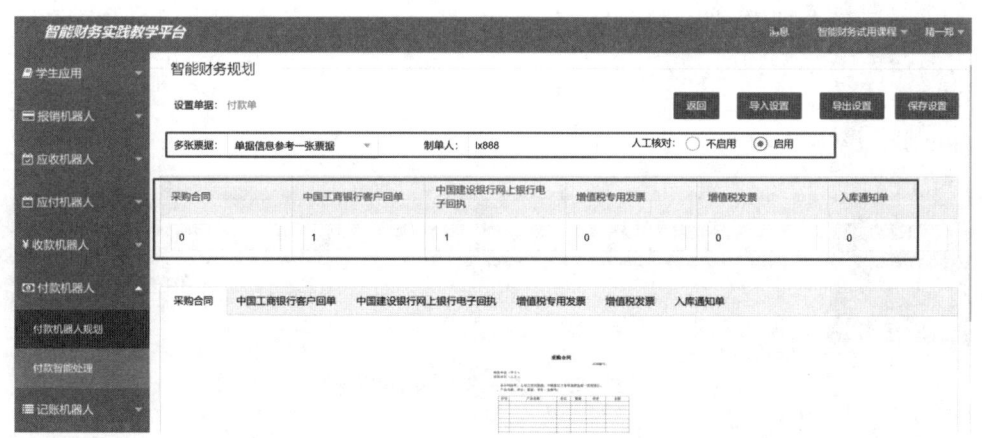

图 5-93 完成整体设置要求

再点击中国工商银行客户回单,按实验数据设置用银行回单进行填单的字段对应关系。针对字段对应关系是一对一的字段,点击字段前面的"+"进入设置,如图5-94所示。

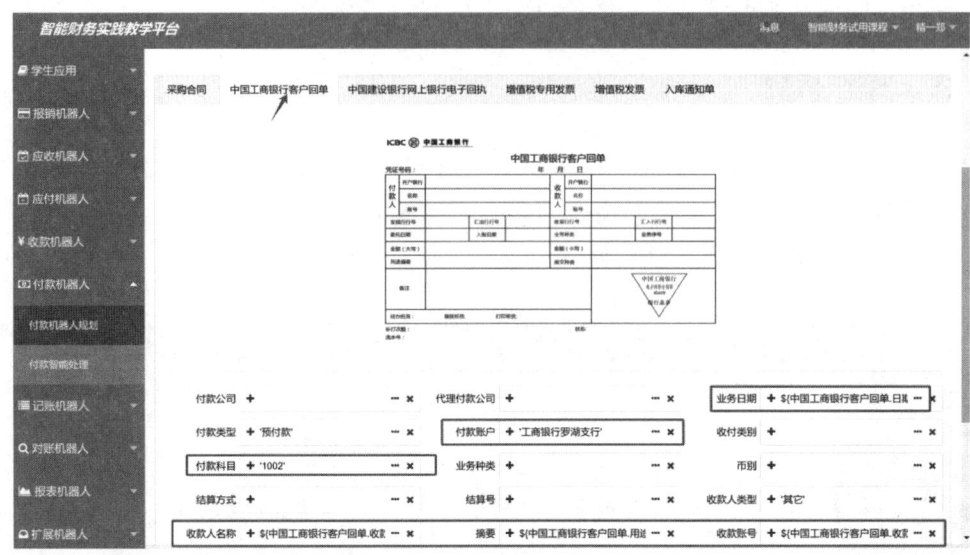

图5-94 设置并进行填单的字段对应关系

针对字段对应关系按条件设置的,以收款人类型字段为例,点击字段后面的"…"进入条件设置界面,如图5-95所示。

图5-95 进入条件设置界面

全部字段对应关系设置完毕后,点击保存设置完成收款单填单规划,如图5-96所示。

图 5－96　保存设置完成收款单填单规划

案例任务二：（应）付款单审核规划设置

一、业务场景

每天，财务经理邓永彬都需要抽时间对当天产生的付款单进行审核，审核的重点是付款账号符合公司的收支两条线规范，付款单金额和真实票据的金额一致，该工作属于高重复低价值的财务工作，邓永彬希望通过智能财务的规划设置将该部分工作交由智能财务机器人来完成。

二、实验步骤

进入智能财务规划教学平台设置付款单审核规划。

三、实验数据

收款单审核规划如表 5－39 所示。

表 5－39　　　　　　　　　　收款单审核规划

校验点名称	校验要求
审核人	dyb 序号
人工参与	开启
付款账户确认	执行方式：执行规则 执行规则：付款单的付款账户为工商银行宝安支行或工商银行罗湖支行 检查点执行：不通过继续检查

续表

校验点名称	校验要求
采购合同是真合同	执行方式：按执行类执行 执行类：合同真伪验证 检查点执行：不通过继续检查
银行回单金额和付款单金额一致	执行方式：执行规则 执行规则：付款单的实付金额 = 银行回单金额 检查点执行：不通过继续检查

四、操作指导

进入智能财务规划教学平台，依次点击【付款机器人】—【付款机器人规划】打开付款机器人规划界面，在该界面可以查看建议的规划要求。根据企业业务情况设置付款单审核规则，如图 5–97 所示。

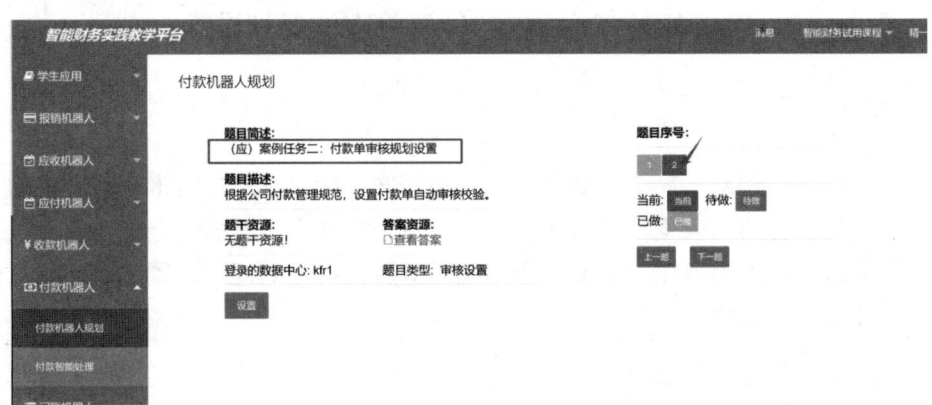

图 5–97　查看规划要求并设置付款单审核规则

点击设置，按实验数据设置审核人和人工参与方式，如图 5–98 所示。

图 5–98　审核人和人工参与方式

点击新增，按实验数据设置审核规则，如图 5–99 所示。

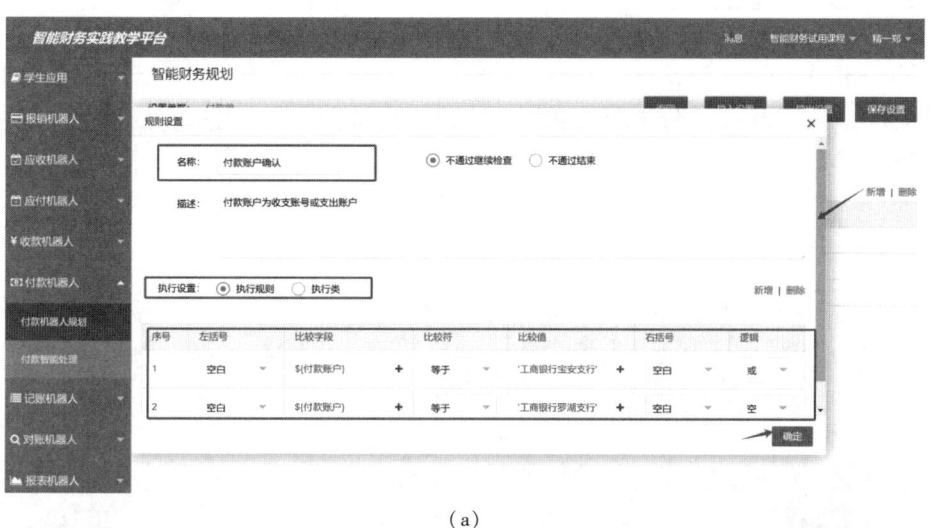

(a)

(b)

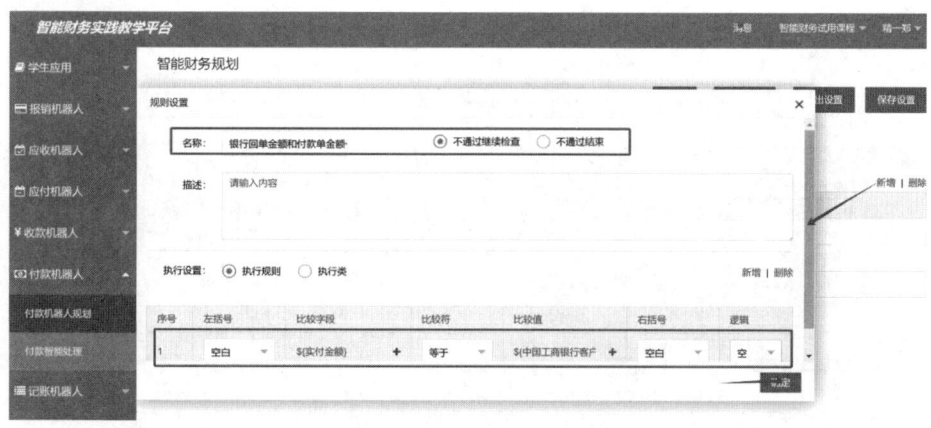

(c)

图 5–99　设置审核规则

案例任务三：（应）给供应商支付预付款

一、业务场景

2021年2月20日，公司和德瑞制造公司签订合同，购买分电板500个，根据合同要求先预付5万元预付款，出纳李兴调用付款机器人完成付款单填写。

二、操作指导

进入智能财务规划教学平台，依次点击【付款机器人】—【付款智能处理】打开付款机器人智能处理界面，找到对应的题目，下载题干资源里的原始单据后点击智能处理，付款机器人执行付款单自动填写，如图5-100所示。

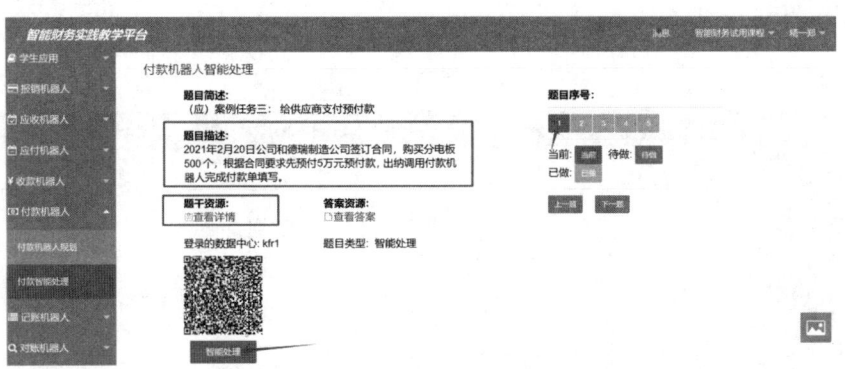

图5-100　下载单据并执行付款单自动填写

机器人执行成功后，可检查自动填写的付款单的字段信息是否和预计的一致，如图5-101所示。

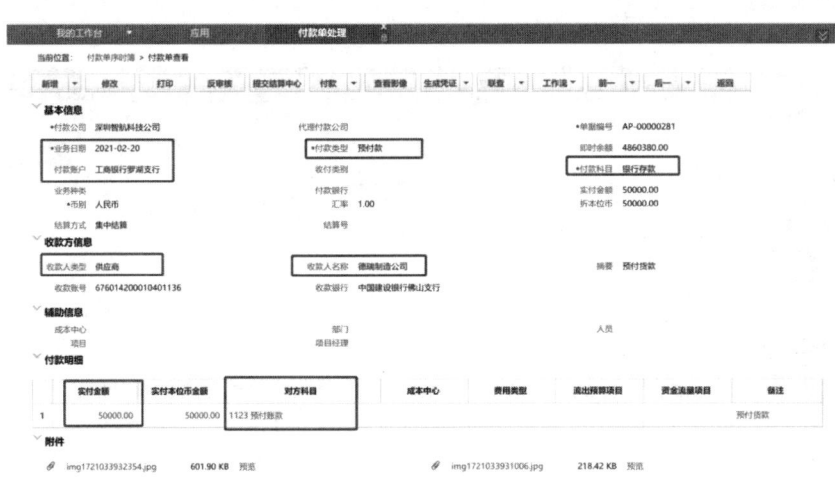

图5-101　检查付款单的字段信息

案例任务四：（选）支付办公室租用押金

一、业务场景

2021年2月17日，公司拓展业务，需要增加办公室场地、和物业公司签订新的办公室租用合同、支付押金，出纳李兴调用付款机器人完成付款单填写。

二、操作指导

进入智能财务规划教学平台，依次点击【付款机器人】—【付款智能处理】打开付款机器人智能处理界面，找到对应的题目，下载题干资源里的原始单据后点击智能处理，付款机器人执行付款单自动填写，如图5－102所示。

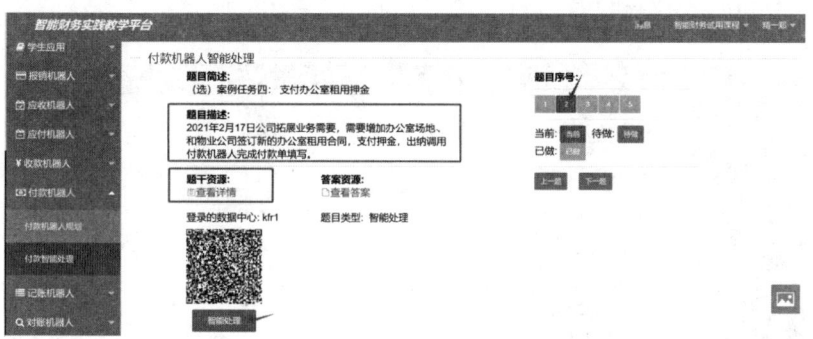

图 5－102　下载单据并执行付款单自动填写

机器人执行成功后，可检查自动填写的付款单的字段信息是否和预计的一致，如图5－103所示。

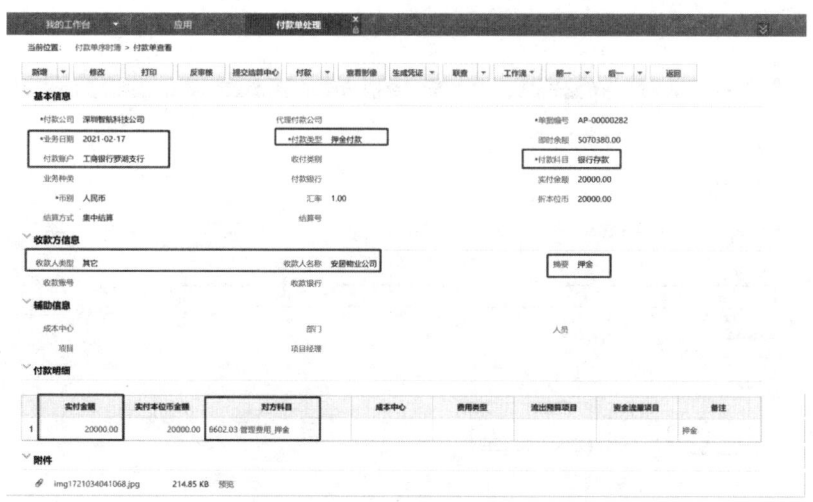

图 5－103　检查付款单的字段信息

案例任务五：（选）支付公益捐款

一、业务场景

2021年2月20日，公司继续为公益捐款50万元，出纳李兴调用付款机器人完成付款单填写。

二、操作指导

进入智能财务规划教学平台，依次点击【付款机器人】—【付款智能处理】打开付款机器人智能处理界面，找到对应的题目，下载题干资源里的原始单据后点击智能处理，付款机器人执行付款单自动填写，如图5-104所示。

图5-104 下载单据并执行付款单自动填写

机器人执行成功后，可检查自动填写的付款单的字段信息是否和预计的一致，如图5-105所示。

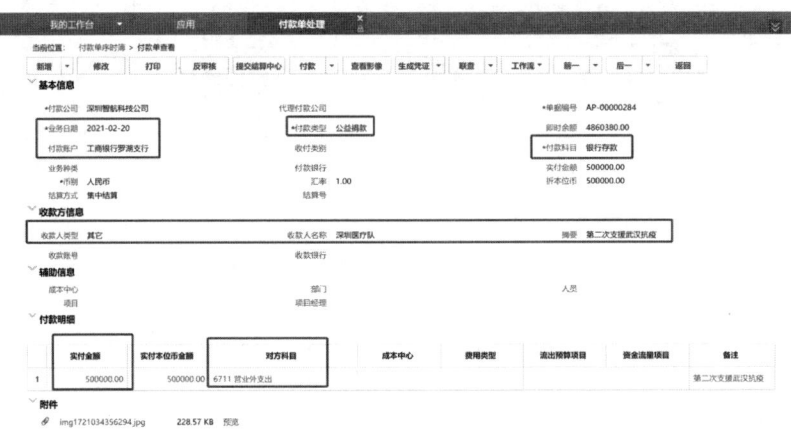

图5-105 检查付款单的字段信息

案例任务六：(应) 付款单审核智能处理

一、业务场景

调用付款机器人完成付款单自动审核处理，财务经理关注需要人工审核的项目。

二、操作指导

进入智能财务规划教学平台，依次点击【付款机器人】—【付款智能处理】打开付款机器人智能处理界面，找到对应的题目，后点击智能处理，付款机器人自动执行单据审核处理，如图 5-106 所示。

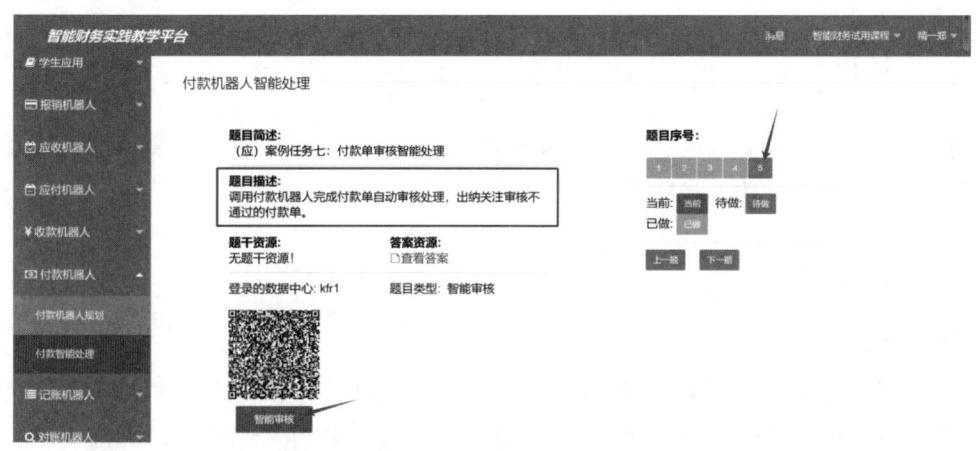

图 5-106　智能处理自动执行单据审核处理

机器人执行成功后，可将本月发生的收款单进行审核，如图 5-107 所示。

图 5-107　审核收款单

第六节 应收机器人

案例任务一：(应)应收单填单规划设置

一、业务场景

应收单是用来确认债权的单据，系统采用应收单来统计应收的发生，往来会计周雯鑫每月都要花比较多的时间根据业务提供的销售合同、发票、退货单等原始票据到系统中做应收单，该工作属于高重复低价值的财务工作，周雯鑫希望通过智能财务的规划设置将该部分高重复的工作交由智能财务机器人来完成。

二、任务要求

根据往来会计参考原始票据做应收单的工作习惯，设置应收单填写规划，并将完成的机器人规划用于真实业务中验证机器人执行的正确性。

三、任务解析

思考问题：

1. 根据企业应收款管理规范，谁负责填写应收单？对应岗位负责人根据什么原始票据信息填写收款单？当出现多种类型的原始票据时以什么票据信息为准？
2. 在填写应收单的时候有哪些必填字段是打开界面就已经填写的？这些字段是否有需要在填写的时候做修改的？修改的依据是什么？
3. 在填写应收单的时候哪些必填字段是空白需要填写的？这些空白的必填字段填写的依据和规范是什么？
4. 在填写应收单的时候有哪些非必填字段填写的时候有明确的要求？具体要求是什么？

标准答案：

1. 填写公司应收单的时候可以参考销售合同、增值税专用发票、退货单、寄售结算单填写票据，如果销售合同和增值税专用发票同时存在，以销售合同为准录入信息。
2. 应收单新增界面打开后默认已经填写的字段有公司、单据日期、往来类型、单据类型4个字段，这些字段中单据日期要根据原始票据调整，单据类型根据业务调整。
3. 填写应收单的时候，还有往来户、物料、数量、含税单价、税率、应收科目和对方科目需要填写，具体填写要求和业务一致。
4. 填写应收单的时候，还需要填写摘要信息，摘要信息体现了是按什么单据做单的。

第五章 智能财务

四、实验数据

根据任务解析可得到实验数据，如表 5-40～表 5-44 所示。

表 5-40 应收单规划——整体规划

多张票据	单据信息参考一张票据
制单人	zwx 序号
人工核对	启用
票据优先级	销售合同：2 增值税专用发票：1 增值税发票：1 退货单：1 寄售协议：0 寄售结算清单：1

表 5-41 应收单规划——销售合同

单据日期	${销售合同.交货日期}
单据类型	'销售发票'
往来类型	'客户'
往来户	${销售合同.购货单位}
摘要	'按销售合同做单'
物料	${销售合同.产品名称}
数量	${销售合同.数量}
含税单价	${销售合同.单价}
税率	${销售合同.税率} -'%'
应收科目	'1122'
对方科目	'6001'
应收日期	${销售合同.付款日期}
应收金额	${销售合同.付款金额}

表 5-42 应收单规划——增值税专用发票

单据日期	${增值税专用发票.开票日期}
单据类型	如果（${增值税专用发票.货物或应税劳务名称}）包含（'租赁'）那么 单据类型（'其他应收单'）； 如果（无条件）那么 单据类型（'销售发票'）
往来类型	'客户'
往来户	${增值税专用发票.购买方名称}
摘要	'根据增值税发票做单'

续表

物料	如果（\$｛增值税专用发票.货物或应税劳务名称｝）不包含（'租赁'）那么 物料（\$｛增值税专用发票.货物或应税劳务名称｝）
费用项目	如果（\$｛增值税专用发票.货物或应税劳务名称｝）包含（'租赁'）那么 费用项目（'办公室租金'）
数量	\$｛增值税专用发票.数量｝
含税单价	\$｛增值税专用发票.价税合计（小写）｝/\$｛增值税专用发票.数量｝
税率	\$｛增值税专用发票.税率｝-'%'
应收科目	'1122'
对方科目	如果（\$｛增值税专用发票.货物或应税劳务名称｝）包含（'租赁'）那么 对方科目（'6051'）；如果（无条件）那么 收款类型（'6001'）

表 5-43   应收单规划——退货单

单据日期	\$｛退货单.日期｝
单据类型	'销售发票'
往来类型	'客户'
往来户	\$｛退货单.退货单位｝
摘要	'根据销售退货单做单'
物料	\$｛退货单.产品名称｝
数量	0-\$｛退货单.结算数量｝
含税单价	\$｛退货单.单价｝
税率	'13'
应收科目	'1122'
对方科目	'6001'

表 5-44   应收单规划——寄售结算单

单据日期	\$｛寄售结算清单.日期｝
单据类型	'销售发票'
往来类型	'客户'
往来户	\$｛寄售结算清单.供货单位｝
摘要	'按寄售结算单做单'
物料	\$｛寄售结算清单.产品名称｝
数量	\$｛寄售结算清单.结算数量｝
含税单价	\$｛寄售结算清单.单价｝
税率	'13'
应收科目	'1122'
对方科目	'6001'

五、实验步骤

进入智能财务规划教学平台设置应收单自动填写规划。

六、操作指导

进入智能财务规划教学平台,依次点击【应收机器人】—【应收机器人规划】打开应收机器人规划界面,在该界面可以查看建议的规划要求。根据企业业务情况设置应收单填单规则,如图 5-108 所示。

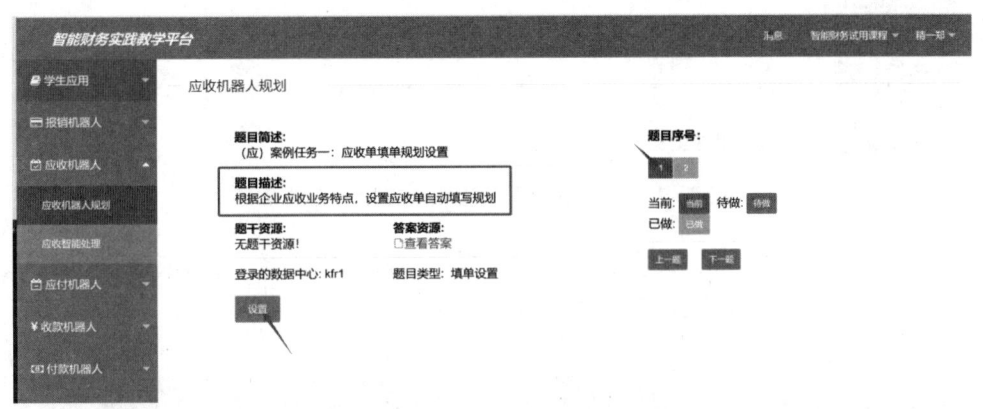

图 5-108　设置应收单填单规则

点击设置,进入机器人规划界面,根据分析得到的规划设置要求进行规划设置,先完成整体设置要求,如图 5-109 所示。

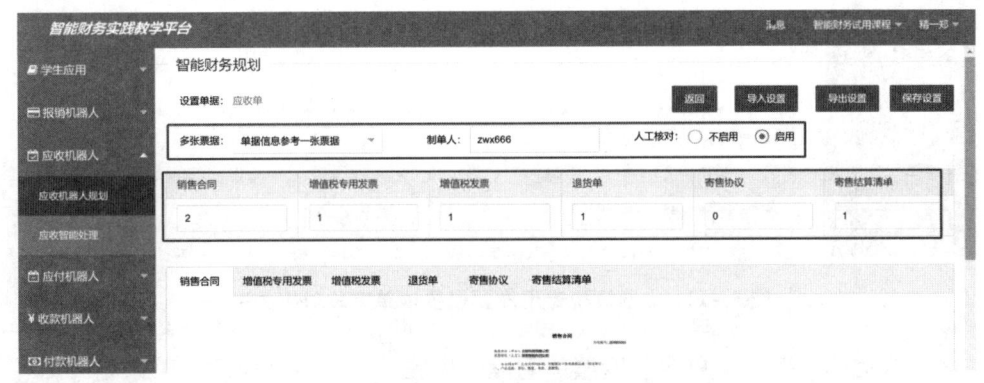

图 5-109　完成整体设置要求

点击销售合同，按实验数据设置填单字段对应关系。针对字段对应关系是一对一的字段，点击字段前面的"＋"进入设置，如图 5－110 所示。

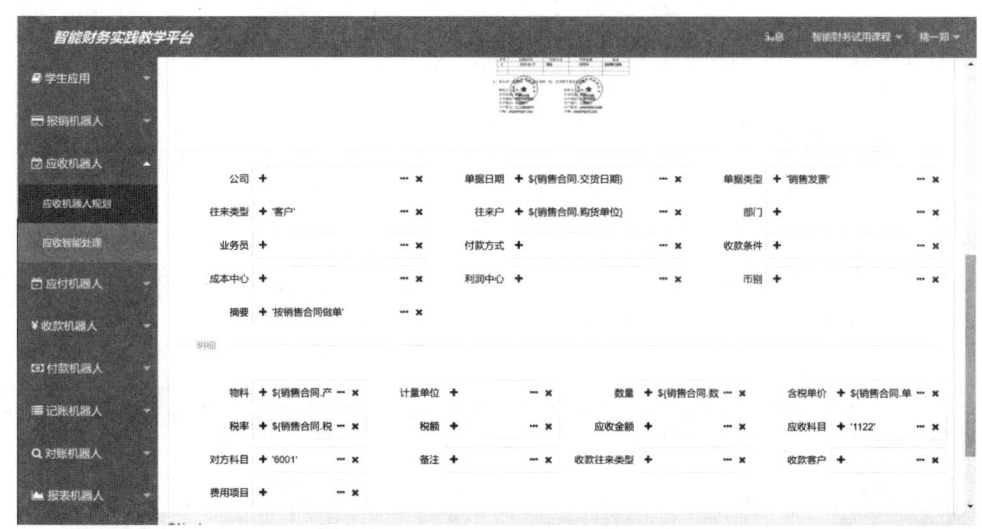

图 5－110　销售合同设置填单字段对应关系

点击增值税专用发票，按实验数据设置填单字段对应关系。针对字段对应关系是一对一的字段，点击字段前面的"＋"进入设置，如图 5－111 所示。

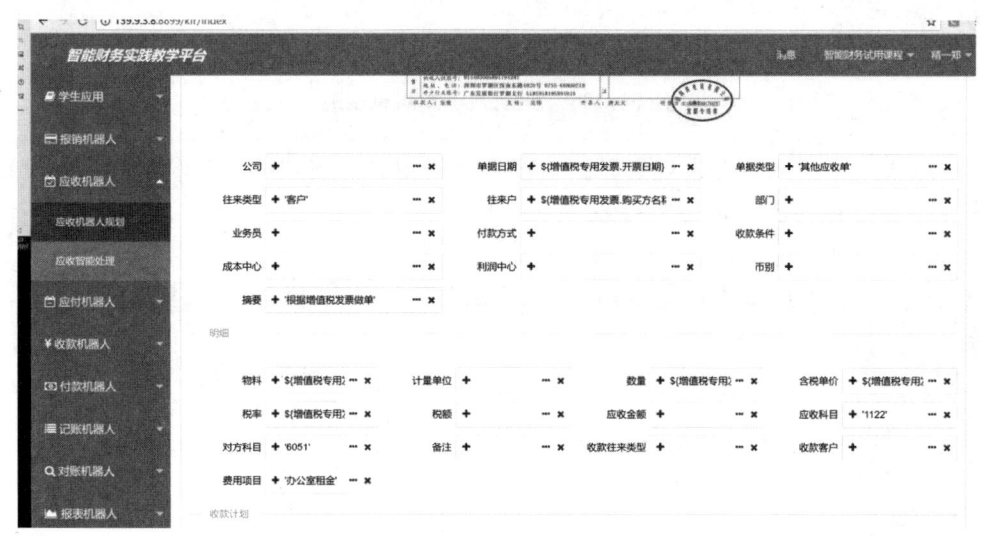

图 5－111　增值税专用发票设置填单字段对应关系

点击退货单，按实验数据设置填单字段对应关系。针对字段对应关系是一对一的字段，点击字段前面的"＋"进入设置，如图 5－112 所示。

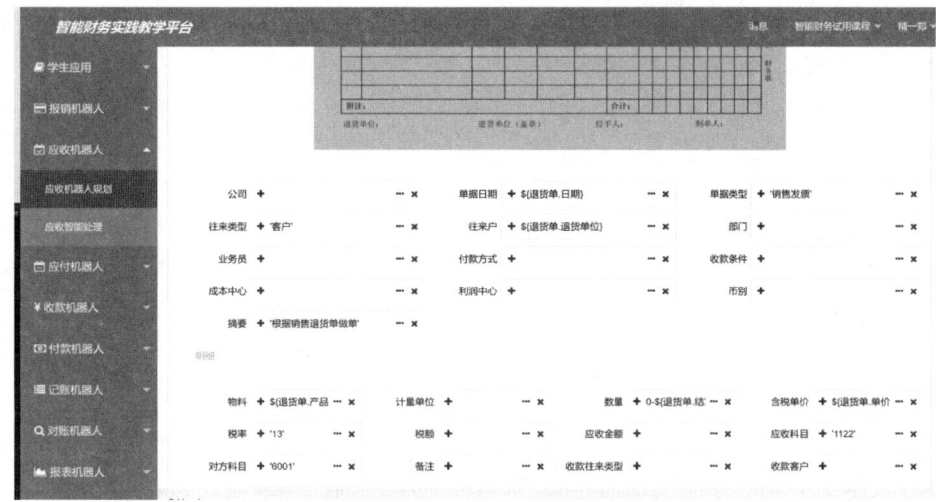

图 5-112　退货单设置填单字段对应关系

点击寄售结算单，按实验数据设置填单字段对应关系。针对字段对应关系是一对一的字段，点击字段前面的"+"进入设置，如图 5-113 所示。

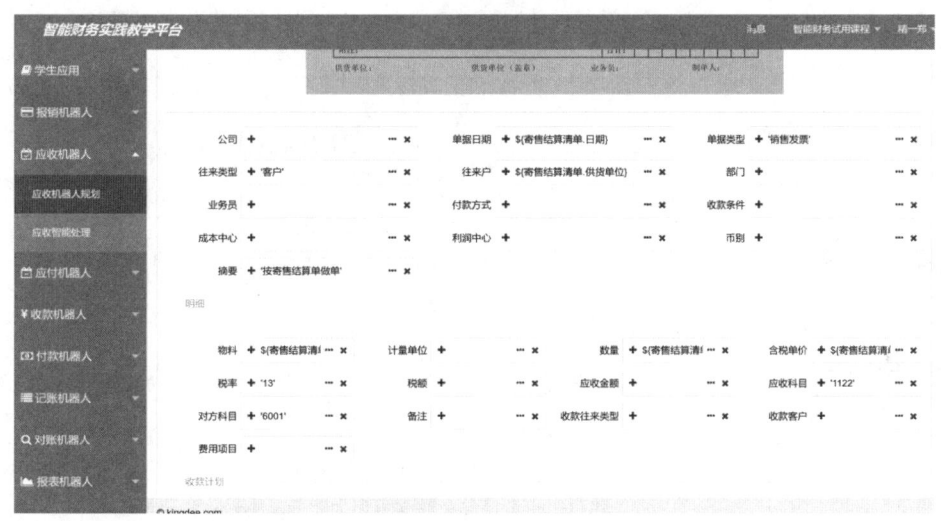

图 5-113　寄售结算单设置填单字段对应关系

案例任务二：（应）应收单审核规划设置

一、业务场景

每天，财务经理邓永彬都需要抽时间对当天产生的应收单进行审核，审核的重点是单据对应的合同是真实有效的合同，合同金额和发票金额一致等，该工作属于高重复低价值的财务工作，邓永彬希望通过智能财务的规划设置将该部分工作交由智能财务机器人来完成。

二、实验步骤

进入智能财务规划教学平台设置应收单审核规划。

三、实验数据

应收单审核规划如表 5-45 所示。

表 5-45　　　　　　　　　　　应收单审核规划

校验点名称	校验要求
审核人	dyb 序号
人工参与	开启
销售合同编码规范	执行方式：执行规则 执行规则：销售合同编码符合公司要求，前缀为 XSHT 检查点执行：不通过继续检查
销售合同验真	执行方式：按执行类执行 执行类：合同真伪验证 检查点执行：不通过继续检查
应收科目正确	执行方式：执行规则 执行规则：应收科目＝应收账款 检查点执行：不通过继续检查
销售合同金额和发票金额一致	执行方式：执行规则 执行规则：\${销售合同.合计（小写）}＝\${增值税专用发票.价税合计（小写）} 检查点执行：不通过继续检查
发票和单据金额一致	执行方式：按执行类执行 执行类：发票总金额和单据上业务发生的总金额一致 检查点执行：不通过继续检查

四、操作指导

进入智能财务规划教学平台，依次点击【应收机器人】—【应收机器人规划】打开应收机器人规划界面，在该界面可以查看建议的规划要求。根据企业业务情况设置应收单审核规则，如图 5-114 所示。

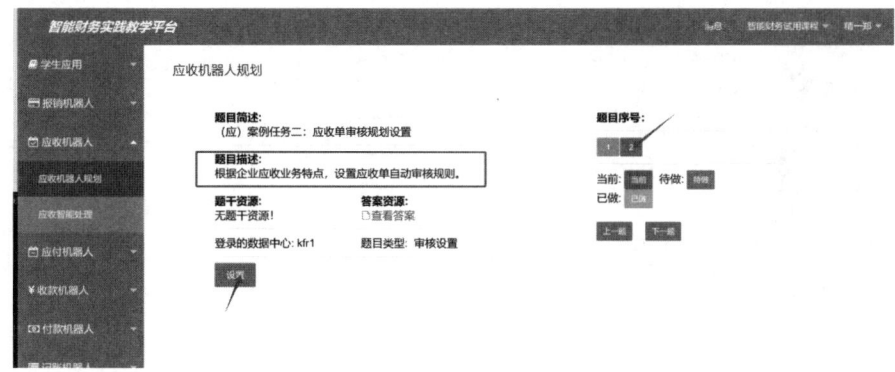

图 5-114　查看规划要求并设置应收单审核规则

点击设置，按实验数据设置审核人和人工参与方式，如图 5-115 所示。

图 5-115　设置审核人和人工参与方式

点击新增，按实验数据设置审核规则，如图 5-116 和图 5-117 所示。

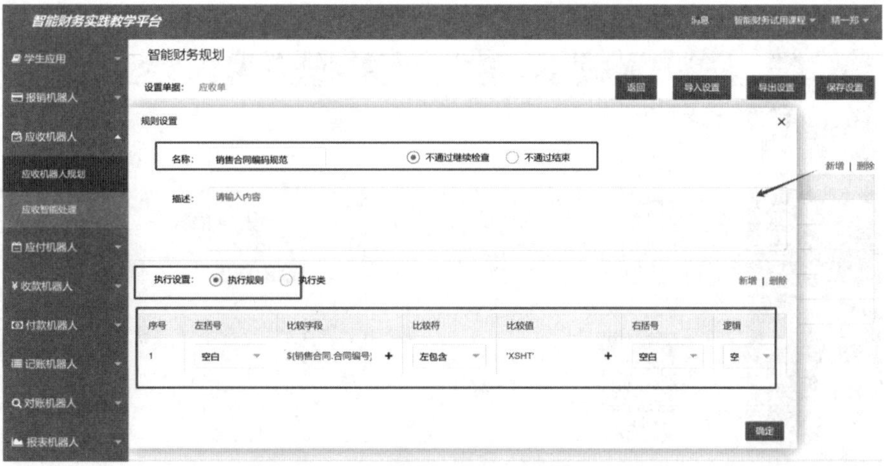

图 5-116　新增审核规则—执行规则界面

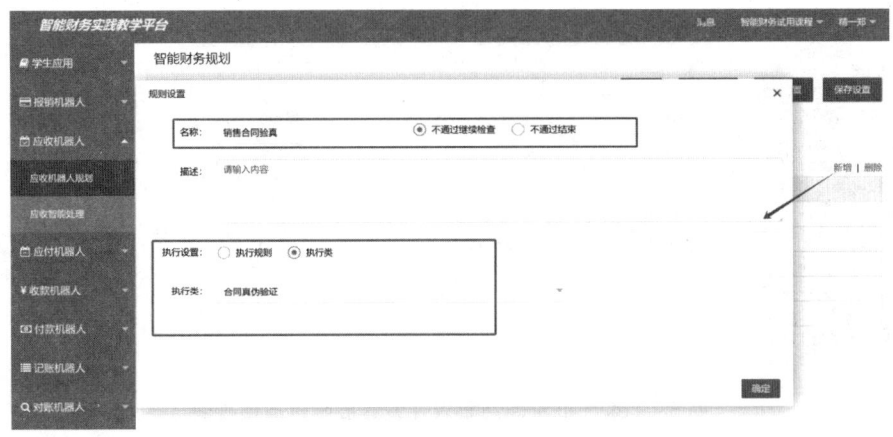

图 5-117　新增审核规则—执行类界面

案例任务三：（应）普通销售应收业务（赊销）

一、业务场景

2021年2月5日，仓库出库5台通用型航拍无人机通过物流运至朗星公司，同日财务开具销售发票，确认应收账款。往来会计调用应收机器人完成应收单填写。

二、操作指导

进入智能财务规划教学平台，依次点击【应收机器人】—【应收智能处理】打开收款机器人智能处理界面，找到对应的题目，下载题干资源里的原始单据后点击智能处理，应收机器人执行应收单自动填写，如图5-118所示。

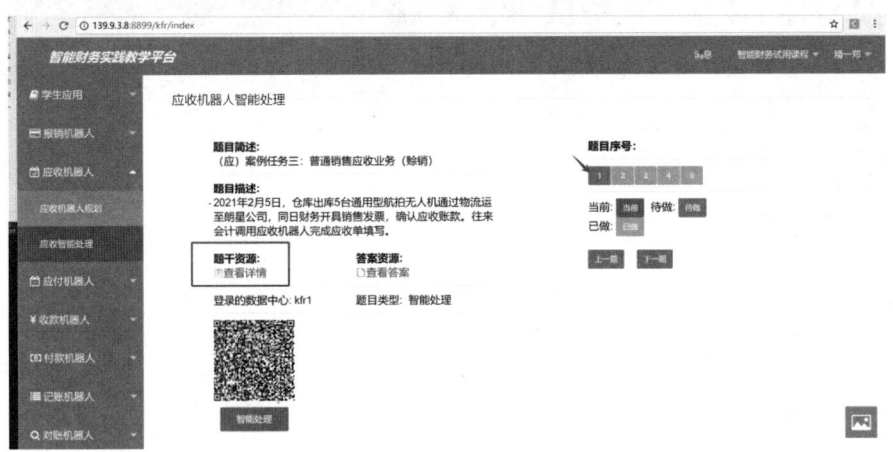

图 5-118　下载单据并执行应收单自动填写

机器人执行成功后，可检查自动填写的应收单的字段信息是否和预计的一致，如图5-119所示。

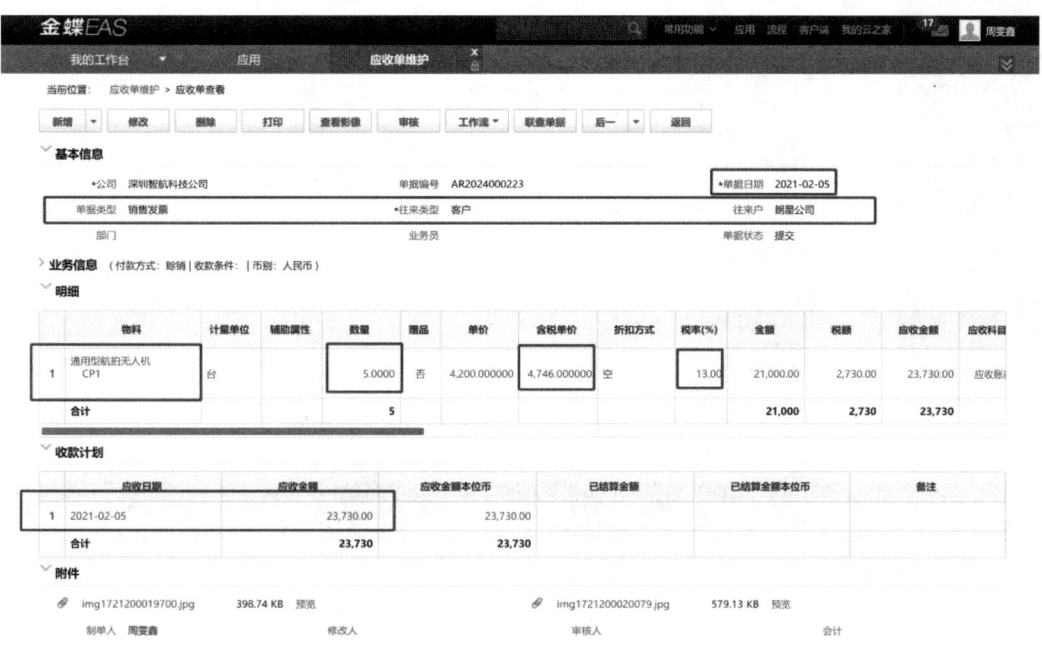

图5-119　检查应收单的字段信息

案例任务四：（选）其他应收业务

一、业务场景

2021年2月15日，盛泰宏辉公司拖欠办公楼租金12,000元，财务根据租赁合同与开具的增值税发票挂账其他应收款，往来会计调用应收机器人完成应收单填写。

二、操作指导

进入智能财务规划教学平台，依次点击【应收机器人】—【应收智能处理】打开收款机器人智能处理界面，找到对应的题目，下载题干资源里的原始单据后点击智能处理，应收机器人执行应收单自动填写，如图5-120所示。

机器人执行成功后，可检查自动填写的字段信息是否和预计的一致，如图5-121所示。

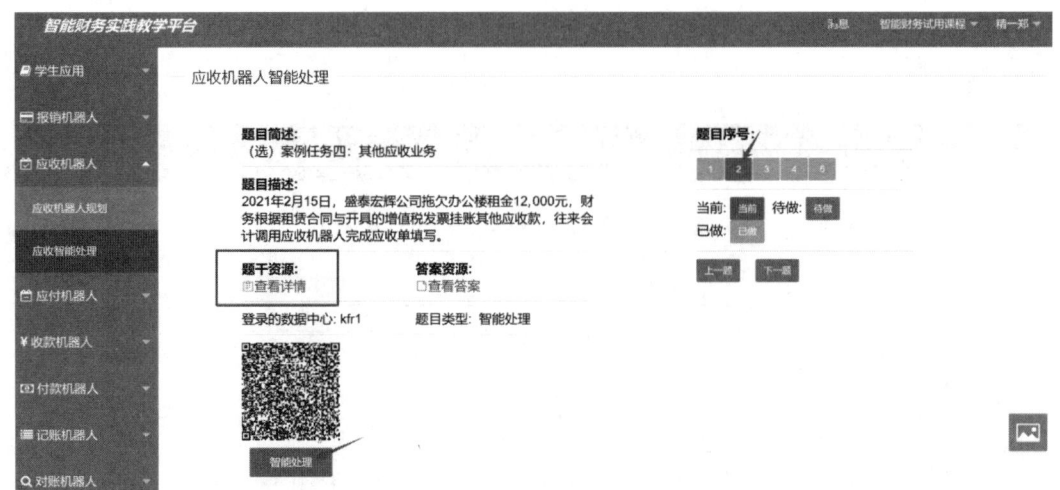

图 5-120　下载单据并执行应收单自动填写

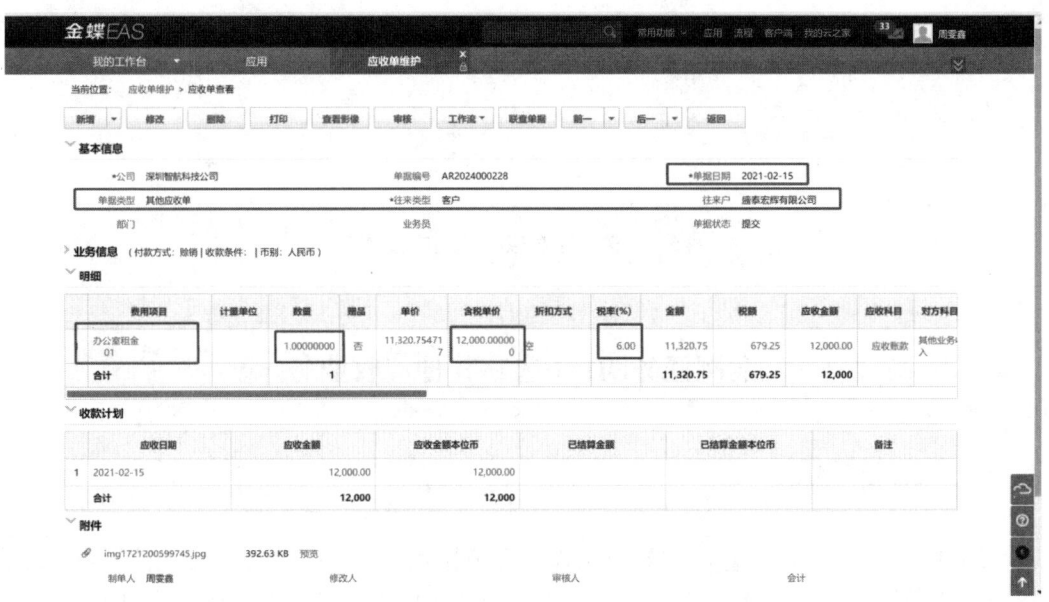

图 5-121　检查自动填写的字段信息

案例任务五：（选）退货应收业务处理

一、业务场景

2021年2月9日，仓库收到客户朗星公司因质量问题退回的通用型航拍无人机1台，往来会计调用应收机器人完成红字应收单填写。

二、操作指导

进入智能财务规划教学平台，依次点击【应收机器人】—【应收智能处理】打开收款机器人智能处理界面，找到对应的题目，下载题干资源里的原始单据后点击智能处理，应收机器人执行应收单自动填写，如图 5 – 122 所示。

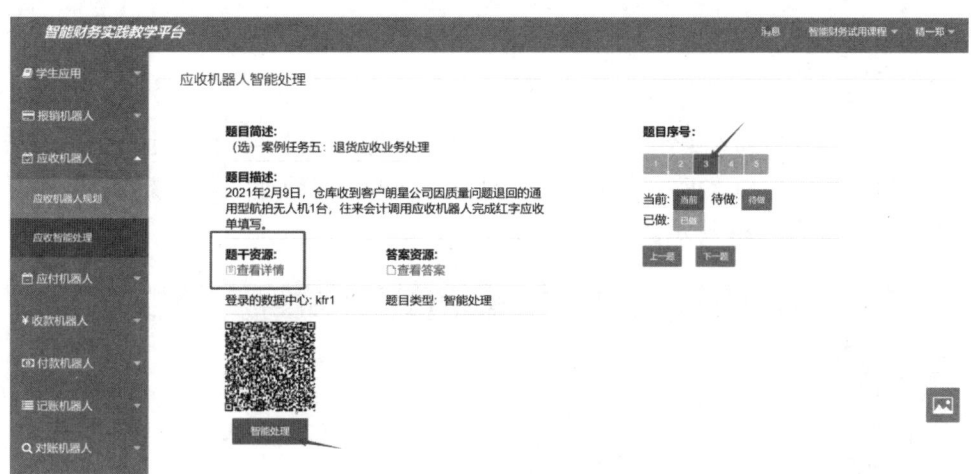

图 5 – 122　下载单据并执行应收单自动填写

机器人执行成功后，可检查自动填写的字段信息，是否和预计的一致，如图 5 – 123 所示。

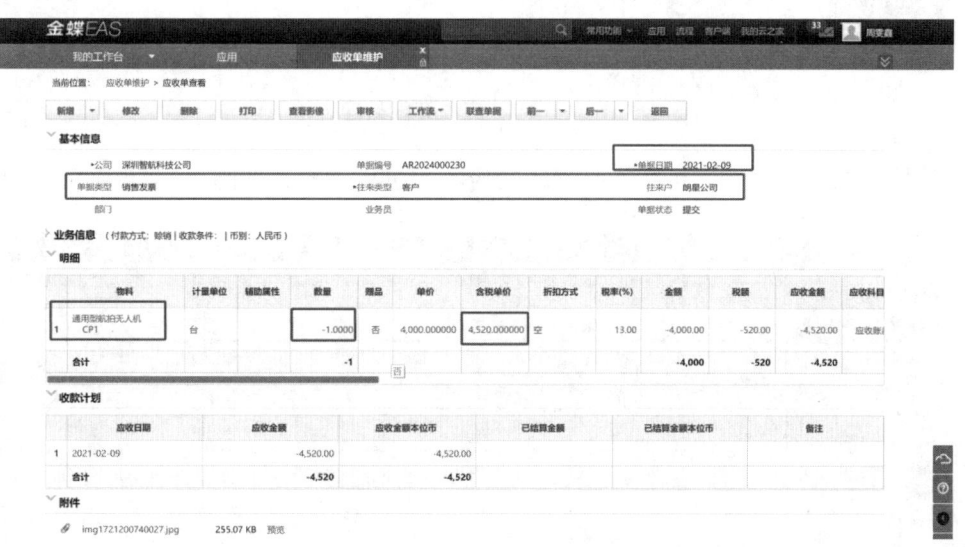

图 5 – 123　检查自动填写的字段信息

案例任务六：（应）应收单智能审核处理

一、业务场景

调用应收机器人完成本月应收单自动审核处理，财务经理关注审核不通过的应收单。

二、操作指导

进入智能财务规划教学平台，依次点击【应收机器人】—【应收智能处理】打开应收机器人智能处理界面，找到对应的题目，点击智能处理，应收机器人执行单据审核处理，如图5-124所示。

图5-124　应收智能处理

机器人执行成功后，可将本月发生的应收单进行审核，如图5-125所示。

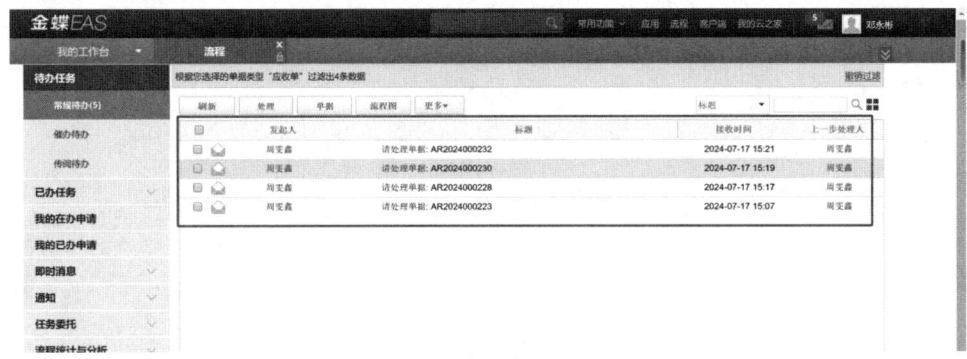

图5-125　审核本月发生的应收单

第七节　应付机器人

案例任务一：（应）应付单填单规划设置

一、业务场景

应付单是用来确认债权的单据，系统采用应付单来统计应付的发生，往来会计周雯鑫每月都要花很比较多的时间根据业务提供的采购合同、发票等原始票据到系统中做应付单，该工作属于高重复低价值的财务工作，周雯鑫希望通过智能财务的规划设置将该部分高重复的工作交由智能财务机器人来完成。

二、任务要求

根据往来会计参考原始票据做应付单的工作习惯，设置应付单填写规划，并将完成的机器人规划用于真实业务中验证机器人执行的正确性。

三、任务解析

思考问题：

1. 根据企业应付款管理规范，谁负责填写应付单？对应岗位负责人根据什么原始票据信息填写收款单？当出现多种类型的原始票据时以什么票据信息为准？

2. 在填写应付单的时候有哪些必填字段是打开界面就已经填写的？这些字段是否有需要在填写的时候做修改的？修改的依据是什么？

3. 在填写应付单的时候哪些必填字段是空白需要填写的？这些空白的必填字段填写的依据和规范是什么样的？

4. 在填写应付单的时候有哪些非必填字段填写的时候有明确的要求？具体要求是什么？

标准答案：

1. 填写公司应付单的时候可以参考采购合同、增值税专用发票、服务合同填写票据，如果采购合同和增值税专用发票同时存在，以采购合同为准录入信息。

2. 应付单新增界面打开后默认已经填写的字段有公司、单据日期、往来类型、单据类型4个字段，这些字段中单据日期要根据原始票据调整，单据类型根据业务调整。

3. 填写应付单的时候，还有往来户、物料、数量、含税单价、税率、应收科目和对方科目需要填写，具体填写要求和业务一致。

4. 填写应付单的时候还需要填写摘要信息，摘要信息体现了是按什么单据做单的。

四、实验数据

根据任务解析可得到实验数据，如表 5-46~表 5-49 所示。

表 5-46　　　　　　　　　应付单规划——整体规划

多张票据	单据信息参考一张票据
制单人	zwx 序号
人工核对	启用
票据优先级	采购合同：2 服务合同：2 增值税专用发票：1 增值税发票：1

表 5-47　　　　　　　　　应付单规划——采购合同

单据日期	${采购合同.交货日期}
单据类型	'采购发票'
往来类型	'供应商'
往来户	${采购合同.供货单位}
摘要	'采购合同编号为' + ${采购合同.合同编号} +'的应付单'
物料	${采购合同.产品名称}
数量	${采购合同.数量}
含税单价	如果（${采购合同.单价类型}）包含（'含税'）那么 含税单价（${采购合同.单价}）； 如果（无条件）那么 含税单价（${采购合同.单价}*(1 + ${采购合同.税率})）
税率	${采购合同.税率} -'%'
应付科目	'2202 '
对方科目	'1403 '
应付日期	${采购合同.付款日期}
应付金额	${采购合同.付款金额}

表 5-48　　　　　　　　　应付单规划——服务合同

单据日期	${服务合同.签订时间}
单据类型	'其他应付单'
往来类型	'供应商'
往来户	${服务合同.服务方}
摘要	'按服务合同填单，服务合同编码为' + ${服务合同.合同编号}
费用项目	'咨询服务费'

续表

应付金额	${服务合同.总金额}
税率	${服务合同.税率}
应付科目	'2241.02'
对方科目	'6602.15'
应付日期	${服务合同.付款日期}
应付金额	${服务合同.付款金额}

表5-49　　　　　　　　　　应付单规划——增值税专用发票

单据日期	${增值税专用发票.开票日期}
单据类型	如果（${增值税专用发票.货物或应税劳务名称}）包含（'服务'）那么 单据类型（'其他应付单'）；如果（无条件）那么 收款类型（'采购发票'）
往来类型	'供应商'
往来户	${增值税专用发票.销售方名称}
摘要	'按发票填单'
物料	如果（${增值税专用发票.货物或应税劳务名称}）不包含（'服务'）那么 物料（${增值税专用发票.货物或应税劳务名称}）
费用项目	如果（${增值税专用发票.货物或应税劳务名称}）包含（'服务'）那么 费用项目（'咨询服务费'）
数量	${增值税专用发票.数量}
含税单价	${增值税专用发票.单价} * (1+${增值税专用发票.税率})
税率	${增值税专用发票.税率} -'%'
应付科目	如果（${增值税专用发票.货物或应税劳务名称}）包含（'服务'）那么 对方科目（'2241.02'）；如果（无条件）那么 收款类型（'2202'）
对方科目	如果（${增值税专用发票.货物或应税劳务名称}）包含（'服务'）那么 对方科目（'6602.15'）；如果（${增值税专用发票.货物或应税劳务名称}）包含（'办公'）那么 对方科目（'1601'）；如果（无条件）那么 收款类型（'1403'）

五、实验步骤

进入智能财务规划教学平台设置应付单自动填写规划。

六、操作指导

进入教学平台，依次点击【应付机器人】—【应付机器人规划】打开应付机器人规划界面，在该界面可以查看建议的规划要求。根据企业业务情况设置应付单填单规则，如图5-126所示。

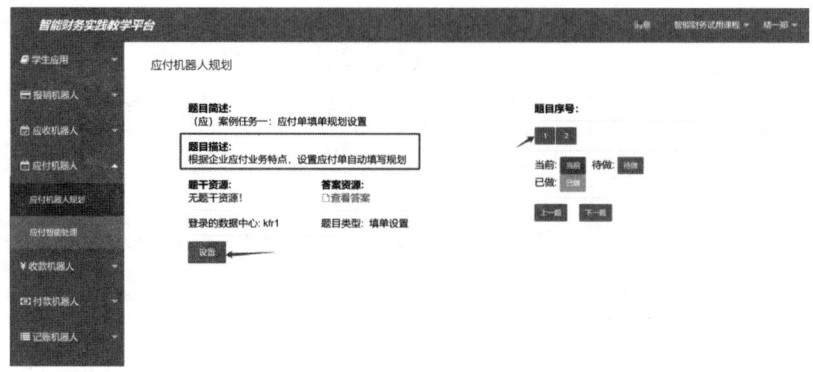

图 5-126　查看规划要求并设置应付单填单规则

点击设置，进入机器人规划界面，根据分析得到的规划设置要求进行规划设置，先完成整体设置要求，如图 5-127 所示。

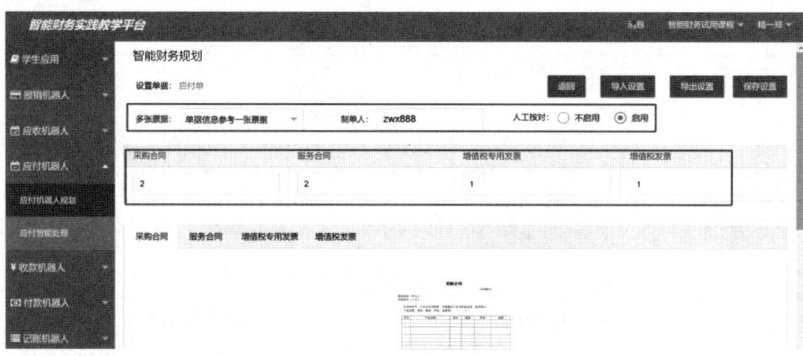

图 5-127　完成整体设置要求

点击采购合同，按实验数据设置填单字段对应关系。针对字段对应关系是一对一的字段，点击字段前面的"＋"进入设置，如图 5-128 所示。

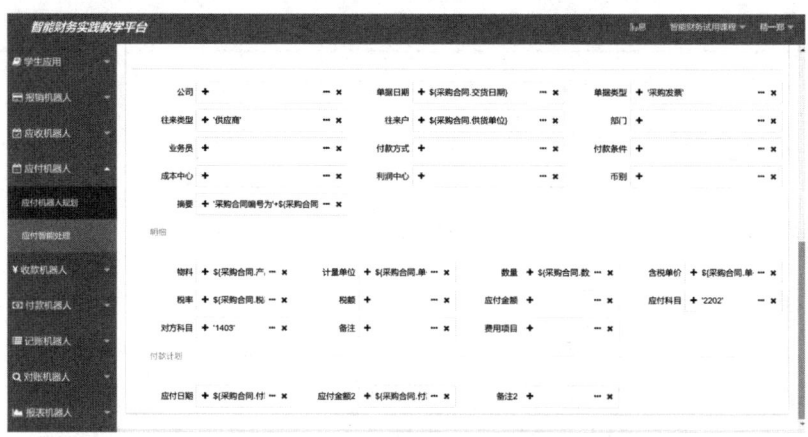

图 5-128　设置填单字段对应关系

点击服务合同，按实验数据设置填单字段对应关系。针对字段对应关系是一对一的字段，点击字段前面的"+"进入设置，如图 5-129 所示。

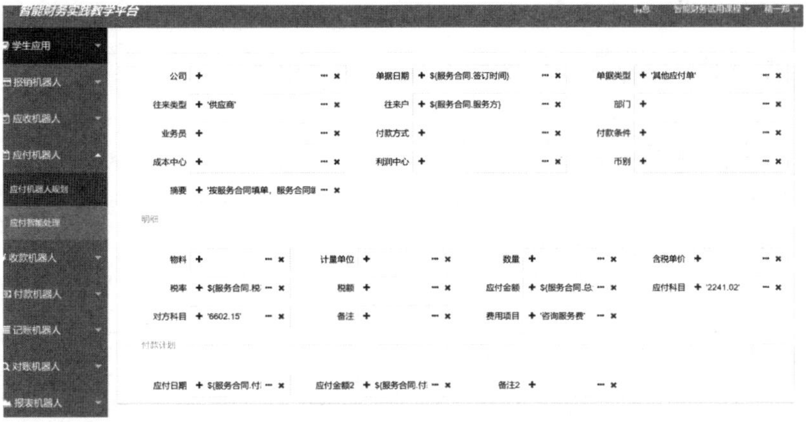

图 5-129　服务合同设置填单字段对应关系

点击增值税专用发票，按实验数据设置填单字段对应关系。针对字段对应关系是一对一的字段，点击字段前面的"+"进入设置，如图 5-130 所示。

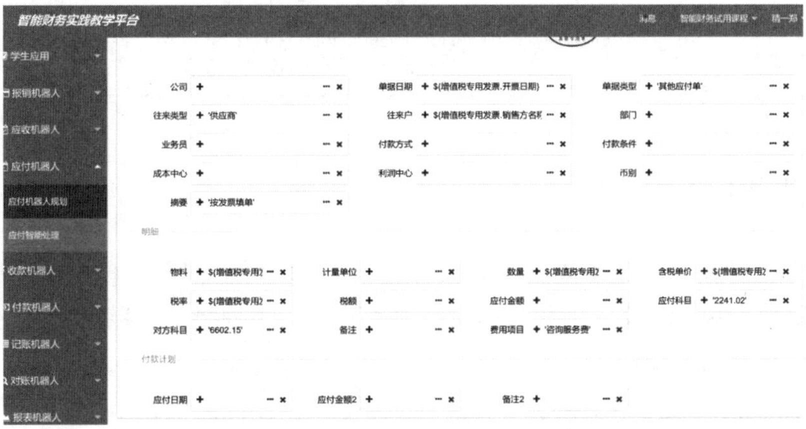

图 5-130　增值税专用发票设置填单字段对应关系

案例任务二：（应）应付单审核规划设置

一、业务场景

每天，财务经理邓永彬都需要抽时间对当天产生的应付单进行审核，审核的重点是单据对应的合同是否为公司标准采购合同，合同购货单位是否为本公司等，该工作属于高重复、低价值的财务工作，邓永彬希望通过智能财务的规划设置将该部分工作交由智能财务机器人来完成。

二、实验步骤

进入智能财务规划教学平台设置应付单审核规划。

三、实验数据

应付单审核规划如表 5-50 所示。

表 5-50　　　　　　　　　　应付单审核规划

校验点名称	校验要求
审核人	dyb 序号
人工参与	开启
合同编码规范	执行方式：执行规则 执行规则：采购合同编码符合公司要求，前缀为 CGHT，服务合同编码符合公司要求，前缀为 FW 检查点执行：不通过继续检查
发票抬头正确性校验	执行方式：执行规则 执行规则：\$|增值税专用发票.购买方名称| = '深圳智航科技公司' 检查点执行：不通过继续检查

四、操作指导

进入智能财务规划教学平台，依次点击【应付机器人】—【应付机器人规划】打开应付机器人规划界面，在该界面可以查看建议的规划要求。根据企业业务情况设置应付单审核规则，如图 5-131 所示。

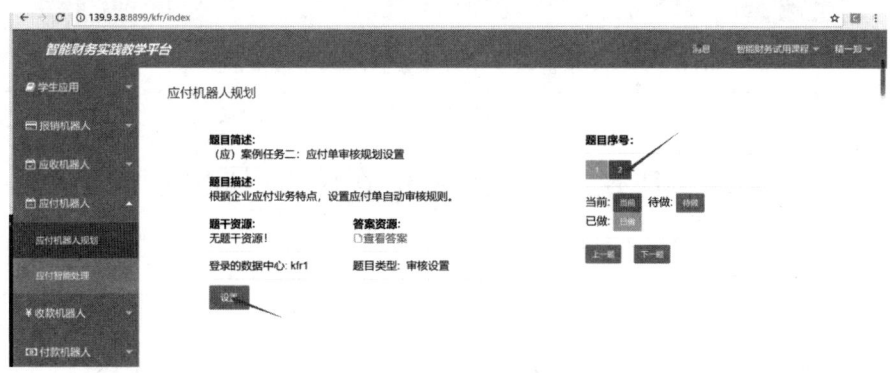

图 5-131　查看规划要求并设置应付单审核规则

点击设置，按实验数据设置审核人和人工参与方式，如图 5－132 所示。

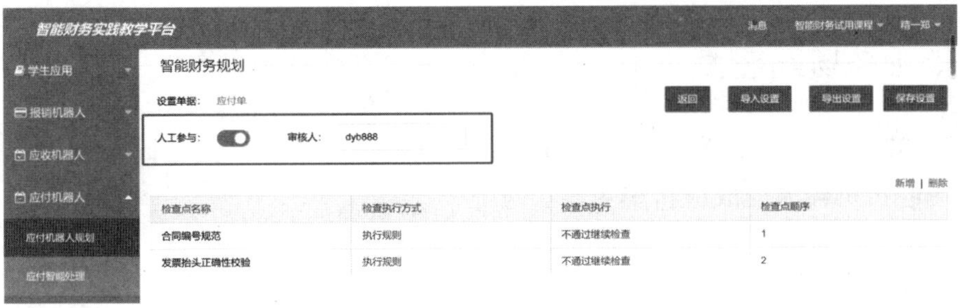

图 5－132　设置审核人和人工参与方式

合同编码规范校验点设置如图 5－133 所示。

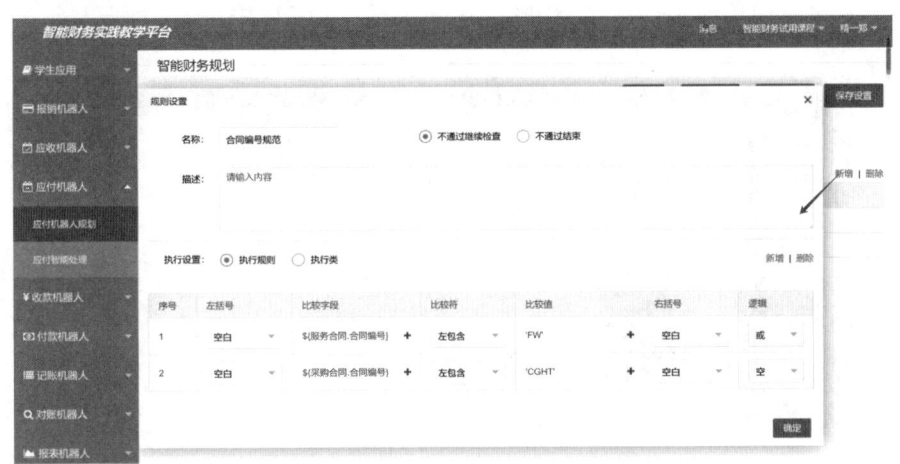

图 5－133　合同编码规范校验点设置

发票抬头正确性校验点设置如图 5－134 所示。

图 5－134　发票抬头正确性校验点设置

案例任务三：（应）按合同采购入库业务

一、业务场景

2021年2月24日，公司和深圳赛格电子有限公司签订采购合同，收货后，往来会计调用应付机器人完成应付单填写。

二、操作指导

进入智能财务规划教学平台，依次点击【应付机器人】—【应付智能处理】打开付款机器人智能处理界面，找到对应的题目，下载题干资源里的原始单据后点击智能处理，应付机器人执行应付单自动填写，如图5-135所示。

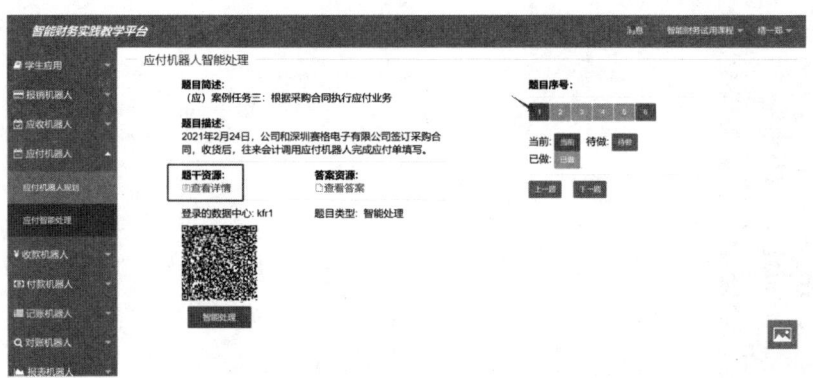

图5-135　下载单据并执行应付单自动填写

机器人执行成功后，可检查自动填写的应付单的字段信息是否和预计的一致，如图5-136所示。

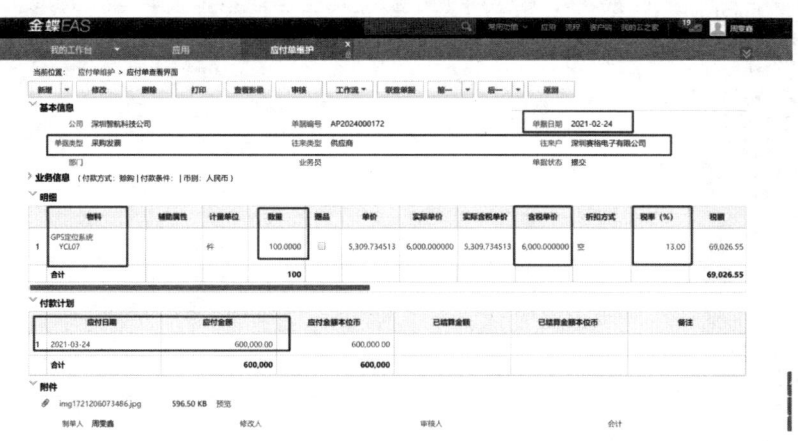

图5-136　检查应付单的字段信息

案例任务四：（选）票随货到采购业务

一、业务场景

2021 年 2 月 27 日，紧急采购原材料，德瑞制造公司紧急发货并随货提供了发票，根据该情况，往来会计调用应付机器人完成应付单填写。

二、操作指导

进入智能财务规划教学平台，依次点击【应付机器人】—【应付智能处理】打开付款机器人智能处理界面，找到对应的题目，下载题干资源里的原始单据后点击智能处理，应付机器人执行应付单自动填写，如图 5-137 所示。

图 5-137 下载单据并执行应付单自动填写

机器人执行成功后，可检查自动填写的应付单的字段信息是否和预计的一致，如图 5-138 所示。

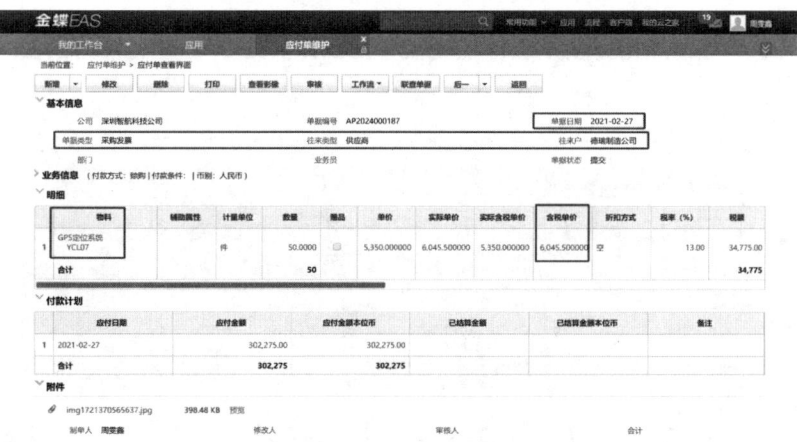

图 5-138 检查应付单的字段信息

案例任务五：(选) 与律师事务所合作

一、业务场景

2021年2月10日，公司委托君达律所处理员工的劳动纠纷，君达提供发票后，往来会计调用应付机器人完成应付单填写。

二、操作指导

进入智能财务规划教学平台，依次点击【应付机器人】—【应付智能处理】打开付款机器人智能处理界面，找到对应的题目，下载题干资源里的原始单据后点击智能处理，应付机器人执行应付单自动填写，如图5-139所示。

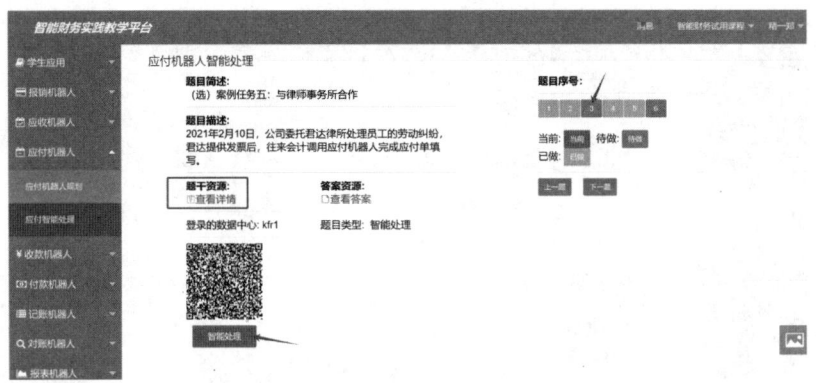

图5-139 下载单据并执行应付单自动填写

机器人执行成功后，可检查自动填写的应付单的字段信息是否和预计的一致，如图5-140所示。

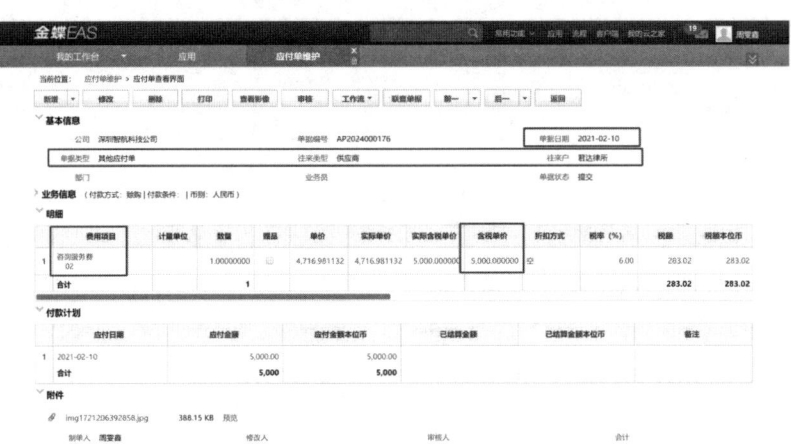

图5-140 检查应付单的字段信息

案例任务六：（应）应付单智能审核处理

一、业务场景

调用应付机器人完成应付单自动审核处理，往来会计关注审核不通过的应付单。

二、操作指导

进入智能财务规划教学平台，依次点击【应付机器人】—【应付智能处理】打开应付机器人智能处理界面，找到对应的题目，点击智能处理，应付机器人执行单据审核处理，如图 5-141 所示。

图 5-141　应付智能处理

机器人执行成功后，可将本月发生的应付单进行审核，如图 5-142 所示。

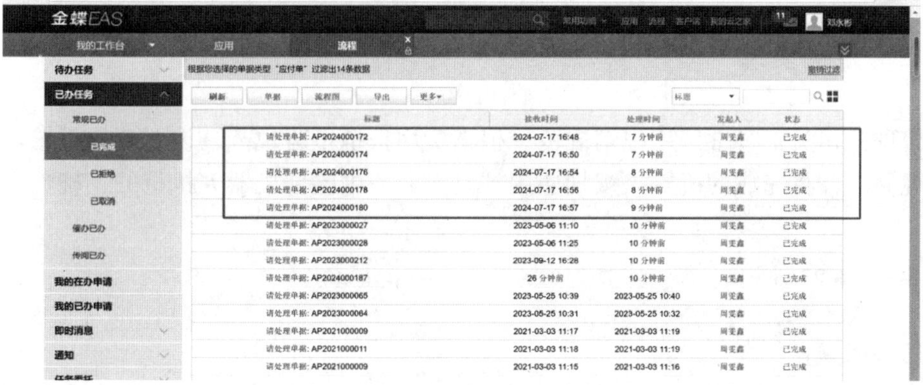

图 5-142　审核本月发生的应付单

第八节 报销机器人

费用管理模块属于 EAS 财务会计系统下的一个模块,主要解决日常办公中个人费用报销、差旅费报销和公司日常费用报销问题。模块包含 4 个标准的报销表单:费用报销单、差旅费报销单、物品采购费用报销单、对公费用报销单。系统中不同类型的业务发生后,员工需要手工新增报销单完成报销表单的发起,表单生成后会先跑一个工作流,工作流审批通过以后,再由表单生成凭证或付款单,从而实现业务审批与财务处理的无缝集成。

从个人费用报销和公司日常费用报销的典型业务场景出发,可以优先考虑将费用报销单、差旅费报销单、物品采购费用报销单、对公费用报销单这 4 个典型单据对应表单填写和表单审核通过报销机器人来完成。

从个人费用报销和公司日常费用报销的典型业务场景的财务处理角度出发,可以优先考虑将报销单生成付款单和报销单挂账处理的财务操作交由报销机器人完成。

任务一:费用报销

案例任务一:(应)费用报销单填单规划

一、业务场景

费用报销单用于报销,是一个业务、财务集成的表单,员工有报销业务的时候都需要根据报销的发票等信息填写费用报销单,因为对公司费用报销规范理解不到位,经常出现填错的情况,占用了员工大量的时间,员工希望通过智能财务的规划设置将该部分工作交由智能财务机器人来完成。

二、任务要求

梳理公司员工日常费用报销规范,根据费用报销填写规范,设置费用报销单自动填单规划,并将完成的机器人规划应用到真实业务中验证机器人执行的正确性。

三、任务解析

思考问题:

1. 根据企业费用管理规范,谁负责填写费用报销单?对应岗位负责人根据什么原始票据信息填写费用报销单?当出现多种类型的原始票据时以什么票据信息为准?

2. 在填写费用报销单的时候有哪些必填字段是打开界面就已经填写的？这些字段是否有需要在填写的时候做修改的？修改的依据是什么？

3. 在填写费用报销单的时候哪些必填字段是空白需要填写的？这些空白的必填字段填写的依据和规范是什么样的？

4. 在填写费用报销单的时候有哪些非必填字段填写的时候有明确的要求？具体要求是什么？

标准答案：

1. 公司费用报销单填单人是员工，本案例中填单人就是员工秦义，报销用到的原始票据主要有三种，分别是增值税普通发票、增值税专用发票、出租车打车票。费用报销可能会出现多张票据同时存在的情况，当出现多张票据时，每张票据都要作为报销明细项目，同时以开票日期最晚的票据作为单据头填写的依据。

2. 费用报销单新增界面打开后默认已经填写的字段报销人、申请日期、职位、部门4个字段，这些字段中申请日期要根据原始票据调整。

3. 填写费用报销单的时候，还有事由、业务类型、费用类型、发生时间、报销金额这些必填字段需要填写，填写的时候要求事由体现原始票据的内容，费用类型要体现业务报销场景。

4. 填写费用报销单的时候还需要填写费用说明，费用说明体现原始票据的信息。

四、实验数据

根据任务解析，可得到实验数据，如表5-51、表5-52和表5-53所示。

表5-51　　　　　　　　　费用报销单规划——整体规划

多张票据	单据头信息以开票最晚为准
制单人	qy 序号
人工核对	启用

表5-52　　　　　　　　　费用报销单规划——增值税发票

申请日期	${增值税发票.开票日期}+3
事由	'因业务原因产生的费用：' + ${增值税发票.货物或应税劳务名称}
费用类型	如果（${增值税发票.货物或应税劳务名称}）包含（'通讯'）那么 费用类型（'通讯费'）； 如果（${增值税发票.货物或应税劳务名称}）包含（'培训'）那么 费用类型（'培训费'） 如果（${增值税发票.货物或应税劳务名称}）包含（'物管'）那么 费用类型（'房租物管费'） 如果（${增值税发票.货物或应税劳务名称}）包含（'标书'）那么 费用类型（'标书费'） 如果（${增值税发票.货物或应税劳务名称}）包含（'会议'）那么 费用类型（'会议费'） 如果（无条件）包含（'会议'）那么 费用类型（'业务招待费'）
发生日期	${增值税发票.开票日期}

续表

报销金额	${增值税发票.价税合计（小写）}
开票日期	${增值税发票.开票日期}
费用说明	${增值税发票.货物或应税劳务名称}

表5-53 费用报销单规划——出租车票

申请日期	${出租车票.日期}
事由	${出租车票.日期}+'因公加班打车费'
费用类型	'车补'
发生日期	${出租车票.开票日期}
开票日期	${出租车票.开票日期}
报销金额	${出租车票.金额}
费用说明	'打车费'

五、实验步骤

进入智能财务规划教学平台设置费用报销单自动填写规划。

六、操作指导

进入智能财务规划教学平台，依次点击【报销机器人】—【报销机器人规划】打开报销机器人规划界面，在该界面可以查看建议的规划要求。根据企业业务情况设置报销单填单规则，如图5-143所示。

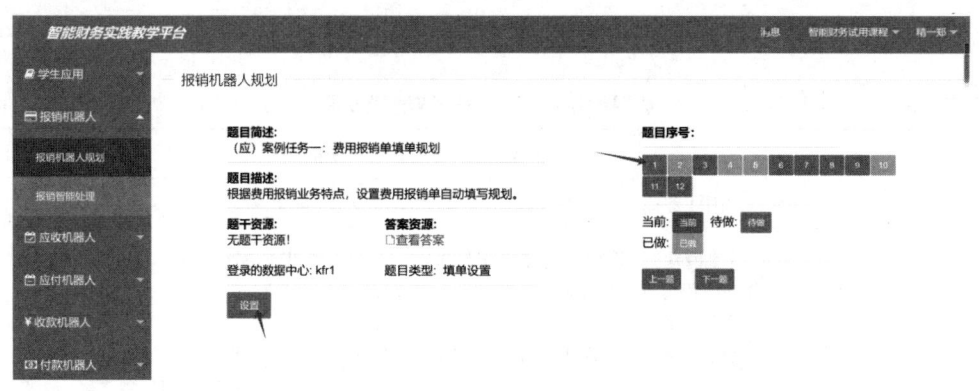

图5-143 查看规划要求并设置报销单填单规则

点击设置，进入机器人规划界面，根据分析得到的规划设置要求进行规划设置，先完成整体设置要求，如图 5-144 所示。

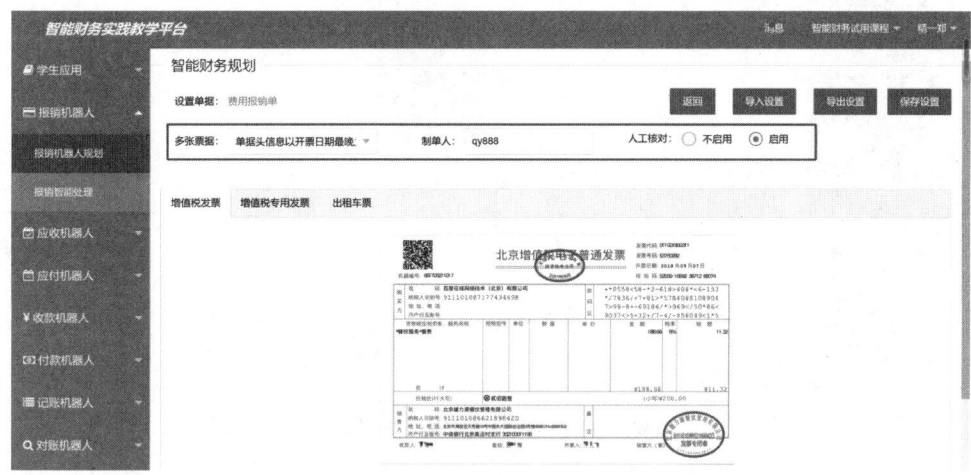

图 5-144　完成整体设置要求

点击增值税发票，按实验数据设置填单字段对应关系。针对字段对应关系是一对一的字段，点击字段前面的"+"进入设置，如图 5-145 所示。

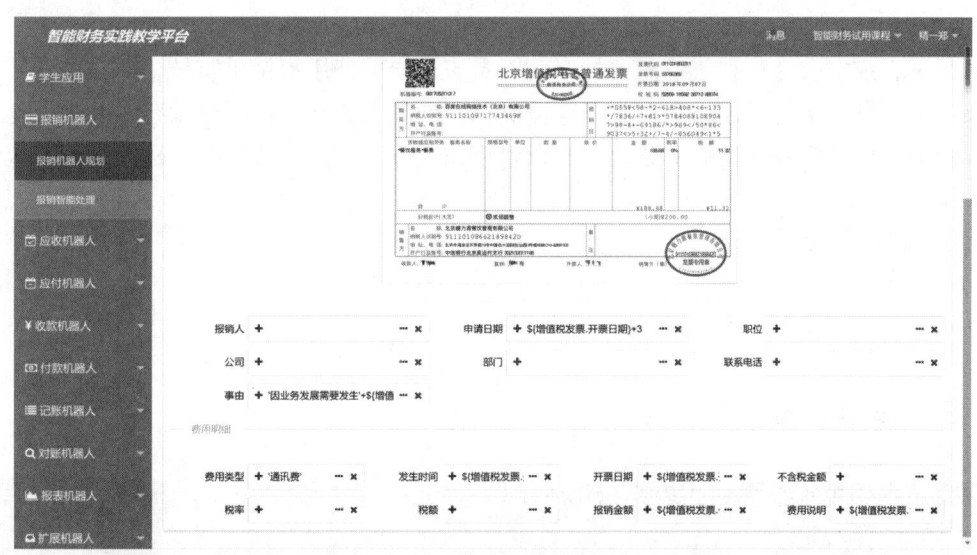

图 5-145　增值税发票设置填单字段对应关系

点击出租车票，按实验数据设置填单字段对应关系。针对字段对应关系是一对一的字段，点击字段前面的"+"进入设置，如图 5-146 所示。

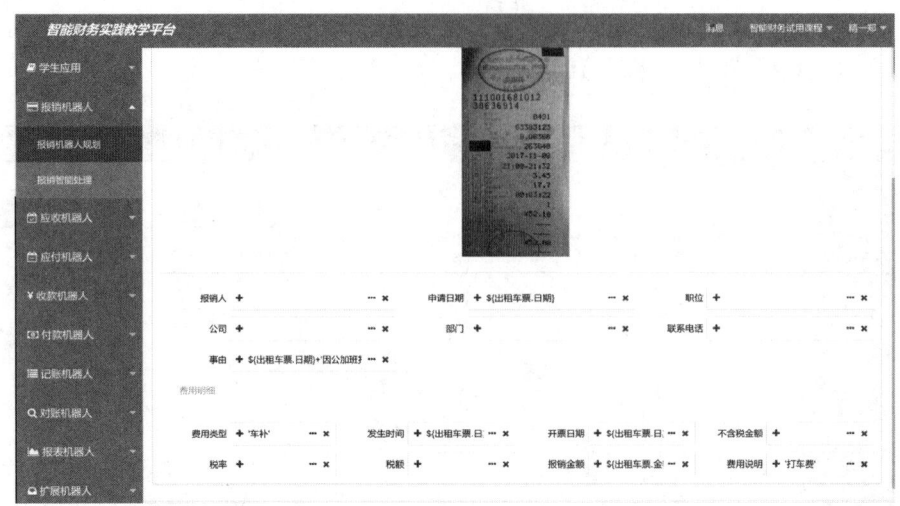

图 5-146　出租车票设置填单字段对应关系

案例任务二：（应）费用报销单审核规划

一、业务场景

每天，成本会计肖利华都需要抽时间对员工提交的费用报销单审核，审核的重点是发票抬头、发票真伪、报销金额超标等情况，工作量大，导致肖利华没有时间做其他的成本管控，他希望通过智能财务的规划设置将该部分工作交由智能财务机器人来完成。

二、实验步骤

进入智能财务规划教学平台设置费用报销单审核规划。

三、实验数据

费用报销单审核规划如表 5-54 所示。

表 5-54　　　　　　　　　　费用报销单审核规划

校验点名称	校验要求
审核人	xlh 序号
人工参与	开启
发票抬头检查	执行方式：执行规则 执行规则：增值税发票。货物或应税劳务名称包含通讯或增值税发票。购买方名称为深圳智航科技公司 检查点执行：不通过继续检查

续表

发票验真校验	执行方式：执行类 执行类：发票真伪验证 检查点执行：不通过继续检查
通讯费额度超额检查	执行方式：执行规则 执行规则：费用类型为通信费的报销金额小于等于150 其他费用类型不校验
打车费额度检查	执行方式：执行规则 执行规则：费用类型为车补的报销金额小于等于150 其他费用类型不校验

四、操作指导

进入智能财务规划教学平台，依次点击【报销机器人】—【报销机器人规划】打开报销机器人规划界面，在该界面可以查看建议的规划要求。根据企业业务情况设置报销单审核规则，如图5-147所示。

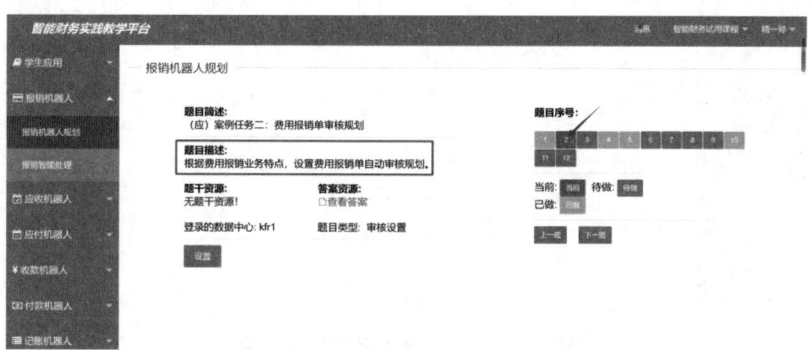

图5-147 查看规划要求并设置报销单审核规则

点击设置，按实验数据设置审核人和人工参与方式，如图5-148所示。

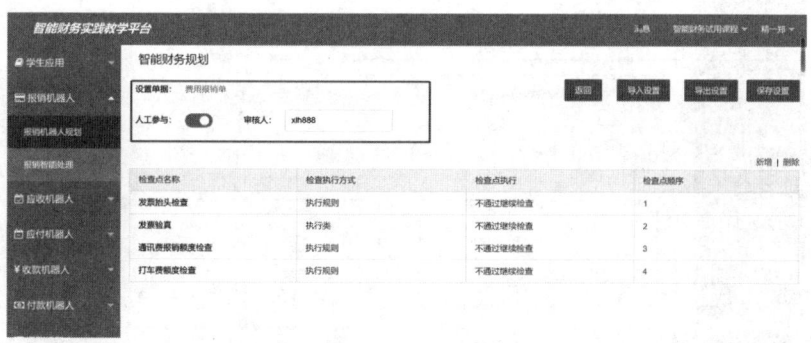

图5-148 设置审核人和人工参与方式

发票抬头检查校验点设置如图 5 – 149 所示。

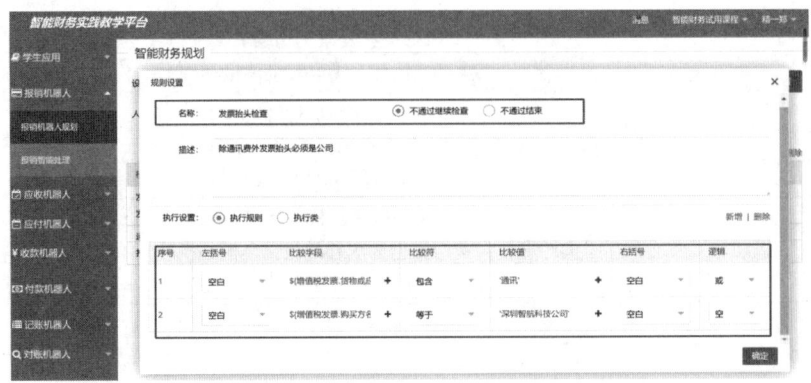

图 5 – 149　发票抬头检查校验点设置

发票验真校验点设置如图 5 – 150 所示。

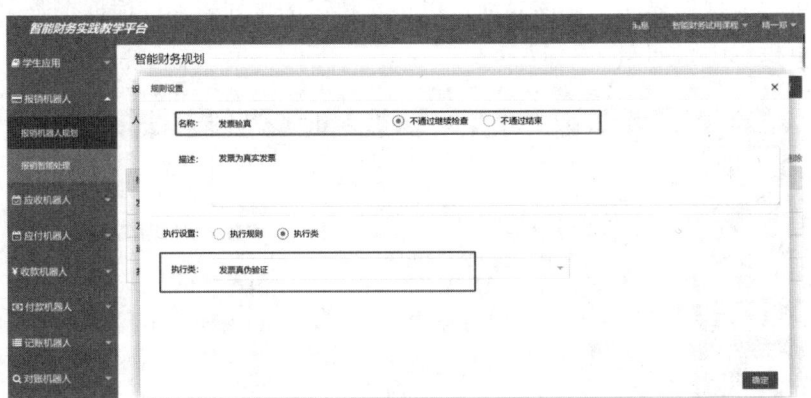

图 5 – 150　发票验真校验点设置

通讯费报销额度检查校验点设置如图 5 – 151 所示。

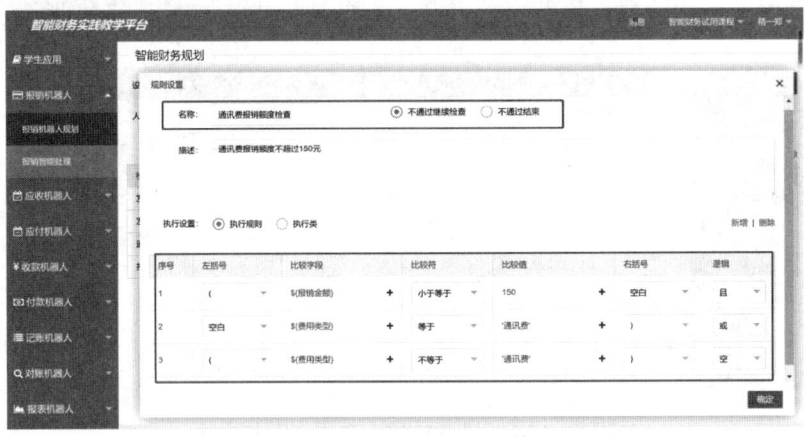

图 5 – 151　通信费报销额度检查校验点设置

打车费额度校验点设置如图 5-152 所示。

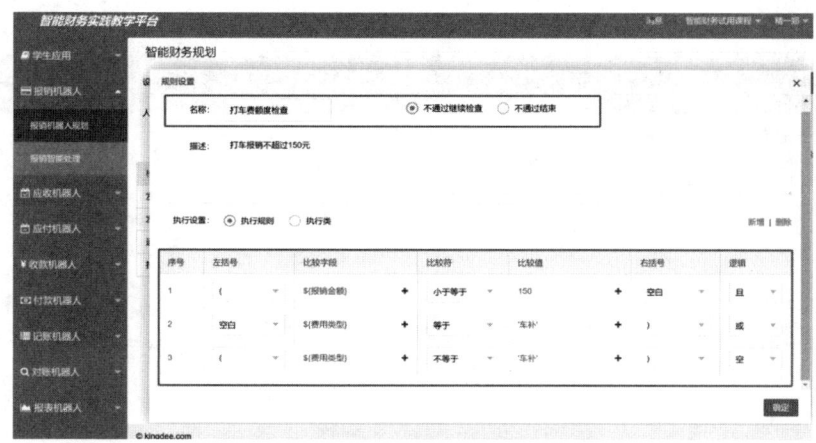

图 5-152　打车费额度校验点设置

案例任务三：（应）员工报销通信费

一、业务场景

2021 年 2 月 10 日，秦义报销当月的话费 200 元，调用报销机器人填写费用报销单。

二、操作指导

进入智能财务规划教学平台，依次点击【报销机器人】—【报销智能处理】打开报销机器人智能处理界面，找到对应的题目，点击题干资源获取并保存原始发票图片，点击智能处理按钮，启动机器人自动进行报销处理，如图 5-153 所示。

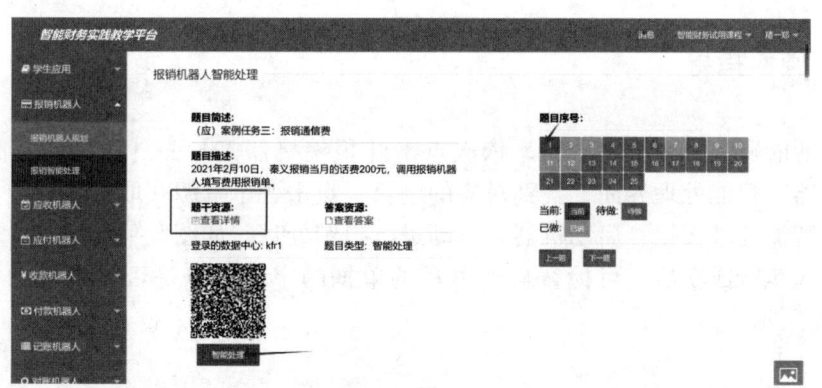

图 5-153　报销智能处理并进行自动报销处理

机器人执行成功后，可检查自动填写的单据的字段信息是否和预计的一致，如图 5－154 所示。

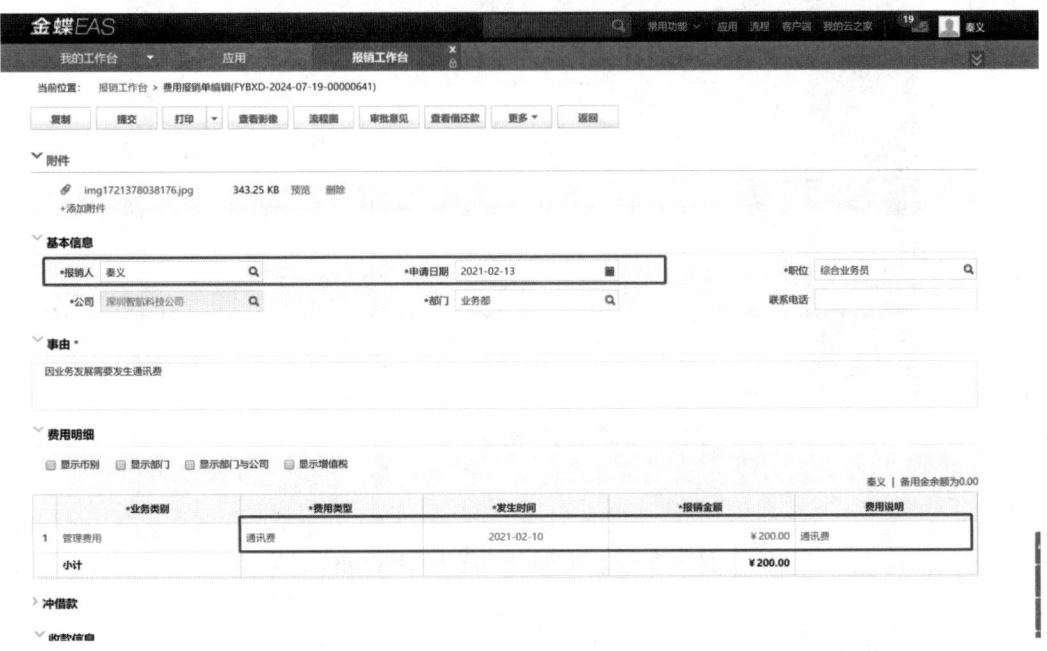

图 5－154　检查单据的字段信息

案例任务四：（选）员工报销培训费用

一、业务场景

2021 年 2 月 12 日，秦义参加 PMP 考试，报销 PMP 的培训费共计 3,500 元，调用报销机器人填写费用报销单（发票、聊天记录、PMP 成绩记录）。

二、操作指导

进入智能财务规划教学平台，依次点击【报销机器人】—【报销智能处理】打开报销机器人智能处理界面，找到对应的题目，点击题干资源获取并保存原始发票图片，点击智能处理按钮，启动机器人自动进行报销处理，如图 5－155 所示。

机器人执行成功后，可检查自动填写的单据的字段信息是否和预计的一致，如图 5－156 所示。

第五章 智能财务　227

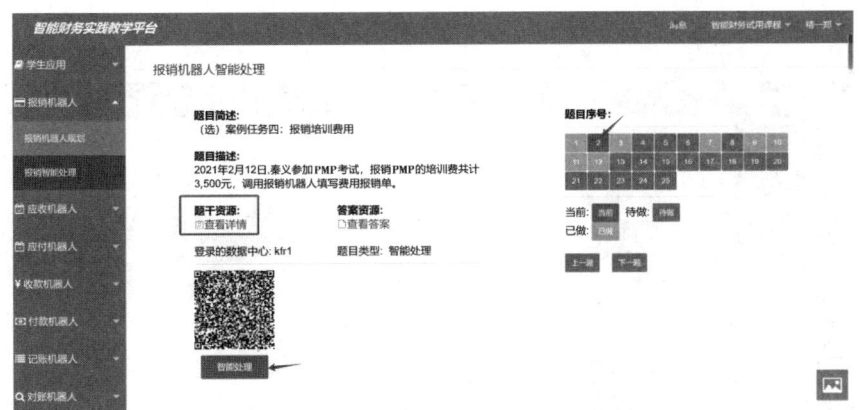

图 5-155　报销智能处理并进行报销处理

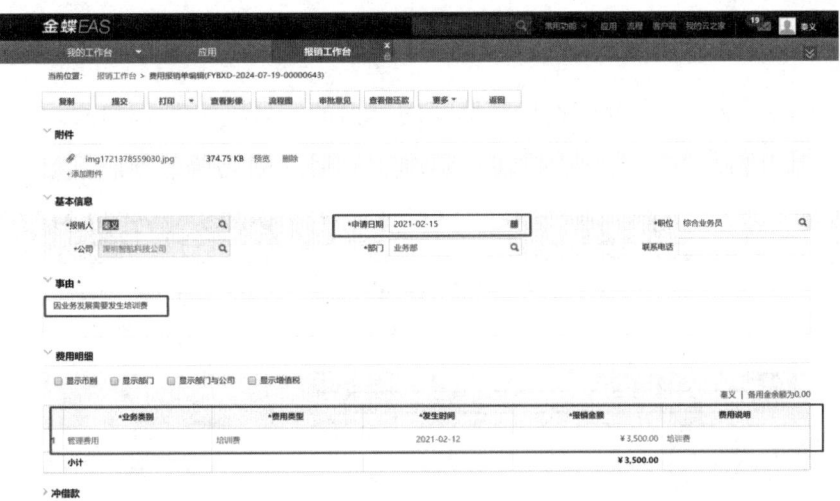

图 5-156　检查单据的字段信息

案例任务五：（选）员工报销会议费

一、业务场景

秦义因公需要参加行业会议，报销会议费共计 3,400 元，调用报销机器人填写费用报销单（发票）。

二、实验步骤

进入智能财务规划教学平台，依次点击【报销机器人】—【报销智能处理】打开报销机器人智能处理界面，找到对应的题目，点击题干资源获取并保存原始发票图片，点击智能处理按钮，启动机器人自动进行报销处理，如图5-157所示。

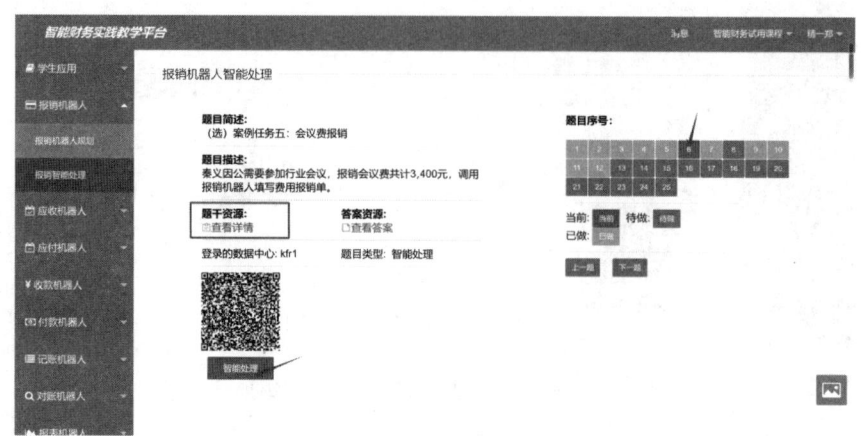

图 5-157 报销智能处理并进行报销处理

机器人执行成功后，可检查自动填写的单据的字段信息是否和预计的一致，如图5-158所示。

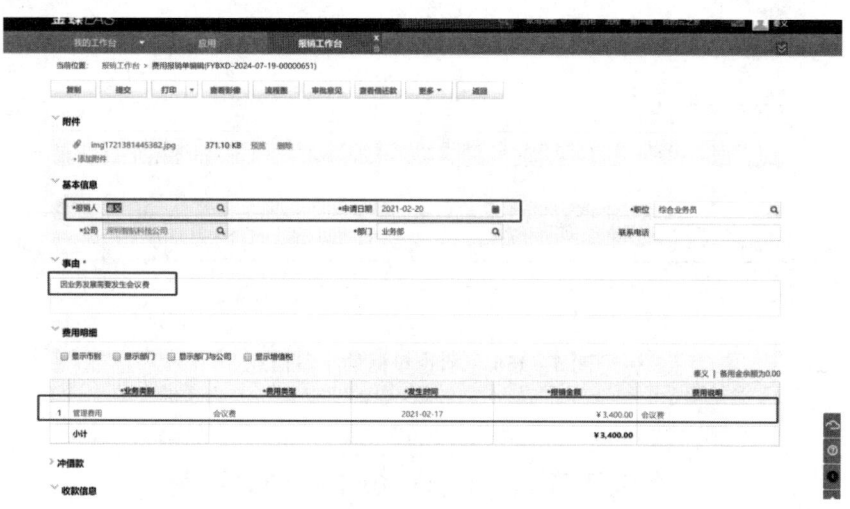

图 5-158 检查单据的字段信息

案例任务六：（应）费用报销单智能审核处理

一、业务场景

成本会计调用报销机器人完成本月费用报销单自动审核处理，成本会计关注不可自动审核的检查点。

二、操作指导

进入智能财务规划教学平台，依次点击【报销机器人】—【报销智能处理】打开报销机器人智能处理界面，找到对应的题目，启动机器人自动进行报销审核处理，同时成本会计做最后的审核确认判断是否审核通过，如图5-159所示。

图5-159　报销智能处理并进行报销审核处理

机器人执行成功后，可将本月发生的费用报销单进行审核，因房租物管费的发票不是真发票、加班打车费报销超标、通信费报销超标，这三个任务会提示审核不通过，可由人工最终确认是否审批通过，如图5-160所示。

图5-160　审核本月发生的费用报销单

任务二：差旅费报销

案例任务一：（应）差旅报销单规划

一、业务场景

差旅费报销单用于报销，是一个业务、财务集成的表单。员工发生出差时需要根据出差过程中产生的费用信息填写差旅报销单，因为对公司报销规范理解不到位，经常出现填错的情况，占用了员工大量的时间，员工希望通过智能财务的规划设置将该部分工作交由智能财务机器人来完成。

二、任务要求

梳理公司员工差旅费报销规定，根据差旅报销填单规范，设置差旅报销单自动填写规划，并将完成的机器人规划应用到真实业务中验证机器人执行的正确性。

三、任务解析

思考问题：

1. 根据企业差旅费管理规范，谁负责填写费用报销单？对应岗位负责人根据什么原始票据信息填写费用报销单？当出现多种类型的原始票据时以什么票据信息为准？

2. 在填写差旅报销单的时候有哪些必填字段是打开界面就已经填写的？这些字段是否有需要在填写的时候做修改的？修改的依据是什么？

3. 在填写差旅报销单的时候哪些必填字段是空白需要填写的？这些空白的必填字段填写的依据和规范是什么样的？

4. 在填写差旅报销单的时候有哪些非必填字段填写的时候有明确的要求？具体要求是什么？

标准答案：

1. 公司费用报销单填单人是员工，本案例中填单人就是员工秦义，报销用到的原始票据主要有增值税普通发票、增值税专用发票、火车票、行程单、出租车票、客运票等。差旅报销可能会出现多张票据同时存在的情况，当出现多张票据时，每张票据都要作为报销明细项目，同时单据头信息以上传的第一张票据来填写。

2. 差旅报销单新增界面打开后默认已经填写字段报销人、申请日期、职位、部门4个字段，这些字段中申请日期要根据原始票据调整。

3. 填写差旅报销单的时候，还有事由、业务类型、费用类型、开始日期、结束日期、出发地点、目的地点、金额等必填字段需要填写，填写的时候要求事由体现原始票据的内容，费用类型为差旅费。

4. 填写差旅报销单的时候还需要填写备注，备注说明体现原始票据的信息。

四、实验数据

根据任务解析可得到实验数据，如表 5-55～表 5-58 所示。

表 5-55　　　　　　　　　　差旅报销单规划——整体规划

多张票据	单据头信息以第一张票据为准
制单人	qy 序号
人工核对	启用

表 5-56　　　　　　　　　　差旅报销单规划——增值税发票

申请日期	\${增值税发票.开票日期}+3
事由	'业务需求出差' + \${增值税发票.发票所属地}
开始日期	\${增值税发票.开票日期}
结束日期	\${增值税发票.开票日期}
费用类型	'差旅费'
出发地点	'当地'
目的地点	'当地'
交通工具	'其他'
住宿费	如果（\${增值税发票.货物或应税劳务名称}）包含（'住宿'）那么 住宿费（\${增值税发票.价税合计（小写）}）
其他费用	如果（\${增值税发票.货物或应税劳务名称}）不包含（'住宿'）那么 其他费用（\${增值税发票.价税合计（小写）}）
备注	\${增值税发票.货物或应税劳务名称}

表 5-57　　　　　　　　　　差旅报销单规划——火车票

申请日期	\${火车票.发车日期}+5
事由	'业务需要出差，地点为' + \${火车票.始发站} + \${火车票.终点站}
开始日期	\${火车票.发车日期}
结束日期	\${火车票.发车日期}
费用类型	'差旅费'

出发地点	${火车票.始发站}
目的地点	${火车票.终点站}
交通工具	'高铁'
长途交通费	${火车票.价格}
备注	'高铁票'

表 5-58　　差旅报销单规划——出租车票

申请日期	${出租车票.日期}
事由	'业务需求出差'
开始日期	${出租车票.日期}
结束日期	${出租车票.日期}
费用类型	'差旅费'
出发地点	'本地'
目的地点	'本地'
交通工具	'其他'
市内交通费	${出租车票.金额}
备注	'市内打车费'

五、实验步骤

进入智能财务规划教学平台设置差旅报销单自动填写规划。

六、操作指导

进入智能财务规划教学平台，依次点击【报销机器人】—【报销机器人规划】打开报销机器人规划界面，在该界面可以查看建议的规划要求。根据企业业务情况设置差旅报销单填单规则，如图 5-161 所示。

点击设置，进入机器人规划界面，根据分析得到的规划设置要求进行规划设置，先完成整体设置要求，如图 5-162 所示。

点击增值税发票，按实验数据设置填单字段对应关系。针对字段对应关系是一对一的字段，点击字段前面的"+"进入设置，如图 5-163 所示。

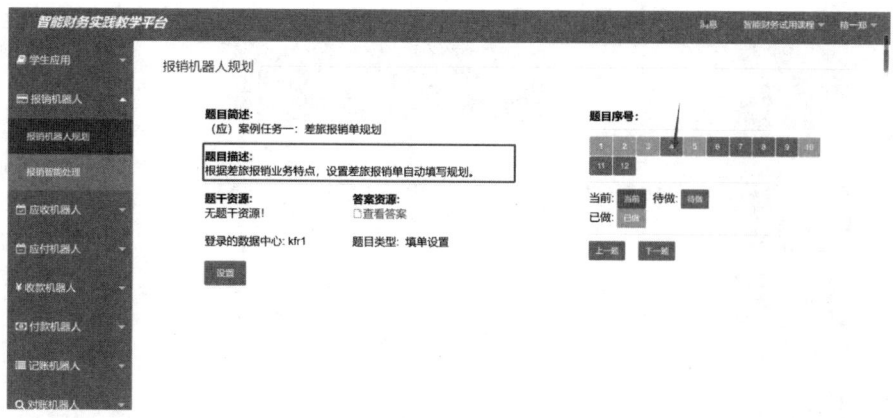

图 5-161　查看规划要求并设置差旅报销单填单规则

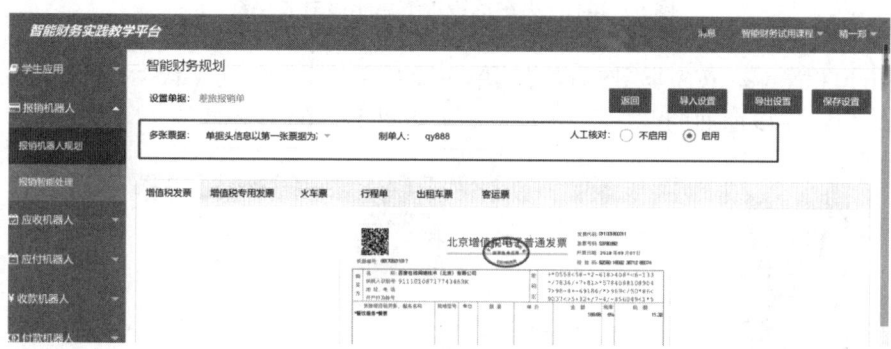

图 5-162　完成整体设置要求

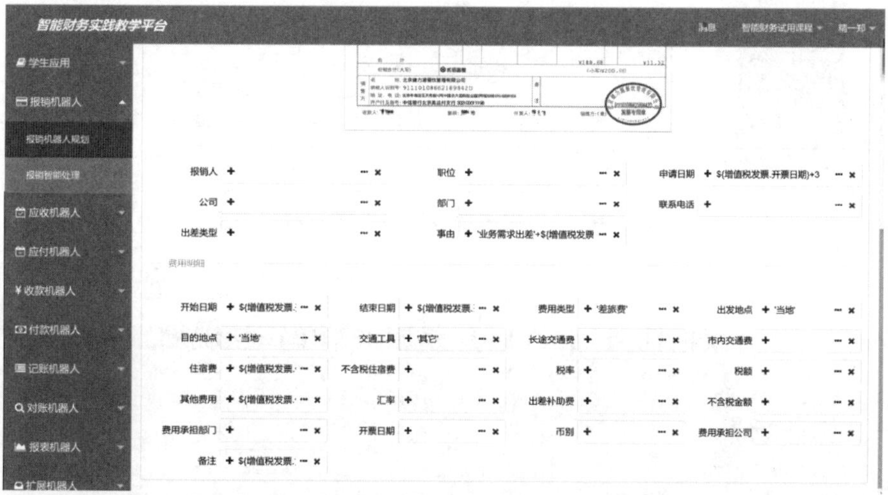

图 5-163　增值税发票设置填单字段对应关系

点击火车票,按实验数据设置填单字段对应关系。针对字段对应关系是一对一的字段,点击字段前面的"+"进入设置,如图 5-164 所示。

图 5-164　火车票设置填单字段对应关系

点击出租车票，按实验数据设置填单字段对应关系。针对字段对应关系是一对一的字段，点击字段前面的"+"进入设置，如图 5-165 所示。

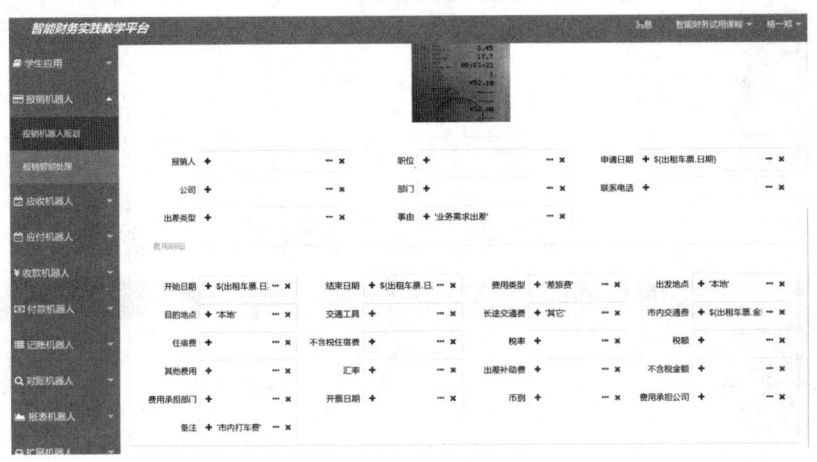

图 5-165　出租车票设置填单字段对应关系

案例任务二：（应）差旅报销单审核规划

一、业务场景

成本会计肖利华每天都需要抽时间对员工提交的差旅报销单审核，审核的重点是票据和报销人是否统一、发票真伪、报销金额超标等情况，工作量大，导致肖利华没有时间做其他的成本管控，他希望通过智能财务的规划设置将该部分工作交由智能财务机器人来完成。

二、实验步骤

进入智能财务规划教学平台设置差旅报销单审核规划。

三、实验数据

差旅报销单审核规划如表 5 – 59 所示。

表 5 – 59　　　　　　　　　　差旅报销单审核规划

校验点名称	校验要求
审核人	xlh 序号
人工参与	开启
高铁票乘客确认	执行方式：执行规则 执行规则：${火车票.乘客姓名} + '(tel:)' 等于报销人 检查点执行：不通过继续检查
住宿费额度检查	执行方式：执行规则 执行规则：住宿发票的住宿小于等于 350 元，其他发票不校验
费用类型填写规范	费用类型必须是差旅费

四、操作指导

进入智能财务规划教学平台，依次点击【报销机器人】—【报销机器人规划】打开报销机器人规划界面，在该界面可以查看建议的规划要求。根据企业业务情况设置差旅报销单审核规则，如图 5 – 166 所示。

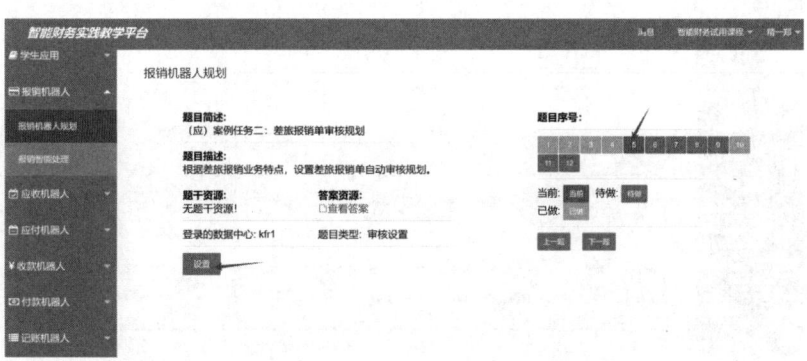

图 5 – 166　查看规划要求并设置差旅报销单审核规则

点击设置，按实验数据设置审核人和人工参与方式，如图 5-167 所示。

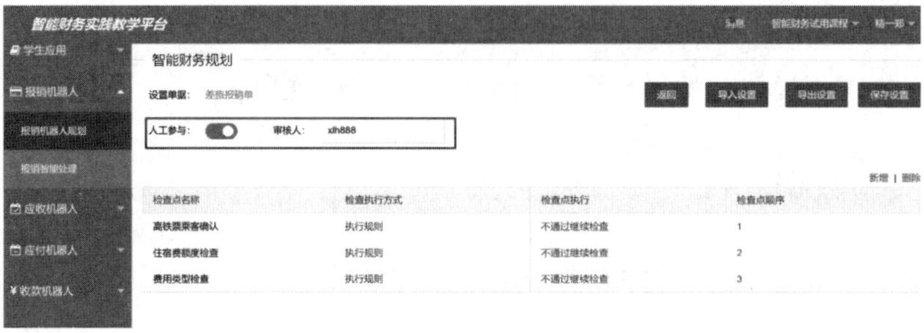

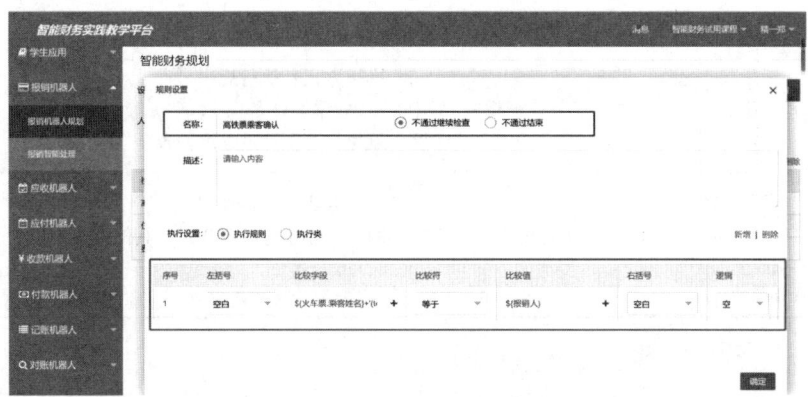

图 5-167 设置审核人和人工参与方式

高铁票乘客确认校验点设置如图 5-168 所示。

图 5-168 高铁票乘客确认校验点设置

住宿费额度校验点设置如图 5-169 所示。

图 5-169 住宿费额度校验点设置

费用类型校验点设置如图 5-170 所示。

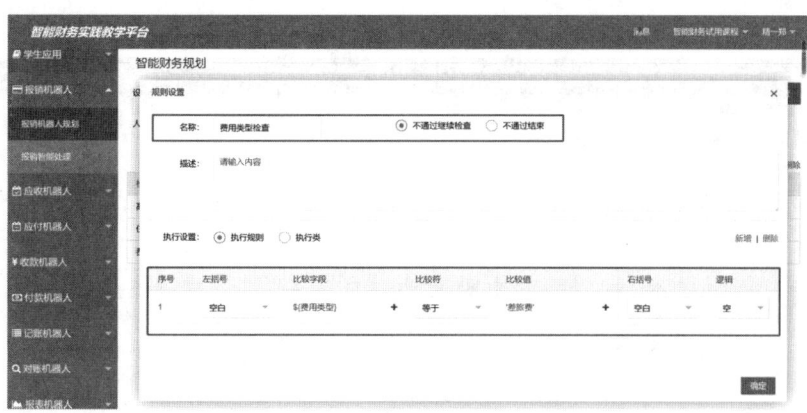

图 5-170　费用类型校验点设置

案例任务三：（应）员工本地出差

一、业务场景

2021 年 2 月 10 日，秦义拜访本地供应商，因供应商基地偏远，打车前往，根据该情况，调用报销机器人填写差旅报销单。

二、操作指导

进入智能财务规划教学平台，依次点击【报销机器人】—【报销智能处理】打开报销机器人智能处理界面，找到对应的题目，点击题干资源获取并保存原始票据图片，点击智能处理按钮，启动机器人自动进行报销处理，如图 5-171 所示。

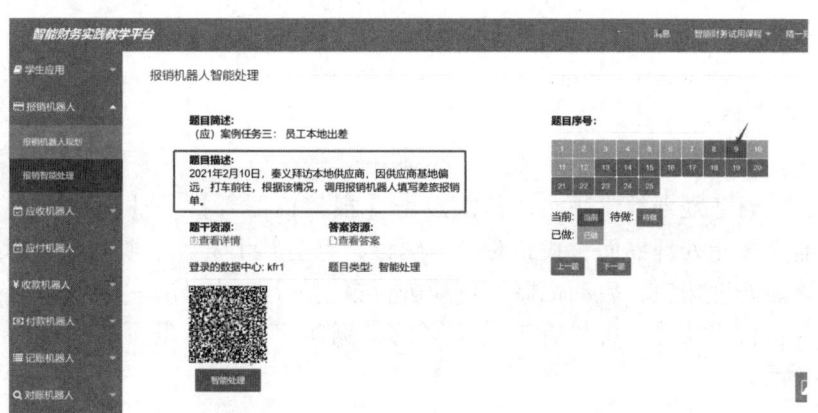

图 5-171　报销智能处理进行报销处理

机器人执行成功后，可检查自动填写的单据的字段信息是否和预计的一致，如图 5-172 所示。

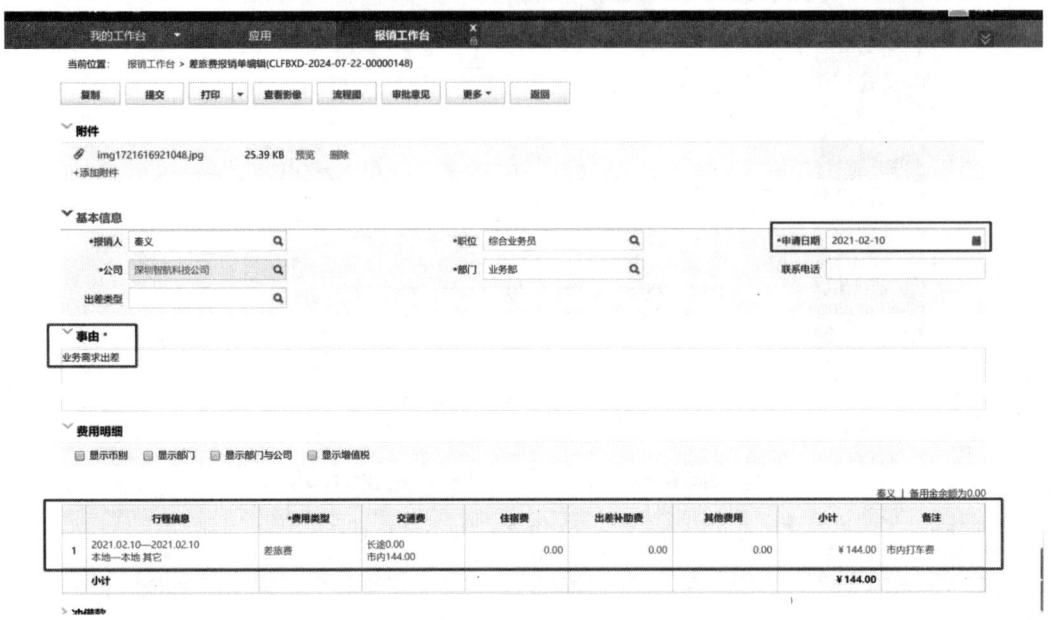

图 5-172　检查单据的字段信息

案例任务四：（选）员工邻近城市出差

一、业务场景

2021 年 2 月 14 日，秦义拜访广州客户并请客户吃饭，根据该情况，调用报销机器人填写差旅报销单（高铁票、发票）。

二、操作指导

进入智能财务规划教学平台，依次点击【报销机器人】—【报销智能处理】打开报销机器人智能处理界面，找到对应的题目，点击题干资源获取并保存原始票据图片，点击智能处理按钮，启动机器人自动进行报销处理，如图 5-173 所示。

机器人执行成功后，可检查自动填写的单据的字段信息是否和预计的一致，如图 5-174 所示。

图 5-173 报销智能处理进行报销处理

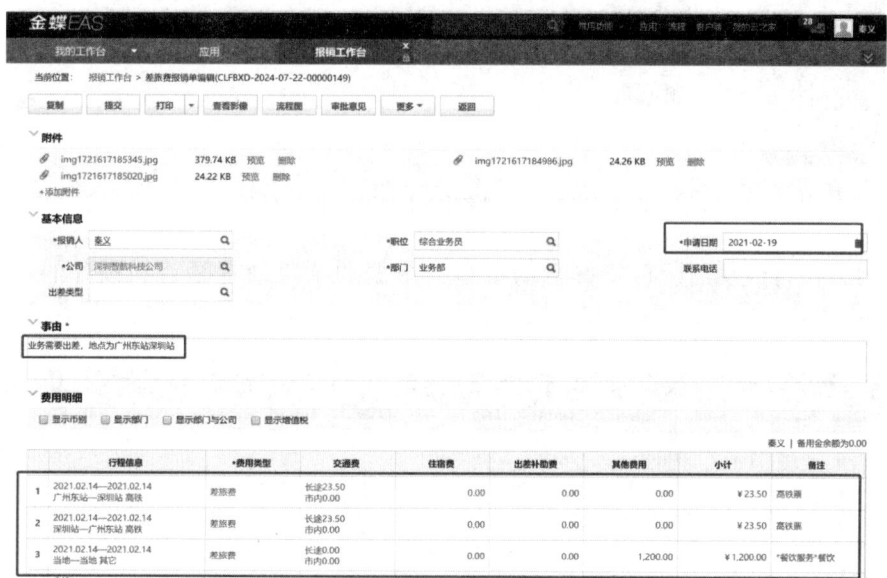

图 5-174 检查单据的字段信息

案例任务五：（选）员工出差洽谈业务

一、业务场景

2021年2月11日，秦义去佛山拜访客户，调用报销机器人填写差旅报销单（高铁票、住宿发票）。

二、操作指导

进入智能财务规划教学平台，依次点击【报销机器人】—【报销智能处理】打开报销机器人智能处理界面，找到对应的题目，点击题干资源获取并保存原始票据图片，点击智能处理按钮，启动机器人自动进行报销处理，如图 5-175 所示。

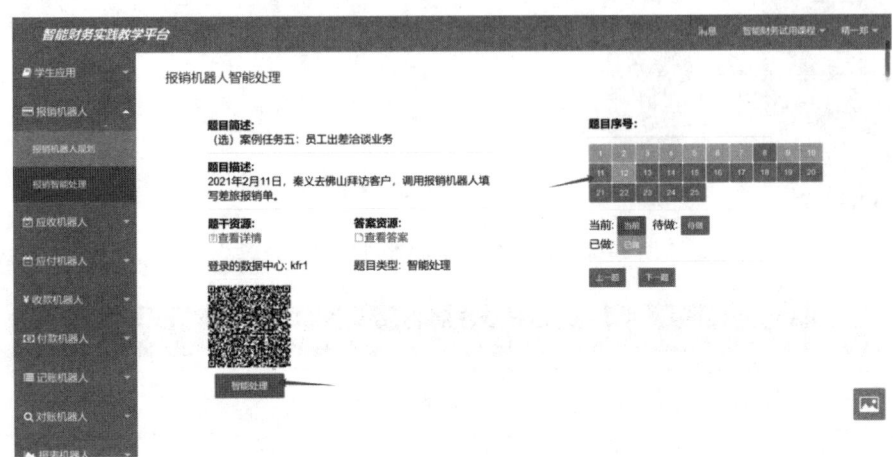

图 5-175　报销智能处理进行报销处理

机器人执行成功后，可检查自动填写的单据的字段信息是否和预计的一致，如图 5-176 所示。

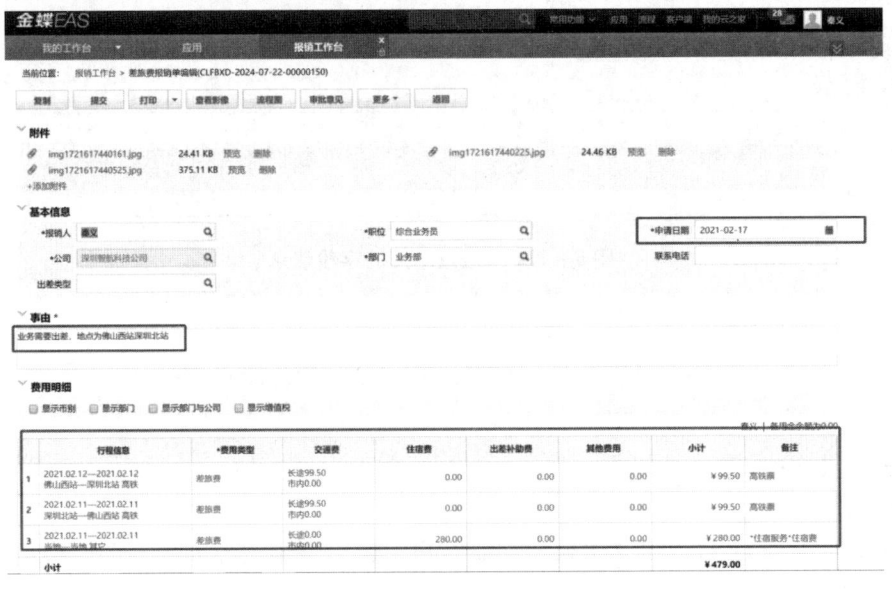

图 5-176　检查单据的字段信息

案例任务六：（应）差旅报销单智能审核处理

一、业务场景

成本会计调用报销机器人完成本月差旅报销单自动审核处理，成本会计关注不可自动审核的检查点。

二、操作指导

进入智能财务规划教学平台，依次点击【报销机器人】—【报销智能处理】打开报销机器人智能处理界面，找到对应的题目，启动机器人自动进行报销审核处理，同时，成本会计做最后的审核，确认判断是否审核通过，如图 5-177 所示。

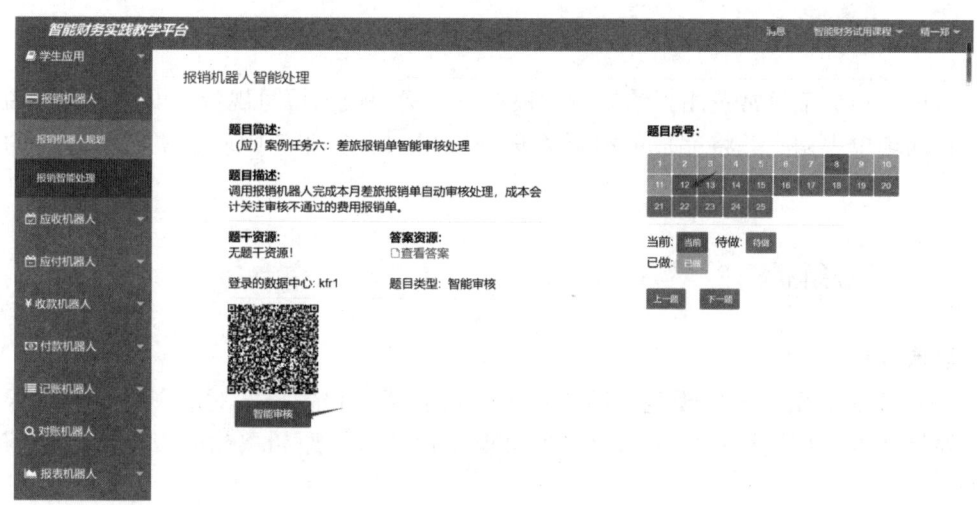

图 5-177　报销智能处理

机器人执行成功后，可将本月发生的差旅报销单进行审核，如图 5-178 所示。

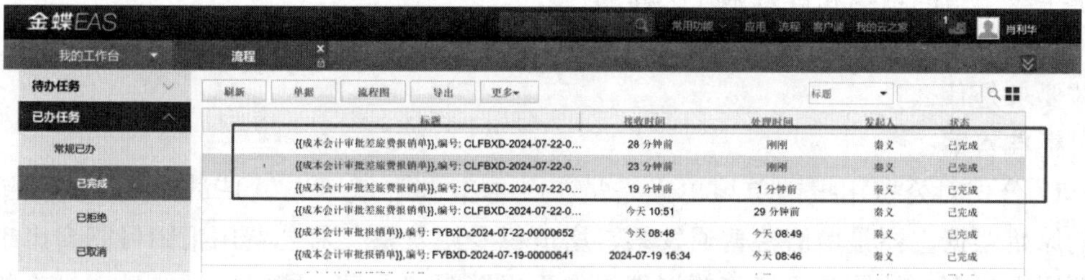

图 5-178　审核本月发生的差旅报销单

任务三：对公费用报销

案例任务一：（应）对公费用报销单填单规划设置

一、业务场景

对公费用报销单用于报销，是一个公司报销业务、财务集成的表单。公司日常费用发生后，需要员工根据费用信息填写对公费用报销单，因为对公司报销规范理解不到位，经常出现填错的情况，占用了员工大量的时间，员工希望通过智能财务的规划设置将该部分工作交由智能财务机器人来完成。

二、任务要求

梳理公司员工日常费用报销规范，根据对公费用报销填写规范，设置对公费用报销单自动填单规划，并将完成的机器人规划应用到真实业务中验证机器人执行的正确性。

三、任务解析

思考问题：

1. 根据企业费用管理规范，谁负责填写对公费用报销单？对应岗位负责人根据什么原始票据信息填写费用报销单？当出现多种类型的原始票据时以什么票据信息为准？

2. 在填写对公费用报销单的时候有哪些必填字段是打开界面就已经填写的？这些字段是否有需要在填写的时候做修改的？修改的依据是什么？

3. 在填写对公费用报销单的时候哪些必填字段是空白需要填写的？这些空白的必填字段填写的依据和规范是什么样的？

4. 在填写对公费用报销单的时候有哪些非必填字段填写的时候有明确的要求？具体要求是什么？

标准答案：

1. 公司对公费用报销单填单人是员工，本案例中填单人就是员工秦义，报销用到的原始票据主要是增值税普通发票、增值税专用发票，对公费用报销可能会出现多张票据同时存在的情况，每张票据都要作为报销明细项目，同时以开票日期最晚的票据作为单据头填写的依据。

2. 对公费用报销单新增界面打开后默认已经填写字段报销人、申请日期、职位、部门4个字段，这些字段中申请日期要根据原始票据调整。

3. 填写对公费用报销单的时候，还有事由、业务类型、费用类型、发生时间、报销金额这些必填字段需要填写，填写的时候要求事由体现原始票据的内容，费用类型要体现业务报销场景。

4. 填写对公费用报销单的时候还需要填写费用说明，费用说明体现原始票据的信息，收款人不能是员工，应该是出具发票的第三方。

四、实验步骤

进入智能财务规划教学平台设置差旅报销单自动填写规划。

五、实验数据

根据任务解析可得到实验数据，如表5-60和表5-61所示。

表5-60　　　　　　　　对公报销单规划——整体规划

多张票据	单据头信息以开票人最晚的为准
制单人	qy 序号
人工核对	启用

表5-61　　　　　　　　对公报销单规划——增值税专用发票

申请日期	${增值税专用发票.开票日期}
收款人类型	'供应商'
收款人	${增值税专用发票.销售方名称}
事由	'因业务需要产生的对公费用支出，费用信息是' + ${增值税专用发票.货物或应税劳务名称}
费用类型	如果（${增值税发票.货物或应税劳务名称}）包含（'会展'）那么 费用类型（'公关费'）； 如果（${增值税发票.货物或应税劳务名称}）包含（'物流'）那么 费用类型（'物流运输费'） 如果（${增值税发票.货物或应税劳务名称}）包含（'电费'）那么 费用类型（'水电费'） 如果（${增值税发票.货物或应税劳务名称}）包含（'设备维护'）那么 费用类型（'专业维护费'） 如果（${增值税发票.货物或应税劳务名称}）包含（'广告'）那么 费用类型（'广告费'） 如果（${增值税发票.货物或应税劳务名称}）包含（'招聘'）那么 费用类型（'猎头招聘费'）
发生时间	${增值税专用发票.开票日期}
开票日期	${增值税专用发票.开票日期}
报销金额	${增值税专用发票.价税合计（小写）}
费用用途	${增值税专用发票.货物或应税劳务名称}

六、操作指导

进入智能财务规划教学平台，依次点击【报销机器人】—【报销机器人规划】打开报销机器人规划界面，在该界面可以查看建议的规划要求。根据企业业务情况设置对公费用报销单填单规则，填写完成后点击保存设置，完成规划的设置，如图 5-179 所示。

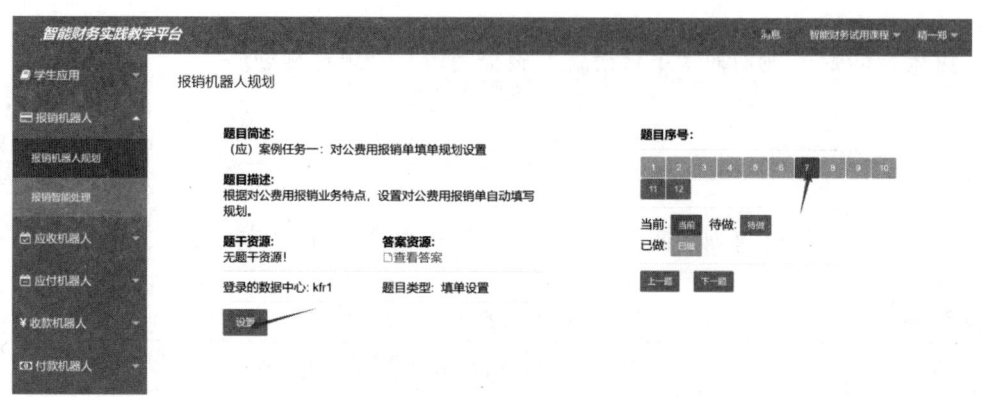

图 5-179 设置对公费用报销单填单规则

点击设置，进入机器人规划界面，根据分析得到的规划设置要求进行规划设置，先完成整体设置要求，如图 5-180 所示。

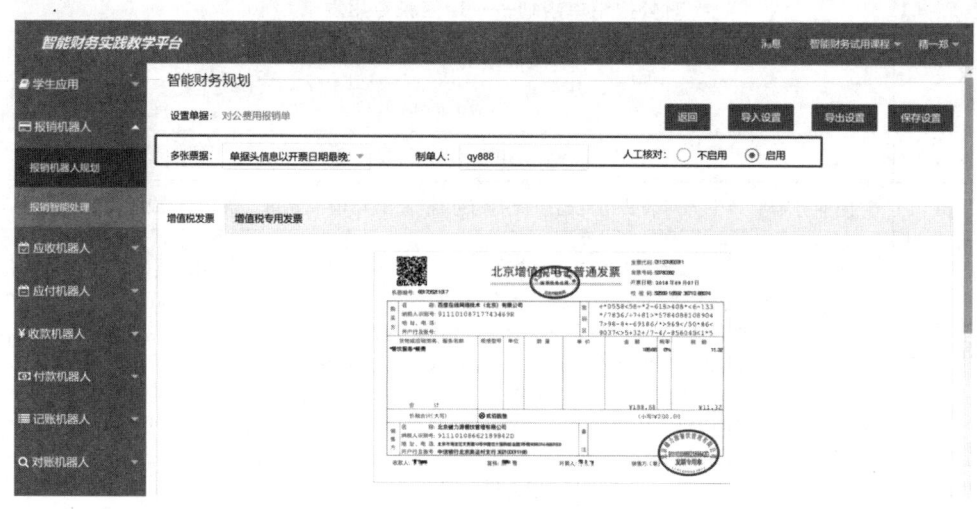

图 5-180 完成整体设置要求

点击增值税专用发票，按实验数据设置填单字段对应关系。针对字段对应关系是一对一的字段，点击字段前面的"＋"进入设置，如图 5-181 所示。

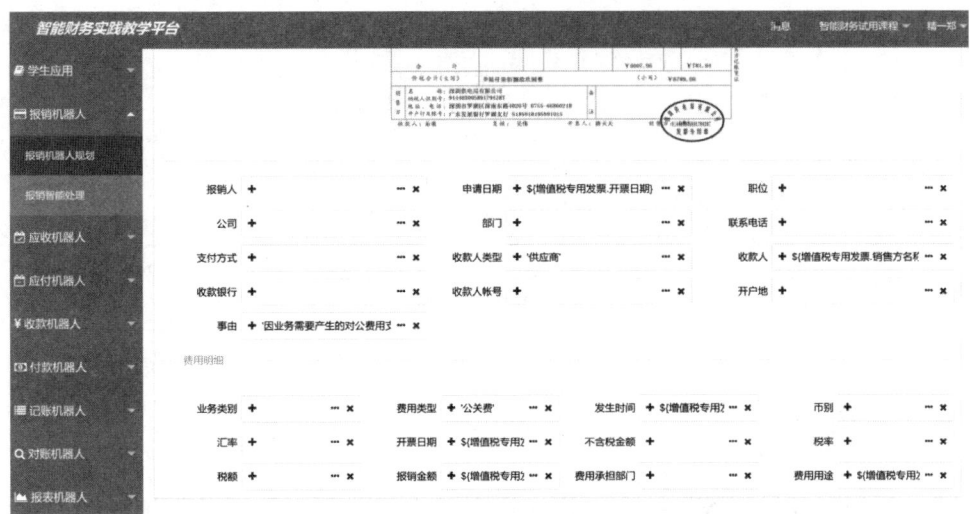

图 5-181　增值税专用发票设置填单字段对应关系

案例任务二：（应）对公费用报销单审核规划设置

一、业务场景

成本会计肖利华每天都需要抽时间对员工提交的对公费用报销单进行审核，审核的重点是发票抬头、发票真伪等情况，工作量大，导致肖利华没有时间做其他的成本管控，他希望通过智能财务的规划设置将该部分工作交由智能财务机器人来完成。

二、实验步骤

进入智能财务规划教学平台设置对公报销单审核规划。

三、实验数据

差旅报销单审核规划如表 5-62 所示。

表 5-62　　　　　　　　　　差旅报销单审核规划

校验点名称	校验要求
审核人	xlh 序号
人工参与	开启
发票抬头检查	执行方式：执行规则 执行规则：${增值税专用发票.购买方名称} 为深圳智航科技公司 检查点执行：不通过继续检查

续表

发票验真	执行方式：执行类 执行类：发票真伪验证 检查点执行：不通过继续检查
报销收款方校验	执行方式：执行规则 执行规则：报销单上的收款人 = ${增值税专用发票.销售方名称}
报销金额校验	执行方式：执行类 执行类：发票总金额和单据上的业务发生的总金额一致

四、操作指导

进入智能财务规划教学平台，依次点击【报销机器人】—【报销机器人规划】打开报销机器人规划界面，在该界面可以查看建议的规划要求。根据企业业务情况设置对公费用报销单审核规则，如图5-182所示。

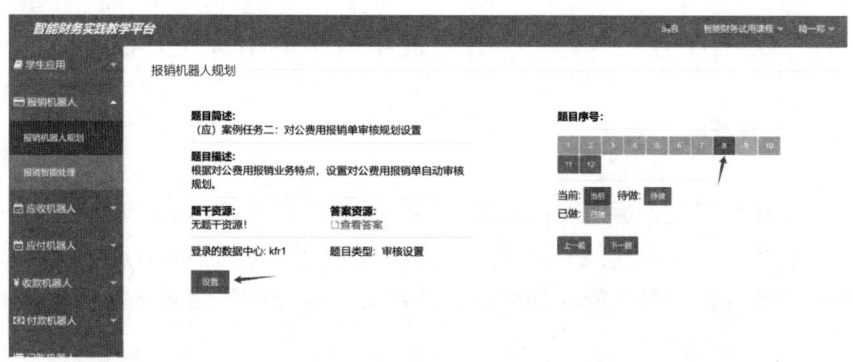

图5-182　查看规划要求并设置对公费用报销单审核规则

点击设置，按实验数据设置审核人和人工参与方式，如图5-183所示。

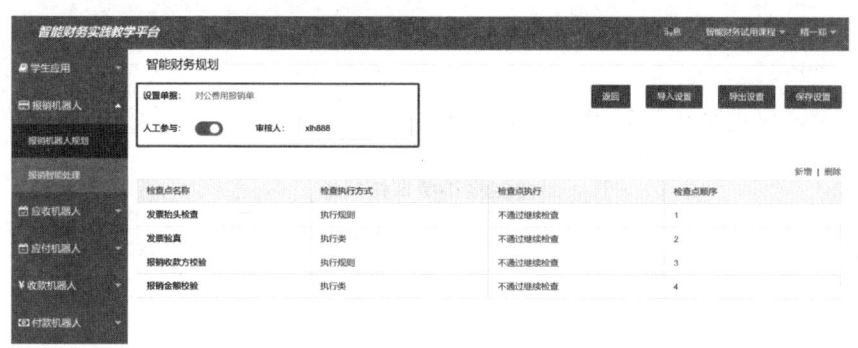

图5-183　设置审核人和人工参与方式

发票抬头检查校验点设置如图 5-184 所示。

图 5-184　发票抬头检查校验点设置

发票验真校验点设置如图 5-185 所示。

图 5-185　发票验真校验点设置

报销收款方校验点设置如图 5-186 所示。

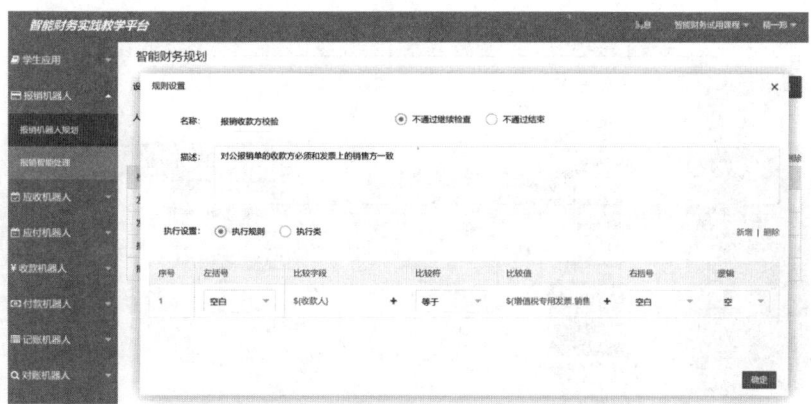

图 5-186　报销收款方校验点设置

报销金额校验点设置如图 5-187 所示。

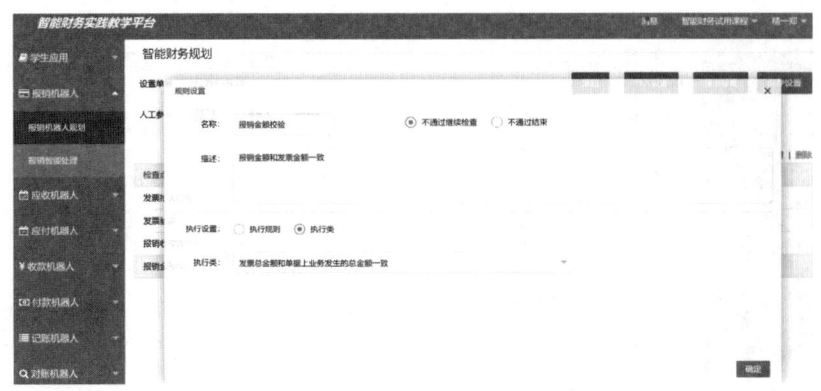

图 5-187　报销金额校验点设置

案例任务三：（应）报销公关费

一、业务场景

2021 年 2 月 26 日，秦义完成一场新品发布会（高峰论坛）市场活动，需要报销后支付给公关公司，款项打至对公账号，调用报销机器人填写对公费用报销单。

二、操作指导

进入智能财务规划教学平台，依次点击【报销机器人】—【报销智能处理】打开报销机器人智能处理界面，找到对应的题目，点击题干资源获取并保存原始票据图片，点击智能处理按钮，启动机器人自动进行报销处理，如图 5-188 所示。

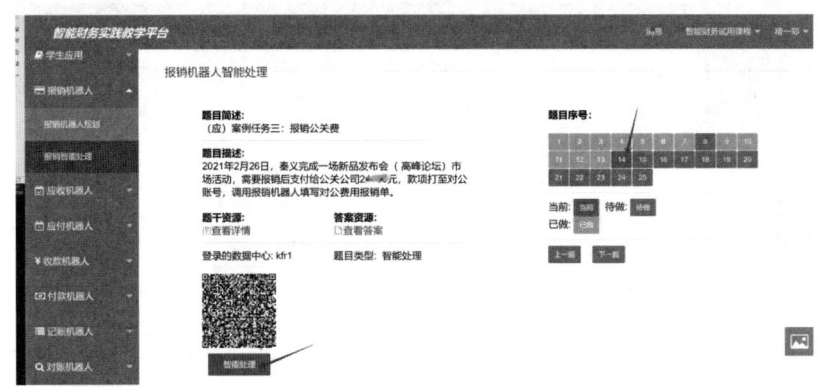

图 5-188　报销智能处理进行报销处理

机器人执行成功后，可检查自动填写的单据的字段信息是否和预计的一致，如图 5-189 所示。

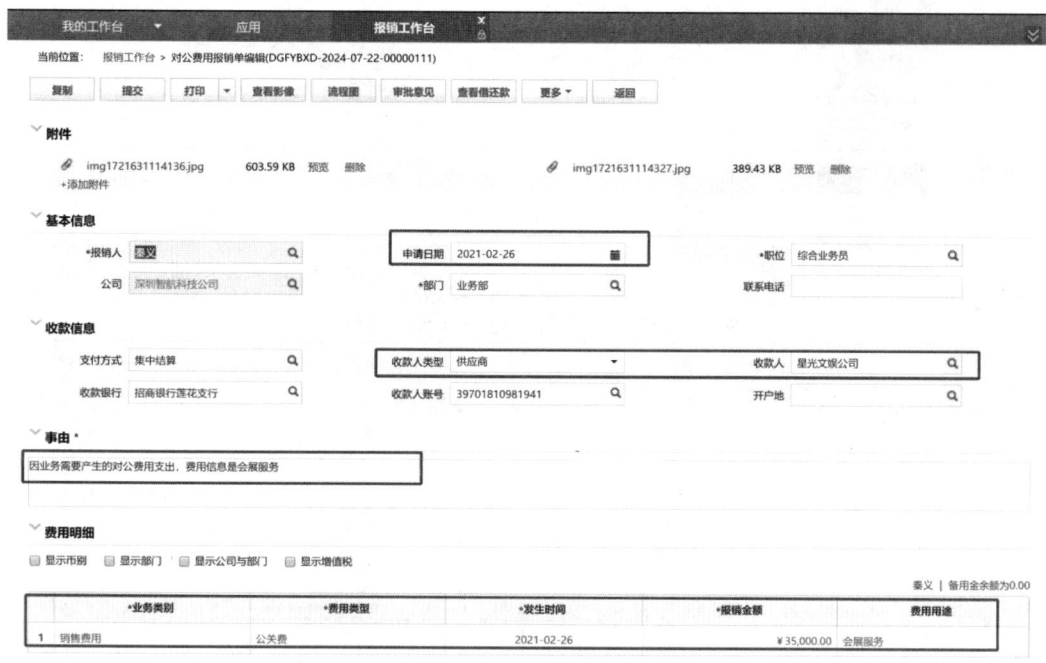

图 5-189　检查单据的字段信息

案例任务四：（选）报销广告投放费

一、业务场景

2021 年 2 月租用 2 版铁橱窗广告栏分别在地铁入口和地铁内投放广告，秦义拿到深圳市地铁集团有限公司开具的广告投放费发票，调用报销机器人填写对公费用报销单（发票）。

二、操作指导

进入智能财务规划教学平台，依次点击【报销机器人】—【报销智能处理】打开报销机器人智能处理界面，找到对应的题目，点击题干资源获取并保存原始票据图片，点击智能处理按钮，启动机器人自动进行报销处理，如图 5-190 所示。

机器人执行成功后，可检查自动填写的单据的字段信息是否和预计的一致，如图 5-191 所示。

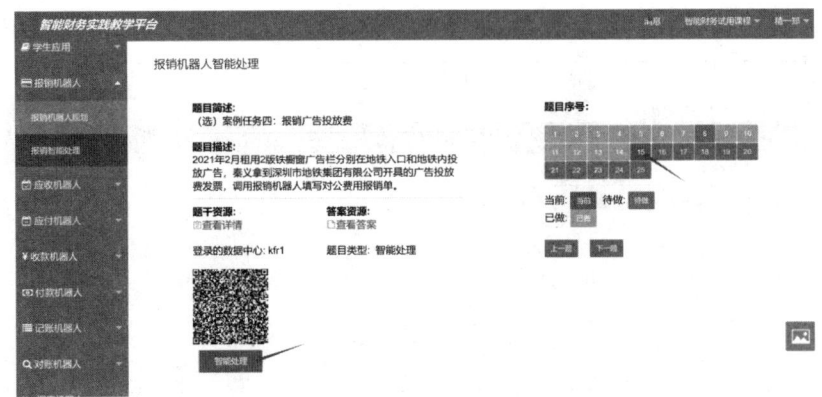

图 5-190　报销智能处理进行报销处理

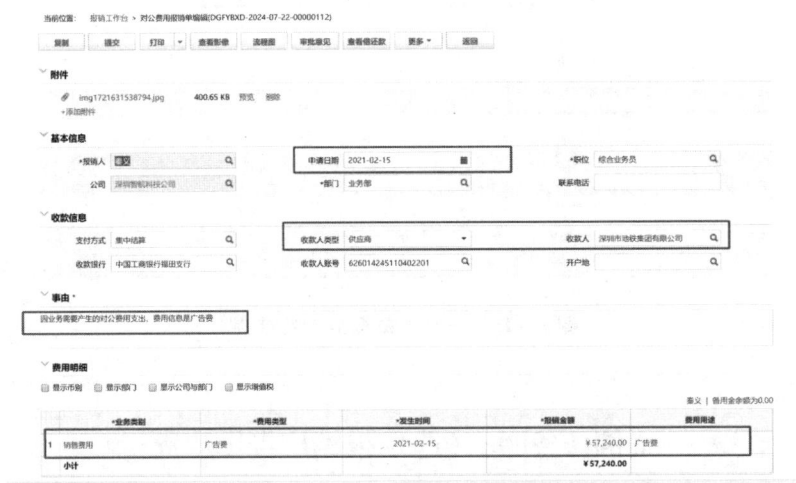

图 5-191　检查单据的字段信息

案例任务五：（选）报销物流运输费

一、业务场景

秦义报销月结的物流运输费，调用报销机器人填写对公费用报销单。

二、操作指导

进入智能财务规划教学平台，依次点击【报销机器人】—【报销智能处理】打开报销机器人智能处理界面，找到对应的题目，点击题干资源获取并保存原始票据图片，点击智能处理按钮，启动机器人自动进行报销处理，如图 5-192 所示。

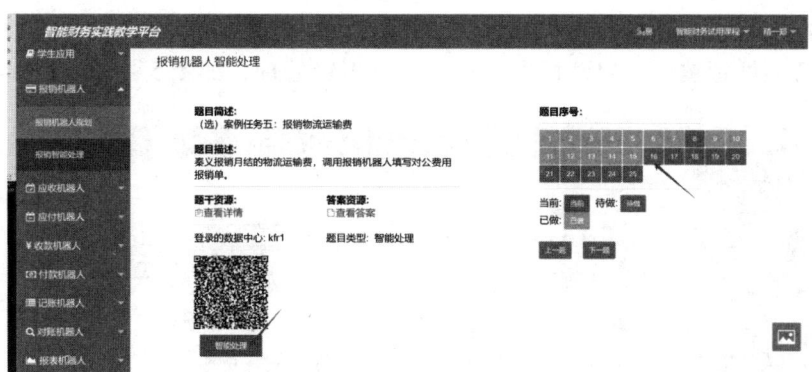

图 5-192　报销智能处理进行报销处理

机器人执行成功后，可检查自动填写的单据的字段信息是否和预计的一致，如图 5-193 所示。

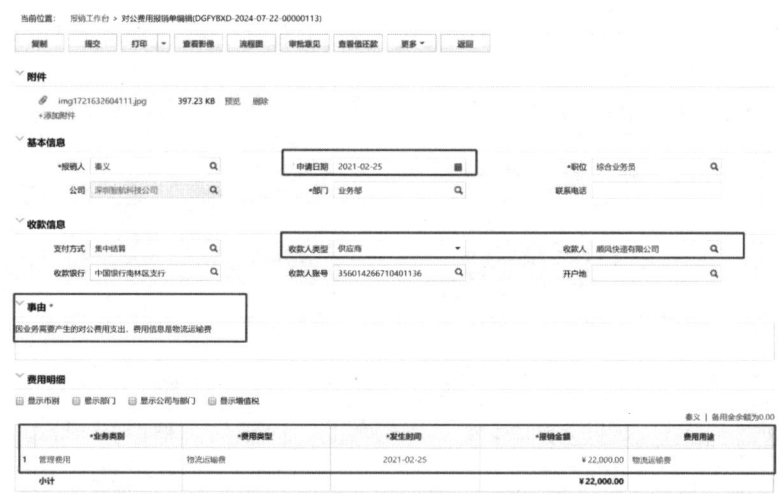

图 5-193　检查单据的字段信息

案例任务六：（选）报销专业维护费

一、业务场景

无人机生产设备需每月定期维护，秦义获取发票后，调用报销机器人填写对公费用报销单。

二、操作指导

进入智能财务规划教学平台，依次点击【报销机器人】—【报销智能处理】打开报销机器人智能处理界面,找到对应的题目,点击题干资源获取并保存原始票据图片,点击智能处理按钮,启动机器人自动进行报销处理,如图5-194所示。

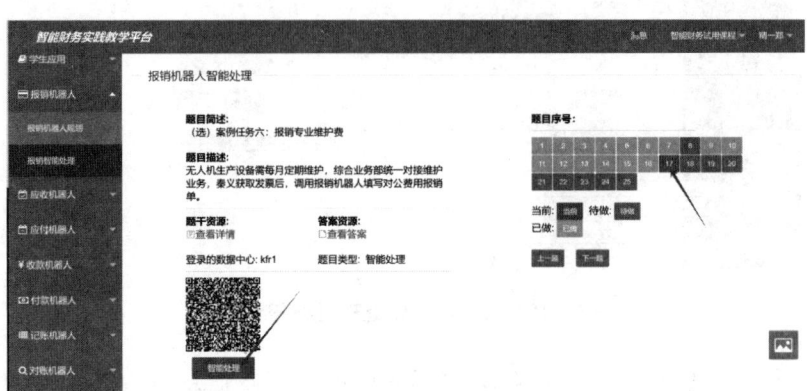

图5-194 报销智能处理进行报销处理

机器人执行成功后,可检查自动填写的单据的字段信息是否和预计的一致,如图5-195所示。

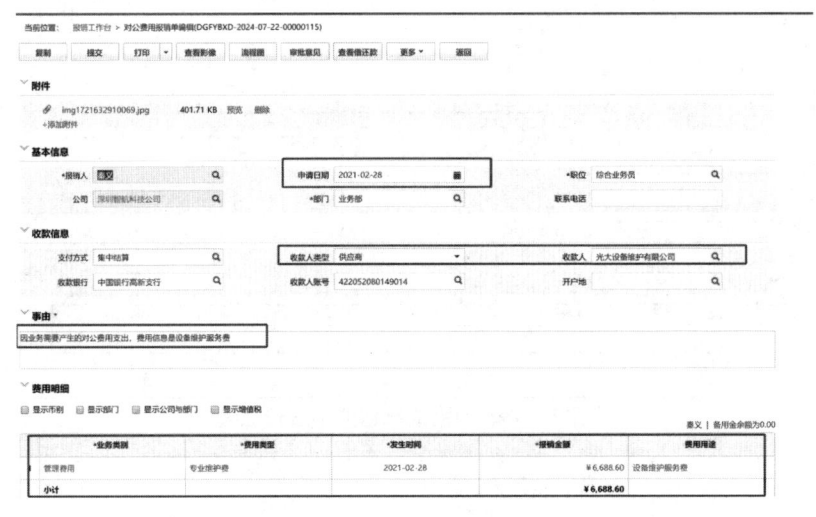

图5-195 检查单据的字段信息

案例任务七:(选)报销猎头招聘费

一、业务场景

2021年2月19日,根据猎头公司与本公司签订的招聘协议,招聘高级人员需付费1万元,该人员目前已入职,秦义获取猎头公司开具的招聘费发票,调用报销机器人填写对公费用报销单。

二、操作指导

进入智能财务规划教学平台，依次点击【报销机器人】—【报销智能处理】打开报销机器人智能处理界面，找到对应的题目，点击题干资源获取并保存原始票据图片，点击智能处理按钮，启动机器人自动进行报销处理，如图5–196所示。

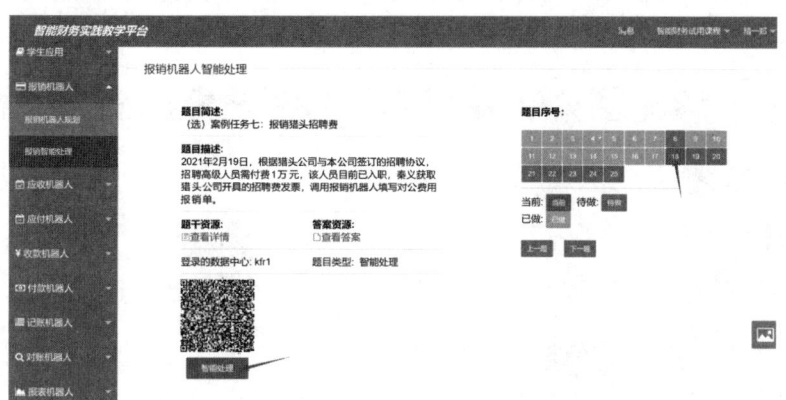

图5–196　报销智能处理进行报销处理

机器人执行成功后，可检查自动填写的单据的字段信息是否和预计的一致，如图5–197所示。

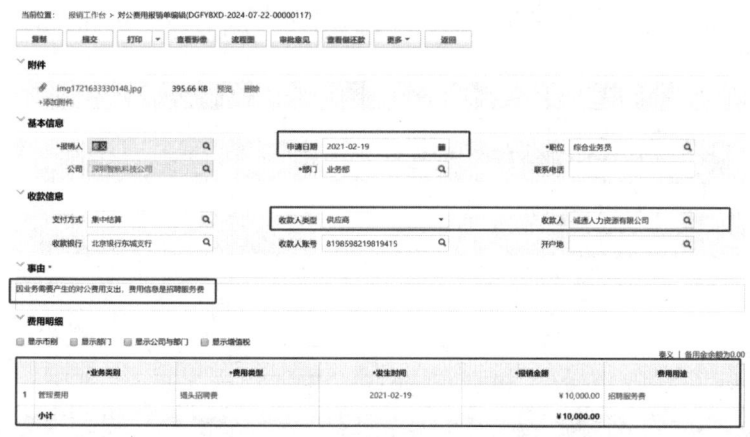

图5–197　检查单据的字段信息

案例任务八：（选）报销厂房水电费

一、业务场景

2021年2月28日，厂房电费共计6,789元，秦义根据供电局开具的发票，调用报销机器人填写对公费用报销单。

二、操作指导

进入智能财务规划教学平台，依次点击【报销机器人】—【报销智能处理】打开报销机器人智能处理界面，找到对应的题目，点击题干资源获取并保存原始票据图片，点击智能处理按钮，启动机器人自动进行报销处理，如图 5-198 所示。

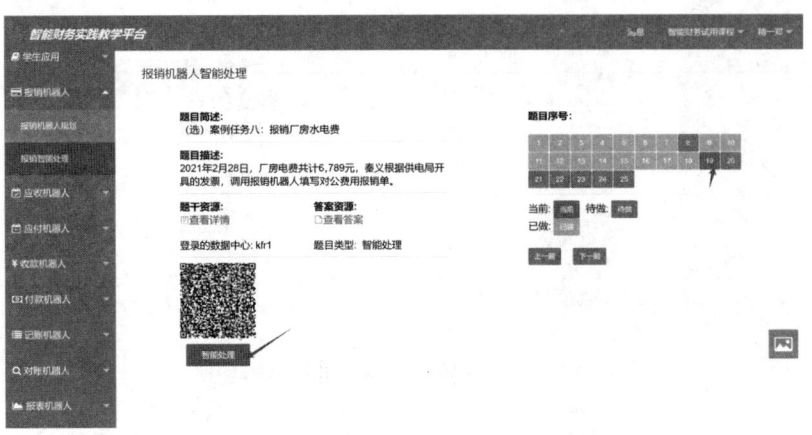

图 5-198　报销智能处理进行报销处理

机器人执行成功后，可检查自动填写的单据的字段信息是否和预计的一致，如图 5-199 所示。

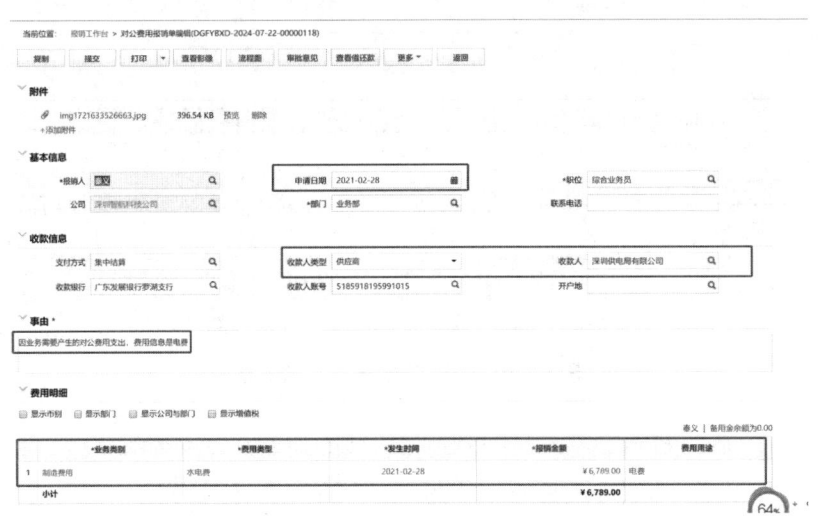

图 5-199　检查单据的字段信息

案例任务九：（应）对公费用报销单智能审核处理

一、业务场景

成本会计调用报销机器人完成本月对公费用报销单自动审核处理，成本会计关注不可自动审核的检查点。

二、操作指导

进入智能财务规划教学平台，依次点击【报销机器人】—【报销智能处理】打开报销机器人智能处理界面，找到对应的题目，启动机器人自动进行报销审核处理，同时，成本会计做最后的审核，确认判断是否审核通过，如图5-200所示。

图5-200　报销智能处理进行报销审核处理

机器人执行成功后，可将本月发生的对公费用报销单进行审核，如图5-201所示。

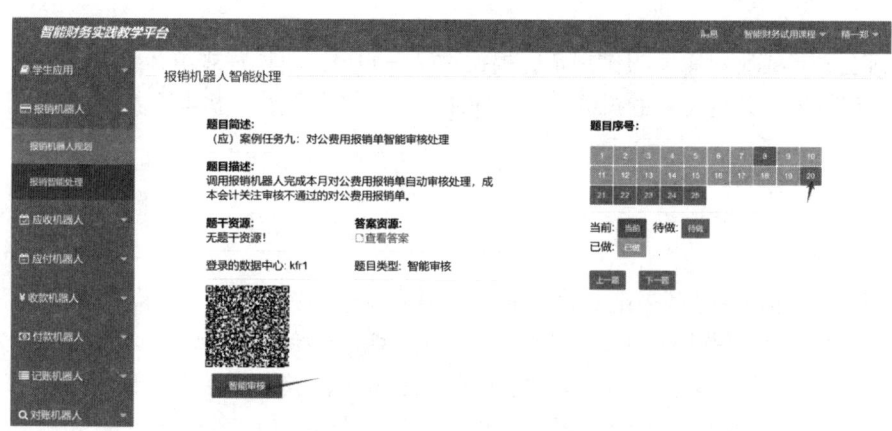

图5-201　审核本月发生的对公费用报销单

任务四：物品采购报销

案例任务一：（应）物品采购报销单填单规划设置

一、业务场景

物品采购报销单用于报销员工为公司统一采购礼品等费用，是一个公司报销业务、财务集成的表单。公司日常费用发生后，需要员工根据费用信息填写物品采购报销单，因为对公司报销规范理解不到位，经常出现填错的情况，占用了员工大量的时间，员工希望通过智能财务的规划设置将该部分工作交由智能财务机器人来完成。

二、任务要求

梳理公司员工物品采购报销规定，根据物品采购报销单填写规范，设置物品采购报销单自动填单规划，并将完成的机器人规划应用到真实业务中验证机器人执行的正确性。

三、任务解析

思考问题：

1. 根据企业费用管理规范，谁负责填写物品采购报销单？对应岗位负责人根据什么原始票据信息填写费用报销单？当出现多种类型的原始票据时以什么票据信息为准？

2. 在填写物品采购报销单的时候有哪些必填字段是打开界面就已经填写的？这些字段是否有需要在填写的时候做修改的？修改的依据是什么？

3. 在填写物品采购报销单的时候哪些必填字段是空白需要填写的？这些空白的必填字段填写的依据和规范是什么样的？

标准答案：

1. 公司物品采购报销单填单人是员工，本案例中填单人就是员工秦义，报销用到的原始票据主要是增值税普通发票、增值税专用发票，当出现多张票据时，每张票据都要作为报销明细项目，同时以开票日期最晚的票据作为单据头填写的依据。

2. 物品采购报销单新增界面打开后默认已经填写字段报销人、申请日期、职位、部门4个字段，这些字段中申请日期要根据原始票据调整。

3. 填写物品报销单的时候，还有事由、业务类型、费用类型、发生时间、报销金额这些必填字段需要填写，填写的时候要求事由体现原始票据的内容，费用类型要体现业务报销场景。

四、实验数据

根据任务解析可得到实验数据，如表5-63和表5-64所示。

表 5-63　　　　物品采购报销单规划——整体规划

多张票据	单据头信息以开票日期最晚为准
制单人	qy 序号
人工核对	启用

表 5-64　　　　物品采购报销单规划——增值税普通发票

申请日期	${增值税发票.开票日期}+3
收款人类型	'其他'
收款人	'秦义'
事由	'员工垫付物品采购报销：' + ${增值税发票.货物或应税劳务名称}
采购物品	${增值税发票.货物或应税劳务名称}
费用类型	'礼品费'
发生时间	${增值税发票.开票日期}
不含税单价	${增值税发票.单价}
数量	${增值税发票.数量}
开票日期	${增值税发票.开票日期}
税率	${增值税发票.税率} - '%'

五、操作指导

进入智能财务规划教学平台，依次点击【报销机器人】—【报销机器人规划】打开报销机器人规划界面，在该界面可以查看建议的规划要求。根据企业业务情况设置物品采购报销单填单规则，填写完成后点击保存设置，完成规划的设置，如图 5-202 所示。

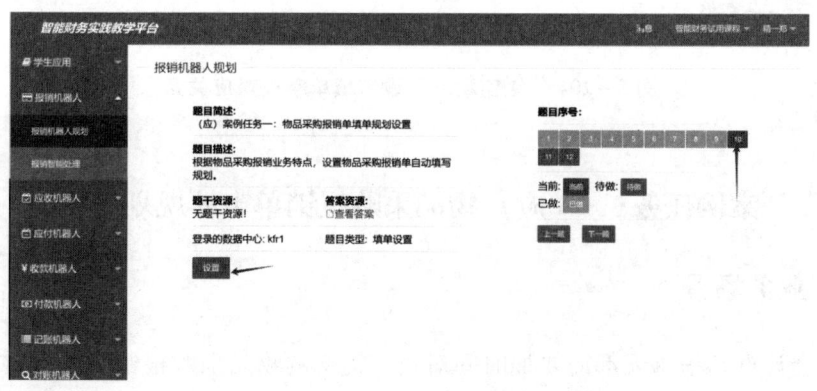

图 5-202　设置物品采购报销单填单规则

点击设置，进入机器人规划界面，根据分析得到的规划设置要求进行规划设置，先完成整体设置要求，如图 5-203 所示。

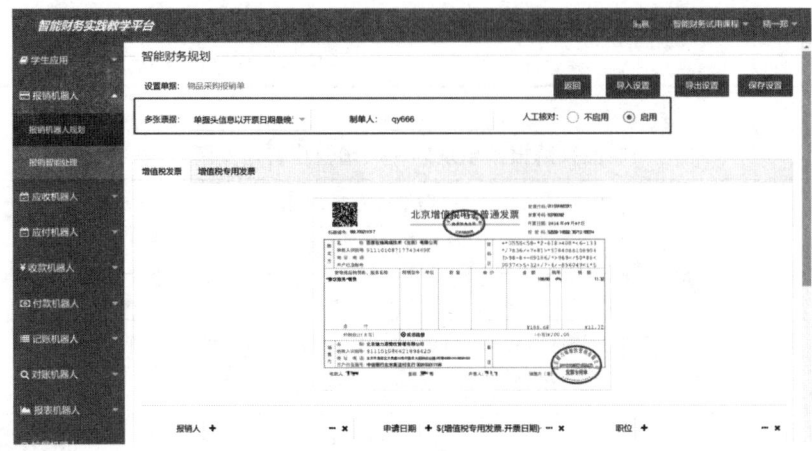

图 5-203　完成整体设置要求

点击增值税发票，按实验数据设置填单字段对应关系。针对字段对应关系是一对一的字段，点击字段前面的"+"进入设置，如图 5-204 所示。

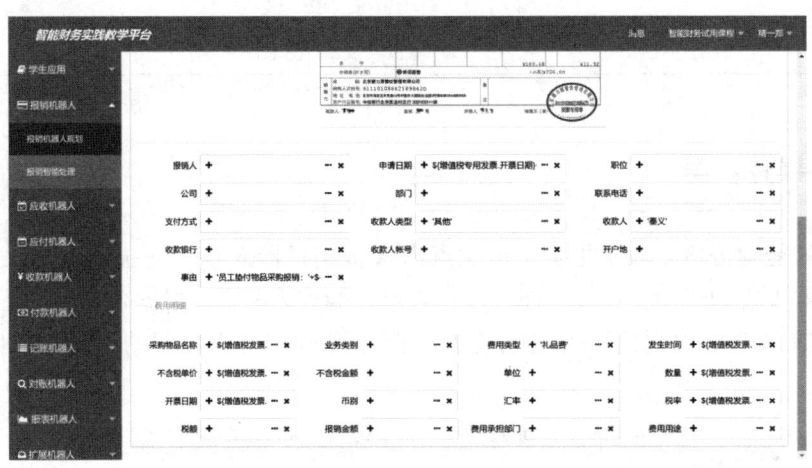

图 5-204　增值税发票设置填单字段对应关系

案例任务二：（应）物品采购报销单审核规划设置

一、业务场景

成本会计肖利华每天都需要抽时间对员工提交的物品采购报销单进行审核，审核的重点是发票抬头、发票真伪等情况，工作量大，导致肖利华没有时间做其他的成本管控，他希望通过智能财务的规划设置将该部分工作交由智能财务机器人来完成。

二、实验步骤

进入智能财务规划教学平台设置物品采购报销单审核规划。

三、实验数据

物品采购报销单审核规划如表 5-65 所示。

表 5-65　　　　　　　　　　物品采购报销单审核规划

校验点名称	校验要求
审核人	xlh 序号
人工参与	开启
发票抬头检查	执行方式：执行规则 执行规则：增值税发票．购买方名称为深圳智航科技公司 检查点执行：不通过继续检查
发票验真校验	执行方式：执行类 执行类：发票真伪验证 检查点执行：不通过继续检查
费用类型校验	执行方式：执行规则 执行规则：费用类型为礼品费
报销金额校验	执行方式：执行类 执行类：发票总金额和单据上业务发生的总金额一致 检查点执行：不通过继续检查

四、操作指导

进入智能财务规划教学平台，依次点击【报销机器人】—【报销机器人规划】打开报销机器人规划界面，在该界面可以查看建议的规划要求。根据企业业务情况设置审核规则，如图 5-205 所示。

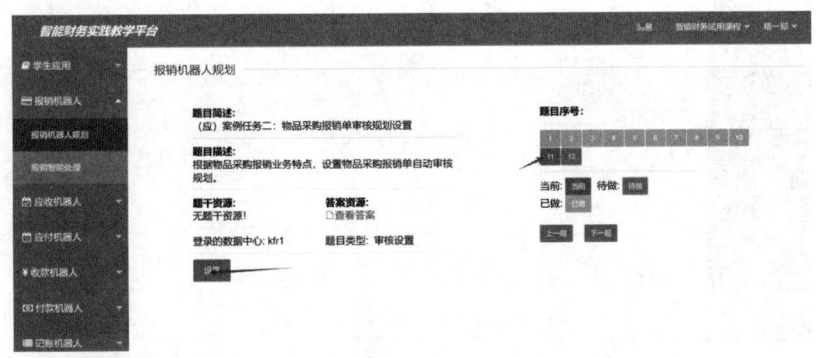

图 5-205　查看规划要求并设置审核规则

点击设置，按实验数据设置审核人和人工参与方式，如图5－206所示。

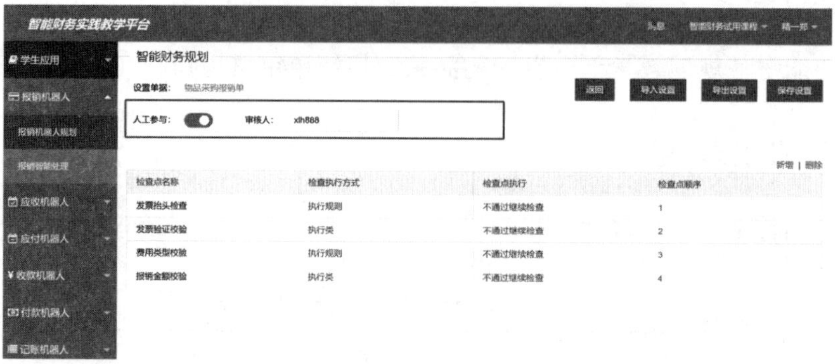

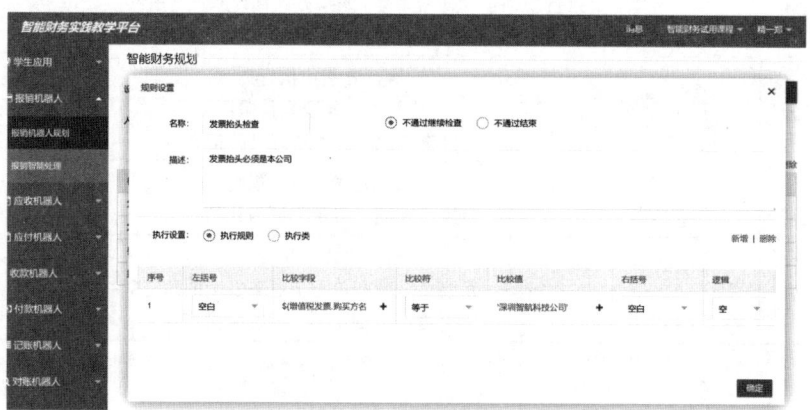

图5－206　设置审核人和人工参与方式

发票抬头检查校验点设置如图5－207所示。

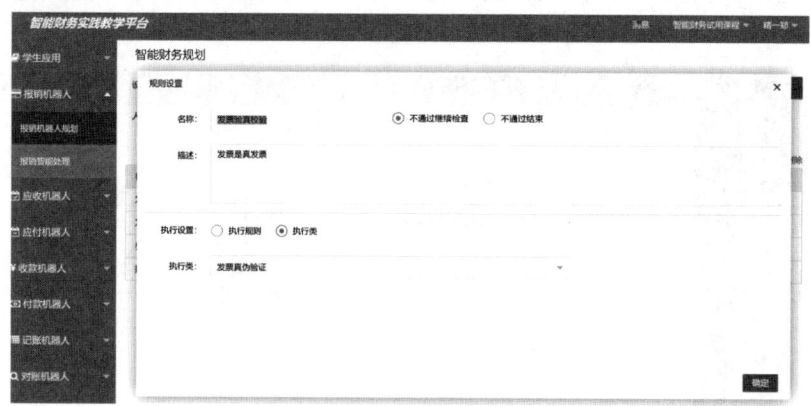

图5－207　发票抬头检查校验点设置

发票验真校验点设置如图5－208所示。

图5－208　发票验真校验点设置

费用类型校验点设置如图 5-209 所示。

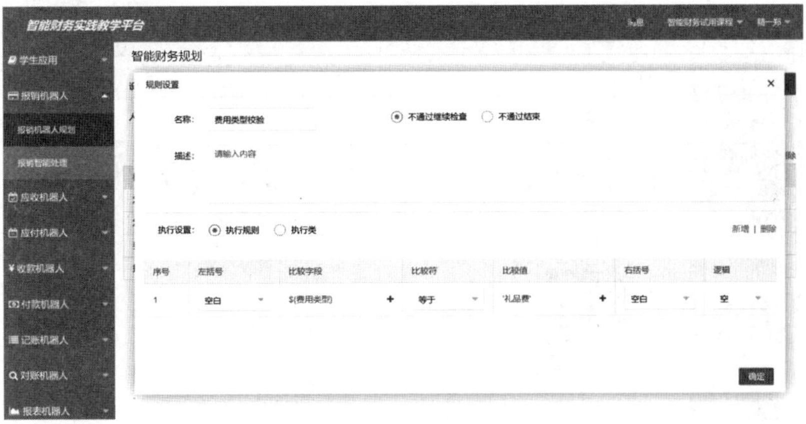

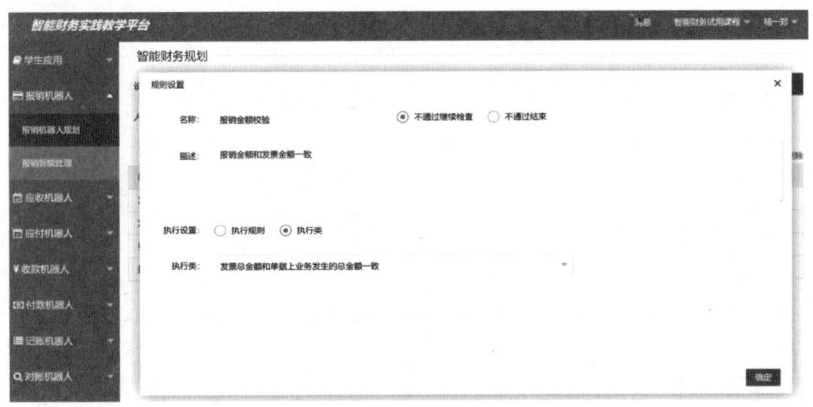

图 5-209　费用类型校验点设置

报销金额校验点设置如图 5-210 所示。

图 5-210　报销金额校验点设置

案例任务三：（应）员工报销购买的部门活动礼品

一、业务场景

2021 年 2 月 17 日，秦义在京东上购买了 10 个充电宝作为部门活动奖励礼品，调用报销机器人填写物品采购报销单。

二、操作指导

进入智能财务规划教学平台，依次点击【报销机器人】—【报销智能处理】打开报销机器人智能处理界面，找到对应的题目，点击题干资源获取并保存原始票据图片，点击智能处理按钮，启动机器人自动进行报销处理，如图 5-211 所示。

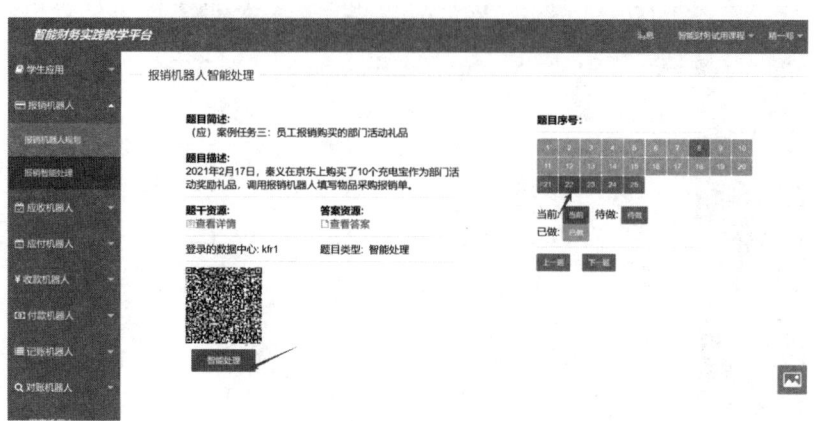

图 5-211　报销智能处理并进行报销处理

机器人执行成功后，可检查自动填写的单据的字段信息是否和预计的一致，如图 5-212 所示。

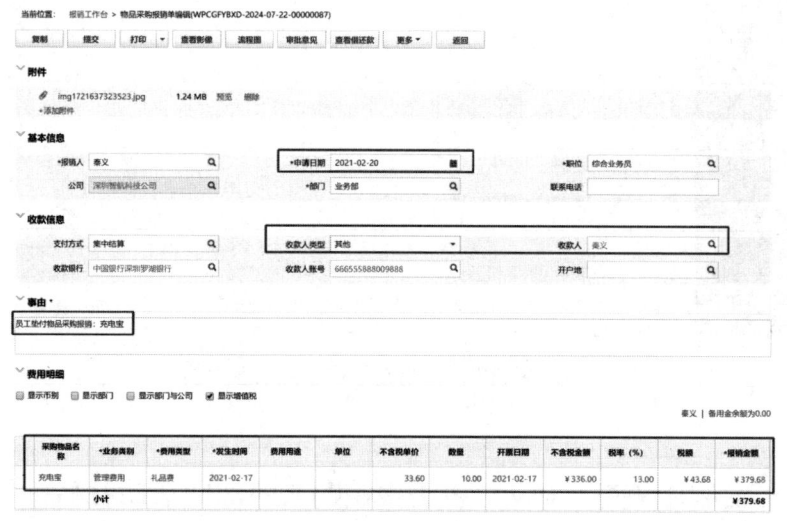

图 5-212　检查单据的字段信息

案例任务四：（选）员工报销购买的部门优秀员工奖品

一、业务场景

2021 年 2 月 18 日，秦义在京东上购买了 5 个扫地机器人作为部门优秀员工的奖品，调用报销机器人填写物品采购报销单。

二、操作指导

进入智能财务规划教学平台，依次点击【报销机器人】—【报销智能处理】打开报销机器人智能处理界面，找到对应的题目，点击题干资源获取并保存原始票据图片，点击智能处理按钮，启动机器人自动进行报销处理，如图 5-213 所示。

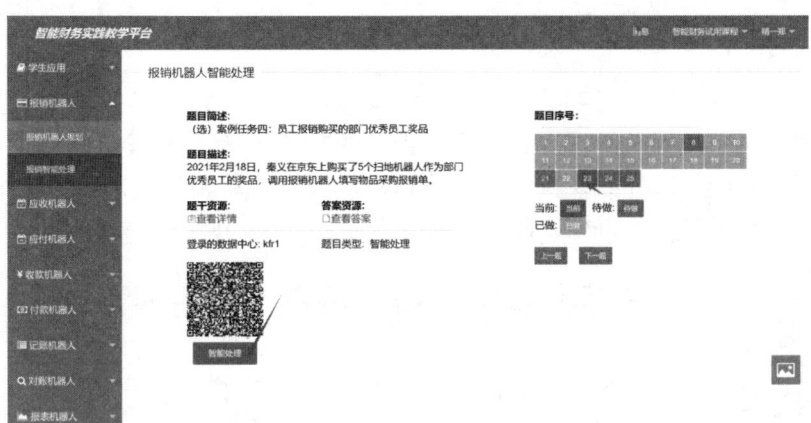

图 5-213　报销智能处理并进行报销处理

机器人执行成功后，可检查自动填写的单据的字段信息是否和预计的一致，如图 5-214 所示。

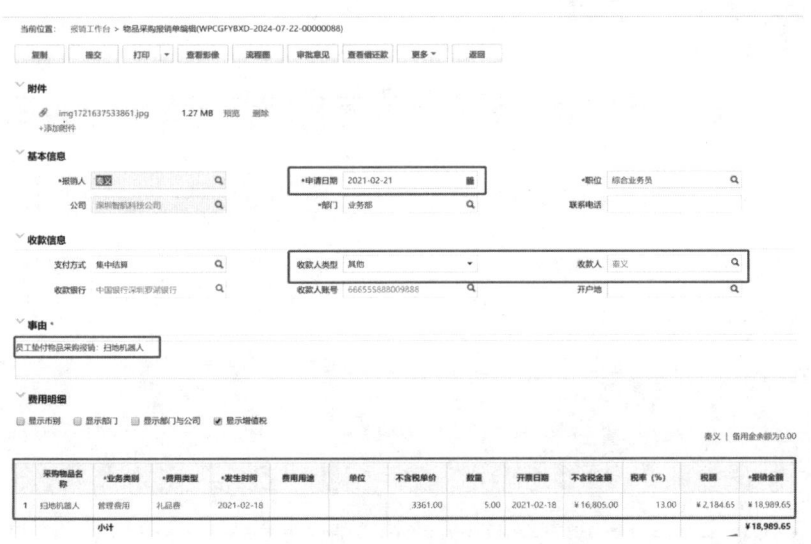

图 5-214　检查单据的字段信息

案例任务五：（应）物品采购报销单智能审核处理

一、业务场景

成本会计调用报销机器人完成本月物品采购报销单自动审核处理，成本会计关注不可自动审核的检查点。

二、操作指导

进入智能财务规划教学平台，依次点击【报销机器人】—【报销智能处理】打开报销机器人智能处理界面，找到对应的题目，启动机器人自动进行报销审核处理，同时，成本会计做最后的审核，确认判断是否通过审核，如图 5-215 所示。

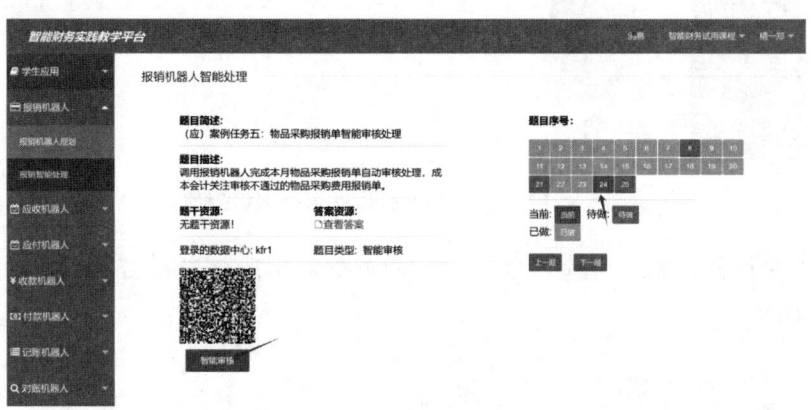

图 5-215　报销智能处理并进行报销审核处理

第六章　RPA 财务机器人设计与开发

【学习目标】

知识目标

（1）掌握 RPA 技术的基本原理及其在财务领域的应用，了解 RPA 财务机器人的基本概念、架构及工作流程。

（2）深入理解财务业务流程，包括应收、应付、费用报销及收付款等核心环节，为后续 RPA 财务机器人的设计与开发提供坚实的业务知识基础。

能力目标

（1）具备设计并开发 RPA 财务机器人的能力，能够根据企业实际需求，定制化开发高效的财务自动化流程。

（2）能够解决 RPA 财务机器人在实际运行过程中遇到的问题，进行优化和维护，确保系统的稳定运行和持续优化。

【课程导读】

RPA 财务机器人设计与开发课程，旨在引领学生深入探索财务领域的数字化转型之路。随着科技的飞速发展，RPA 技术已经成为企业财务管理中不可或缺的一部分，它能够帮助企业实现财务流程的自动化处理，提高工作效率，减少人为错误，并为企业决策提供更为准确、及时的数据支持。

本章全面介绍 RPA 财务机器人的基本概念、原理以及设计与开发流程。学生能够学习如何根据企业的实际需求，分析并确定需要自动化的财务流程，进而设计并开发出符合企业要求的 RPA 财务机器人。

在学习过程中，学生可以深入了解 RPA 技术的核心组件和关键技术，掌握 RPA 财务机器人的开发环境和工具，以及如何进行机器人的配置、调试和优化。同时，课程还将结合丰富的实战案例，让学生亲身体验 RPA 财务机器人在对账等财务场景中的应用，从而加深对 RPA 技术的理解和应用能力。

RPA 又可以称为数字化劳动力（Digital Labor），是一种新兴的智能程序软件工具。它是指在不影响现有的 IT 设施基础上，通过模拟并增强人类与计算机的交互过程，融合现有的 AI 技术，实现工作流程的自动化处理工具，如图 6-1 所示。

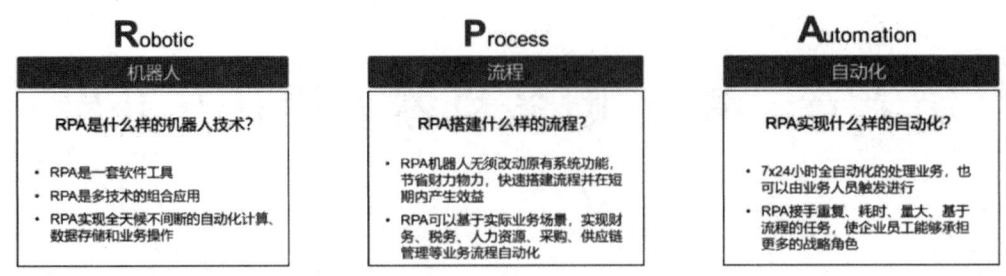

图 6-1　RPA 简介

RPA 的核心是通过自动化、智能化技术来"替代人"进行重复性、低价值、无须人工决策等固定性流程化操作,从而有效提升工作效率,减少错误。RPA 的特征如图 6-2 所示。

图 6-2　RPA 的特征

第一节　RPA 机器人设计器安装

深圳智航科技公司在启用智能 ERP 软件 EAS 进行管理后,有效地提高了财务工作的规范性和合规性,同时,财务人员在使用过程中拓展了思路,发现工作中还有很多高重复、低价值的任务,因为和公司内部流程相关,很难直接采购市面上已有的标准软件来进行智能化处理,财务人员内部讨论后决定通过 RPA 财务机器人来提高这部分工作的效率。通过多方面了解,公司选择了国内第一家从事 RPA 研究的厂商艺赛旗开发的 IS-RPA 机器人设计器来开发公司需要的 RPA 财务机器人。

案例任务：（必）RPA 设计器安装及登录

一、任务要求

公司选择 IS-RPA 机器人设计器来开发公司需要的 RPA 财务机器人，因此需要先安装 IS-RPA 机器人设计器。

二、实验数据

IS-RPA 2022.2.1 设计器安装包。

三、操作指导

双击安装包的 exe 可执行文件，安装前阅读并同意"服务协议"，选择自定义安装，如图 6-3 所示。

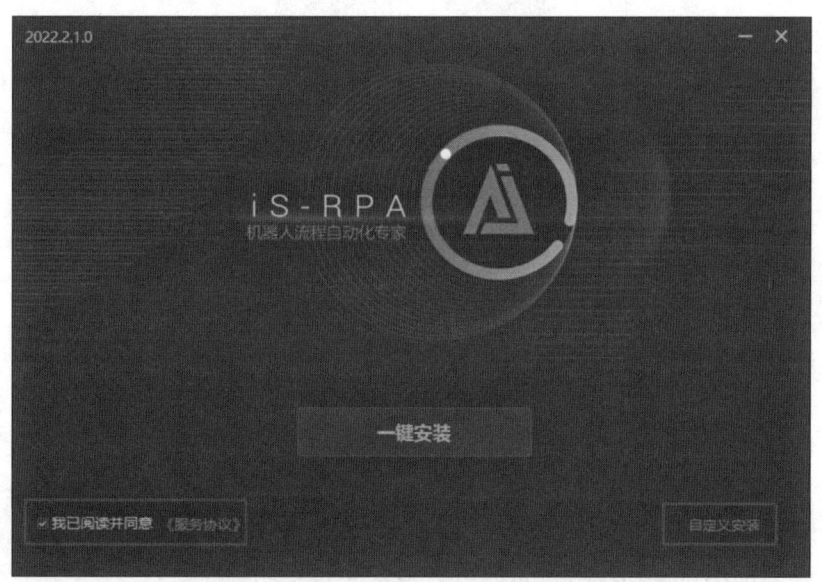

图 6-3　双击安装包执行文件并自定义安装

在自定义安装界面，只勾选设计器，选择好安装的路径，然后点击立即安装，如图 6-4 所示。

安装过程中会检测电脑 vc 环境，并将缺少的环境组件一并安装，直至安装成功，安装完成后，会在桌面上生成快捷方式图标，双击即可运行使用，如图 6-5 所示。

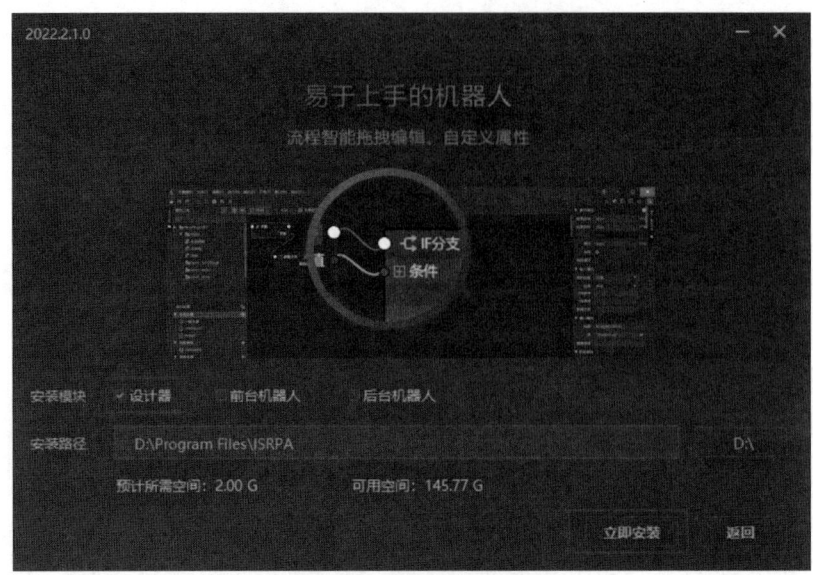

图 6-4　选择安装路径

图 6-5　生成快捷方式图标

安装注意事项：

（1）操作系统不能低于 Win7 SP1 版本，支持 Windows Server；安装时以管理员身份进行运行。

（2）安装包文件所存放的路径中不要含中文目录，且安装目标文件路径中不要含中文目录。

（3）安装前尽量关闭所有杀毒软件，避免干扰安装程序。

（4）安装过程中会检测电脑 vc 环境，并将缺少的环境组件一并安装，直至安装成功，安装完成后，会在桌面上生成快捷方式图标，双击即可运行使用。

第二节　RPA 设计器基础应用

一、IS – RPA 设计器界面介绍

1. 欢迎界面。

双击桌面 IS – RPA 设计器，进入设计器主界面。系统首先会弹出"欢迎使用 IS – RPA Studio"窗口，该窗口包含历史工程、版本信息、工程操作。

历史工程：展示最近打开的工程；可双击工程在设计器中直接打开该工程；支持键盘上下方向键选中，Enter 键打开该工程，Esc 退出此欢迎界面。

版本信息：展示设计器名称信息和版本信息等。

工程操作：新建工程及打开工程。点击新建工程按钮会跳转到新建工程界面。填写好工程信息后点击创建将创建一个新工程；点击取消将返回至欢迎界面；点击打开按钮会弹出工程文件选择框，选中文件后可在设计器直接打开该工程。

IS – RPA 设计器界面如图 6 – 6 所示。

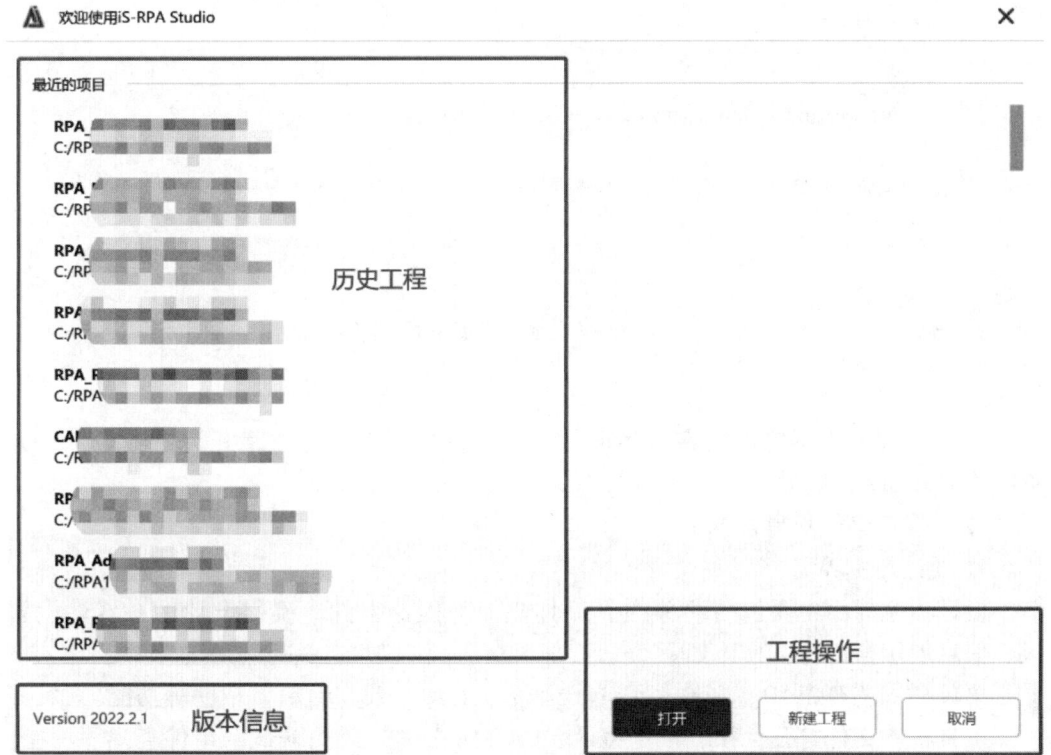

图 6 – 6　IS – RPA 设计器界面

2. 新建工程界面。

点击欢迎界面【新建工程】按钮，跳转到新建工程界面。填写工程名称、保存路径，默认选择"空白工程"模板，点击【创建】按钮创建一个新工程；点击取消将返回至欢迎界面。

新建工程界面如图 6-7 所示。

图 6-7　新建工程界面

注意：

（1）工程名称可使用数字、字母、下划线，且不得为纯数字开头或纯数字，并不能为 Python 关键字。

（2）保存路径不得含有中文。

3. 设计器主界面。

设计器主界面主要包括菜单栏、工具栏、工程及组件、流程设计区、属性设置区、信息展示窗口等，具体如下。

菜单栏：艺赛旗 ID、文件、编译、运行、工具、Git、窗口、帮助等功能。

工具栏：文件打开保存、预览编译、Git 版本管理、运行调试及组件查找等功能。

工程及组件：点击"工程"按钮用于显示该工程下的所有流程和变量信息，点击"组件"按钮显示所有组件，点击"我的工程"可将其隐藏。

流程设计区：采用面板及拖拽式的设计方式。

属性设置区：用于显示和设置组件属性，点击"属性"按钮可将其隐藏。

信息展示窗口：用于展示工程的编译运行状态及信息，点击"控制台"可以隐藏信息窗口同时放大流程设计区。

设计器主界面如图 6 – 8 所示。

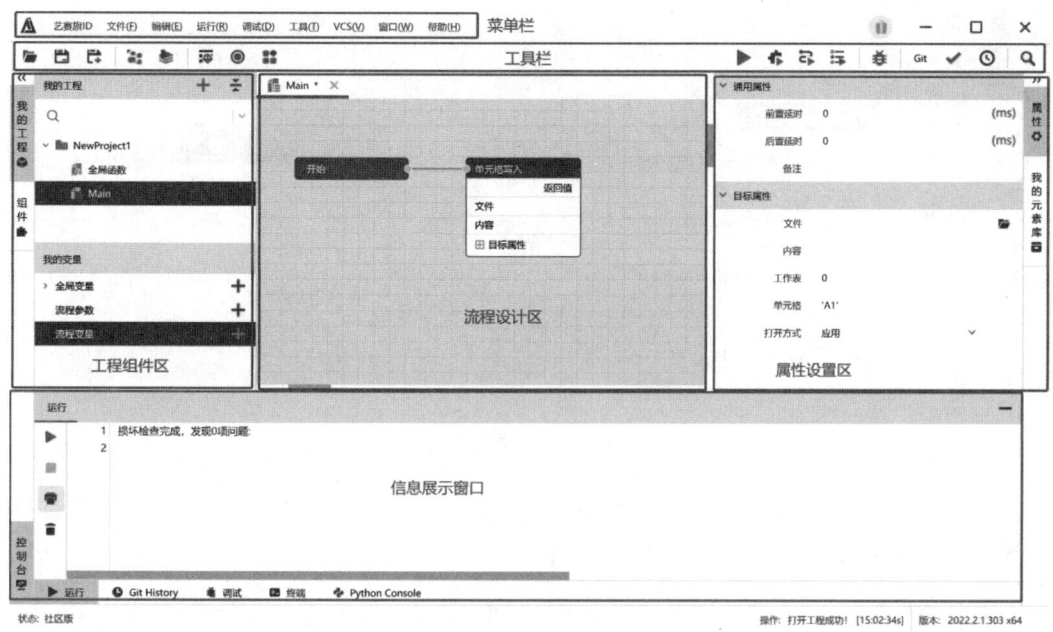

图 6 – 8　设计器主界面

二、IS – RPA 设计器功能介绍

1. 工具栏功能介绍。

为了方便用户操作，IS – RPA 设计器将工具栏图标放置于屏幕左右两侧，如图 6 – 9 所示，左侧包括文件打开、保存、全部保存和预览、编译等功能，右侧包括运行模式选择、Git 版本管理和组件搜索等功能，可将鼠标光标停留在工具栏按钮上跳出文字说明。

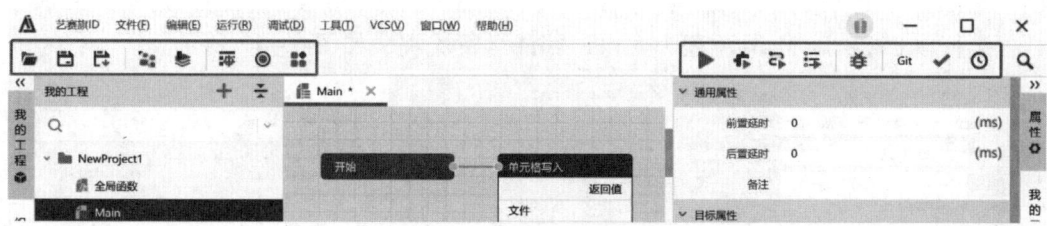

图 6 – 9　工具栏功能介绍

预览组件：点击预览组件，可将所有流程全部展示于画布可见范围，如图 6–10 所示。

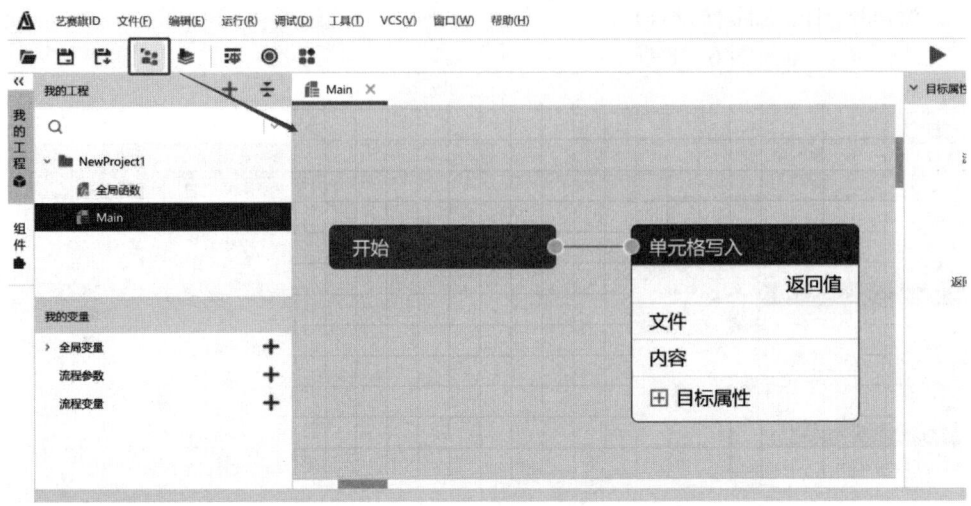

图 6–10　预览组件

编译：对当前工程进行编译，编译后生成 python 代码。需要注意的是，没有进行连线关联的步骤，是不会生成编译代码的，如图 6–11 所示。

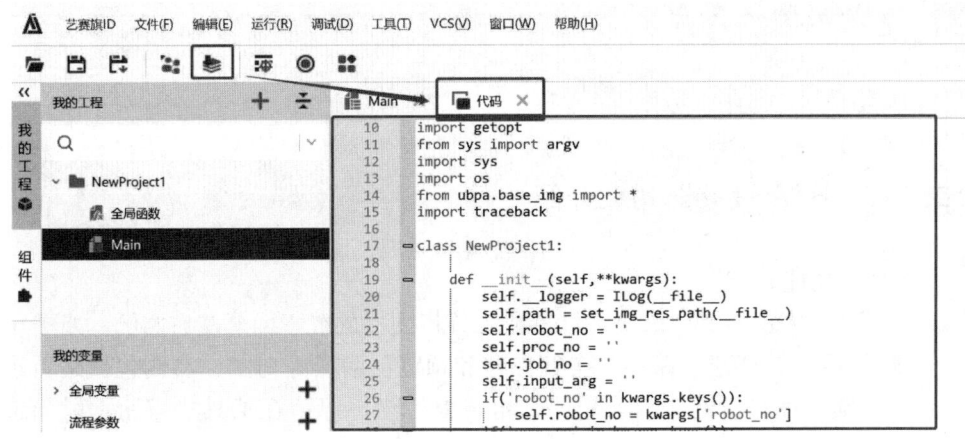

图 6–11　编译生成代码界面

运行（F5）：以 Main 流程为入口，编译运行流程，如图 6–12 所示。

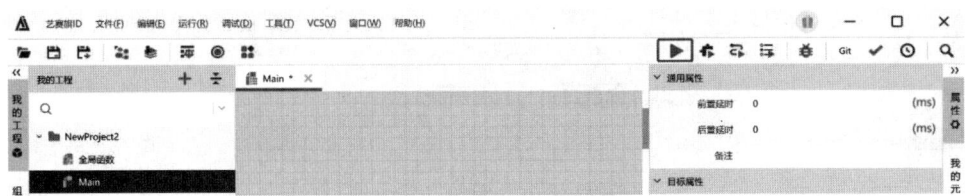

图 6–12　编译运行流程界面

只运行此组件（F8）：仅运行当前选择的组件，如图 6-13 所示。

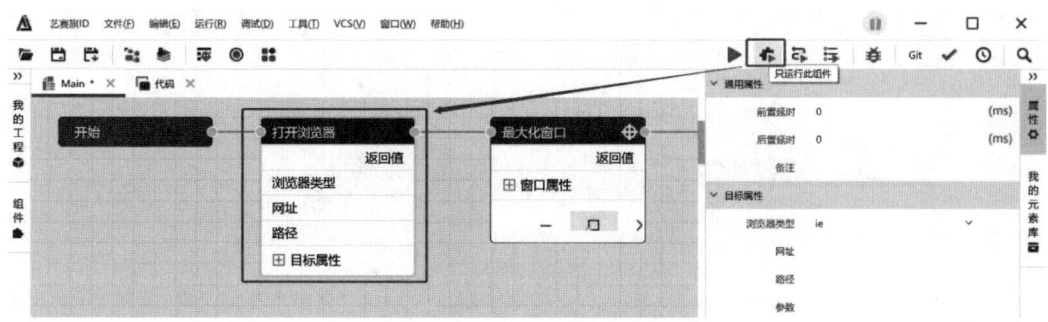

图 6-13　只运行此组件界面

从当前步骤运行（F7）：将当前流程所选的组件作为开始运行的入口，向后执行步骤流程。例如图 6-14 从已选择的 Main 组件作为开始运行的入口。

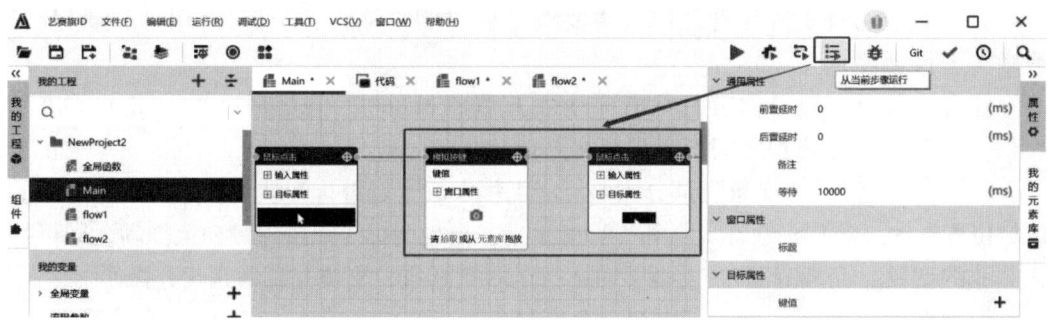

图 6-14　运行步骤流程

运行模式也可以通过点击菜单栏【运行】按钮进行模式选择或选中组件后点击鼠标右键进行选择，如图 6-15 所示。

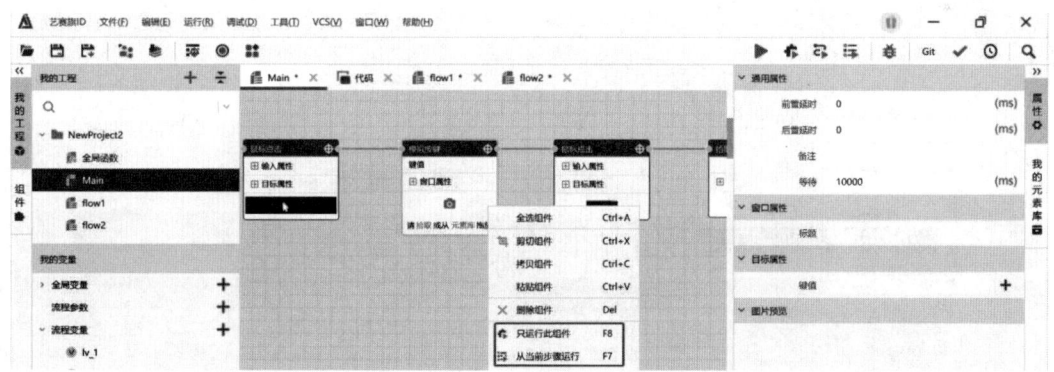

图 6-15　其他运行模式

2. 工程及组件。

"工程"和"组件"界面如图 6-16 所示。

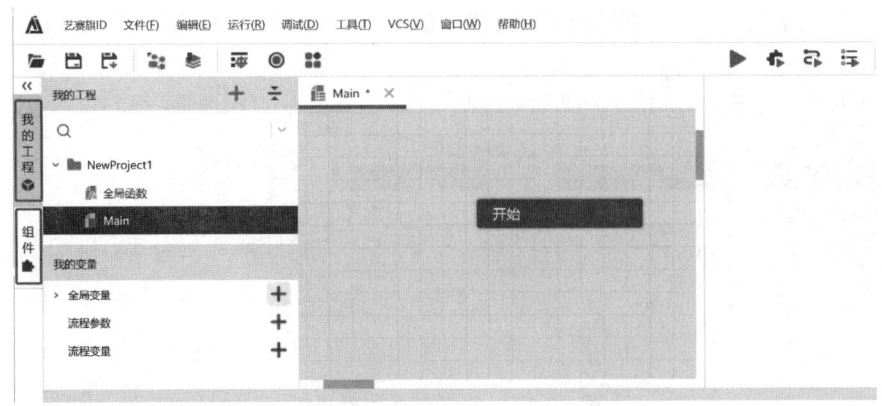

图 6-16 "工程"和"组件"界面

工程：主要功能为工程内流程管理和变量管理。

（1）流程管理。流程管理部分主要对工程中的主流程、子流程、业务导图及工程版本进行管理。

注意：每个工程必须有且只有一个主流程（Main），但是可以添加多个子流程（名称自定义），且流程之间可以进行相互调用。

（2）变量管理。"变量"部分主要对于工程中的变量进行管理和设置，支持变量的区域位置拖动（将鼠标放在变量和工程交界处，出现图标，点击左键向上拖动，即可扩大"我的变量"面板范围），支持手动拖拉至右侧画布，支持变量增删改查操作。

增加变量：点击"+"可增加一个变量。

删除变量：选中变量点击"Backspace"即可删除变量，并且可通过进度条查看删除进度。如果该变量没有被组件引用，则直接删除；如果该变量被组件引用则提示确认信息，以免误删。

变量管理界面如图 6-17 所示。

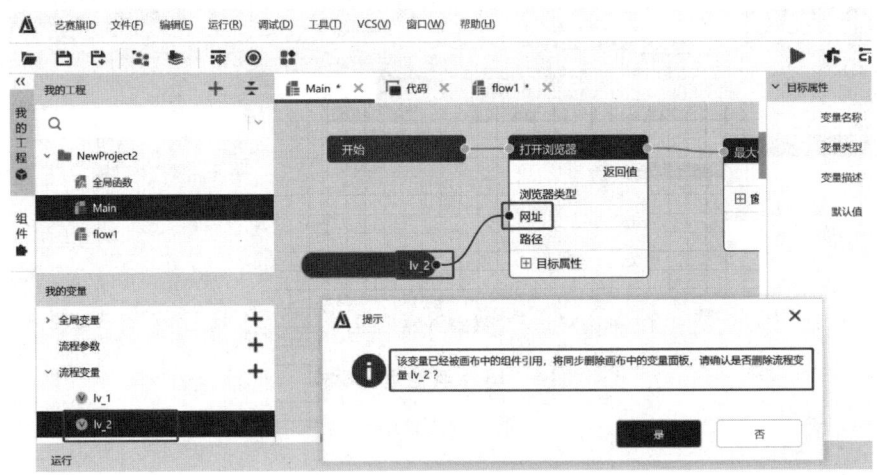

图 6-17 变量管理界面

组件：点击组件按钮，在搜索框可搜索组件，同时支持模糊搜索；点击"三角图标"可以查看下级组件。

组件界面如图 6-18 所示。

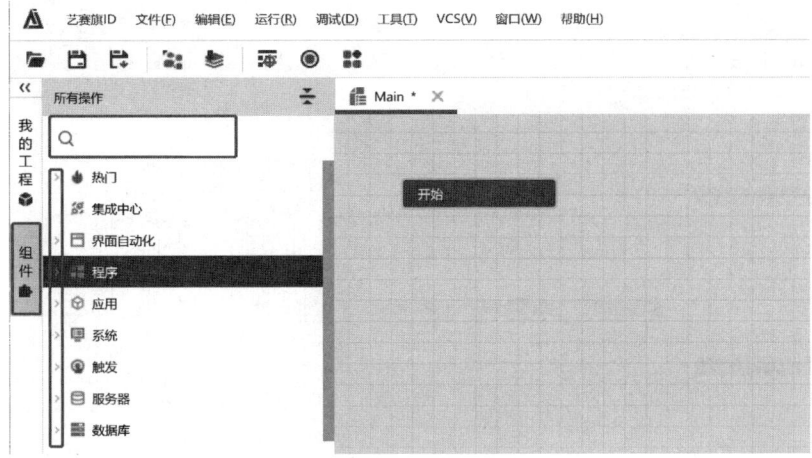

图 6-18　组件界面

三、IS-RPA 设计器基本组件应用

1. 新增组件。

点击设计器主界面【组件】按钮，可查看所有内置组件。如图 6-19 所示，如流程需新增组件，可双击组件名称，可选中组件后拖拽到流程设计区，也可左键点击上一组件后方的【连接点】，向后拖拽，松开鼠标，弹出组件选择浮框，输入组件关键字，点击选择即可为流程增加组件。

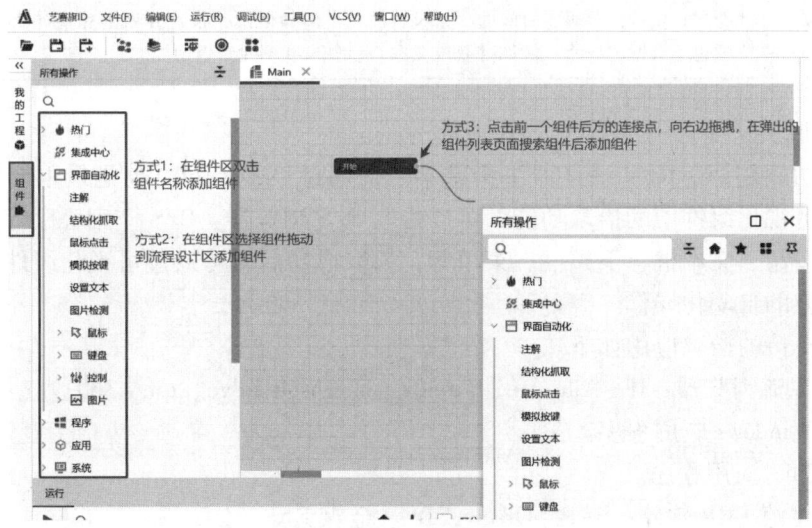

图 6-19　新增组件界面

2. 通用属性。

通用属性是组件一般都具有的参数属性，添加组件后，可以根据需求灵活设置通用属性，通用属性的设置在组件属性设置的最上方，如图 6-20 所示。

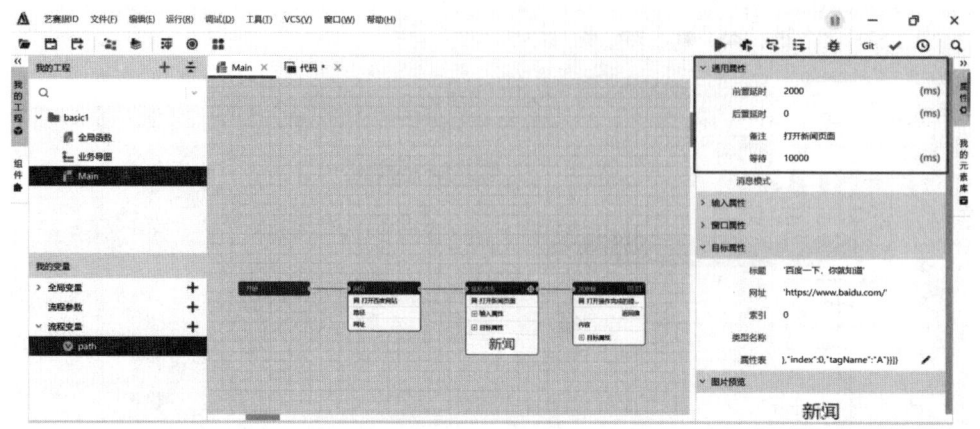

图 6-20 通用属性界面

通用属性参数的设置说明如表 6-1 所示。

表 6-1　　　　　　　　　　　设置属性参数

参数名称	参数设置说明
前置延时	用以设置组件功能执行之前等待的时间，单位为 ms
后置延时	用以设置组件功能执行后等待的时间，单位为 ms
备注	可对组件进行备注说明，易于理解，方便查找定位
等待	用以设置组件功能执行的时间。在这段时间内，组件功能会一直重复执行，直至执行成功，才会停止执行；若等待时间内均未执行成功，组件便停止执行并抛出异常（个别组件执行失败也不会抛出异常，例如【获取文本】组件未找到元素返回为空）

3. 拾取。

拾取功能是 IS-RPA 设计器中最基本、使用量最多，同时也是最重要的功能之一，通过可视化组件中的拾取功能，可以拾取 B/S 浏览器、C/S 应用程序等界面中的元素，如按钮、文本框、下拉框、菜单等，拾取成功后即可通过可视化组件对界面元素进行相应的自动化操作。

目前支持的拾取应用如下。

（1）主流浏览器：IE、Chrome、Firefox、Microsoft Edge、qihoo360。

（2）Windows 应用程序。

（3）Java 应用程序。

（4）主流 ERP 软件：SAP、Oracle EBS、金蝶 EAS。

（5）其他：微信。

拾取功能的基本原理如下。

(1) 拾取原理：拾取目标控件，获取该控件对应的窗口标题、窗口属性、控件属性、控件位置、控件路径等参数属性。

(2) 执行原理：先根据拾取所获取到的参数属性，找到对应的控件，进而执行相应的操作行为。

以【鼠标点击】组件为例，讲解如何使用拾取功能，鼠标点击的功能原理为模拟真实的鼠标点击事件。因此，需对所需点击的事件进行定位，才能保证机器人自动执行流程时能准确执行点击任务。而拾取功能就是协助定位的重要工具。

如图 6-21 所示，点击【鼠标点击】组件右上角的【拾取】按钮⊕，点击拾取后，设计器首先会最小化，并切回上一次操作的应用程序界面（如百度网站）。

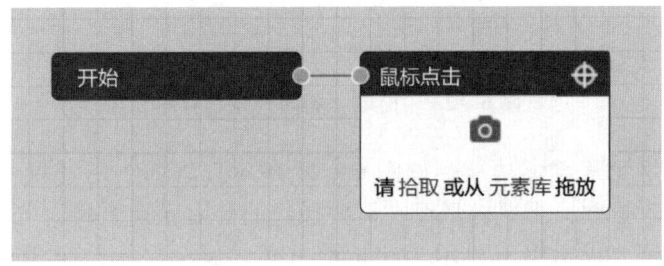

图 6-21　拾取功能界面

界面切换到百度网站后，当鼠标在界面移动时即会出现蓝色拾取框，将鼠标悬浮在需要操作的界面元素上，出现蓝色框后，在蓝框中点击"鼠标左键"，即完成拾取。以拾取新闻为例，将拾取的指标点击"新闻"，如图 6-22 所示。

图 6-22　完成拾取界面

拾取完成后，自动切换回设计器界面，可视化组件的右侧即显示有关该控件的一系列属性。出现这些属性即代表拾取成功。以"新闻"为例，拾取成功后，【鼠标点击】组件的目标属性会出现"新闻"的小截图，如图 6-23 所示。

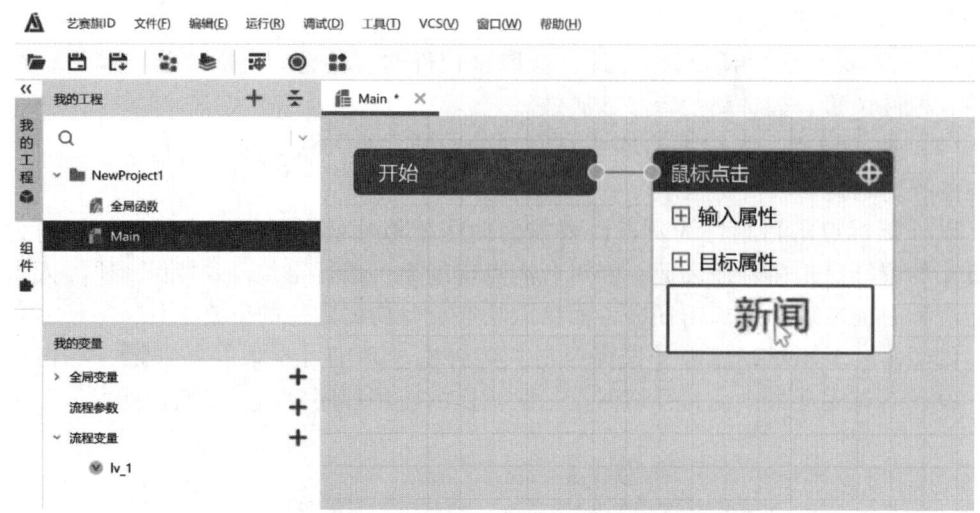

图 6-23　拾取"新闻"成功界面

拾取功能自带元素定位功能,如图 6-24 所示。例如,用【鼠标点击】组件的拾取功能进行元素拾取,当鼠标悬浮在需要操作的界面元素上时,可以看到屏幕界面有一个悬浮提示框,提示框上显示当前拾取方式、鼠标坐标位置等信息。一般情况下,拾取器会自动识别拾取控件所在的应用或系统类型,如有不准确可通过快捷键 F4 手动切换拾取模式。

图 6-24　元素定位功能界面

常用拾取方式使用说明如表 6-2 所示。

表 6-2　拾取方式使用说明

拾取方式(切换快捷键)	使用说明
CS 拾取 (F4)	CS 拾取过程中,只拾取 CS 程序,可适用于大部分基于 Win32 Control 设计开发的客户端软件的拾取
UIA 拾取 (F4)	进行粒度化拾取,使拾取更细化

续表

拾取方式（切换快捷键）	使用说明
Chrome 拾取（F4）	对 Chrome 浏览器内元素进行拾取，需要加载插件，如果插件加载不成功就无法拾取
Firefox 拾取（F4）	对 Firefox 浏览器内元素进行拾取
Edge 拾取（F4）	对 Edge 浏览器内元素进行拾取
IE 拾取（F4）	对 IE 浏览器内元素进行拾取
360 拾取（F4）	对 360 浏览器内元素进行拾取
JAVA 拾取（F4）	JAVA 拾取方式过程中，只拾取 JAVA 程序
图片拾取（F5）	截取目标控件的图片，拾取过程中，当鼠标变为截图标志时，进行拖选截图即可；受分辨率、缩放等影响，控件任何微小的变化都会导致图片点击无法点击

4. 基础组件应用。

RPA 机器人流程中常用的基础组件包括网站、鼠标点击、模拟按键、设置文本、读取 Excel、单元格写入、IF 分支等，部分常用组件功能特性如下。

网站：自动在浏览器中打开指定网站。

最大化窗口：如窗口显示尺寸和设计时不一致，可使用该组件进行窗口进行最大化的操作。

鼠标点击：模拟真实的鼠标点击事件。

模拟按键：模拟真实的键盘敲击事件来完成按键输入。

设置文本：用于对可拾取到的输入控件进行设置文本内容的操作。

读取 Excel：读取指定表格文件中的数据，并将读取到的内容进行返回。

单元格写入：用于对 Excel 文件指定某一个单元格进行数据写入的操作。

创建 Excel：自动创建一个表格文件，默认为 .xlsx 格式。

消息框：弹出消息框。

Zip 解压：对压缩文件进行解压。

发送邮件：可通过 smtp 协议的端口，发送电子邮件（使用前，邮箱需要开通 SMTP 服务）。

IF 分支：用于条件判断，条件满足（真）或不满足（假）时执行相应的操作步骤流程。

For 循环：可以遍历任何有序集合的元素，如一个列表、字符串或是 DataFrame 数据集等，主要用于对同样的执行步骤进行循环执行处理。

While 循环：用于循环执行流程步骤，只要条件满足，就不断循环，直到条件不满足。

Break 中断：用于跳出循环，终止循环语句。

Try 异常：用来检测正常的流程步骤运行过程中的错误，从而捕获异常信息并进行相应的处理。

Dataframe 遍历：通过 DataFrame.iterrows() 方法，对 DataFrame 数据逐行遍历，并将 DataFrame 的每一行迭代为（index, row）对。

5. 组件应用知识获取。

方式1：在设计器流程设计区，点击右键，在组件选择窗口，鼠标停留在组件上时，会显示一个视频标志的小图标，点击该图标，即可进入相应的说明界面，如图6-25所示。

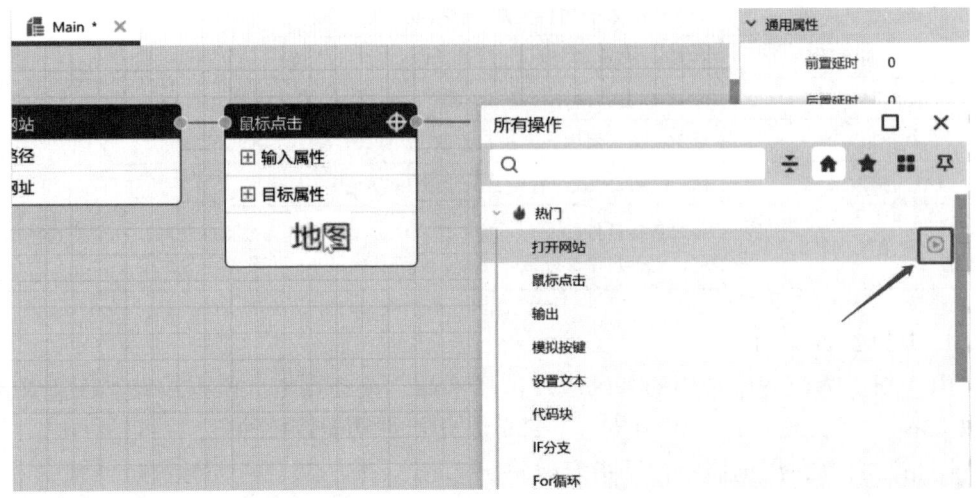

图6-25　从设计器流程设计区进入界面

方式2：在画布中查看组件的说明时，选择组件，右键单击，点击"打开教程"的选择项即可查看，如图6-26所示。

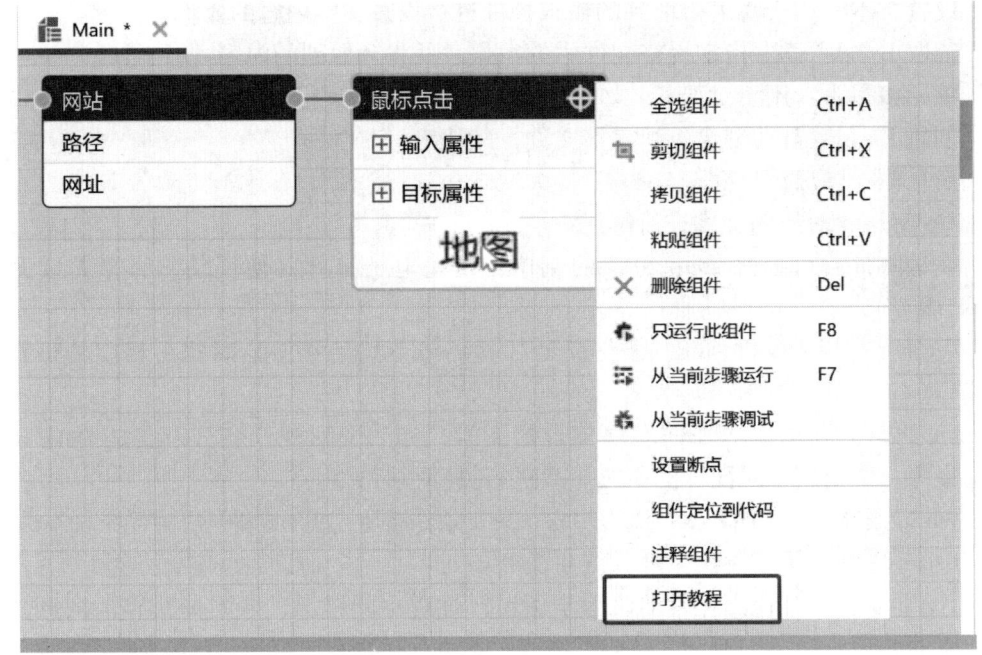

图6-26　从画布进入界面

方式3：点击设计器工具栏下的帮助—帮助文档，可以查看全部组件的设置说明，如图6-27所示。

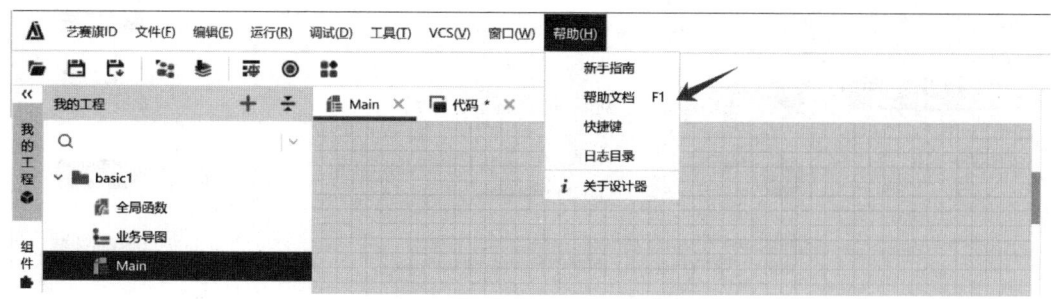

图6-27　从帮助文档进入界面

6. 安装扩展程序。

在设计器中，如果需要对Google、Firefox和Edge浏览器进行拾取操作，需要先进行插件的加载操作，点击工具—安装扩展程序，如图6-28所示。

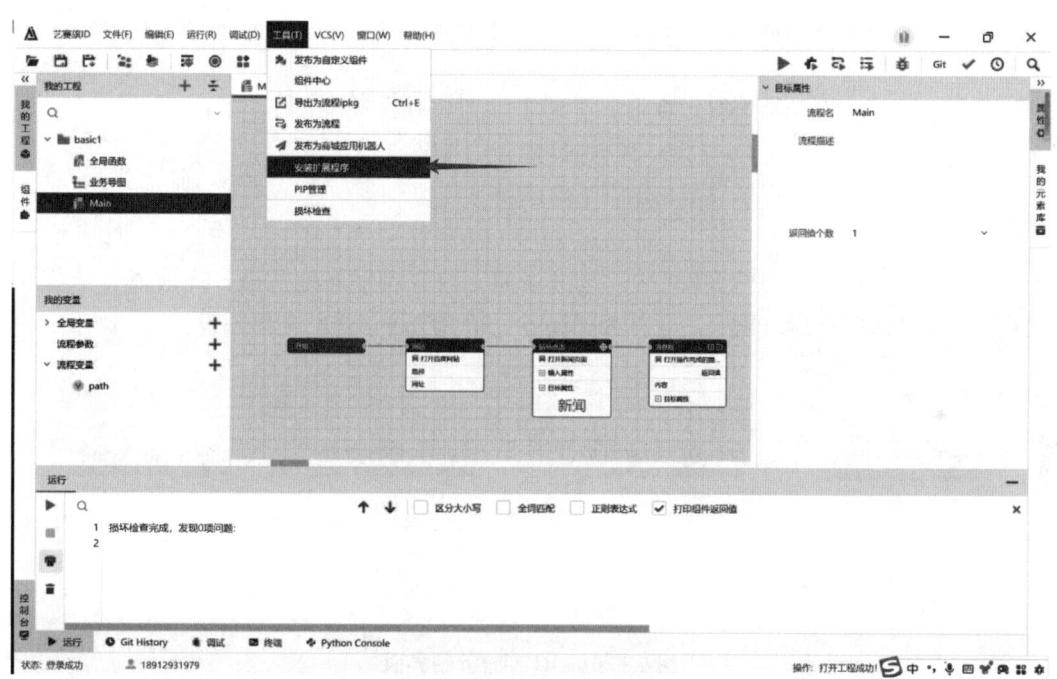

图6-28　安装扩展程序界面

在扩展安装中选择预计用到的浏览器，本教材选择谷歌浏览器，因此需要安装谷歌浏览器的扩展程序，如图6-29所示。

图6-29　安装谷歌浏览器扩展程序界面

案例任务一：（必）常用组件练习1

一、任务要求

通过谷歌浏览器打开百度网站，点击新闻，打开百度新闻首页，完成操作后提示用户"已经打开百度新闻！"。可参考如图6-30所示的RPA流程图设计。

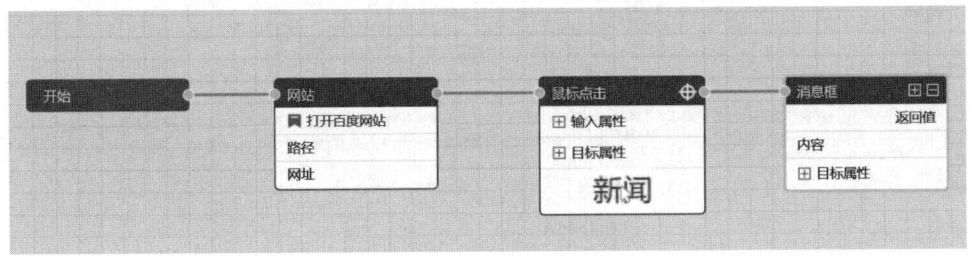

图6-30　RPA流程图界面

二、操作步骤

1. 新建工程。

打开IS-RPA设计器，点击新建工程，设置名称为"basic1"。新建工程界面如图6-31所示。

第六章 RPA 财务机器人设计与开发 283

图 6-31 新建工程 "basic1" 界面

2. 添加【网站】组件。

在流程设计区【开始】后通过拖拽添加【网站】组件，点击【网站】组件，在设计器右边"通用属性"下设置"备注"为"打开百度网站"，在"目标属性"下设置"路径"为谷歌浏览器在电脑上的存放地址，因为每台电脑的谷歌浏览器的安装路径都不一样，可以设置一个流程变量 path 存放谷歌浏览器地址；网址为'https://www.baidu.com/'，组件设置完成后如图 6-32 所示。网站组件添加完成后，点击运行，可自动打开百度首页。

图 6-32 添加【网站】组件界面

添加 path 流程变量，设置变量名称为 path，变量描述为各个浏览器安装路径，默认值为 r'+谷歌浏览器在操作电脑上的安装路径 + \chrome.exe'，如图 6-33 所示。

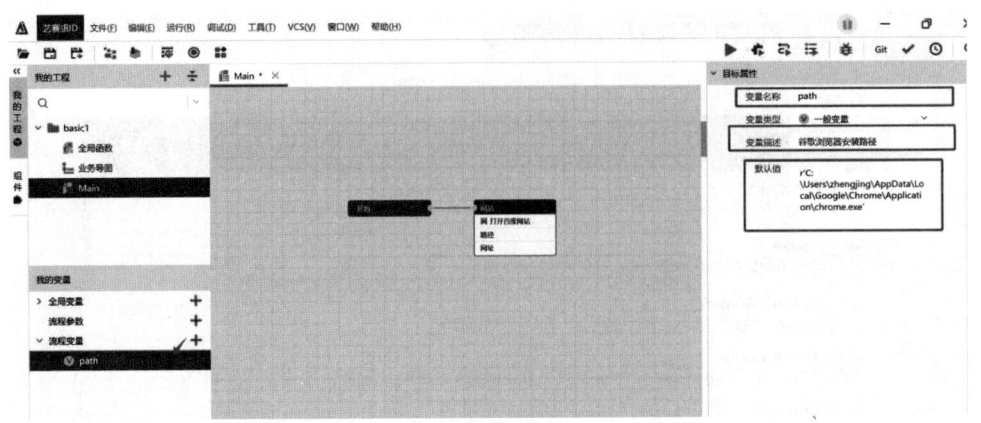

图 6-33　添加 path 流程变量界面

知识拓展："\"在 Python 中有转义的作用。例如，\n 表示换行符；\b 表示退格符；\r 表示回车符。因此，在路径中粘贴含有"\"字符的谷歌浏览器的保存地址是不符合 Python 语法规则的，需要将"\"转化为"/"来替代，或者在地址前加"r"作为前缀，因为 r 开头的 Python 字符串是 raw 字符串，所以里面的所有字符都不会被转义。

3. 添加【鼠标点击】组件。

在【网站】组件后面添加【鼠标点击】组件，添加完成后点击【鼠标点击】组件上【拾取】按钮，先按 F2 暂停拾取，调出上一步运行后打开的百度首页，再按 F2 恢复拾取，点击百度首页上的"新闻"，如图 6-34 所示。

图 6-34　添加【鼠标点击】组件界面

完成拾取后,设置鼠标点击的前置延时为 2,000 毫秒,备注打开新闻界面,组件设置完成后如图 6-35 所示。

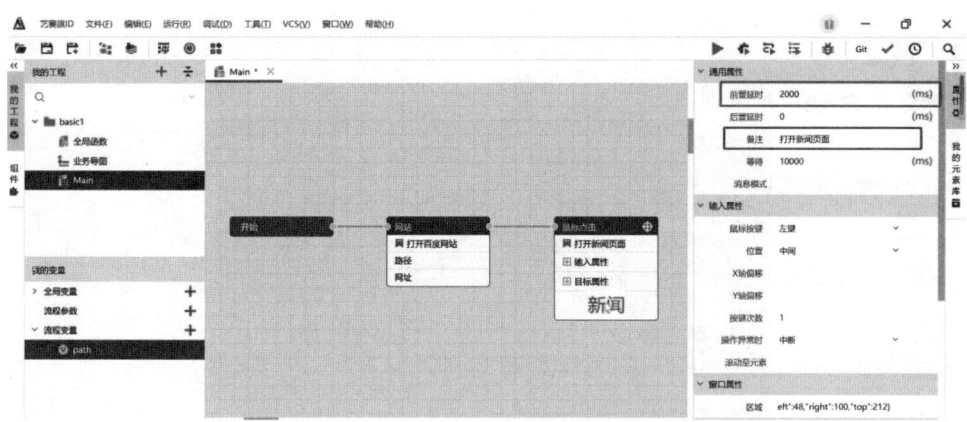

图 6-35　设置鼠标点击的前置延时界面

4. 添加【消息框】组件。

在【鼠标点击】组件后面添加【消息框】组件,添加完成后设置前置延时为 5,000 毫秒,备注设置为打开操作完成的提示消息,内容设置为'已经打开百度新闻!',组件设置完成后如图 6-36 所示。

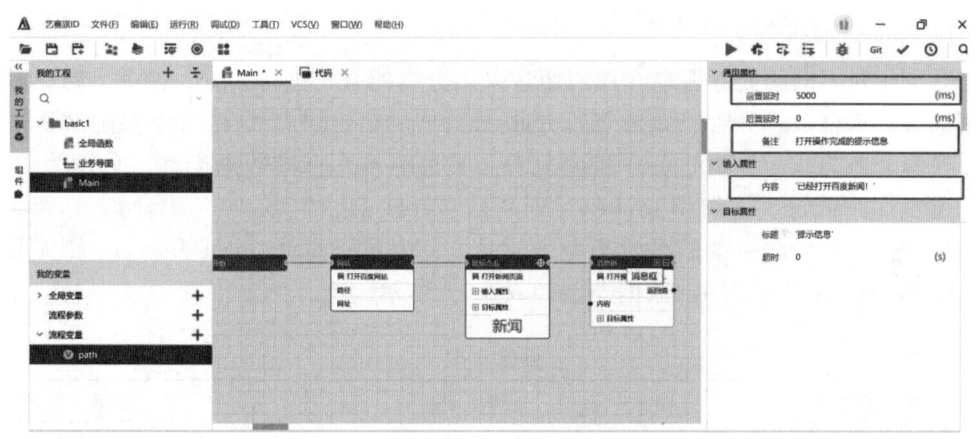

图 6-36　添加【消息框】组件界面

5. 运行校验。

点击【运行】按钮或选中【网站】组件右键点击"从当前步骤开始运行",运行流程,可见 RPA 自动执行流程并在流程末尾弹出消息框,提示流程结束。点击提示框上的"确定"按钮,RPA 设计器"控制台"区域提示"运行完成"。确认流程运行无误后,点击"保存"按钮。运行校验界面如图 6-37 所示。

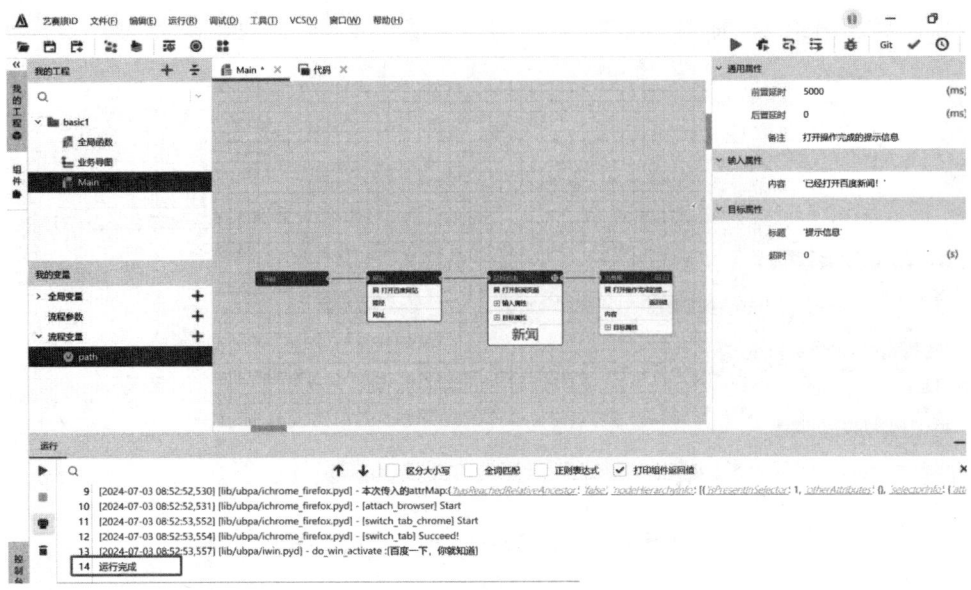

图 6-37 运行校验界面

三、IS-RPA 设计器基本语法

1. 数据类型。

为了应对不同的业务需求,我们通常采用分类的方式进行区分,例如,数学里面的正整数、负整数、奇数、偶数等都是根据数据的特性进行类别划分。在 Python 中同样根据业务需求对数据进行了类别划分,目前有 6 个标准数据类型,分别为 Number(数字)、String(字符串)、List(列表)、Tuple(元组)、Set(集合)、Dictionary(字典)型。在 Number(数字)类型中,又可分为 int、float、bool 型。IS-RPA 设计器运用 Python 语言,常用的数据类型如表 6-3 所示。

表 6-3 数据类型

数据类型	说明	示例
int(整型)	正整数或负整数	15,000,-50,0 等
float(浮点型)	由整数部分与小数部分组成	4.5,-6.5 等
bool(布尔型)	只有 True、False 两种值	A = True,(True/False)
list(列表)	同一类型的多个值,用逗号分隔	[1, 2, 4]
str(字符串)	用于定义一个字符序列,用双引号或单引号引用	"hello",'RPA'

2. 运算类型。

IS-RPA 常用算术运算符的使用说明如表 6-4 所示。

表 6-4　　　　　　　　　　　常用算术运算符使用说明

算术运算符	说明	示例
+	加	1+1 输出结果为 2
-	减	2-1 输出结果为 1
*	乘	2*3 输出结果为 6
/	除	6/3 输出结果为 2
**	幂	2**3 输出结果为 8，即 2*2*2
//	取整除，向下取接近商的整数	9//2 输出结果为 4
%	取余数	9%2 输出结果为 1

IS-RPA 常用比较运算符使用说明如表 6-5 所示。

表 6-5　　　　　　　　　　　常用比较运算符使用说明

比较运算符	说明	示例
>	大于	如 a=7，b=3，则（a>b）为 True
<	小于	如 a=7，b=3，则（b<a）为 True
=	等于	如 a=3，b=3，则（a=b）为 True
!=	不等于，如果两个数的结果不相等，则条件为真（True），否则条件结果为假（False）	如 a=1，b=3，则（a!=b）为 True
>=	大于等于	如 a=7，b=3，则（a>=b）为 True
<=	小于等于	如 a=7，b=3，则（a<=b）为 False
==	判断相等，如果两个数的结果相等，则条件结果为真（True），否则条件结果为假（False）	如 a=4，b=3，则（a==b）为 False

IS-RPA 常用逻辑运算符使用说明如表 6-6 所示。

表 6-6　　　　　　　　　　　常用逻辑运算符使用说明

逻辑运算符	说明	示例
and	布尔"与"，等式两边同时为真，结果为真	True and False，返回 False
or	布尔"或"，等式两边一边为真，结果为真	True or False，返回 True
not	布尔"非"，取的是等式结果的反值	not True 返回 False，not False 返回 True

案例任务二：（必）常用组件练习 2

一、任务要求

读取五年级成绩表信息，如图 6-38 所示。将成绩为 C 和 D 的学生标识成重点关注，可参考如图 6-39 所示的 RPA 流程设计。

◢	A	B	C	D	E	F
1	学号	姓名	班级	性别	成绩等级	需重点关注
2	2024001	张天	1班	男	A	
3	2024002	李可	2班	女	B	
4	2024003	王明	2班	男	B	
5	2024004	赵灵	2班	女	D	
6	2024005	钱乐	1班	女	C	
7	2024006	孙达	1班	男	A	
8	2024007	周芸	2班	女	C	
9	2024008	吴新	2班	男	B	

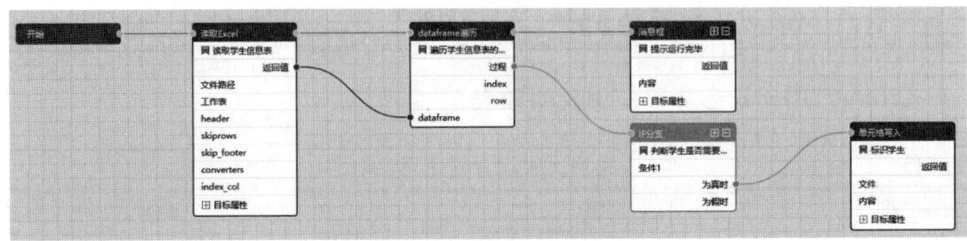

图 6－38　读取五年级成绩表信息界面

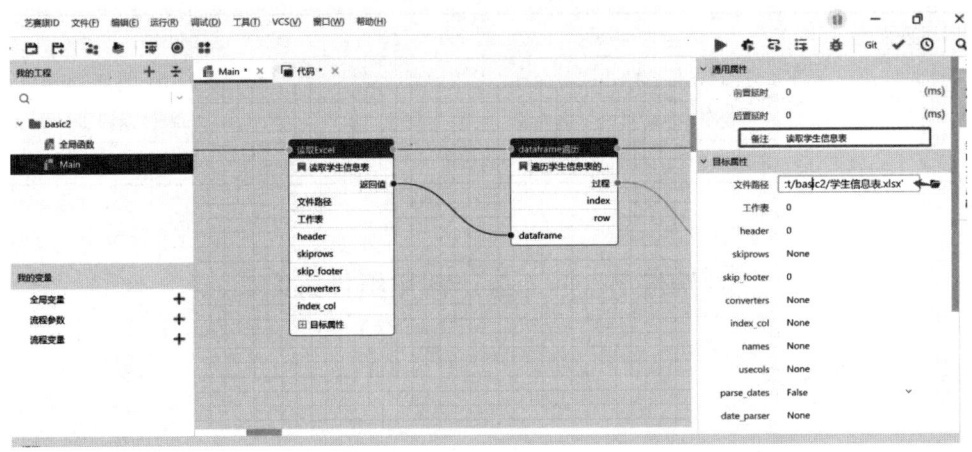

图 6－39　RPA 流程

二、操作步骤

1. 新建工程。

打开 IS－RPA 设计器，点击新建工程，设置名称为“basic2”。

2. 添加【读取 Excel】组件。

在流程设计区【开始】后通过拖拽添加【读取 Excel】组件，设置备注为读取学生信息表，文件路径参数通过点击 📂 打开文件夹路径选择学生信息表 . xlsx，文件路径详细路径会自动回填，组件设置完成后如图 6－40 所示。

图 6－40　添加【读取 Excel】组件

3. 添加【dataframe 遍历】组件。

在流程设计区【读取 Excel】后通过拖拽添加【dataframe 遍历】组件，设置备注为遍历学生信息表的记录，将【读取 Excel】组件的返回值连接到【dataframe 遍历】的 "dataframe" 参数中，组件设置完成后如图 6 – 41 所示。

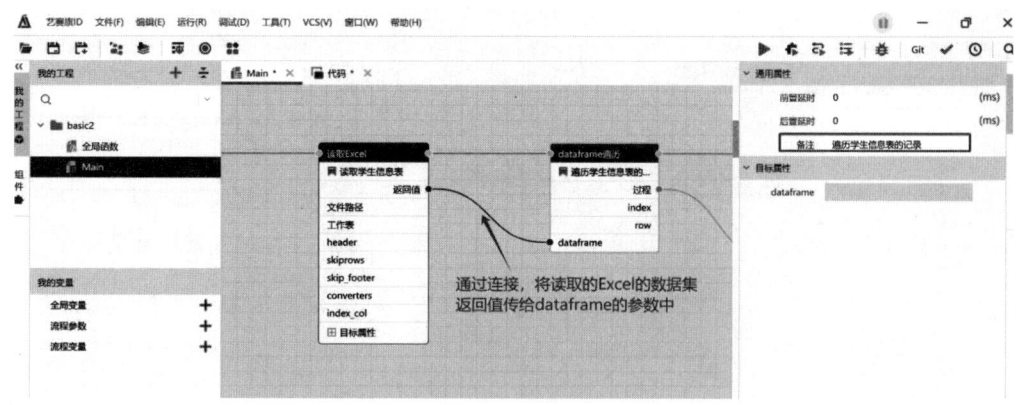

图 6 – 41　添加【dataframe 遍历】组件

4. 添加【IF 分支】组件。

在流程设计区【dataframe 遍历】后通过拖拽在过程节点后添加【IF 分支】组件，如图 6 – 42 所示，设置备注为判断学生是否需要标注，条件 1 设置为 row[4] == 'C' or row[4] == 'D'，组件设置完成后如图 6 – 42 所示。

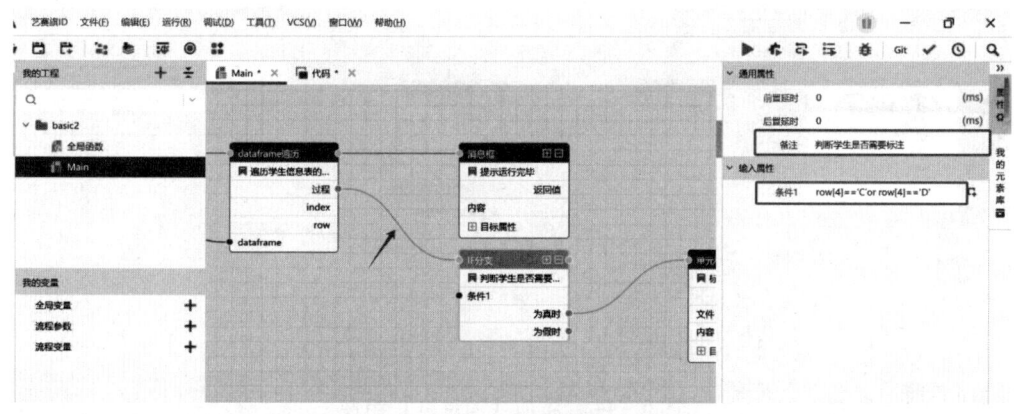

图 6 – 42　添加【IF 分支】组件

说明：设置条件的时候，row[4] 代表的是学生信息中的成绩等级的信息，row 是遍历得到的某行记录，4 代表的是第 5 列的信息。

5. 添加【单元格写入】组件。

在流程设计区【IF 分支】为真的节点后通过拖拽添加【单元格写入】组件，设置备注为标识学生，文件参数通过点击 📂 选择学生信息表.xlsx 文件，文件路径详细路径会自动回填，设置内容为'是'，设置单元格为'F ' + str（index + 2），组件设置完成后如图 6 – 43 所示。

图 6 – 43　添加【单元格写入】组件

6. 添加【消息框】组件。

在流程设计区【dataframe 遍历】后通过拖拽添加【消息框】组件，设置备注为提示运行完毕，设置内容为'成绩标识完毕！'，组件设置完成后如图 6 – 44 所示。

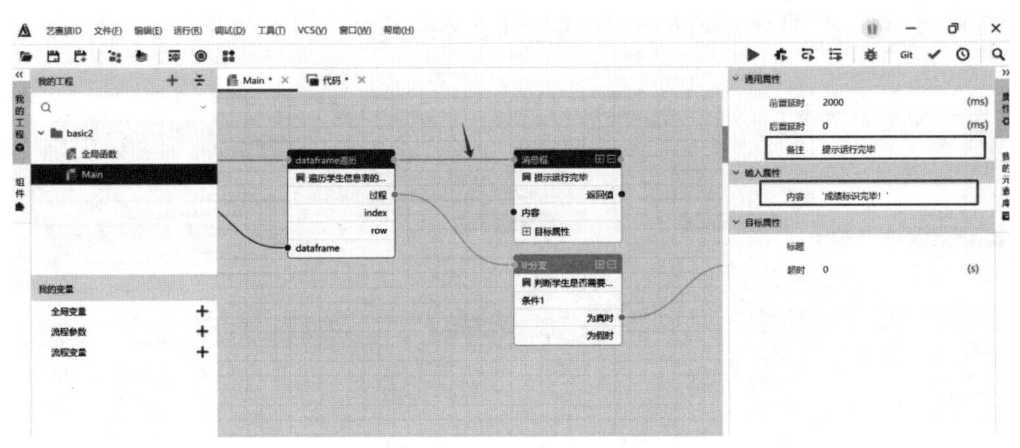

图 6 – 44　添加【消息框】组件

7. 运行校验。

点击【运行】按钮，可见 RPA 自动执行流程并在流程末尾弹出消息框，提示流程结束。点击提示框上的"确定"按钮，RPA 设计器"控制台"区域提示"运行完成"。打开需要操作的文件，可看见需要标识的学生已经标识好，确认流程运行无误后，点击"保存"按钮。运行校验界面如图 6 – 45 所示。

	A	B	C	D	E	F
1	学号	姓名	班级	性别	成绩等级	需重点关注
2	2024001	张天	1班	男	A	
3	2024002	李可	2班	女	B	
4	2024003	王明	2班	男	B	
5	2024004	赵灵	2班	女	D	是
6	2024005	钱乐	1班	女	C	是
7	2024006	孙达	1班	男	A	
8	2024007	周芸	2班	女	C	是
9	2024008	吴新	2班	男	B	

图 6-45　运行校验界面

第三节　供应商付款对账通知机器人

案例任务：（必）开发供应商付款对账通知机器人

一、业务场景

采购专员每个月月初收到出纳李兴提供的上月已经付款的采购付款单信息后，需要根据付款情况编写供应商付款对账单，然后给对应的供应商发送对账通知邮件，附上对账单作为附件，该工作属于高重复低价值的工作，每月月初都会占用采购专员大量的时间，当供应商信息特别多的时候，还很容易出现漏发或者错发对账单的情况，对业务的正常进行造成影响，公司希望通过 RPA 机器人的建设将该部分工作交由机器人来完成，如图 6-46 和图 6-47 所示。

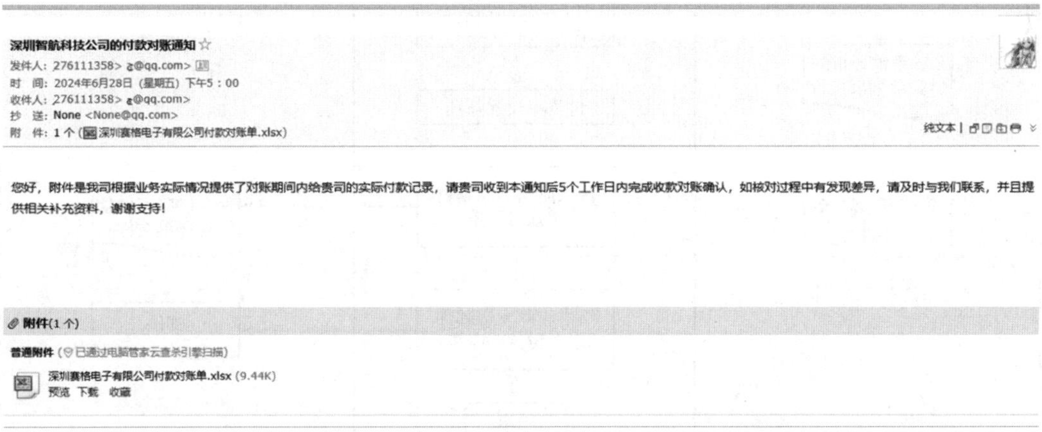

图 6-46　开发供应商付款对账通知机器人业务场景

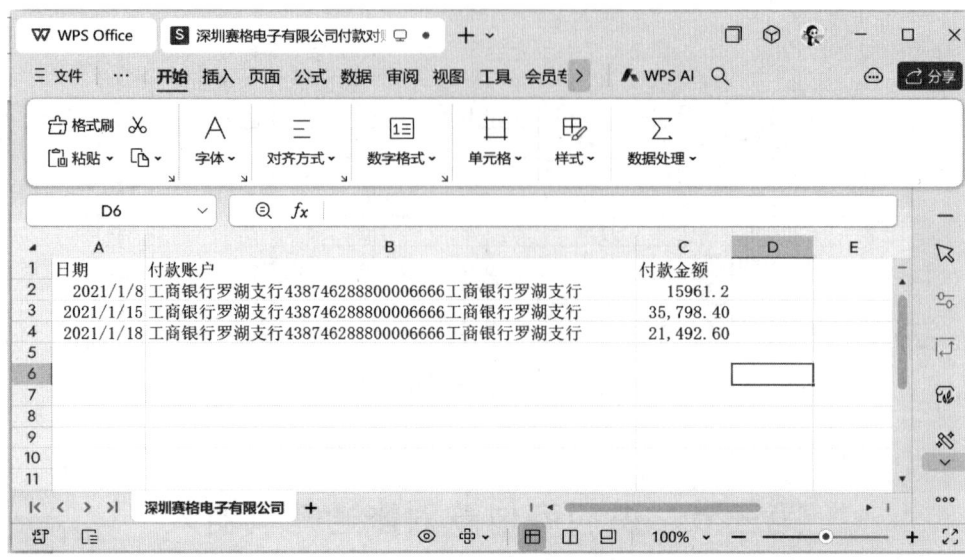

图 6-47　付款对账单

二、任务要求

公司选择 IS-RPA 机器人设计器来开发公司需要的供应商付款对账通知机器人，要求在理解人工发送通知的流程基础上进行机器人的设计和开发，人工操作流程如图 6-48 所示。

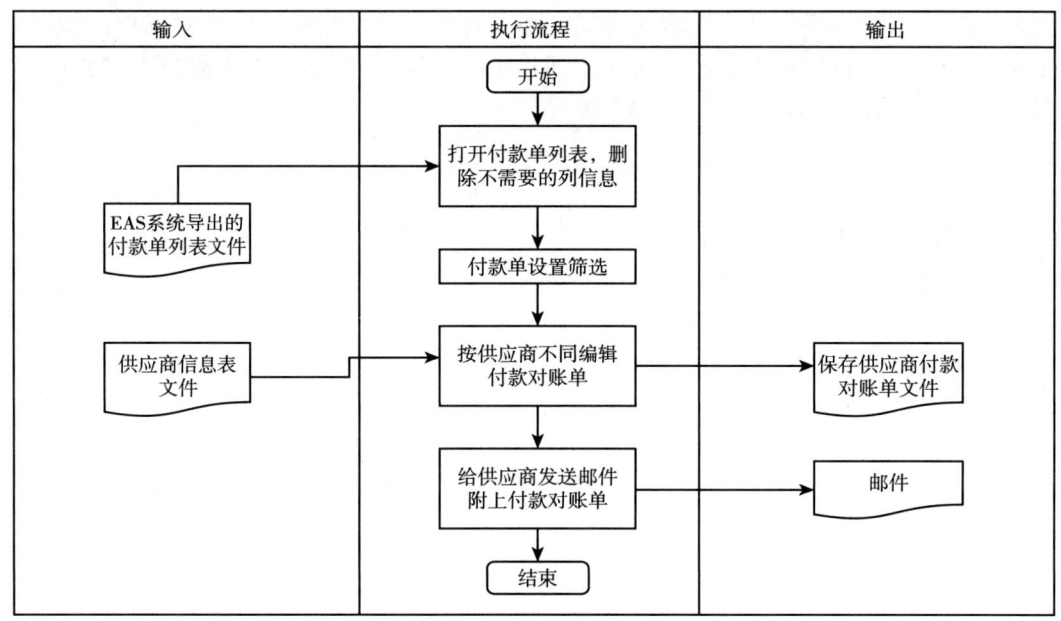

图 6-48　人工操作流程界面

三、任务解析

思考问题：

1. 在以上业务场景下，如果要通过 RPA 机器人来实现，可以做哪些前置准备工作？
2. 思考 RPA 机器人实现流程，并与人工流程进行对比分析。
3. 根据 RPA 机器人实现的流程，思考设计供应商付款对账机器人过程中，可能使用到的组件有哪些？通过帮助手册了解这些组件的使用方法。

RPA 机器人流程设计：

RPA 机器人流程设计如图 6-49 所示。

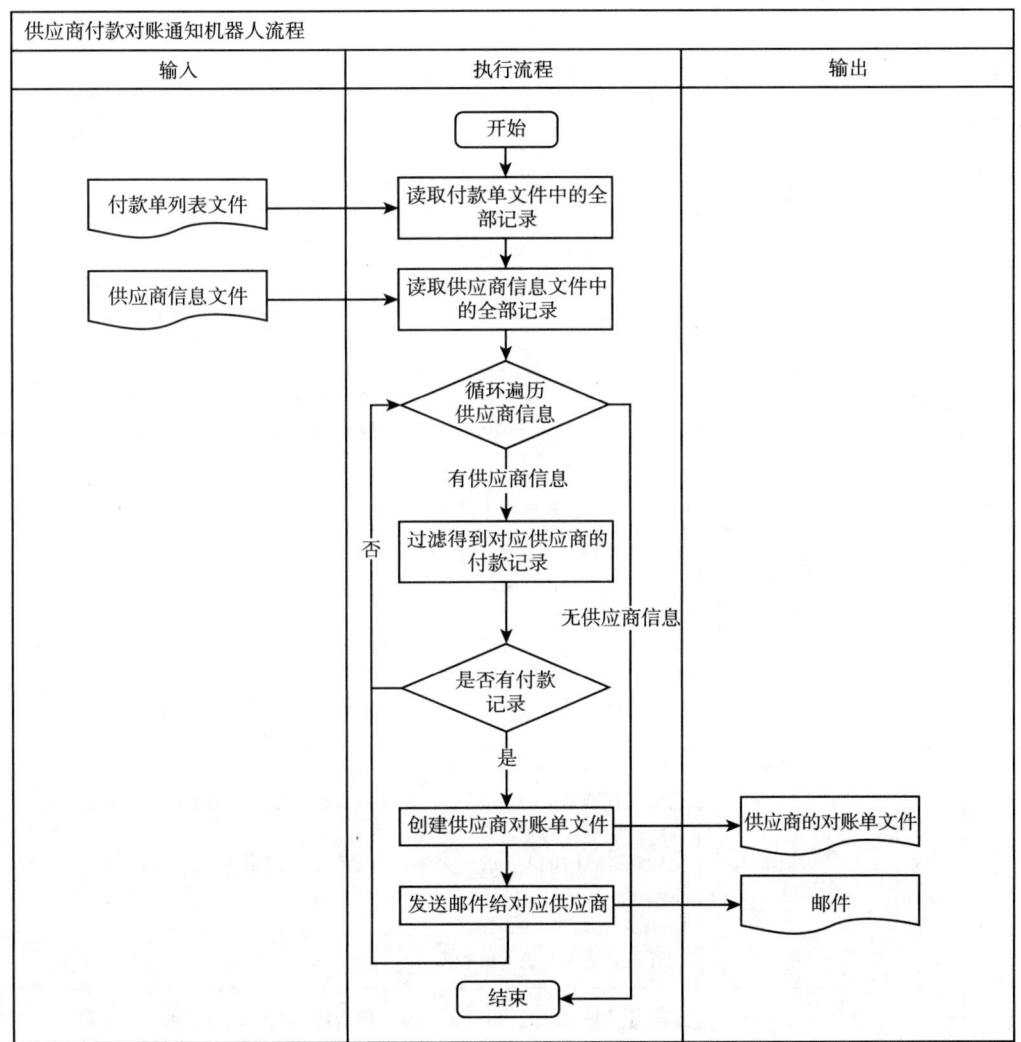

图 6-49　RPA 机器人流程设计

四、实验数据

《采购付款单列表——2021年1月.xls》
《供应商信息列表.xls》
《供应商付款对账单——模板.xls》
《对账通知邮件——模板.doc》

五、开发方案

业务流程开发步骤如表6-7所示。

表6-7　　　　　　　　　　业务流程开发步骤

业务流程			开发步骤
序号	操作步骤	添加组件/新增变量	设置属性（具体操作）
1	前期准备	新建文件夹	在C盘根目录下新建文件夹，命名为"SupplierRPA"，用来保存本任务RPA机器人所有实验数据中的资料 打开"SupplierRPA"文件夹，在该文件夹下新建子文件夹，命名为"对账单"
		数据准备	将教材资源中提供的实验数据中的文档下载至路径"C:\SupplierRPA"下 打开"C:\SupplierRPA"的《供应商信息列表.xls》，修改邮箱信息为自己的QQ邮箱
		QQ邮箱准备	开通自己QQ邮箱的SMTP服务
		新建工程	打开IS-RPA设计器，新建工程，命名为"SupplierNotice" 选择路径为"C:\SupplierRPA"
2	读取文件	添加流程变量	添加流程变量，变量名称：trainfilepath；变量描述：任务资料文件路径；默认值：'C:/SupplierRPA/' 添加流程变量，变量名称：paymentdf；变量描述：付款单全部记录 添加流程变量，变量名称：supplierdf；变量描述：供应商全部记录
		添加【读取Excel】组件	点击【读取Excel】组件，在设计器右边属性区进行组件属性设置 备注：读取付款单文件中有用的列 文件路径：trainfilepath+'采购付款单列表-2021年1月.xls' Header：1 Usecols：(4, 6, 9, 10) 设置组件的返回值为流程变量：paymentdf
		添加【读取Excel】组件	点击【读取Excel】组件，在设计器右边属性区进行组件属性设置 备注：读取供应商信息文件全部列 文件路径：trainfilepath+'供应商信息列表.xls' 设置组件的返回值为流程变量：supplierdf

续表

业务流程			开发步骤	
序号	操作步骤	添加组件/新增变量	设置属性（具体操作）	
3	创建对账单并发送邮件	添加流程变量	添加流程变量，变量名称：supplierlist；变量描述：遍历得到的一行供应商信息 添加流程变量，变量名称：temppaymentdf；变量描述：过滤得到的付款记录 添加流程变量，变量名称：filepath；变量描述：存放对账单文件的路径；默认值：'C：/SupplierRPA/对账单' 添加流程变量，变量名称：sendemail，变量描述：发送邮箱，默认值：'xxx@qq.com'（替换成自己的qq邮箱）	
		添加【dataframe遍历】组件	点击【dataframe遍历】组件，在设计器右边属性区进行组件属性设置 备注：遍历供应商信息 Dataframe：supplierdf Row节点关联流程变量：supplierlist	
		添加【表格过滤】组件	在【dataframe遍历】组件的过程节点后面添加【表格过滤】组件，在设计器右边属性区域做组件属性设置 备注：按供应商名称过滤付款记录 表格：paymentdf 条件：'收款人' == supplierlist[0] 组件的返回值关联流程变量：temppaymentdf	
		添加【IF分支】组件	点击【IF分支】组件，在设计器右边属性区进行组件属性设置 备注：判断当月有没有对应供应商的付款记录 条件1：temppaymentdf.size!=0	
		添加【创建excel】组件	在【IF分支】组件的为真节点后面添加【创建excel】组件，在设计器右边属性区域进行组件属性设置 备注：创建对应供应商付款对账单 路径：filepath 文件名：supplierlist[0] + '付款对账单'	
		添加【工作表重命名】组件	点击【工作表重命名】组件，在设计器右边属性区进行组件属性设置 备注：修改创建的供应商对账单的界面为供应商名称 文件：filepath + '/' + supplierlist[0] + '付款对账单.xlsx' 新工作表名：supplierlist[0]	
		添加【单元格写入】组件	点击【单元格写入】组件，在设计器右边属性区进行组件属性设置 备注：写入对账单列名 文件：filepath + '/' + supplierlist[0] + '付款对账单.xlsx' 内容：['日期','付款账户','付款金额'] 单元格：'A1'	
		添加【单元格写入】组件	点击【单元格写入】组件，在设计器右边属性区进行组件属性设置 备注：对应供应商付款对账记录写入 文件：filepath + '/' + supplierlist[0] + '付款对账单.xlsx' 内容：temppaymentdf.drop('收款人', axis='columns') 单元格：'A2'	

续表

业务流程			开发步骤	
序号	操作步骤	添加组件/新增变量	设置属性（具体操作）	
3	创建对账单并发送邮件	添加【发送邮件】组件	点击【发送邮件】组件，在设计器右边属性区进行组件属性设置 备注：发送通知邮件给对应的供应商 密码：自己邮箱的 smtp 授权码 服务器：'smtp. qq. com ' 端口：465 发送者：sendemail 接受者：supplierlist[1] 标题：'深圳智航科技公司的付款对账通知' 正文：'您好，附件是我司根据业务实际情况提供了对账期间内给贵司的实际付款记录，请贵司收到本通知后 5 个工作日内完成收款对账确认，如核对过程中有发现差异，请及时与我们联系，并且提供相关补充资料，谢谢支持！' 附件：filepath + '/' + supplierlist[0] + '付款对账单. xlsx '	
4	提示流程结束	添加【消息框】组件	在【dataframe 遍历】组件后面添加【消息框】组件，在设计器右边属性区进行组件属性设置 前置时间：3000 备注：流程结束通知 内容：'供应商对账通知发送完成！'	
5	运行校验	运行流程	点击【运行】按钮运行流程，可见 RPA 自动执行流程并在流程末尾弹出消息框，提示流程结束。点击提示框上的"确定"按钮，RPA 设计器"控制台"区域提示"运行完成"	

六、操作指导

1. 前期准备。

在 C 盘根目录下新建文件夹，命名为"SupplierRPA"，打开"SupplierRPA"文件夹，在该文件夹下新建子文件夹，命名为"对账单"文件夹层级如图 6-50 所示。

图 6-50 新建"对账单"文件夹

在将实验资料拷贝到"SupplierRPA"文件夹中，并修改《供应商信息列表. xls》文档中的邮箱信息，将邮箱调整成自己的 QQ 邮箱，如图 6-51 所示。

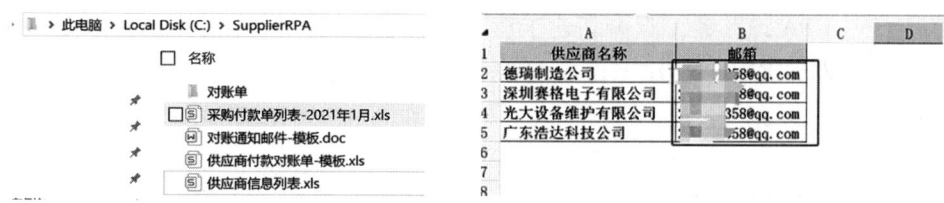

图 6-51　修改文档邮箱信息，调整 QQ 邮箱

进入 QQ 邮箱，点击设置，在邮箱设置界面的账号页签下找到"POP3/IMAP/SMTP/Exchange/CardDAV/CalDAV 服务"，点击开启服务，按要求验证身份后即可开启服务，如图 6-52 所示。

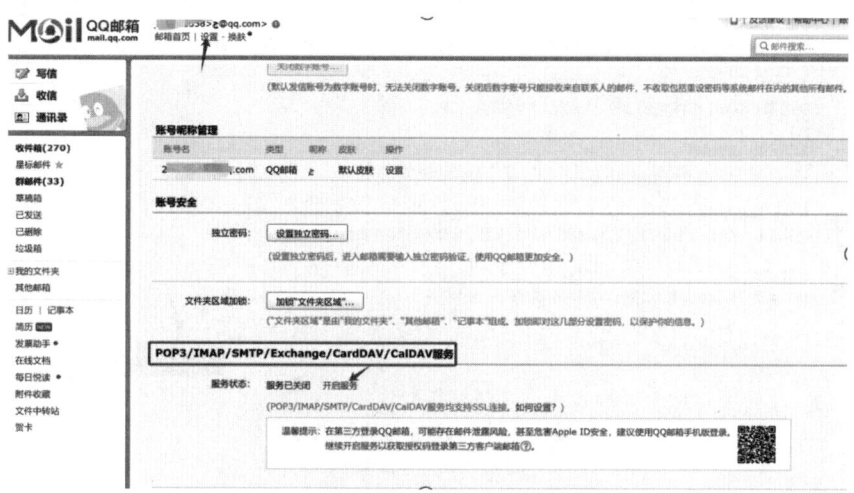

图 6-52　完成身份验证，开启服务

SMTP 服务开启后会提供一串授权码，请复制该授权码并保存好，后续要用于邮箱发送组件的设置，并且备注好授权码用途为 RPA 机器人用，然后关闭界面，如图 6-53 所示。

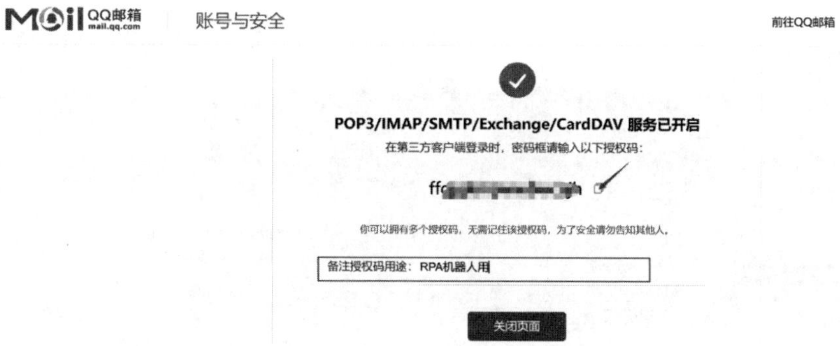

图 6-53　备注授权码用途

打开 IS – RPA 设计器，点击新建工程，设置名称为"SupplierNotice"，设置路径为"C：\ SupplierRPA"，新建工程界面如图 6 – 54 所示。

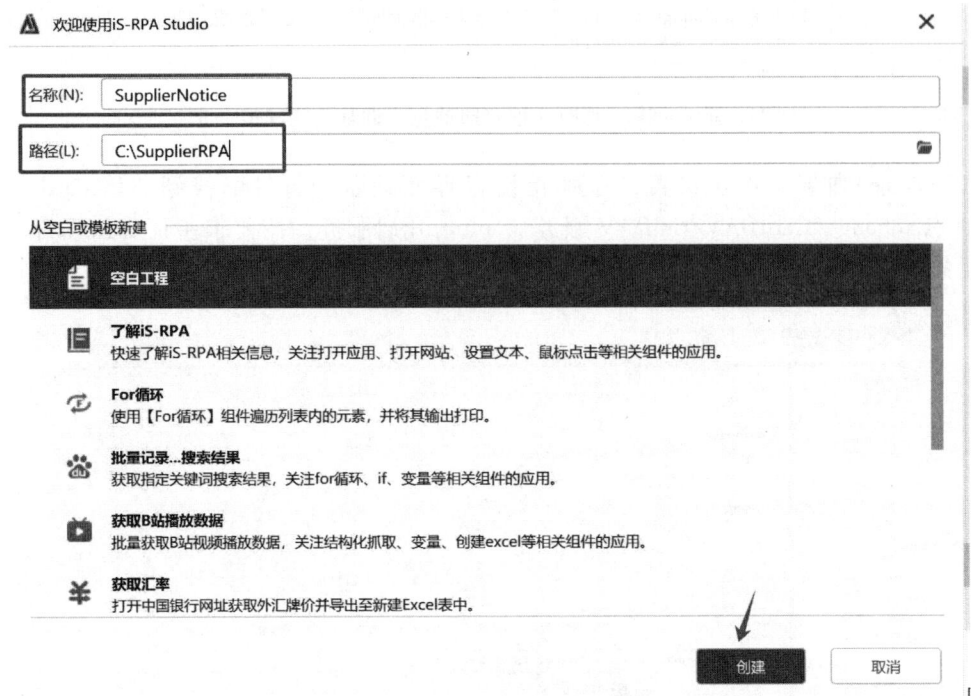

图 6 – 54　设置名称和路径

2. 读取文件。

在"我的变量"下增加流程变量，设置变量名称为"trainfilepath"，变量描述为"任务资料文件路径"，默认值为"'C：/SupplierRPA/'"，如图 6 – 55 所示。

图 6 – 55　增加流程变量，设置变量名称和变量描述

在"我的变量"下增加流程变量,设置变量名称为"paymentdf",变量描述为"付款单全部记录",如图6-56所示。

图6-56　增加流程变量,设置变量名称和变量描述

在"我的变量"下增加流程变量,设置变量名称为"supplierdf",变量描述为"供应商全部记录",如图6-57所示。

图6-57　增加流程变量,设置变量名称和变量描述

在流程设计区【开始】后通过拖拽添加【读取Excel】组件,点击该组件,在右边的参数属性区设置备注为"读取付款单文件中有用的列",设置文件路径为"trainfilepath +'采购付款单列表-2021年1月.xls'",设置Header为"1",设置Usecols为"(4,6,9,10)",完成设置后,在组件返回值节点后通过拖拽的方式将读取的结果赋值给流程变量"paymentdf",如图6-58所示。

在流程设计区【读取Excel】后通过拖拽添加【读取Excel】组件,点击该组件,在右边的参数属性区设置备注为"读取供应商信息文件全部列",设置文件路径为"trainfilepath +'供应商信息列表.xls'",完成设置后,在组件返回值节点后通过拖拽的方式将读取的结果赋值给添加流量变量"supplierdf",如图6-59所示。

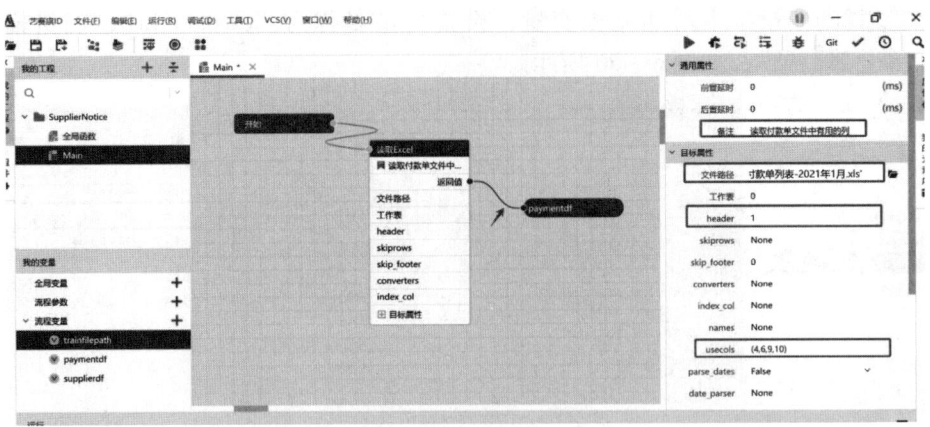

图 6-58　拖拽添加【读取 Excel】组件

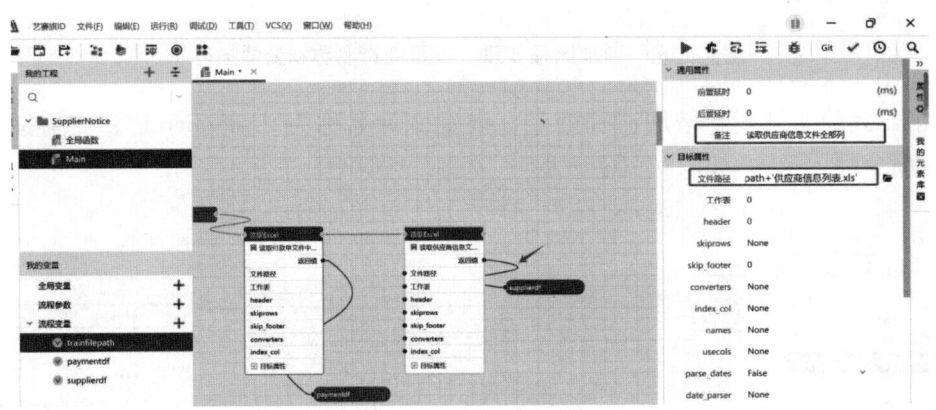

图 6-59　【读取 Excel】

3. 创建对账单并发送邮件。

在"我的变量"下增加流程变量,设置变量名称为"supplierlist",变量描述为"遍历得到的一行供应商信息",如图 6-60 所示。

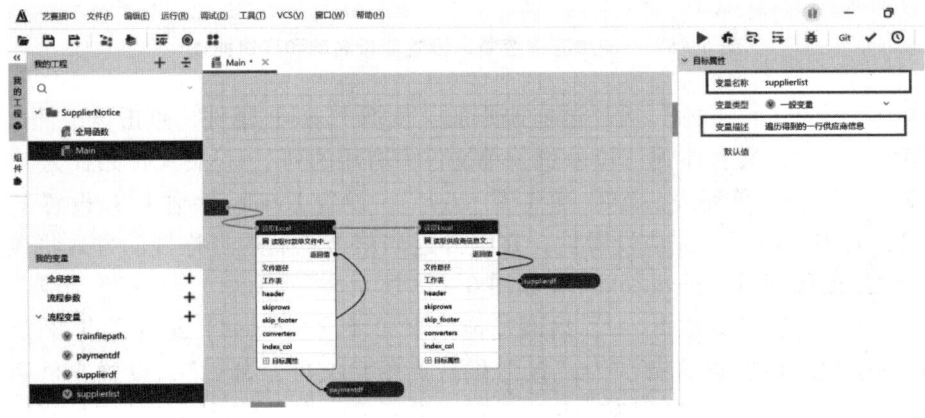

图 6-60　增加流程变量

在"我的变量"下增加流程变量，设置变量名称为"temppaymentdf"，变量描述为"过滤得到的付款记录"，如图 6-61 所示。

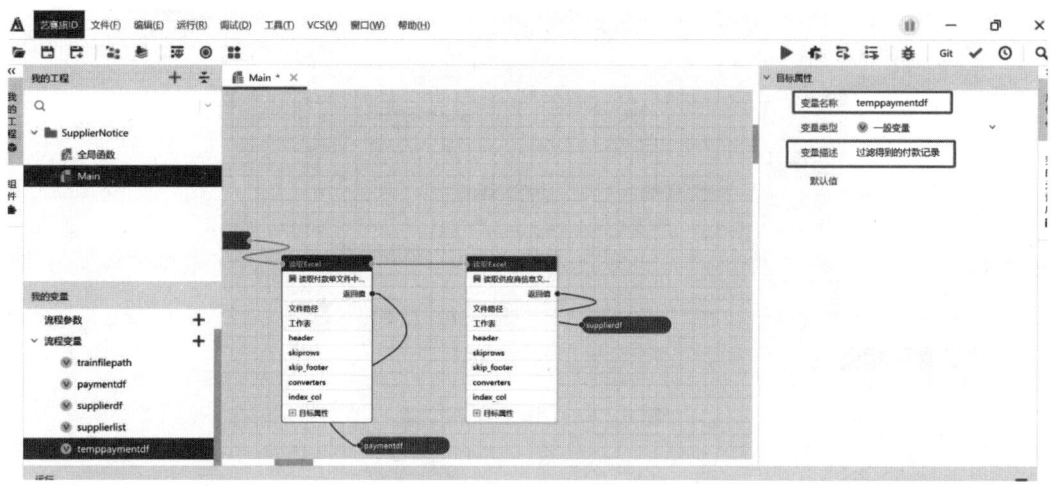

图 6-61　增加流程变量

在"我的变量"下增加流程变量，设置变量名称为"filepath"，变量描述为"存放对账单文件的路径"，默认值为"'C：/SupplierRPA/对账单'"，如图 6-62 所示。

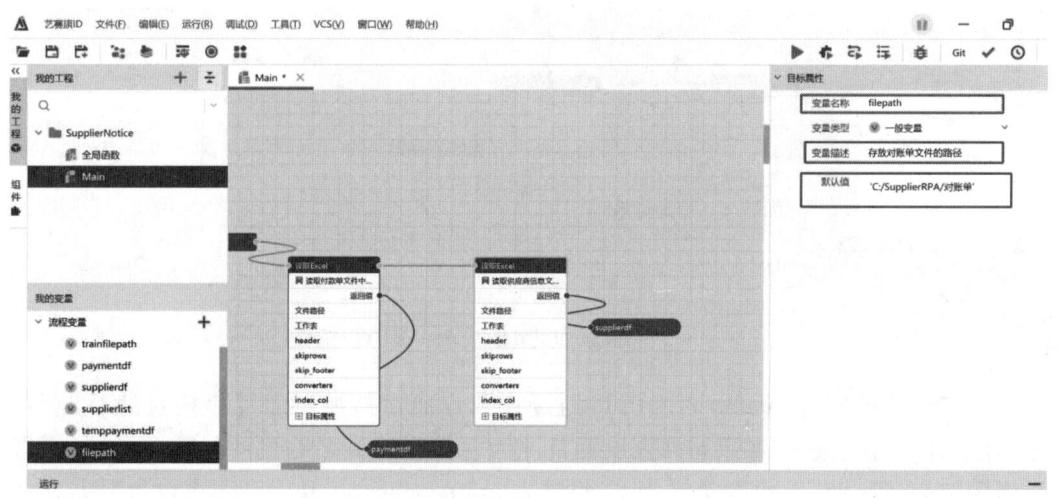

图 6-62　增加流程变量

在"我的变量"下增加流程变量，设置变量名称为"sendemail"，变量描述为"发送邮箱"，默认值为"'自己的 qq 邮箱'"，如图 6-63 所示。

在流程设计区【读取 Excel】后通过拖拽添加【dataframe 遍历】组件，点击该组件，在右边的参数属性区设置备注为"遍历供应商信息"，设置 Dataframe 为"supplierdf"，完成设置后，在组件 row 节点后通过拖拽的方式将遍历得到的记录赋值给添加流量变量"supplierdf"，如图 6-64 所示。

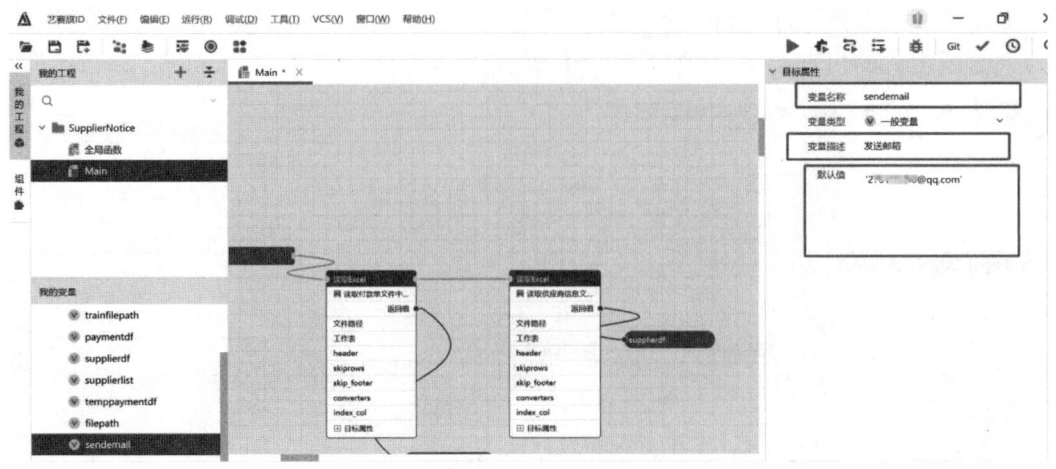

图 6-63　增加流程变量

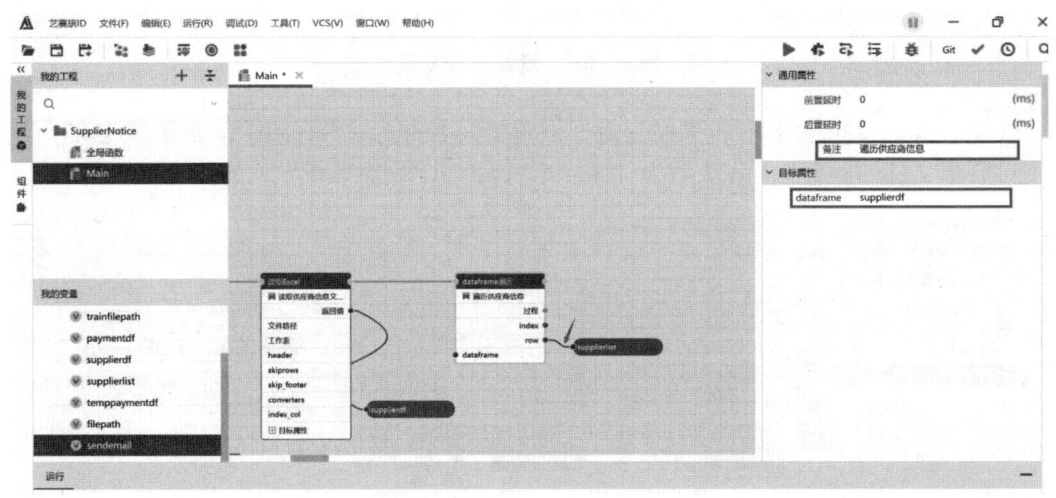

图 6-64　拖拽添加【dataframe 遍历】组件

在流程设计区【dataframe 遍历】的过程节点通过拖拽添加【表格过滤】组件，点击该组件，在右边的参数属性区设置备注为"按供应商名称过滤付款记录"，设置表格为"paymentdf"，设置条件为"'收款人' == supplierlist[0]"，完成设置后，在组件返回值节点后通过拖拽的方式将过滤后的记录赋值给添加流量变量"temppaymentdf"，如图 6-65 所示。

在流程设计区【表格过滤】后通过拖拽添加【IF 分支】组件，点击该组件，在右边的参数属性区设置备注为"判断当月有没有对应供应商的付款记录"，设置条件为"temppaymentdf. size! =0"，如图 6-66 所示。

在流程设计区【IF 分支】组件为真节点后通过拖拽添加【创建 Excel】组件，点击该组件，在右边的参数属性区设置备注为"创建对应供应商付款对账单"，设置路径为"filepath"，设置文件名为"supplierlist[0] + '付款对账单'"，如图 6-67 所示。

第六章 RPA 财务机器人设计与开发

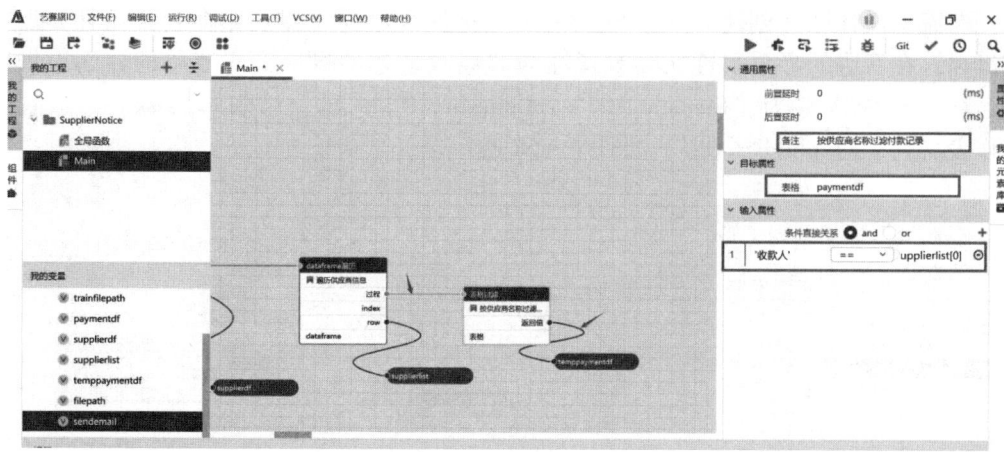

图 6-65　拖拽添加【表格过滤】组件

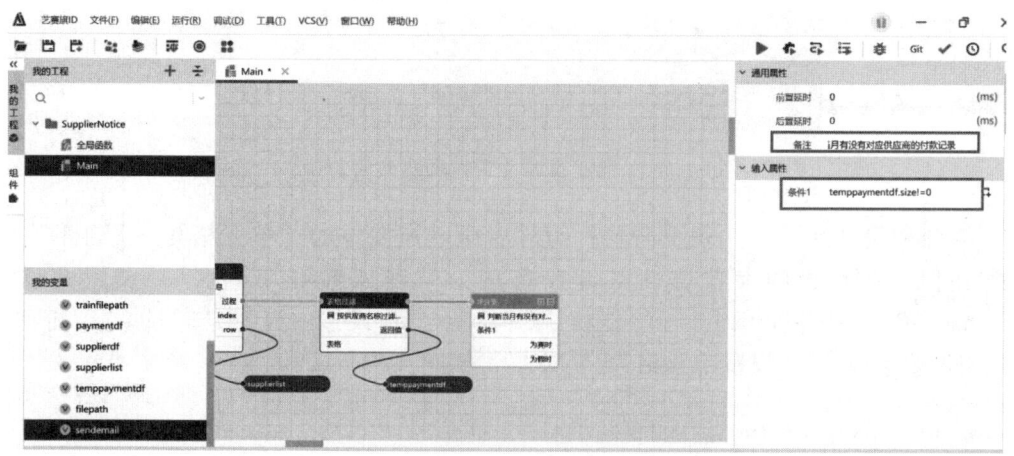

图 6-66　拖拽添加【IF 分支】组件

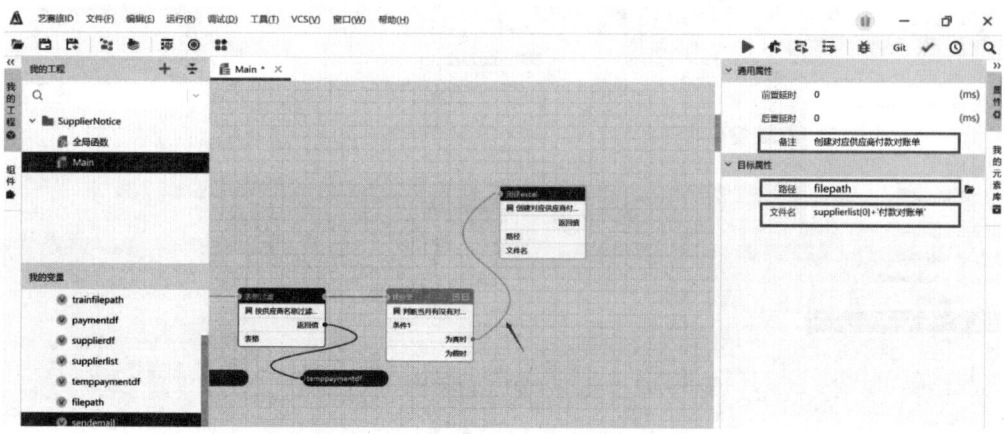

图 6-67　拖拽添加【创建 Excel】组件

在流程设计区【创建 excel】组件后通过拖拽添加【工作表重命名】组件，点击该组件，在右边的参数属性区设置备注为"修改创建的供应商对账单的界面为供应商名称"，设置文件为"filepath + '/' + supplierlist[0] + '付款对账单.xlsx'"，设置新工作表名为"supplierlist[0]"，如图 6-68 所示。

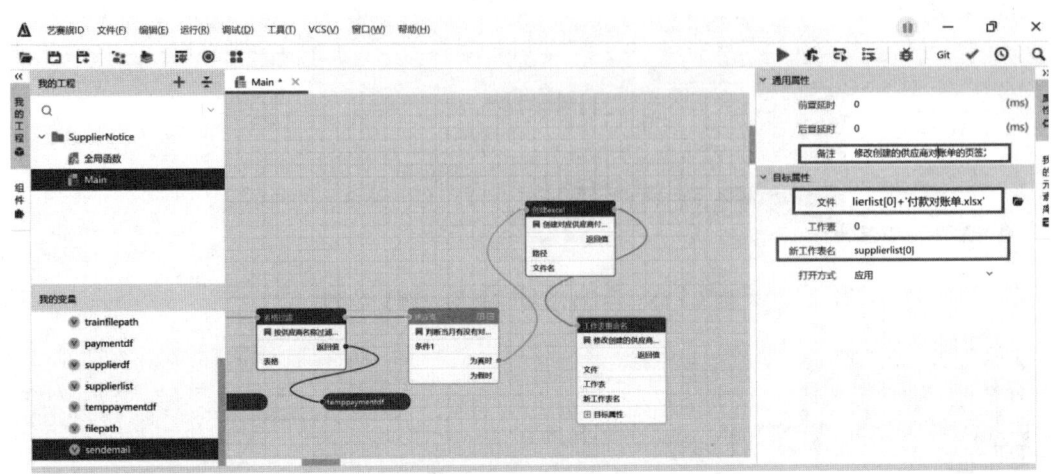

图 6-68　拖拽添加【工作表重命名】组件

在流程设计区【工作表重命名】组件后通过拖拽添加【单元格写入】组件，点击该组件，在右边的参数属性区设置备注为"写入对账单列名"，设置文件为"filepath + '/' + supplierlist[0] + '付款对账单.xlsx'"，设置内容为"['日期','付款账户','付款金额']"，设置单元格为"'A1'"，如图 6-69 所示。

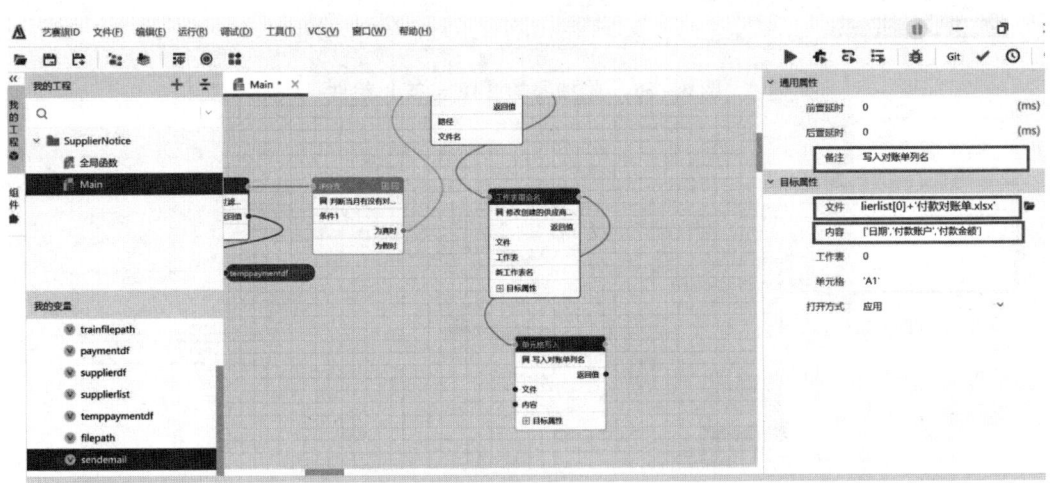

图 6-69　拖拽添加【单元格写入】组件

在流程设计区【单元格写入】组件后通过拖拽添加【单元格写入】组件，点击该组件，在右边的参数属性区设置备注为"对应供应商付款对账记录写入"，设置文件为

"filepath +'/' + supplierlist[0] +'付款对账单.xlsx'",设置内容为"temppaymentdf.drop('收款人',axis='columns')",设置单元格为"'A2'",如图 6-70 所示。

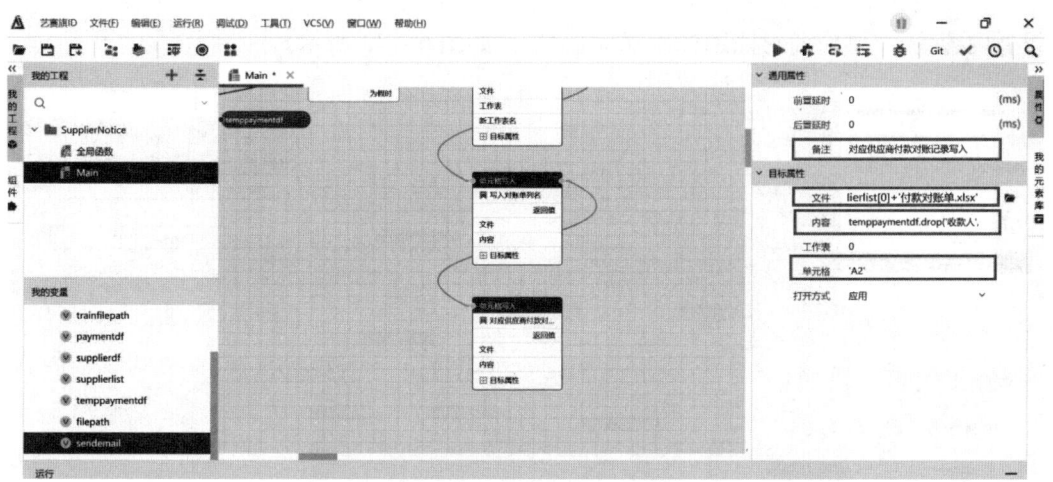

图 6-70 拖拽添加【单元格写入】组件

在流程设计区【单元格写入】组件后通过拖拽添加【发送邮件】组件,点击该组件,在右边的参数属性区设置备注为"发送通知邮件给对应的供应商",设置密码为自己邮箱的 smtp 授权码,设置服务器为"'smtp.qq.com'",设置端口为"465",设置发送者为"sendemail",设置标题为"'深圳智航科技公司的付款对账通知'",设置正文为"'您好,附件是我司根据业务实际情况提供了对账期间内给贵司的实际付款记录,请贵司收到本通知后 5 个工作日内完成收款对账确认,如核对过程中有发现差异,请及时与我们联系,并且提供相关补充资料,谢谢支持!'",设置附件为"filepath +'/' + supplierlist[0] +'付款对账单.xlsx'",如图 6-71 所示。

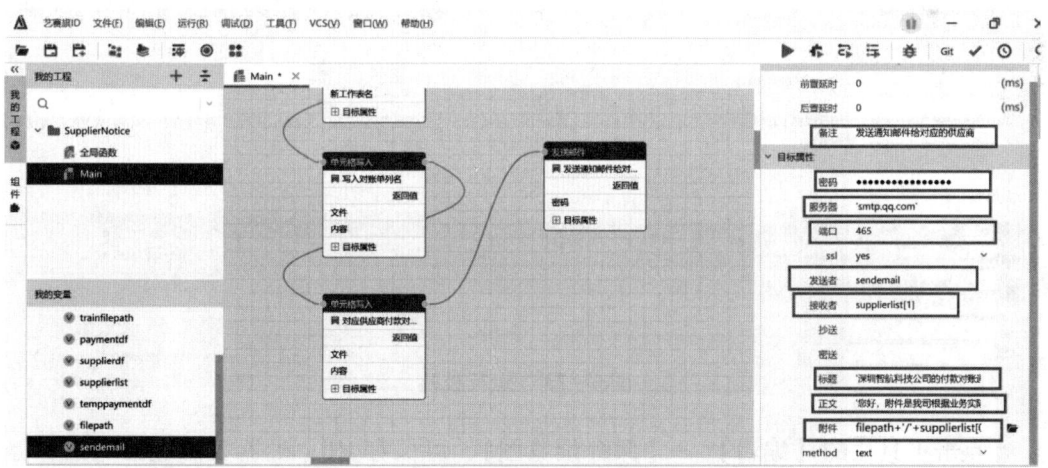

图 6-71 拖拽添加【发送邮件】组件

4. 提示流程结束。

在流程设计区【dataframe 遍历】组件后通过拖拽添加【消息框】组件，点击该组件，在右边的参数属性区设置前置时间为"3000"，设置备注为"流程结束通知"，设置内容为"'供应商对账通知发送完成！'"，如图 6-72 所示。

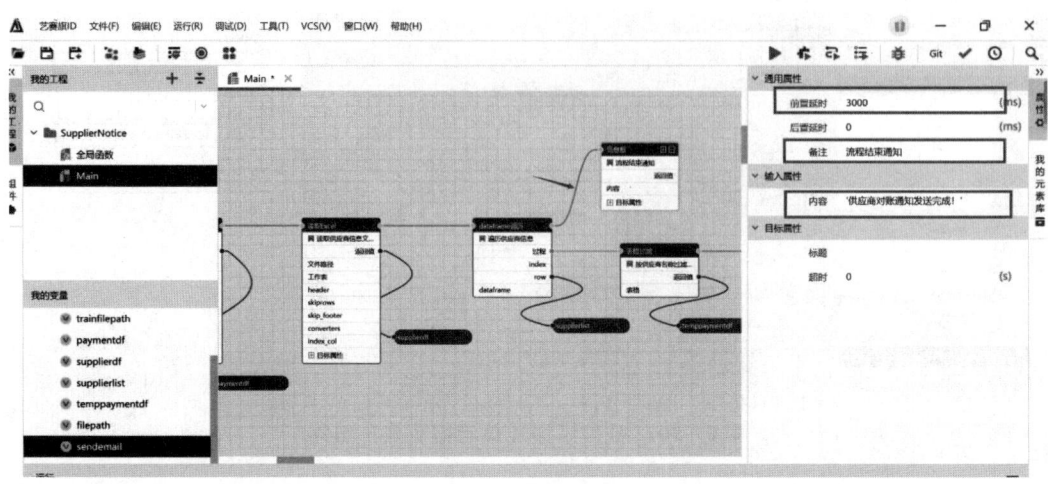

图 6-72　提示流程结束

5. 运行校验。

点击【运行】按钮，可见 RPA 自动执行流程并在流程末尾弹出消息框，提示流程结束。点击提示框上的"确定"按钮，RPA 设计器"控制台"区域提示"运行完成"，打开邮箱可看见发送的邮件通知，如图 6-73 所示。

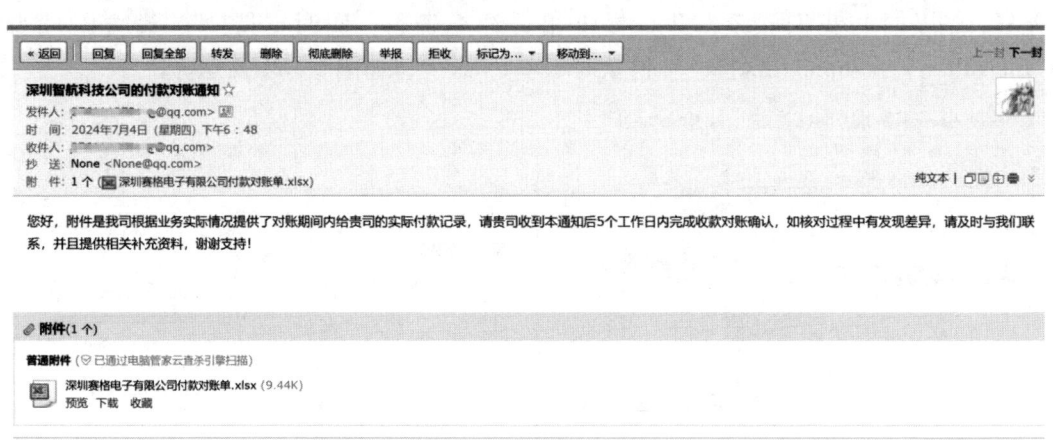

图 6-73　运行校验

点击工具栏的【编辑】—【保存预览图】，可保存 RPA 机器人流程预览图，如图 6-74 所示。

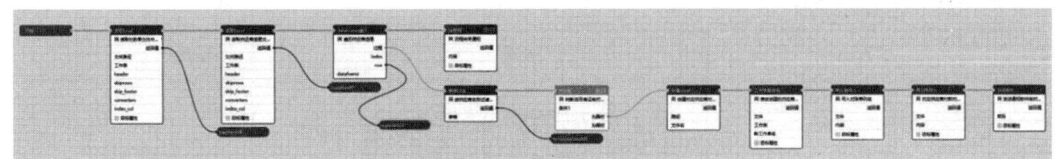

图 6-74 保存预览图

第四节 差旅费用预算执行分析机器人

案例任务一：（必）开发差旅费用预算执行分析机器人

一、业务场景

成本会计肖利华每个月月初要分析上个月各部门的差旅费用预算执行情况，需要先进入 EAS 系统根据部门差旅费用预算表中的预算起始日期查询出已经审核通过的差旅报销单，然后按费用承担部门统计汇总出报销申请金额，计算出差旅执行进度，对于超过预算的部门执行进度需要标红显示作为提醒。该工作属于高重复低价值的工作，肖利华希望通过 RPA 机器人的建设将该部分工作交由机器人来完成。部门差旅费用预算表如图 6-75 所示。

	A	B	C	D
1	部门差旅费用预算表			
2	预算开始日期	2021-01-01	预算结束日期	2021-01-31
3	部门	差旅费预算金额	差旅费实际金额	差旅费执行进度
4	行政部	6,000.00	0.00	0.00%
5	业务部	3,000.00	0.00	0.00%
6	财务部	4,000.00	0.00	0.00%
7				

图 6-75 部门差旅费用预算表

二、任务要求

公司选择 IS-RPA 机器人设计器来开发公司需要的差旅费用预算执行分析机器人，要求在理解人工流程基础上进行机器人的设计和开发，人工操作流程如图 6-76 所示。

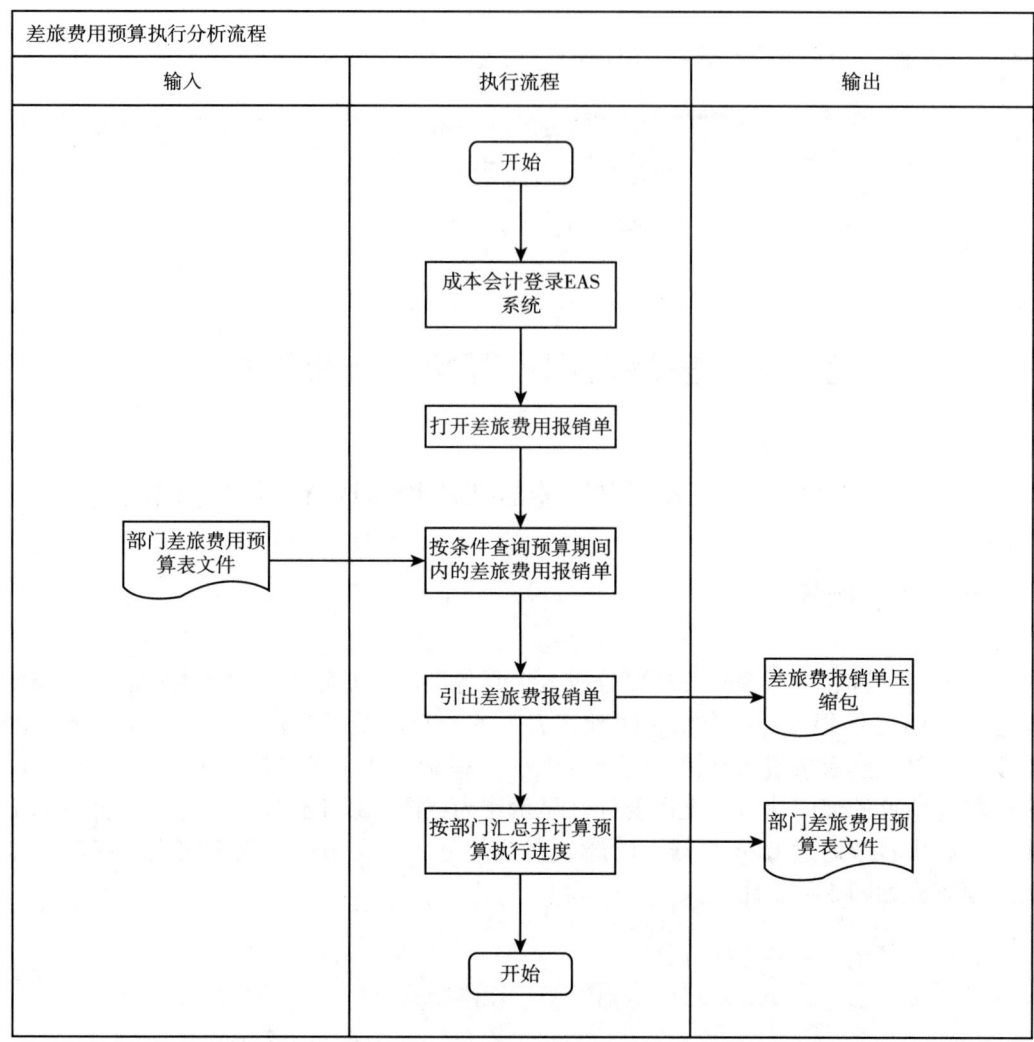

图 6-76 人工操作流程

三、任务解析

思考问题：

1. 在以上业务场景下，如果要通过 RPA 机器人来实现，可以做哪些前置准备工作？

2. 思考 RPA 机器人实现流程，并与人工流程进行对比分析。

3. 根据 RPA 机器人实现的流程，思考设计差旅费用预算分析机器人过程中，可能使用到的组件有哪些？通过帮助手册了解这些组件的使用方法。

RPA 机器人流程设计：

RPA 机器人流程设计如图 6-77 所示。

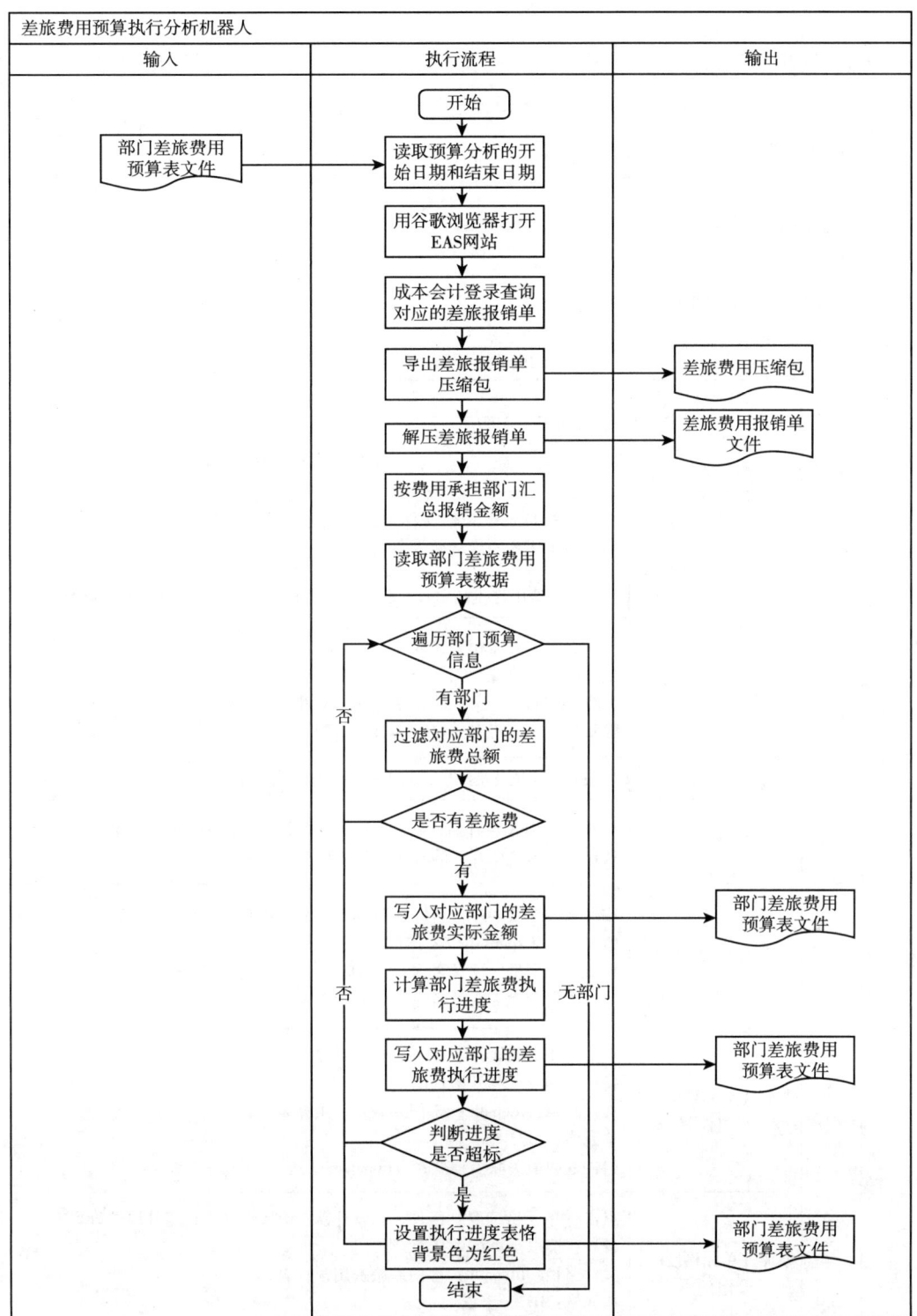

图 6-77　RPA 机器人流程设计

四、实验数据

《部门差旅费用预算表.xls》

五、开发方案

业务流程开发步骤如表6-8所示。

表6-8　　　　　　　　　　业务流程开发步骤

业务流程			开发步骤	
序号	操作步骤	添加组件/新增变量	设置属性（具体操作）	
1	前期准备	新建文件夹	在C盘根目录下新建文件夹，命名为"ExpenseRPA"，用来保存本任务RPA机器人所有实验数据中的资料	
		数据准备	将教材资源中提供的实验数据中的文档下载至路径"C:\ExpenseRPA"下	
		谷歌浏览器设置	设置谷歌浏览器相关参数 下载内容的位置：C:\ExpenseRPA 下载前询问每个文件的保存位置：关闭 隐私与安全：将EAS访问链接加入白名单	
		EAS系统准备	用xlh序号登录系统后，将差旅费报销单加入常用功能	
		新建工程	打开IS-RPA设计器，新建工程，命名为"ExpenseAnalysis_TA" 选择路径为"C:\ExpenseRPA"	
2	获取预算期间	添加流程变量	添加流程变量，变量名称：filepath，变量描述：任务文档存放路径，默认值：'C:/ExpenseRPA/' 添加流程变量，变量名称：fromdate，变量描述：预算开始日期 添加流程变量，变量名称：todate，变量描述：预算结束日期	
		添加【单元格读取】组件	点击【单元格读取】组件，在设计器右边属性区进行组件属性设置 备注：读取预算开始日期 文件路径：filepath +'部门差旅费用预算表.xls' 单元格：'B2' 组件返回值关联流程变量：fromdate	
		添加【单元格读取】组件	点击【单元格读取】组件，在设计器右边属性区进行组件属性设置 备注：读取预算结束日期 文件路径：filepath +'部门差旅费用预算表.xls' 单元格：'D2' 组件返回值关联流程变量：todate	

续表

业务流程			开发步骤	
序号	操作步骤	添加组件/新增变量	设置属性（具体操作）	
3	打开浏览器登录EAS系统	添加流程变量	添加流程变量，变量名称：eas_url，变量描述：EAS系统网址，默认值：'http：//ip：8888/portal'（自己可访问的EAS网址） 添加流程变量，变量名称：eas_user，变量描述：登录EAS的用户名，默认值：'xlh序号'（序号替换成自己的序号）	
		添加【网站】组件	点击【网站】组件，在设计器右边属性区进行组件属性设置 备注：用谷歌浏览器打开EAS网页 路径：r'+谷歌浏览器在操作电脑上的安装路径+\chrome.exe' 网址：eas_url	
		添加【鼠标点击】组件	选中网站组件，右键选择只运行此组件，打开EAS界面，便于后面添加鼠标操作的时候拾取网页元素 点击【鼠标点击】组件上【拾取】按钮，先按F2暂停拾取，调出上一步打开的EAS网站窗口，再按F2恢复拾取，按F4切换当前拾取模式为uia拾取，框选EAS数据中心，然后在设计器右边属性区进行组件属性设置 备注：鼠标点击数据中心得到下拉列表	
		添加【鼠标点击】组件	点击【鼠标点击】组件上【拾取】按钮，先按F2暂停拾取，调出前面打开的EAS网站窗口，点击数据中心，打开数据中心下拉列表，再按F2恢复拾取，按F4切换当前拾取模式为uia拾取，框选本任务对应的数据中心，然后在设计器右边属性区进行组件属性设置 备注：选择数据中心	
		添加【设置文本】组件	点击【设置文本】组件上【拾取】按钮，先按F2暂停拾取，调出前面打开的EAS网站窗口，再按F2恢复拾取，按F4切换当前拾取模式为uia拾取，框选用户名文本框，然后在设计器右边属性区进行组件属性设置 备注：输入用户名 文本：eas_user	
		添加【鼠标点击】组件	点击【鼠标点击】组件上【拾取】按钮，先按F2暂停拾取，调出前面打开的EAS网站窗口，再按F2恢复拾取，按F4切换当前拾取模式为uia拾取，框选登录按钮，然后在设计器右边属性区进行组件属性设置 备注：登录EAS系统	
4	查询差旅报销单信息	添加【鼠标点击】组件	点击【鼠标点击】组件上【拾取】按钮，先按F2暂停拾取，调出前面登录的EAS网站窗口，再按F2恢复拾取，按F4切换当前拾取模式为uia拾取，框选我的工作台常用功能中的差旅费报销单，然后在设计器右边属性区进行组件属性设置 前置延时：3000 备注：打开差旅报销单	
		添加【鼠标点击】组件	点击【鼠标点击】组件上【拾取】按钮，先按F2暂停拾取，调出前面打开的EAS网站窗口，打开差旅报销单列表界面，再按F2恢复拾取，按F4切换当前拾取模式为uia拾取，框选差旅费报销单查询区域的展开，然后在设计器右边属性区进行组件属性设置 前置延时：3000 备注：展开查询条件	

续表

业务流程		开发步骤	
序号	操作步骤	添加组件/新增变量	设置属性（具体操作）
4	查询差旅报销单信息	添加【设置文本】组件	点击【设置文本】组件上【拾取】按钮，先按F2暂停拾取，调出前面打开的EAS网站窗口，点击差旅报销单上的展开，再按F2恢复拾取，按F4切换当前拾取模式为uia拾取，框选差旅费报销单查询区域的开始日期文本框，然后在设计器右边属性区进行组件属性设置 备注：输入查询开始日期 文本：fromdate
		添加【设置文本】组件	点击【设置文本】组件上【拾取】按钮，先按F2暂停拾取，调出前面打开的EAS网站窗口，点击差旅报销单上的展开，再按F2恢复拾取，按F4切换当前拾取模式为uia拾取，框选差旅费报销单查询区域的结束日期文本框，然后在设计器右边属性区进行组件属性设置 备注：输入查询结束日期 文本：todate
		添加【鼠标点击】组件	点击【鼠标点击】组件上【拾取】按钮，先按F2暂停拾取，调出前面打开的EAS网站窗口，点击差旅报销单上的展开，再按F2恢复拾取，按F4切换当前拾取模式为uia拾取，框选差旅费报销单查询区域的审核通过，然后在设计器右边属性区进行组件属性设置 备注：设置单据状态的查询条件为审核通过
		添加【鼠标点击】组件	点击【鼠标点击】组件上【拾取】按钮，先按F2暂停拾取，调出前面打开的EAS差旅报销单网站窗口，点击差旅报销单上的展开，再按F2恢复拾取，按F4切换当前拾取模式为uia拾取，框选确定按钮，然后在设计器右边属性区进行组件属性设置 备注：点击确定查询数据
5	导出并解压得到差旅报销单	添加【鼠标点击】组件	点击【鼠标点击】组件上【拾取】按钮，先按F2暂停拾取，调出前面打开的EAS差旅报销单网站窗口，再按F2恢复拾取，按F4切换当前拾取模式为uia拾取，框选更多按钮，然后在设计器右边属性区进行组件属性设置 备注：点击更多按钮
		添加【鼠标点击】组件	点击【鼠标点击】组件上【拾取】按钮，先按F2暂停拾取，调出前面打开的EAS差旅报销单网站窗口，再按F2恢复拾取，按F4切换当前拾取模式为uia拾取，框选引出按钮，然后在设计器右边属性区进行组件属性设置 备注：点击引出按钮
		添加【鼠标点击】组件	点击【鼠标点击】组件上【拾取】按钮，先按F2暂停拾取，调出前面打开的EAS差旅报销单网站窗口，点击更多—引出，打开差旅报销单导出界面，再按F2恢复拾取，按F4切换当前拾取模式为uia拾取，框选导出按钮，然后在设计器右边属性区进行组件属性设置 后置延时：10000 备注：点击导出按钮
		添加【鼠标点击】组件	点击【鼠标点击】组件上【拾取】按钮，先按F2暂停拾取，调出前面打开的EAS差旅报销单网站窗口，点击更多—引出，打开差旅报销单引出界面，点击导出，出现下载按钮后再按F2恢复拾取，按F4切换当前拾取模式为uia拾取，框选下载按钮，然后在设计器右边属性区进行组件属性设置 备注：下载差旅报销单

续表

业务流程		开发步骤	
序号	操作步骤	添加组件/新增变量	设置属性（具体操作）
5	导出并解压得到差旅报销单	添加【下载栏设置】组件	点击【下载栏设置】组件，然后在设计器右边属性区进行组件属性设置 备注：关闭下载工具栏 状态：关闭
		添加【鼠标点击】组件	点击【鼠标点击】组件上【拾取】按钮，先按 F2 暂停拾取，调出前面打开的 EAS 差旅报销单网站窗口，点击更多—引出，打开差旅报销单引出界面，再按 F2 恢复拾取，按 F4 切换当前拾取模式为 uia 拾取，框选界面关闭，然后在设计器右边属性区进行组件属性设置 备注：关闭引出界面
		添加【鼠标点击】组件	点击【鼠标点击】组件上【拾取】按钮，先按 F2 暂停拾取，调出前面打开的 EAS 差旅报销单网站窗口，再按 F2 恢复拾取，按 F4 切换当前拾取模式为 uia 拾取，框选界面关闭，然后在设计器右边属性区进行组件属性设置 备注：关闭差旅报销单界面
		添加【zip 解压】组件	点击【zip 解压】组件，然后在设计器右边属性区进行组件属性设置 前置延时：10000 后置延时：5000 备注：解压下载的差旅报销单 源文件：filepath + '差旅费报销单.zip' 目标目录：filepath
6	部门差旅预算分析	添加流程变量	添加流程变量，变量名称：travesumdf，变量描述：实际发生差旅费用按部门汇总数据 添加流程变量，变量名称：deptinfolist，变量描述：遍历得到的部门预算信息 添加流程变量，变量名称：rowinfo，变量描述：遍历序号 添加流程变量，变量名称：temptrave，变量描述：对应部门实际差旅费用 添加流程变量，变量名称：travesprogress，变量描述：预算执行进度值
		添加【读取 Excel】组件	点击【读取 Excel】组件，在设计器右边属性区进行组件属性设置 备注：读取解压后的差旅报销单有用的列 文件路径：filepath + '差旅费报销单模板.xlsx' Header：3 Usecols：(3, 10, 15) 返回值：返回值节点连接到下一个【表格过滤】的表格节点
		添加【表格过滤】组件	点击【表格过滤】组件，在设计器右边属性区进行组件属性设置 备注：过滤出分录序号为 1 的记录 条件：'*分录序号' == 1 返回值：返回值节点连接到下一个【统计求和】组件的 df 节点
		添加【统计求和】组件	点击【统计求和】组件，在设计器右边属性区进行组件属性设置 备注：按费用承担部门汇总部门报销金额 Groupby：'*费用承担部门' 设置组件的返回值为流程变量：travesumdf

续表

业务流程			开发步骤	
序号	操作步骤	添加组件/新增变量	设置属性（具体操作）	
6	部门差旅预算分析	添加【读取 Excel】组件	点击【读取 Excel】组件，在设计器右边属性区进行组件属性设置 备注：读取部门差旅费用预算表 文件路径：filepath +'部门差旅费用预算表.xls' Header：2 Usecols：(0,1) 返回值：返回值节点连接到下一个【dataframe 遍历】组件的 dataframe 节点	
		添加【dataframe 遍历】组件	点击【dataframe 遍历】组件，在设计器右边属性区进行组件属性设置 备注：遍历部门差旅预算信息表 Index：index 节点关联下一个【相加】组件的属性 a Row 设置为流程变量：deptinfolist	
		添加【相加】组件	点击【相加】组件，在设计器右边属性区进行组件属性设置 备注：得到费用预算表的写入的行 B：4 返回值设置为流程变量：rowinfo	
		添加【表格过滤】组件	点击【表格过滤】组件，在设计器右边属性区进行组件属性设置 备注：差旅报销信息按部门过滤 表格：travesumdf 条件：'*费用承担部门' == deptinfolist[0] 返回值设置为流程变量：temptrave	
		添加【IF 分支】组件	点击【IF 分支】组件，在设计器右边属性区进行组件属性设置 备注：判断本月对应部门是否有对应的差旅单数据 条件 1：len（temptrave）==1 为真时：关联下一个【单元格写入】组件	
		添加【单元格写入】组件	点击【单元格写入】组件，在设计器右边属性区进行组件属性设置 备注：写入部门差旅实际金额 文件：filepath +'部门差旅费用预算表.xls' 内容：temptrave.iloc[0][1] 单元格：'C' + str（rowinfo）	
		添加【相除】组件	点击【相除】组件，在设计器右边属性区进行组件属性设置 备注：计算差旅费执行进度 A：temptrave.iloc[0][1] B：deptinfolist[1] 返回值：返回值节点连接到下一个【单元格写入】组件的内容节点 设置组件的返回值为流程变量：travesprogress	
		添加【单元格写入】组件	点击【单元格写入】组件，在设计器右边属性区进行组件属性设置 备注：写入部门差旅费执行进度 文件：filepath +'部门差旅费用预算表.xls' 单元格：'D' + str（rowinfo）	

续表

业务流程			开发步骤	
序号	操作步骤	添加组件/新增变量	设置属性（具体操作）	
6	部门差旅预算分析	添加【IF分支】组件	点击【IF分支】组件，在设计器右边属性区进行组件属性设置 备注：判断差旅费执行进度是否超过预算 条件1：travesprogress > 1 为真时：关联下一个【设置背景色】组件	
		添加【设置背景色】组件	点击【设置背景色】组件，在设计器右边属性区进行组件属性设置 备注：超预算的部门执行进度表格标红 文件：filepath + '部门差旅费用预算表.xls' 单元格：'D' + str（rowinfo） 颜色：'ff0000'	
7	提示流程结束	添加【消息框】组件	在【dataframe 遍历】组件后面添加【消息框】组件，在设计器右边属性区进行组件属性设置 前置时间：3000 备注：流程结束通知 内容：'部门差旅费预算分析完成！'	
8	运行校验	运行流程	点击【运行】按钮运行流程，可见 RPA 自动执行流程并在流程末尾弹出消息框，提示流程结束。点击提示框上的"确定"按钮，RPA 设计器"控制台"区域提示"运行完成"	

六、操作指导

1. 前期准备。

在 C 盘根目录下新建文件夹，命名为"ExpenseRPA"，将教材资源中提供的实验数据中的文档下载至路径"C:\ExpenseRPA"下，完成后可查看文件夹内容如图 6-78 所示。

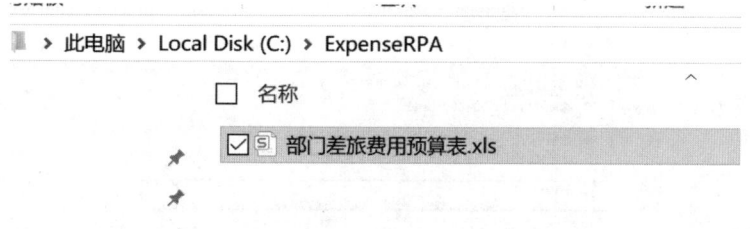

图 6-78 新建文件夹

打开谷歌浏览器的"设置"中的"下载内容"，更改下载内容的位置为 C:\ExpenseRPA，关闭下载前询问每个文件的保存位置，如图 6-79 所示。

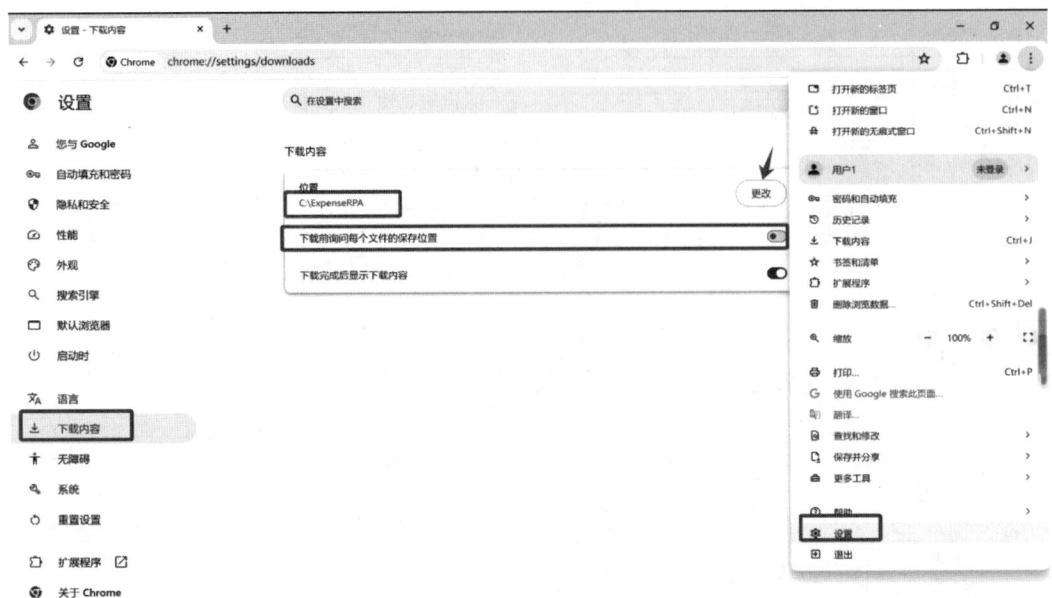

图6-79　更改下载内容

打开谷歌浏览器的"设置"中的隐私与安全，找到网站设置，如图6-80所示。

图6-80　打开隐私与安全

点击网站设置，找到更多内容设置下的不安全内容，如图 6-81 所示。

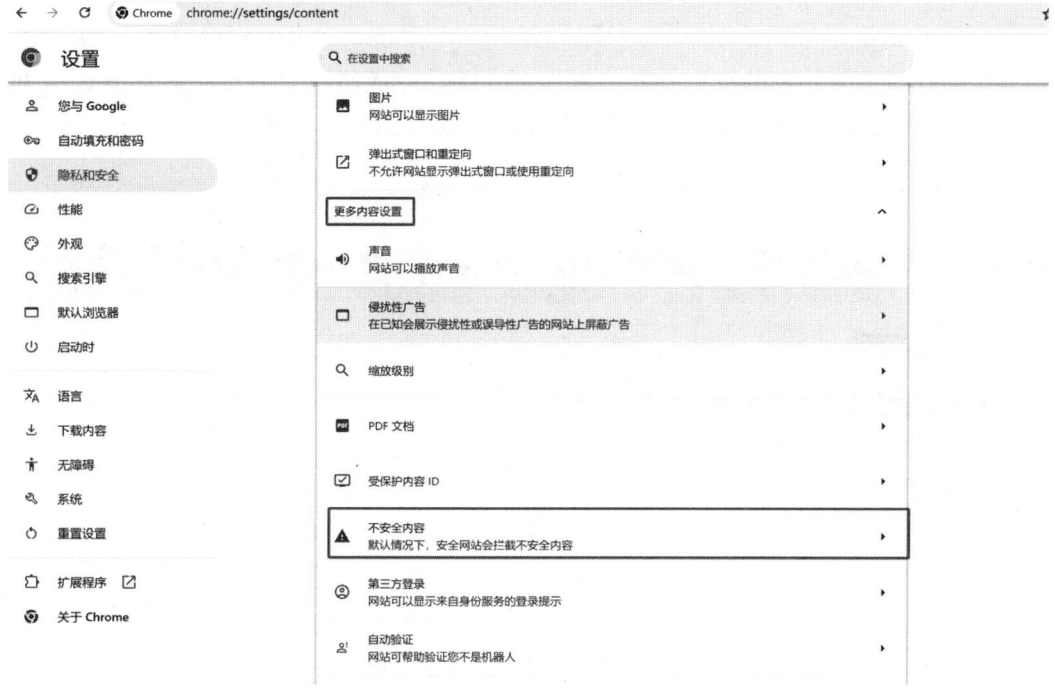

图 6-81　点击网站设置

点击不安全内容，可看见允许显示不安全内容边上的添加按钮，点击添加按钮，将 EAS 访问链接添加到允许显示不安全内容的列表中，如图 6-82 所示。

图 6-82　点击不安全内容

完成上述谷歌浏览器的设置，可以保证下载 EAS 链接中的相关导出文件的时候可以直接下载文件到对应的目录中，不需要人为确认文件的保存。

打开 EAS 登录界面，用 xlh 序号账号登录 EAS 系统，点击差旅报销单边上的★，将差旅报销单加入"我的工作台"的常用页签下，完成该设置的目的是便于 RPA 机器人能用最少的操作打开差旅报销单，如图 6 – 83 和图 6 – 84 所示。

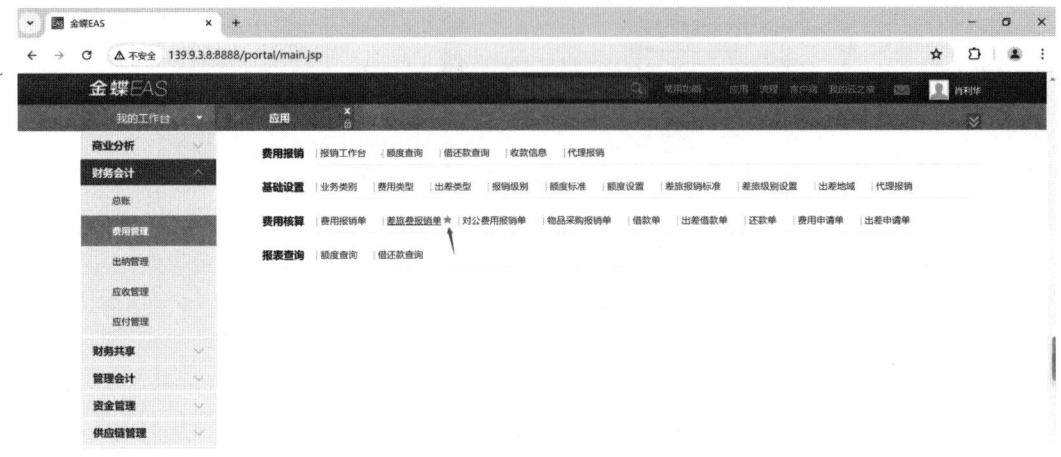

图 6 – 83　打开 EAS 登录界面

图 6 – 84　工作台常用页签下添加差旅报销单

打开 IS – RPA 设计器，点击新建工程，设置名称为"ExpenseAnalysis_TA"，设置路径为"C:\ExpenseRPA"，新建工程界面如图 6 – 85 所示。

2. 获取预算期间。

在"我的变量"下增加流程变量，设置变量名称为"filepath"，变量描述为"任务文档存放路径"，默认值为"'C:/ExpenseRPA/'"，如图 6 – 86 所示。

在"我的变量"下增加流程变量，设置变量名称为"fromdate"，变量描述为"预算开始日期"，如图 6 – 87 所示。

第六章　RPA 财务机器人设计与开发　319

图 6 – 85　打开 IS – RPA 设计器

图 6 – 86　新增"filepath"变量

图 6 – 87　新增"fromdate"变量

在"我的变量"下增加流程变量,设置变量名称为"todate",变量描述为"预算结束日期",如图 6-88 所示。

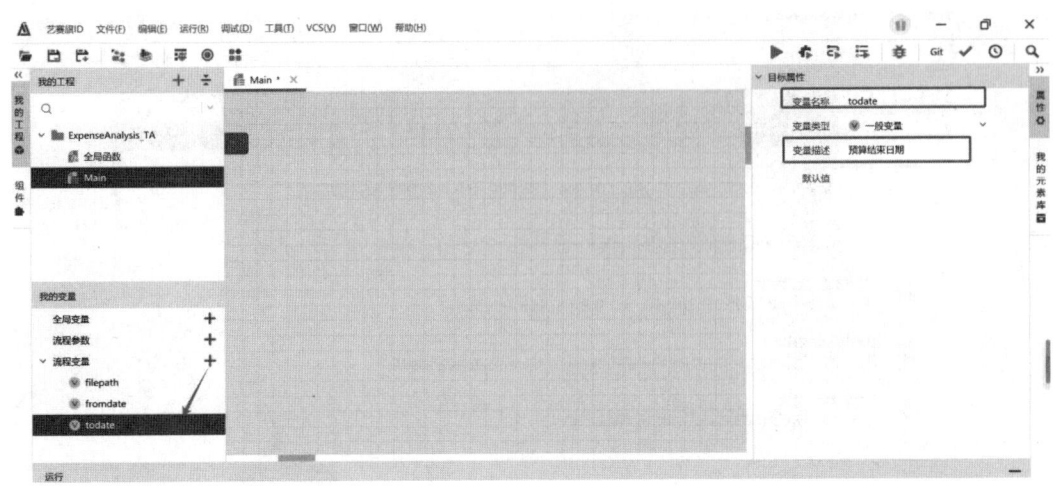

图 6-88　新增"todate"变量

在流程设计区【开始】后通过拖拽添加【单元格读取】组件,如图 6-89 所示,点击该组件,在右边的参数属性区按如下要求设置。

备注:读取预算开始日期。

文件路径:filepath + '部门差旅费用预算表.xls'。

单元格:'B2'。

组件返回值关联流程变量:fromdate。

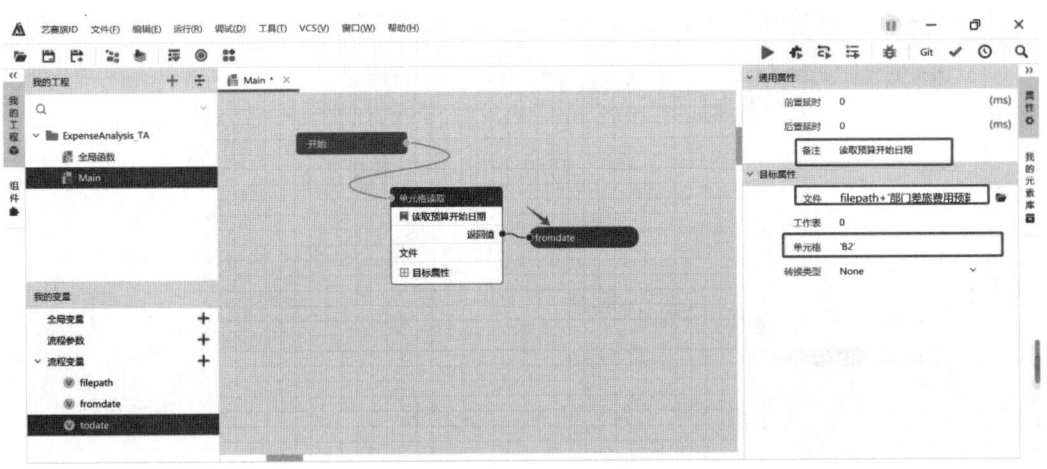

图 6-89　拖拽添加【单元格读取】组件

在【单元格读取】组件后通过拖拽添加【单元格读取】组件,如图 6-90 所示,点击该组件,在右边的参数属性区按如下要求设置。

备注：读取预算结束日期。

文件路径：filepath +'部门差旅费用预算表.xls'。

单元格：'D2'。

组件返回值关联流程变量：todate。

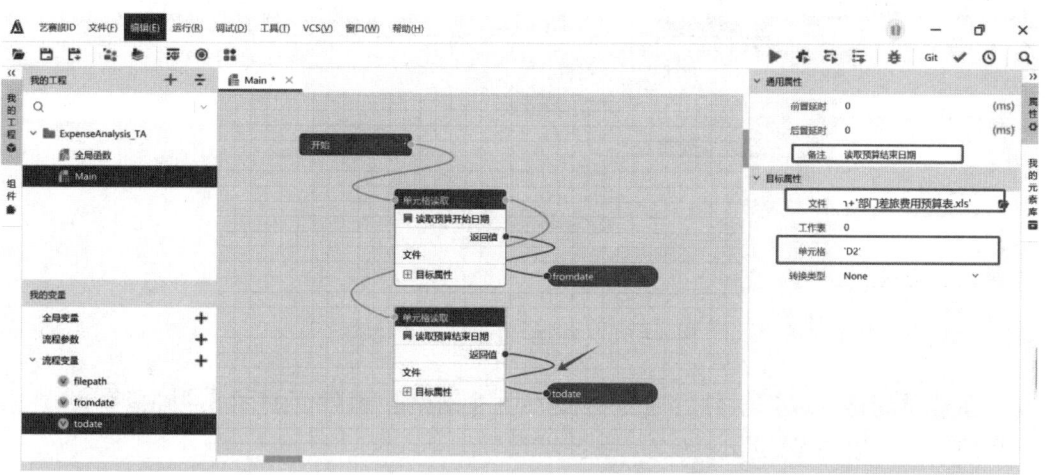

图 6-90　拖拽添加【单元格读取】组件

3. 打开浏览器登录 EAS 系统。

在"我的变量"下增加流程变量，设置变量名称为"eas_url"，变量描述为"EAS 系统网址"，默认值为"'http：//ip：8888/portal'"，注意网址填写可访问 EAS 网址，如图 6-91 所示。

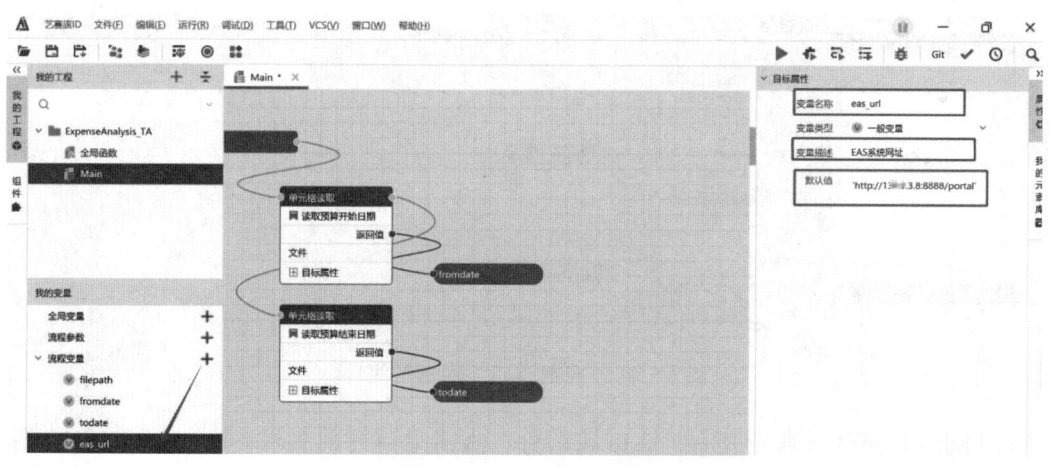

图 6-91　新增"eas_url"变量

在"我的变量"下增加流程变量，设置变量名称为"eas_user"，变量描述为"登录 EAS 的用户名"，默认值为"'xlh 序号'"，如图 6-92 所示。

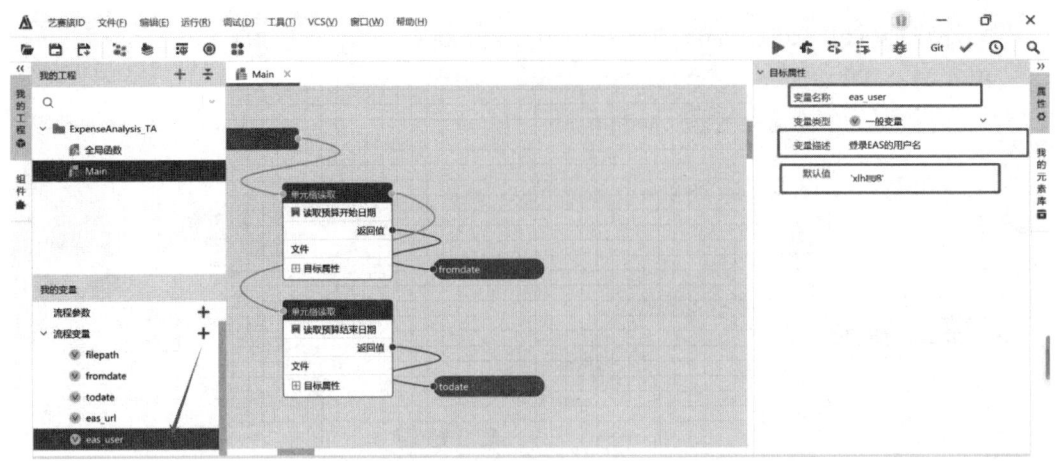

图 6–92　新增"eas_user"变量

在【单元格读取】组件后通过拖拽添加【网站】组件，如图 6–93 所示，点击该组件，在右边的参数属性区按如下要求设置。

备注：用谷歌浏览器打开 EAS 网页。

路径：r ' + 谷歌浏览器在操作电脑上的安装路径 + \ chrome.exe '。

网址：eas_url。

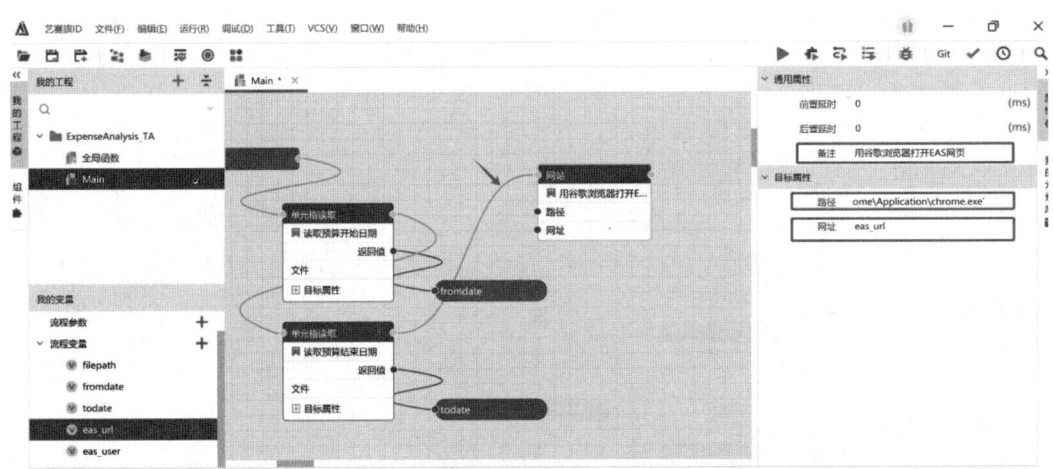

图 6–93　拖拽添加【网站】组件

【网站】组件设置完成后，右键该组件，点击只运行此组件，可打开 EAS 界面，便于为后续的组件做拾取操作，如图 6–94 和图 6–95 所示。

在【网站】组件后通过拖拽添加【鼠标点击】组件，点击【鼠标点击】组件上【拾取】按钮，先按 F2 暂停拾取，调出上一步打开的 EAS 网站窗口，再按 F2 恢复拾取，按 F4 切换当前拾取模式为 uia 拾取，框选 EAS 数据中心，如图 6–96 所示。

第六章 RPA 财务机器人设计与开发 323

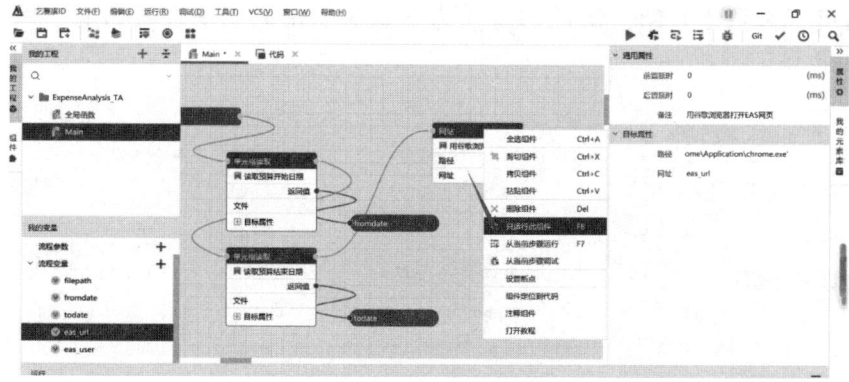

图 6-94 运行此组件

图 6-95 打开 EAS 界面

图 6-96 拖拽添加【鼠标点击】组件

设置【鼠标点击】组件属性的备注为"鼠标点击数据中心得到下拉列表",如图 6-97 所示。

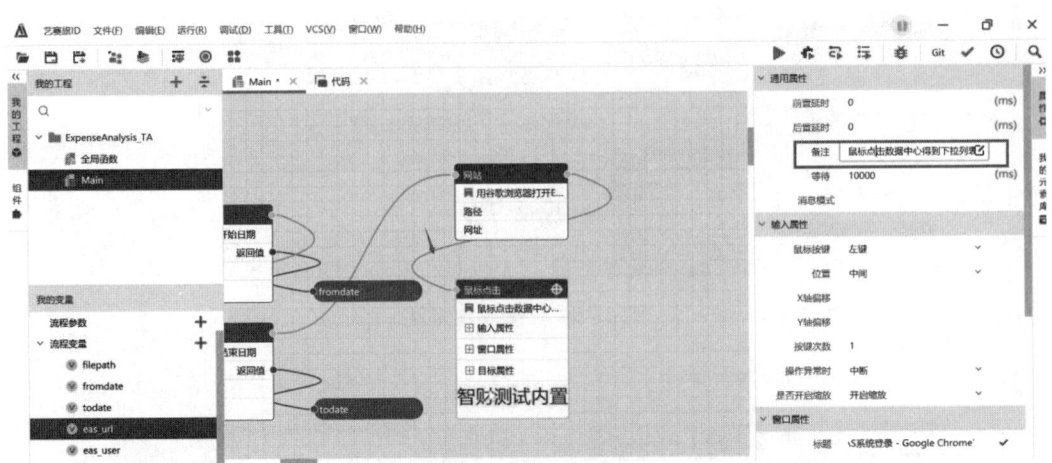

图 6-97　设置【鼠标点击】组件属性

在【鼠标点击】组件后通过拖拽添加【鼠标点击】组件,点击【鼠标点击】组件上【拾取】按钮,先按 F2 暂停拾取,调出前面打开的 EAS 网站窗口,点击数据中心,打开数据中心下拉列表,再按 F2 恢复拾取,按 F4 切换当前拾取模式为 uia 拾取,框选本任务对应的数据中心,如图 6-98 所示。

图 6-98　拖拽添加【鼠标点击】组件

设置【鼠标点击】组件属性的备注为"选择数据中心",如图 6-99 所示。

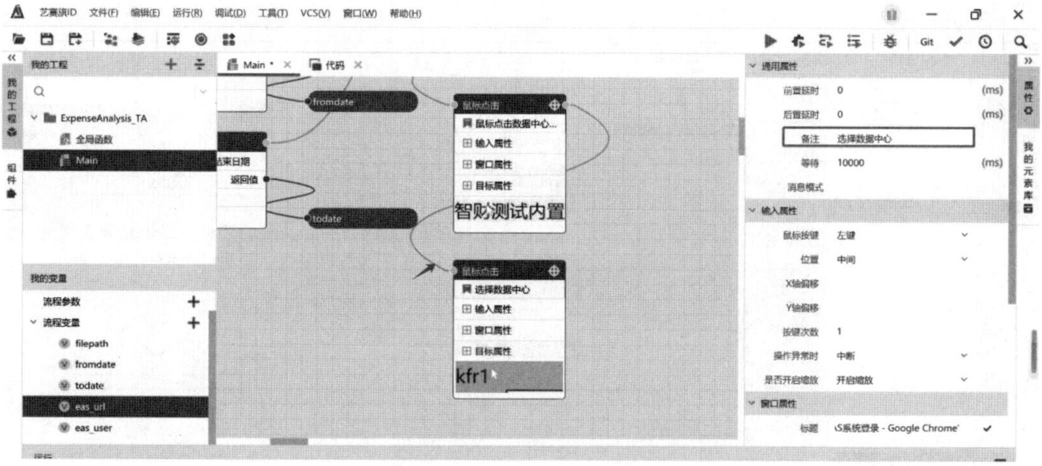

图 6-99　设置【鼠标点击】组件属性

在【鼠标点击】组件后通过拖拽添加【设置文本】组件,点击【设置文本】组件上【拾取】按钮,先按 F2 暂停拾取,调出前面打开的 EAS 网站窗口,再按 F2 恢复拾取,按 F4 切换当前拾取模式为 uia 拾取,框选用户名文本框,如图 6-100 所示。

图 6-100　拖拽添加【设置文本】组件

设置【设置文本】组件属性的备注为"输入用户名",文本为"eas_user",如图 6–101 所示。

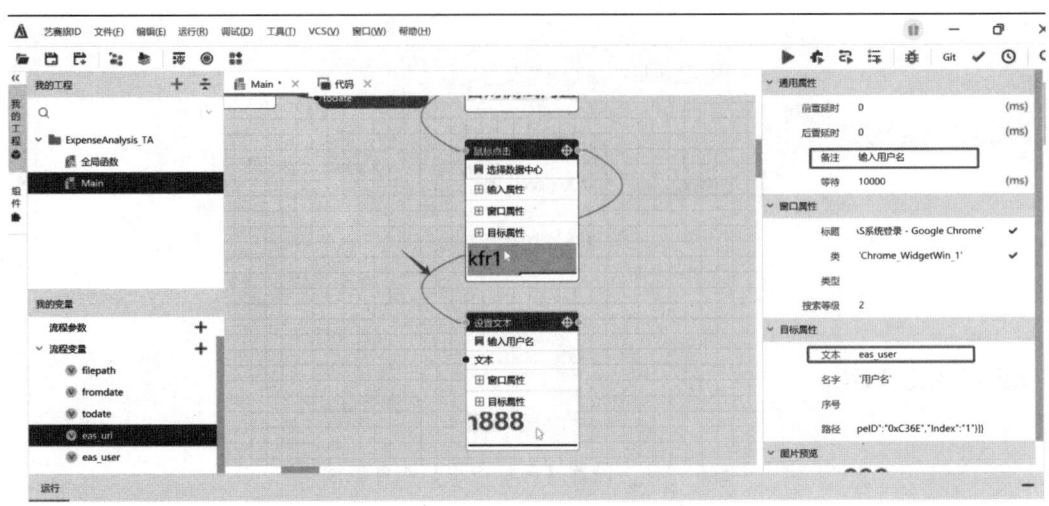

图 6–101　设置【设置文本】组件属性

在【设置文本】组件后通过拖拽添加【鼠标点击】组件,点击【鼠标点击】组件上【拾取】按钮,先按 F2 暂停拾取,调出前面打开的 EAS 网站窗口,再按 F2 恢复拾取,按 F4 切换当前拾取模式为 uia 拾取,框选登录按钮,如图 6–102 所示。

图 6–102　拖拽添加【鼠标点击】组件

设置【鼠标点击】组件属性的备注为"登录 EAS 系统",如图 6-103 所示。

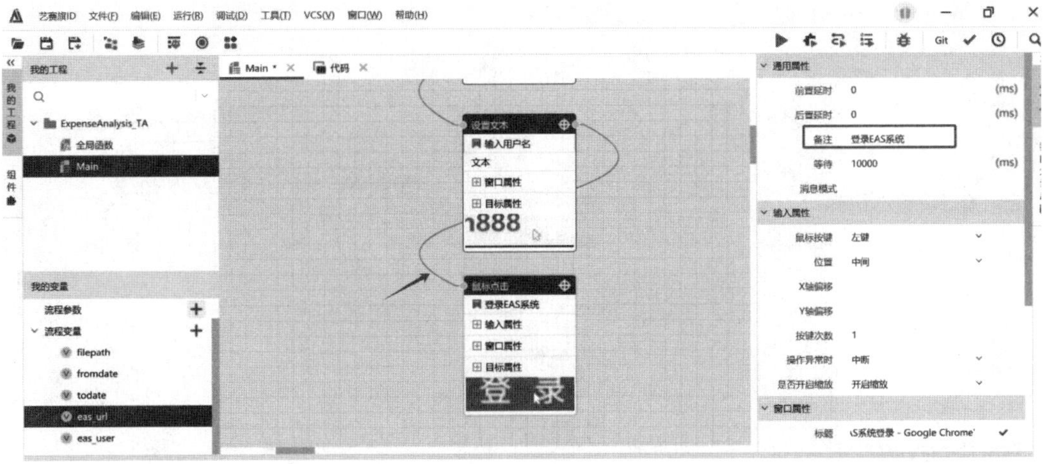

图 6-103　设置【鼠标点击】组件属性

4. 查询差旅报销单信息。

在【鼠标点击】组件后通过拖拽添加【鼠标点击】组件,点击【鼠标点击】组件上【拾取】按钮,先按 F2 暂停拾取,调出前面登录的 EAS 网站窗口,再按 F2 恢复拾取,按 F4 切换当前拾取模式为 uia 拾取,框选我的工作台常用功能中的差旅费报销单,如图 6-104 所示。

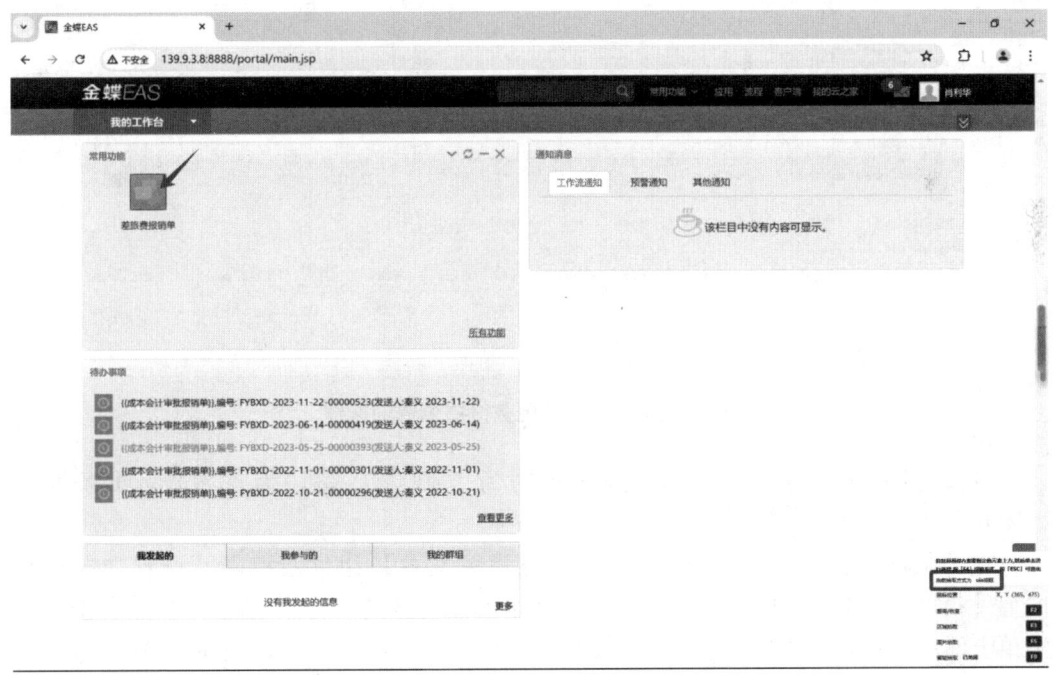

图 6-104　框选差旅费报销单

设置【鼠标点击】组件属性的前置延时为"3000",备注为"打开差旅报销单",如图 6－105 所示。

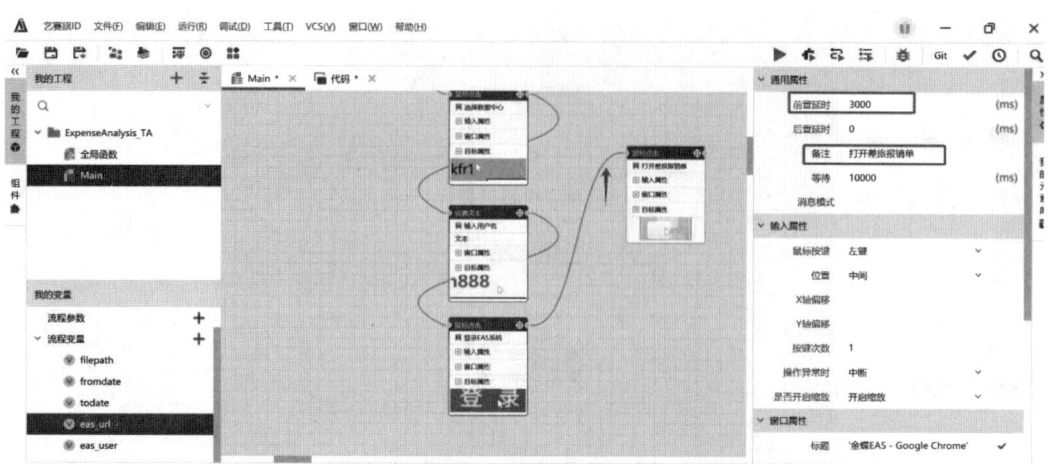

图 6－105　设置【鼠标点击】组件属性的前置延时

在【鼠标点击】组件后通过拖拽添加【鼠标点击】组件,点击【鼠标点击】组件上【拾取】按钮,先按 F2 暂停拾取,调出前面打开的 EAS 网站窗口,打开差旅报销单列表界面,再按 F2 恢复拾取,按 F4 切换当前拾取模式为 uia 拾取,框选差旅费报销单查询区域的展开,如图 6－106 所示。

图 6－106　展开差旅费报销单查询区域

设置【鼠标点击】组件属性的前置延时为"3000",备注为"展开查询条件",如图 6－107 所示。

在【鼠标点击】组件后通过拖拽添加【设置文本】组件,点击【设置文本】组件上【拾取】按钮,先按 F2 暂停拾取,调出前面打开的 EAS 网站窗口,点击差旅报销单上的展开,再按 F2 恢复拾取,按 F4 切换当前拾取模式为 uia 拾取,框选差旅费报销单查询区域的开始日期文本框,如图 6－108 所示。

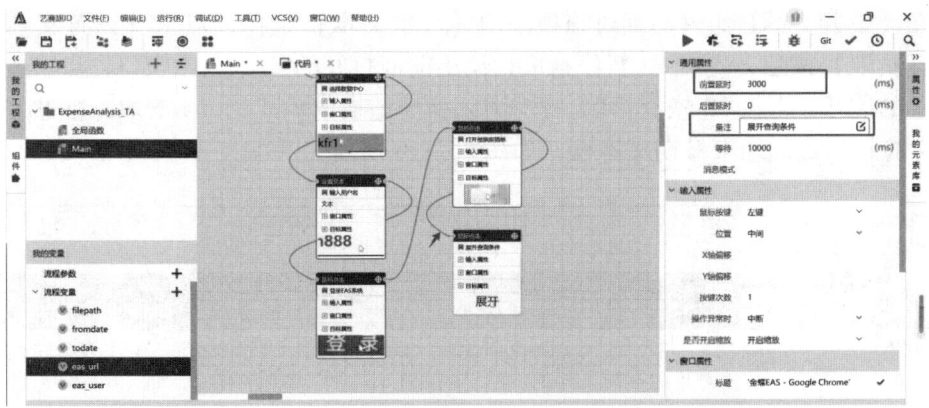

图 6–107　设置【鼠标点击】组件属性的前置延时

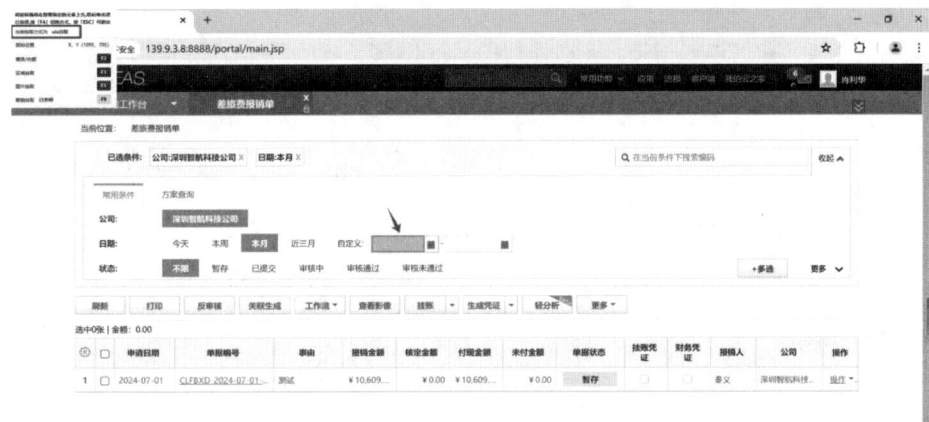

图 6–108　框选差旅费报销单查询区域的开始日期文本框

设置【设置文本】组件属性的备注为"输入查询开始日期",文本为"fromdate",如图 6–109 所示。

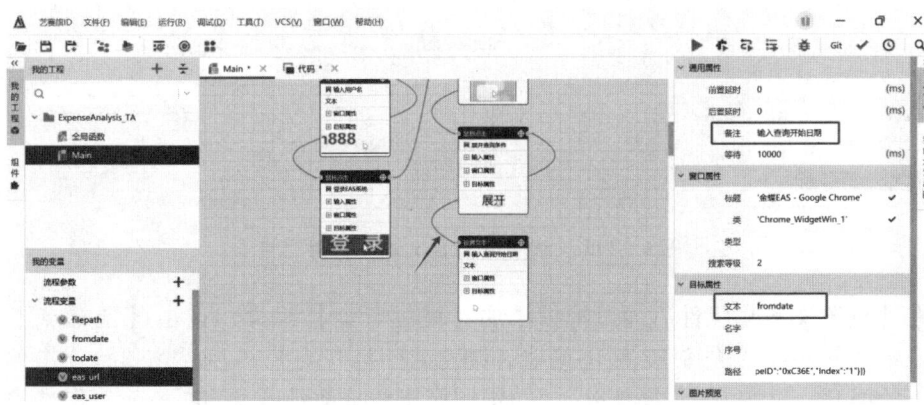

图 6–109　设置【设置文本】组件属性

在【设置文本】组件后通过拖拽添加【设置文本】组件，点击【设置文本】组件上【拾取】按钮，先按 F2 暂停拾取，调出前面打开的 EAS 网站窗口，点击差旅报销单上的展开，再按 F2 恢复拾取，按 F4 切换当前拾取模式为 uia 拾取，框选差旅费报销单查询区域的结束日期文本框，如图 6-110 所示。

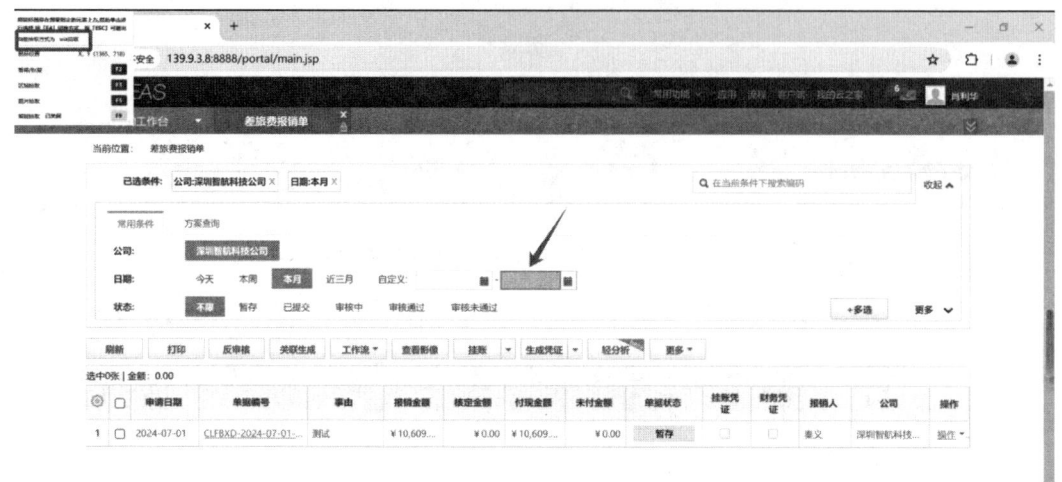

图 6-110　框选差旅费报销单查询区域的结束日期文本框

设置【设置文本】组件属性的备注为"输入查询结束日期"，文本为"todate"，如图 6-111 所示。

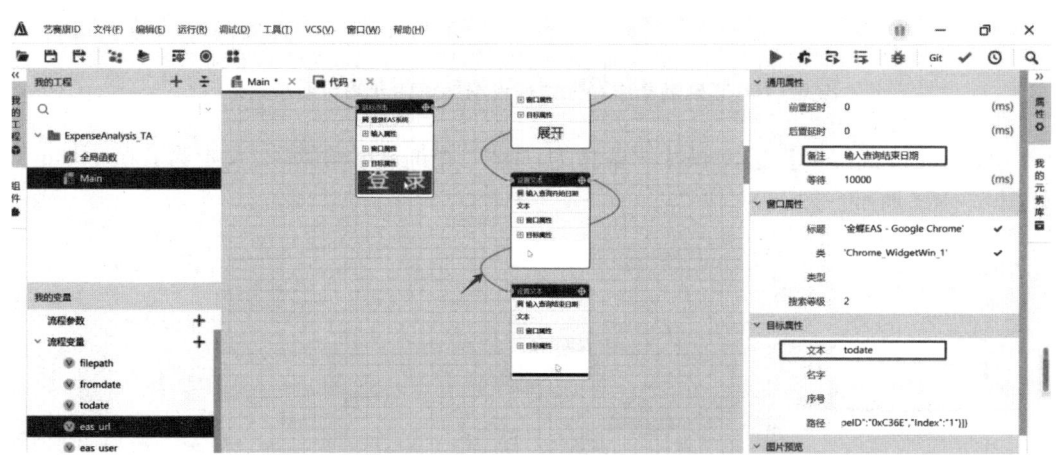

图 6-111　设置【设置文本】组件属性

在【设置文本】组件后通过拖拽添加【鼠标点击】组件，点击【鼠标点击】组件上【拾取】按钮，先按 F2 暂停拾取，调出前面打开的 EAS 网站窗口，点击差旅报销单上的展开，再按 F2 恢复拾取，按 F4 切换当前拾取模式为 uia 拾取，框选差旅费报销单查询区域的审核通过，如图 6-112 所示。

第六章　RPA 财务机器人设计与开发　331

图 6–112　框选差旅费报销单查询区域的审核通过

设置【鼠标点击】组件属性的备注为"设置单据状态的查询条件为审核通过"，如图 6–113 所示。

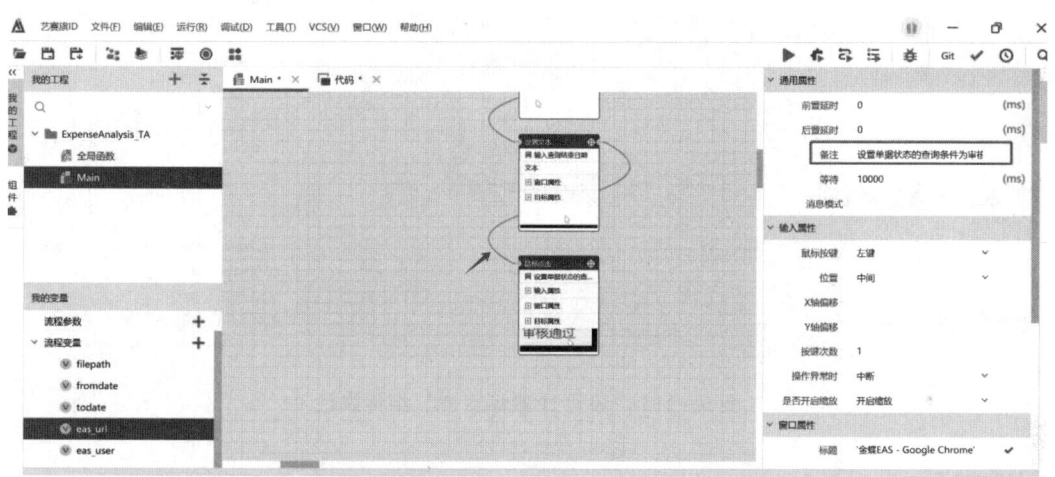

图 6–113　设置【鼠标点击】组件属性

在【鼠标点击】组件后通过拖拽添加【鼠标点击】组件，点击【鼠标点击】组件上【拾取】按钮，先按 F2 暂停拾取，调出前面打开的 EAS 差旅报销单网站窗口，点击差旅报销单上的展开，再按 F2 恢复拾取，按 F4 切换当前拾取模式为 uia 拾取，框选确定按钮，如图 6–114 所示。

设置【鼠标点击】组件属性的备注为"点击确定查询数据"，如图 6–115 所示。

5. 导出并解压得到差旅报销单。

在【鼠标点击】组件后通过拖拽添加【鼠标点击】组件，点击【鼠标点击】组件上【拾取】按钮，先按 F2 暂停拾取，调出前面打开的 EAS 差旅报销单网站窗口，再按 F2 恢复拾取，按 F4 切换当前拾取模式为 uia 拾取，框选更多按钮，如图 6–116 所示。

图 6–114 拖拽添加【鼠标点击】组件

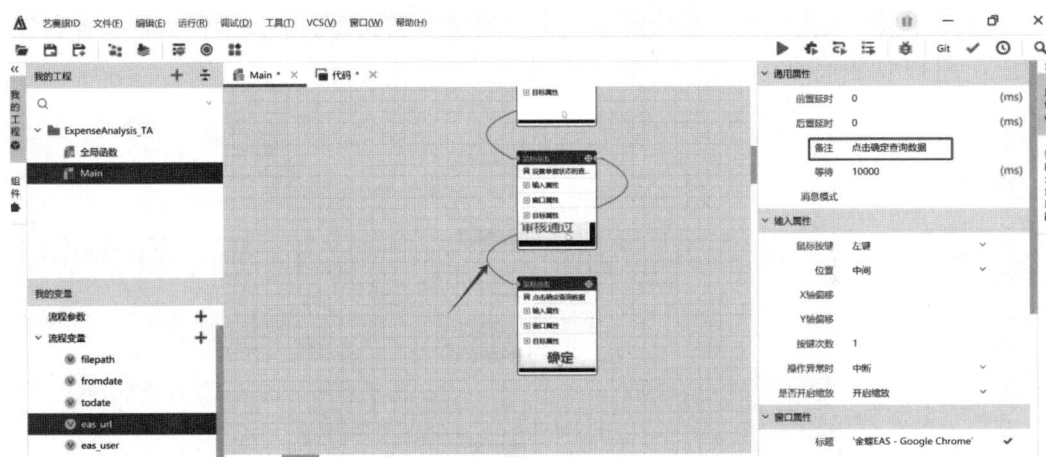

图 6–115 设置【鼠标点击】组件属性

图 6–116 拖拽添加【鼠标点击】组件

设置【鼠标点击】组件属性的备注为"点击更多按钮",如图 6 – 117 所示。

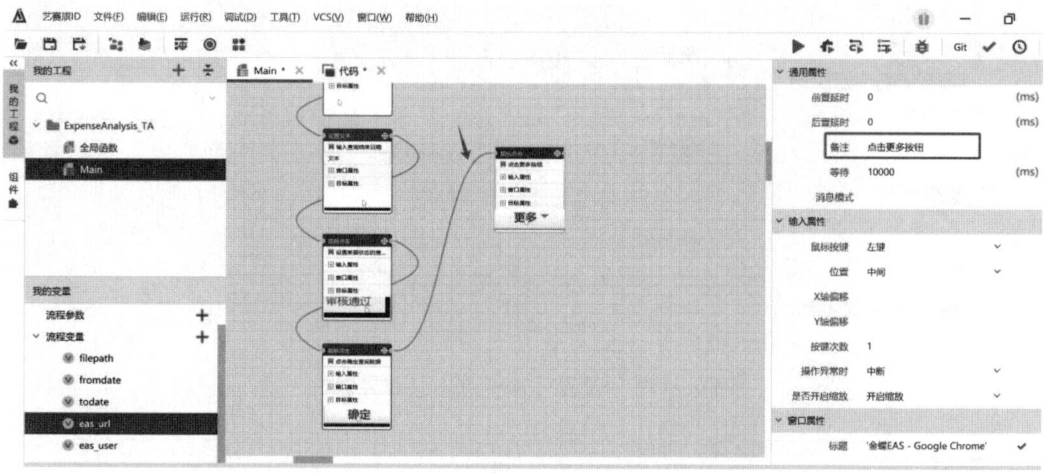

图 6 – 117　设置【鼠标点击】组件属性

在【鼠标点击】组件后通过拖拽添加【鼠标点击】组件,点击【鼠标点击】组件上【拾取】按钮,先按 F2 暂停拾取,调出前面打开的 EAS 差旅报销单网站窗口,再按 F2 恢复拾取,按 F4 切换当前拾取模式为 uia 拾取,框选引出按钮,如图 6 – 118 所示。

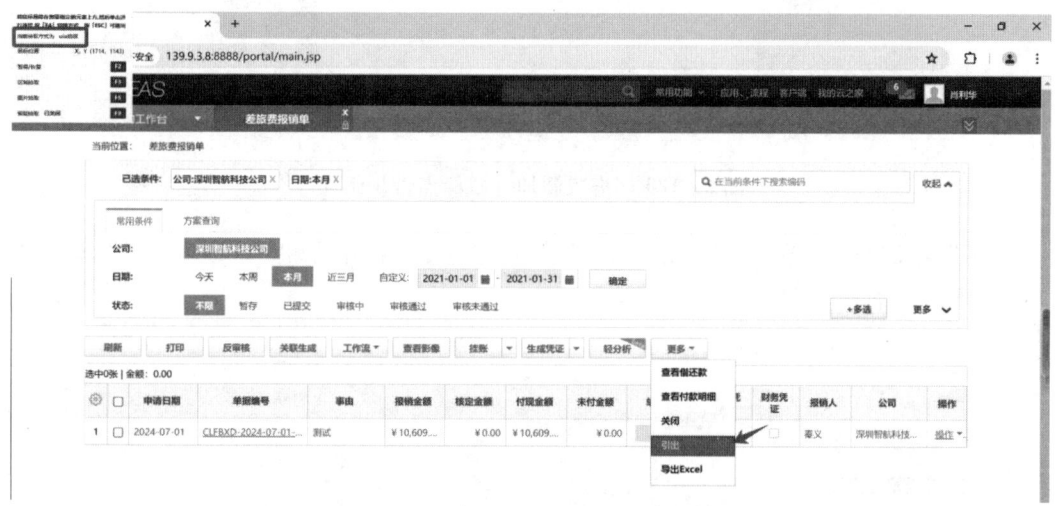

图 6 – 118　拖拽添加【鼠标点击】组件

设置【鼠标点击】组件属性的备注为"点击引出按钮",如图 6 – 119 所示。

在【鼠标点击】组件后通过拖拽添加【鼠标点击】组件,点击【鼠标点击】组件上【拾取】按钮,先按 F2 暂停拾取,调出前面打开的 EAS 差旅报销单网站窗口,点击更多—引出,打开差旅报销单导出界面,再按 F2 恢复拾取,按 F4 切换当前拾取模式为 uia 拾取,框选导出按钮,如图 6 – 120 所示。

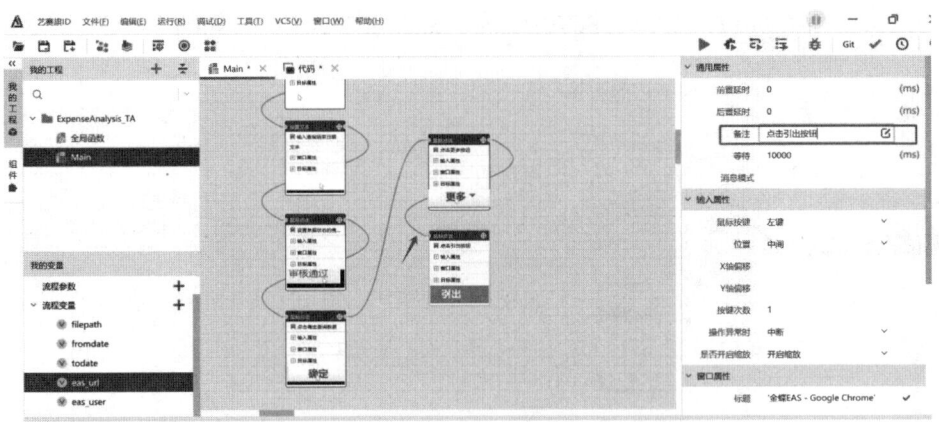

图 6-119　设置【鼠标点击】组件属性

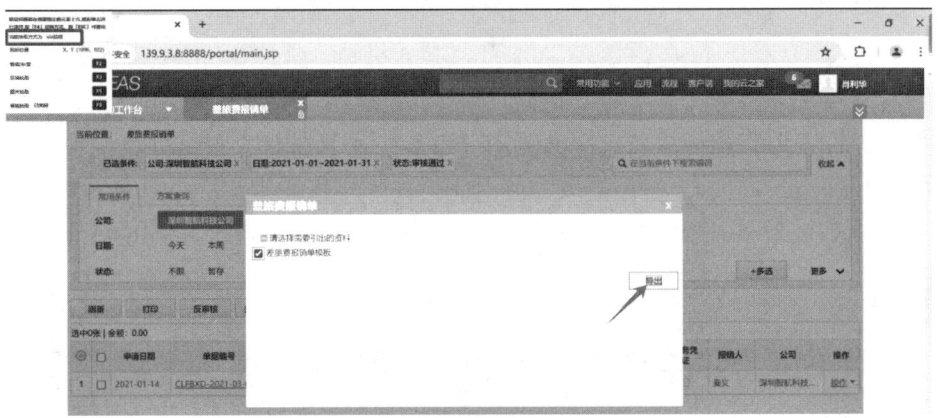

图 6-120　拖拽添加【鼠标点击】组件

设置【鼠标点击】组件属性的备注为"点击导出按钮",设置后置延时为"10000",如图 6-121 所示。

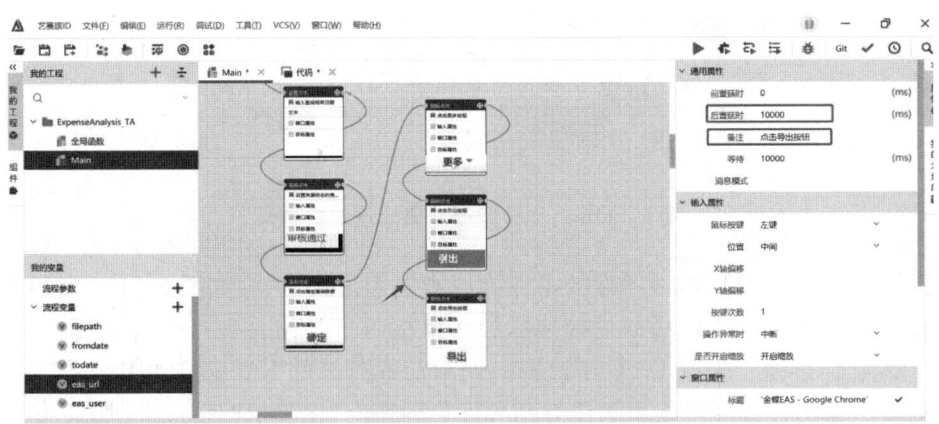

图 6-121　设置【鼠标点击】组件属性的备注

在【鼠标点击】组件后通过拖拽添加【鼠标点击】组件，点击【鼠标点击】组件上【拾取】按钮，先按 F2 暂停拾取，调出前面打开的 EAS 差旅报销单网站窗口，点击更多—引出，打开差旅报销单引出界面，点击导出，出现下载按钮后再按 F2 恢复拾取，按 F4 切换当前拾取模式为 uia 拾取，框选下载按钮，如图 6-122 所示。

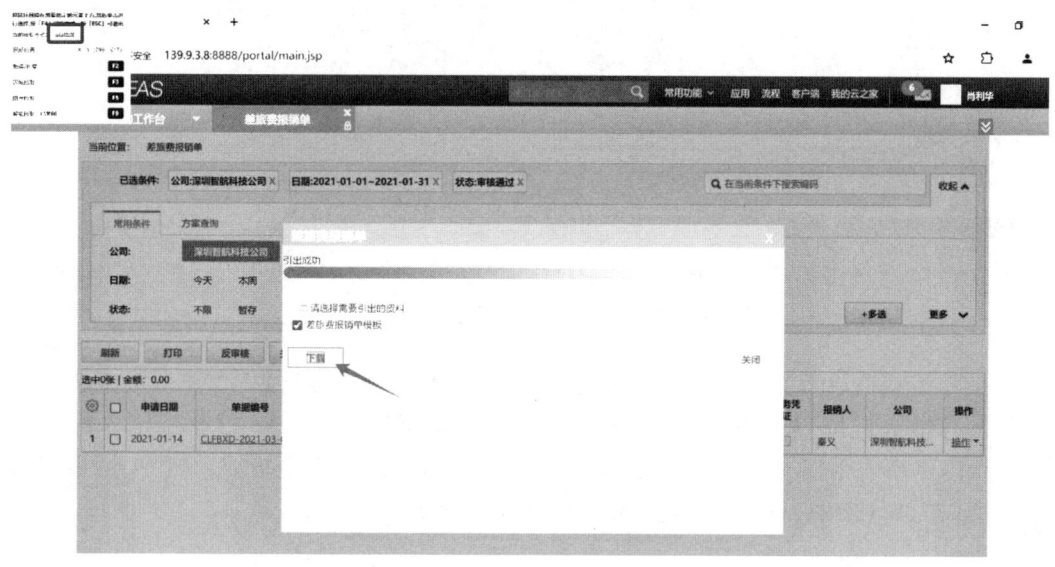

图 6-122　拖拽添加【鼠标点击】组件

设置【鼠标点击】组件属性的备注为"下载差旅报销单"，如图 6-123 所示。

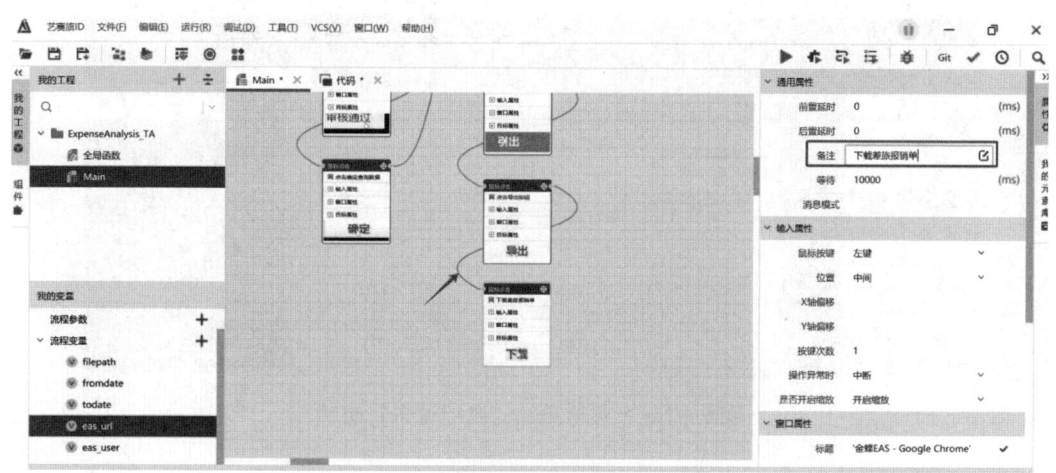

图 6-123　设置【鼠标点击】组件属性

在【鼠标点击】组件后通过拖拽添加【下载栏设置】组件，在设计器右边属性区进行组件属性设置，设置备注为"关闭下载工具栏"，设置状态为"关闭"，如图 6-124 所示。

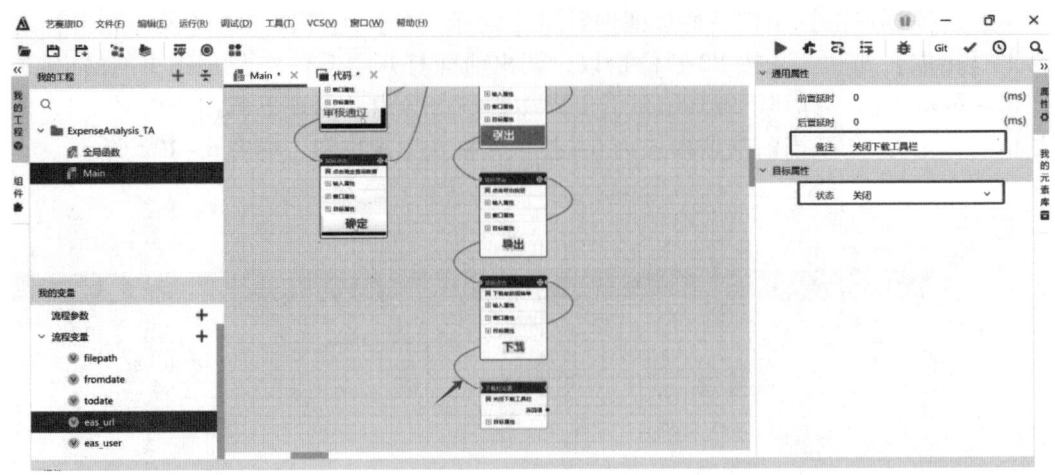

图 6-124　拖拽添加【下载栏设置】组件

在【下载栏设置】组件后通过拖拽添加【鼠标点击】组件，点击【鼠标点击】组件上【拾取】按钮，先按 F2 暂停拾取，调出前面打开的 EAS 差旅报销单网站窗口，点击更多—引出，打开差旅报销单引出界面，再按 F2 恢复拾取，按 F4 切换当前拾取模式为 uia 拾取，框选界面关闭，如图 6-125 所示。

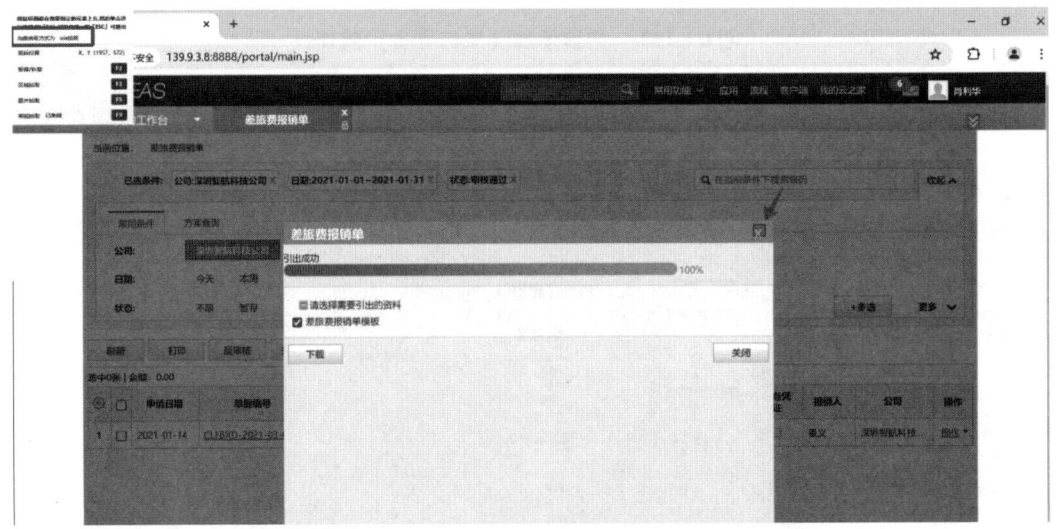

图 6-125　拖拽添加【鼠标点击】组件

设置【鼠标点击】组件属性的备注为"关闭引出界面"，如图 6-126 所示。

在【鼠标点击】组件后通过拖拽添加【鼠标点击】组件，点击【鼠标点击】组件上【拾取】按钮，先按 F2 暂停拾取，调出前面打开的 EAS 差旅报销单网站窗口，再按 F2 恢复拾取，按 F4 切换当前拾取模式为 uia 拾取，框选界面关闭，如图 6-127 所示。

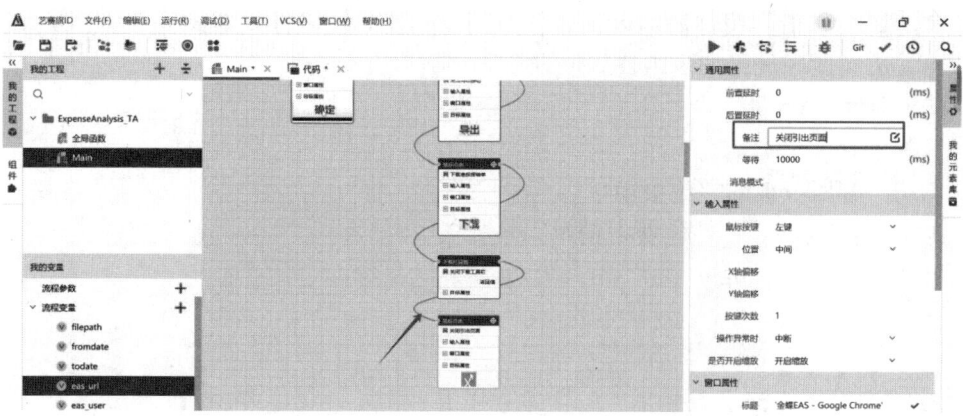

图 6-126　设置【鼠标点击】组件属性

图 6-127　拖拽添加【鼠标点击】组件

设置【鼠标点击】组件属性的备注为"关闭引出界面",如图 6-128 所示。

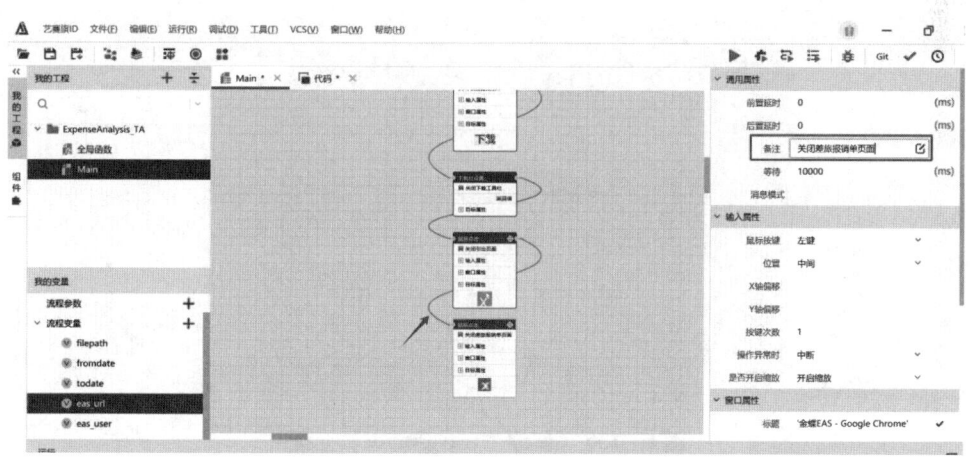

图 6-128　设置【鼠标点击】组件属性

在【鼠标点击】组件后通过拖拽添加【zip 解压】组件，如图 6-129 所示。在设计器右边属性区进行如下组件属性设置。

前置延时：10000。

后置延时：5000。

备注：解压下载的差旅报销单。

源文件：filepath +'差旅费报销单.zip'。

目标目录：filepath。

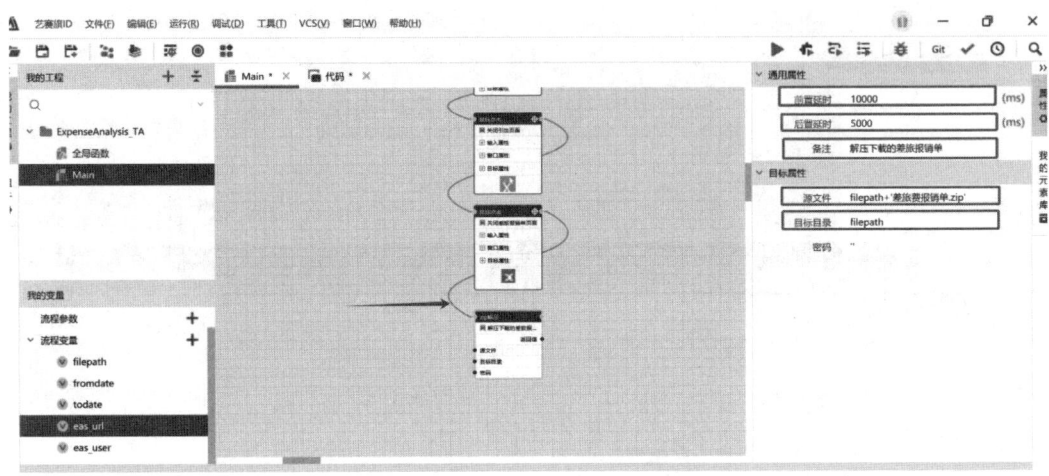

图 6-129 拖拽添加【zip 解压】组件

6. 部门差旅预算分析。

在"我的变量"下增加流程变量，设置变量名称为"travesumdf"，变量描述为"实际发生差旅费用按部门汇总数据"，如图 6-130 所示。

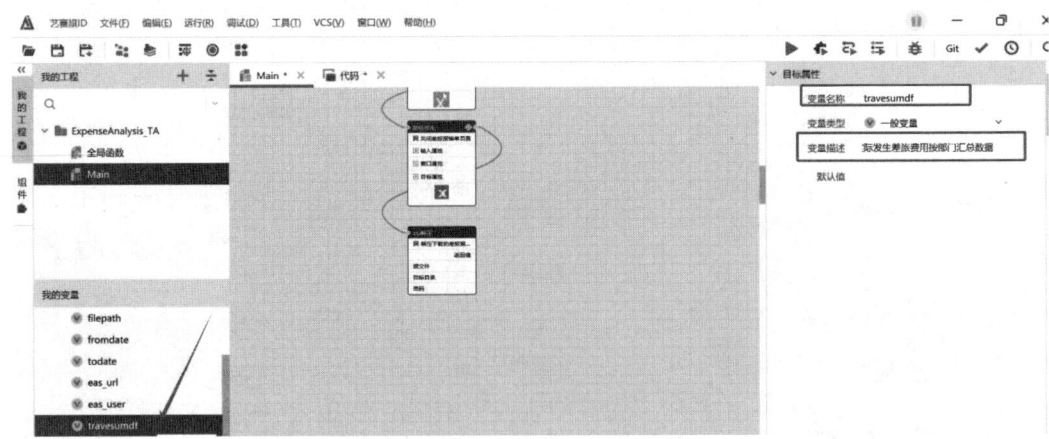

图 6-130 新增"travesumdf"变量

在"我的变量"下增加流程变量,设置变量名称为"deptinfolist",变量描述为"遍历得到的部门预算信息",如图 6-131 所示。

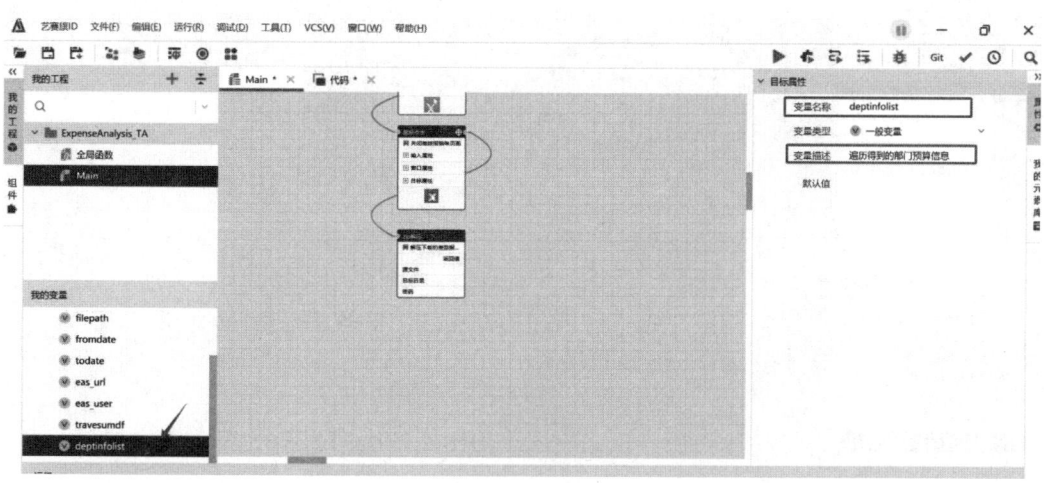

图 6-131　新增"deptinfolist"变量

在"我的变量"下增加流程变量,设置变量名称为"rowinfo",变量描述为"遍历序号",如图 6-132 所示。

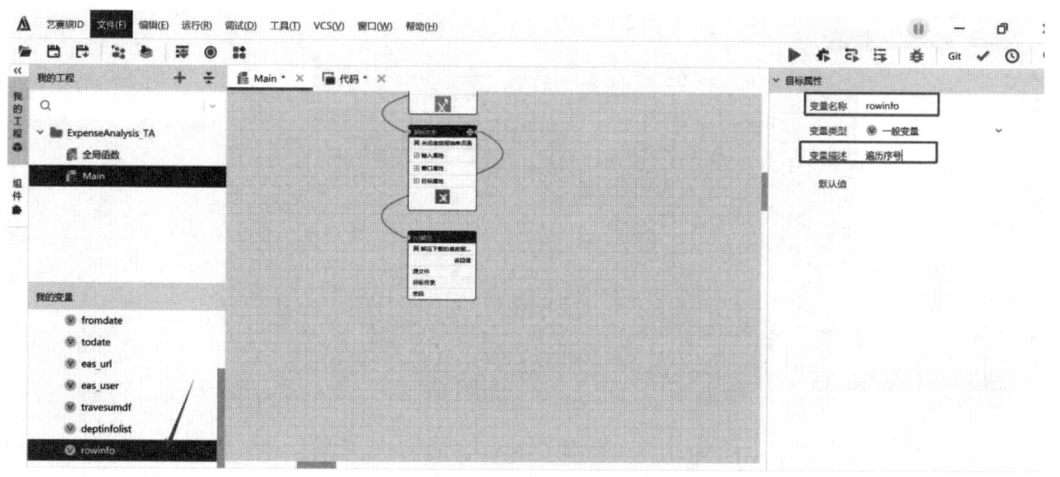

图 6-132　新增"rowinfo"变量

在"我的变量"下增加流程变量,设置变量名称为"temptrave",变量描述为"对应部门实际差旅费用",如图 6-133 所示。

在"我的变量"下增加流程变量,设置变量名称为"travesprogress",变量描述为"预算执行进度值",如图 6-134 所示。

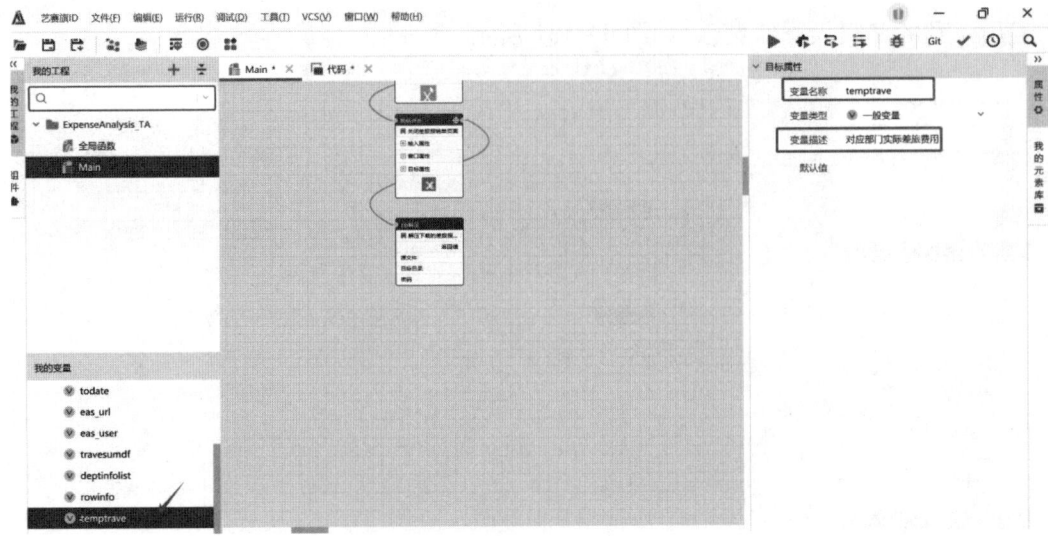

图 6-133　新增"temptrave"变量

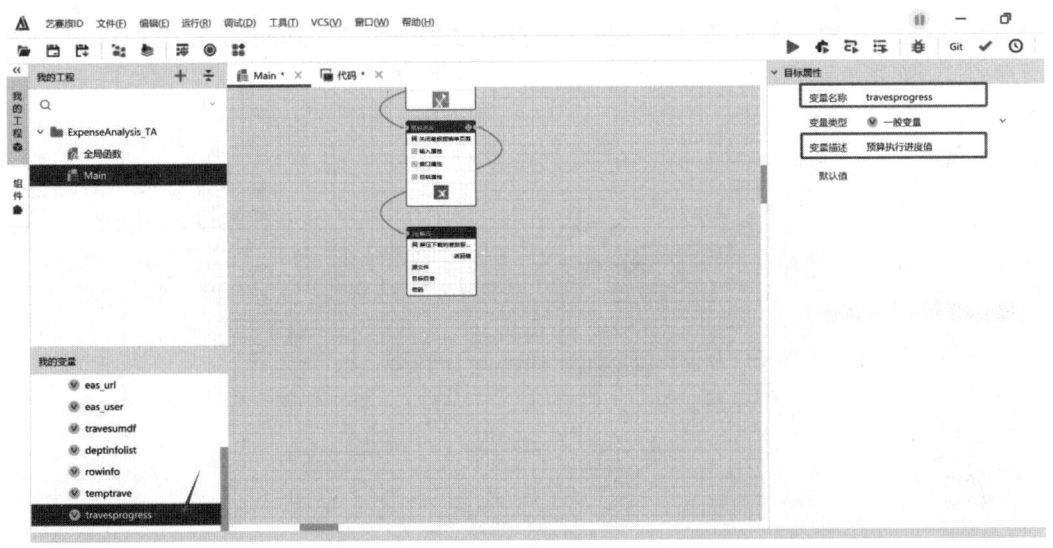

图 6-134　新增"travesprogress"变量

在【zip 解压】组件后通过拖拽添加【读取 Excel】组件，如图 6-135 所示，在设计器右边属性区进行如下组件属性设置。

备注：读取解压后的差旅报销单有用的列。

文件路径：filepath + '差旅费报销单模板.xlsx '。

Header：3。

Usecols：(3, 10, 15)。

返回值：返回值节点连接到下一个【表格过滤】的表格节点。

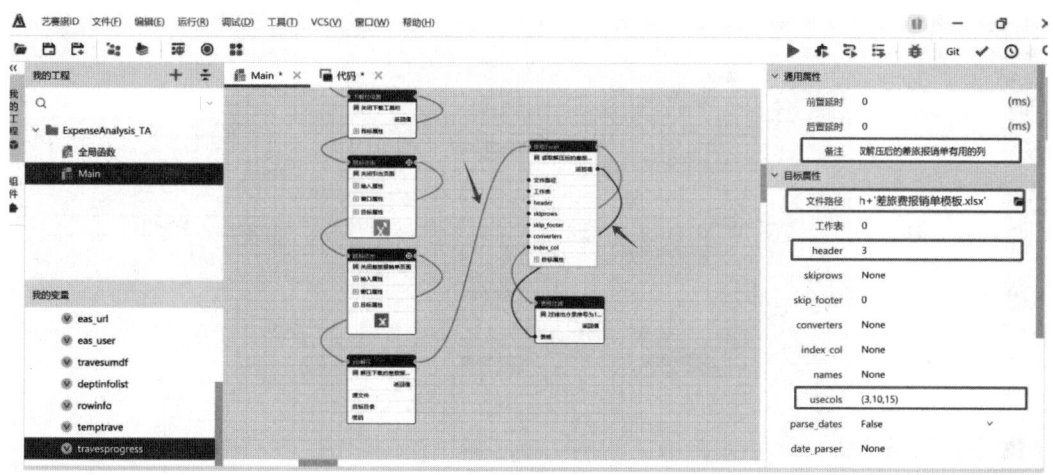

图 6 – 135　设置组件属性

在【读取 Excel】组件后通过拖拽添加【表格过滤】组件，如图 6 – 136 所示，在设计器右边属性区进行如下组件属性设置。

备注：过滤出分录序号为 1 的记录。

条件：'＊分录序号' == 1。

返回值：返回值节点连接到下一个【统计求和】组件的 df 节点。

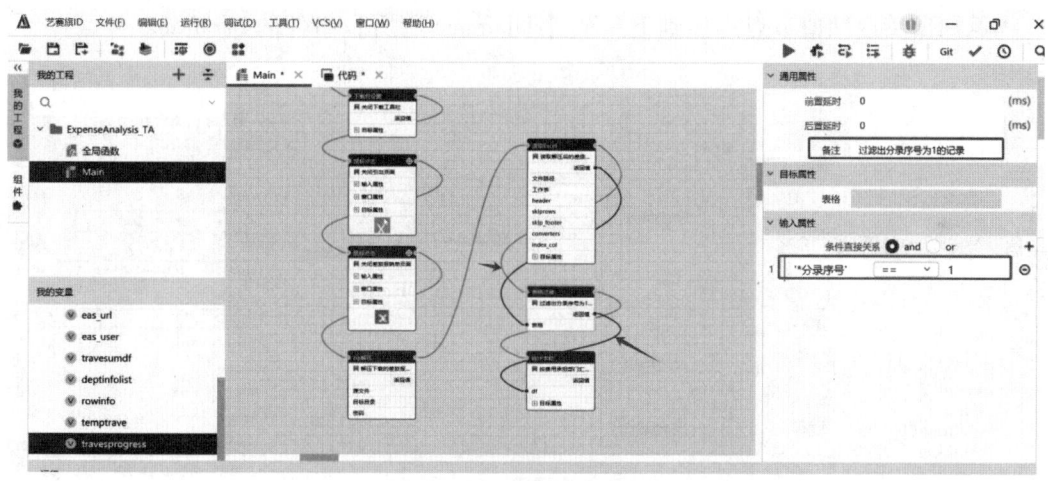

图 6 – 136　设置组件属性

在【表格过滤】组件后通过拖拽添加【统计求和】组件，如图 6 – 137 所示，在设计器右边属性区进行如下组件属性设置。

备注：按费用承担部门汇总部门报销金额。

Groupby：'＊费用承担部门'。

设置组件的返回值为流程变量：travesumdf。

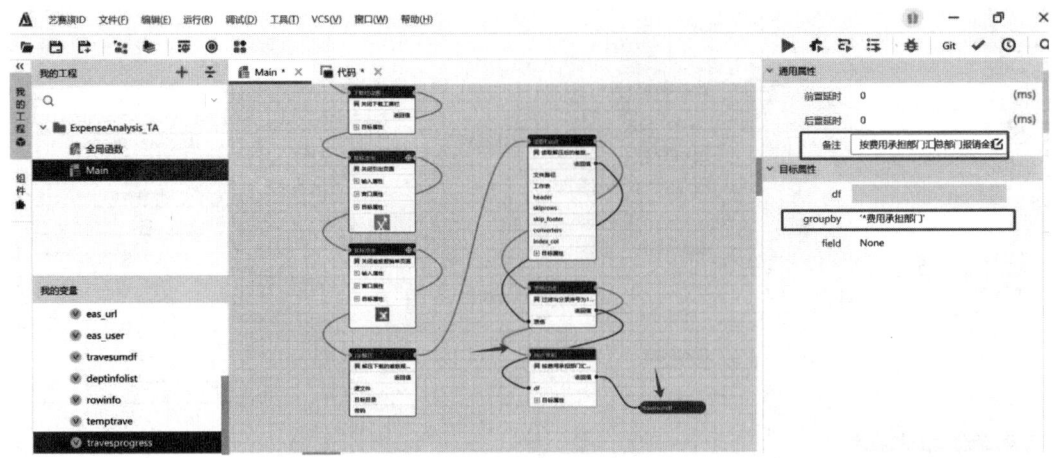

图 6-137　设置组件属性

在【统计求和】组件后通过拖拽添加【读取 Excel】组件，如图 6-138 所示，在设计器右边属性区进行如下组件属性设置。

备注：读取部门差旅费用预算表。

文件路径：filepath + '部门差旅费用预算表.xls'。

Header：2。

Usecols：(0，1)。

返回值：返回值节点连接到下一个【dataframe 遍历】组件的 dataframe 节点。

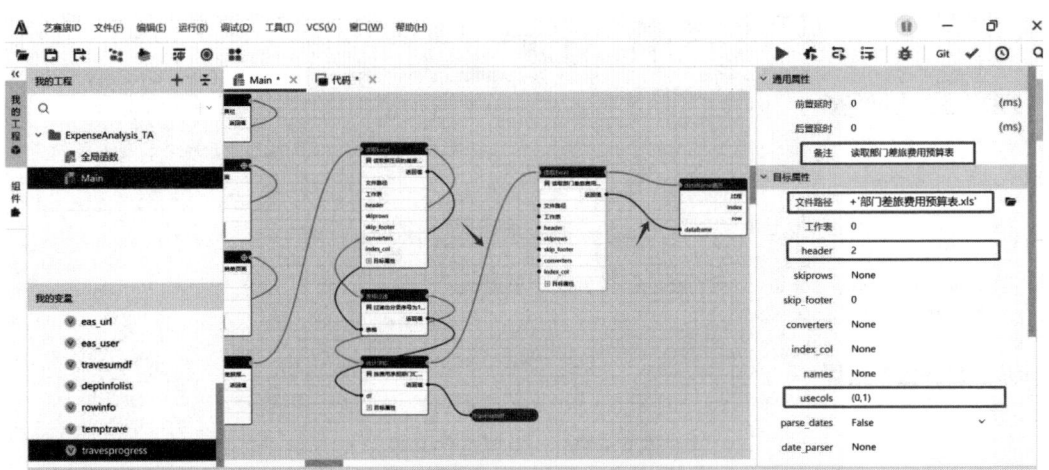

图 6-138　设置组件属性

在【读取 Excel】组件后通过拖拽添加【dataframe 遍历】组件，如图 6-139 所示，在设计器右边属性区进行如下组件属性设置。

备注：遍历部门差旅预算信息表。

Index:index 节点关联下一个【相加】组件的属性 a。
Row 设置为流程变量:deptinfolist。

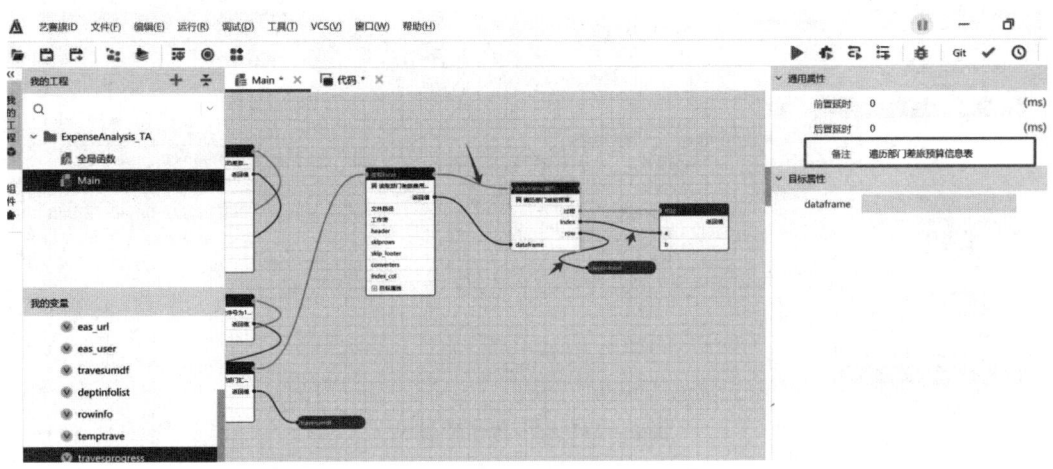

图 6-139　设置组件属性

在【dataframe 遍历】组件过程节点后通过拖拽添加【相加】组件,如图 6-140 所示,在设计器右边属性区进行如下组件属性设置。

备注:得到费用预算表的写入的行。
B:4。
返回值设置为流程变量:rowinfo。

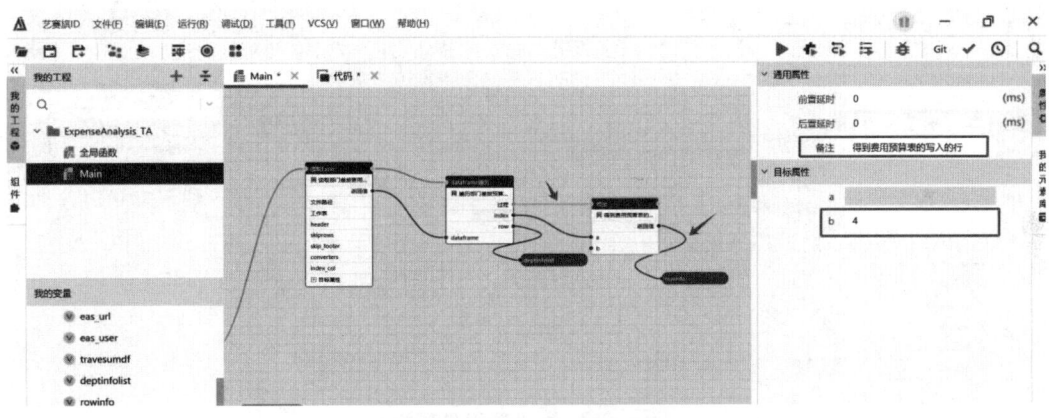

图 6-140　设置组件属性

在【相加】组件后通过拖拽添加【表格过滤】组件,如图 6-141 所示,在设计器右边属性区进行如下组件属性设置。

备注:差旅报销信息按部门过滤。
表格:travesumdf。
条件:'*费用承担部门' == deptinfolist[0]。
返回值设置为流程变量:temptrave。

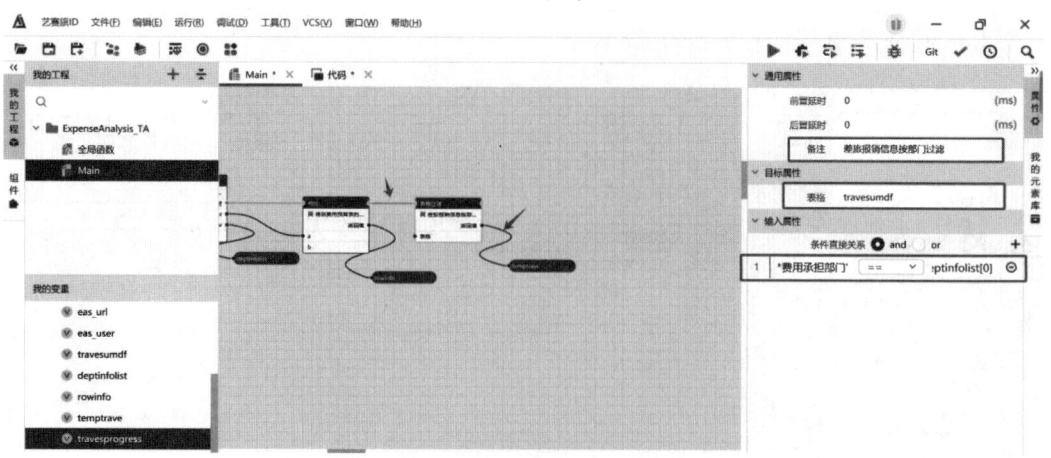

图 6-141　设置组件属性

在【表格过滤】组件后通过拖拽添加【IF 分支】组件，如图 6-142 所示，在设计器右边属性区进行如下组件属性设置。

备注：判断本月对应部门是否有对应的差旅单数据。

条件 1：len（temptrave）==1。

为真时：关联下一个【单元格写入】组件。

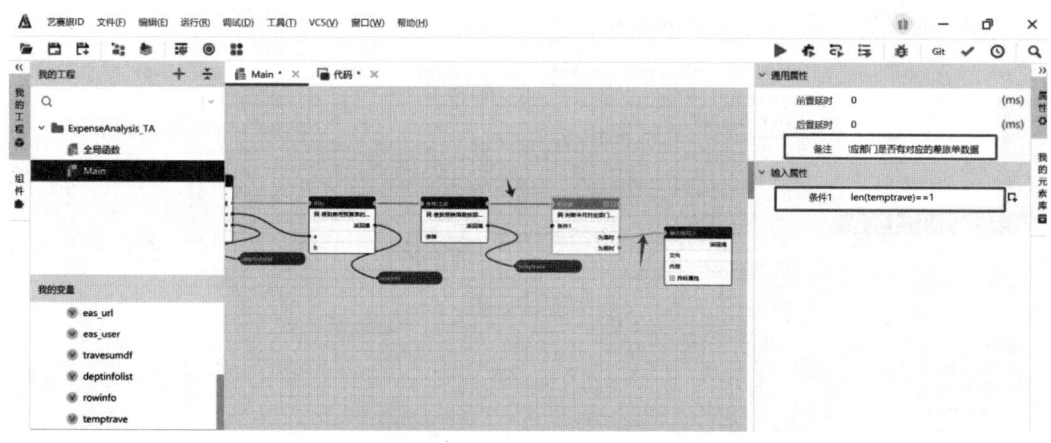

图 6-142　设置组件属性

在【IF 分支】组件后通过拖拽添加【单元格写入】组件，如图 6-143 所示，在设计器右边属性区进行如下组件属性设置。

备注：写入部门差旅实际金额。

文件：filepath + '部门差旅费用预算表 . xls '。

内容：temptrave. iloc［0］［1］。

单元格：'C ' + str（rowinfo）。

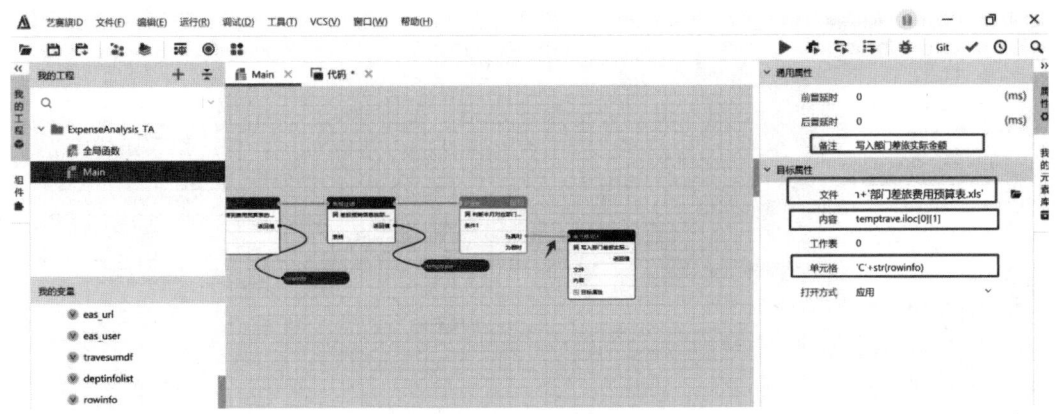

图 6 – 143　设置组件属性

在【单元格写入】组件后通过拖拽添加【相除】组件，如图 6 – 144 所示，在设计器右边属性区进行如下组件属性设置。

备注：计算差旅费执行进度。

A：temptrave. iloc[0][1]。

B：deptinfolist[1]。

返回值：返回值节点连接到下一个【单元格写入】组件的内容节点。

设置组件的返回值为流程变量：travesprogress。

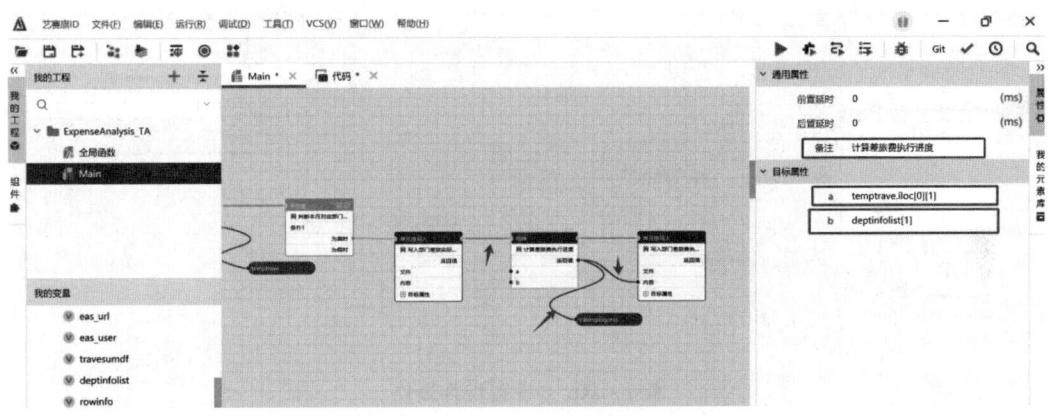

图 6 – 144　设置组件属性

在【相除】组件后通过拖拽添加【单元格写入】组件，如图 6 – 145 所示，在设计器右边属性区进行如下组件属性设置。

备注：写入部门差旅费执行进度。

文件：filepath + '部门差旅费用预算表.xls'。

单元格：'D' + str（rowinfo）。

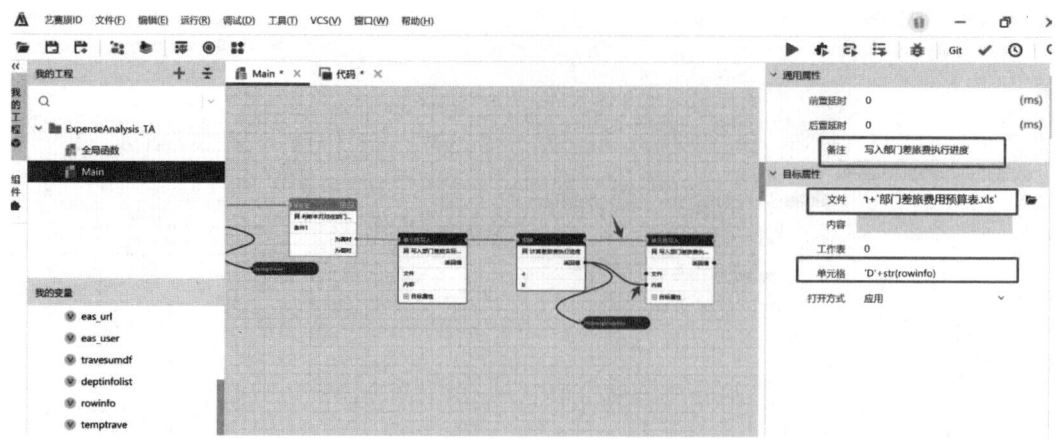

图 6 – 145　设置组件属性

在【单元格写入】组件后通过拖拽添加【IF 分支】组件，如图 6 – 146 所示，在设计器右边属性区进行如下组件属性设置。

备注：判断差旅费执行进度是否超过预算。

条件 1：travesprogress > 1。

为真时：关联下一个【设置背景色】组件。

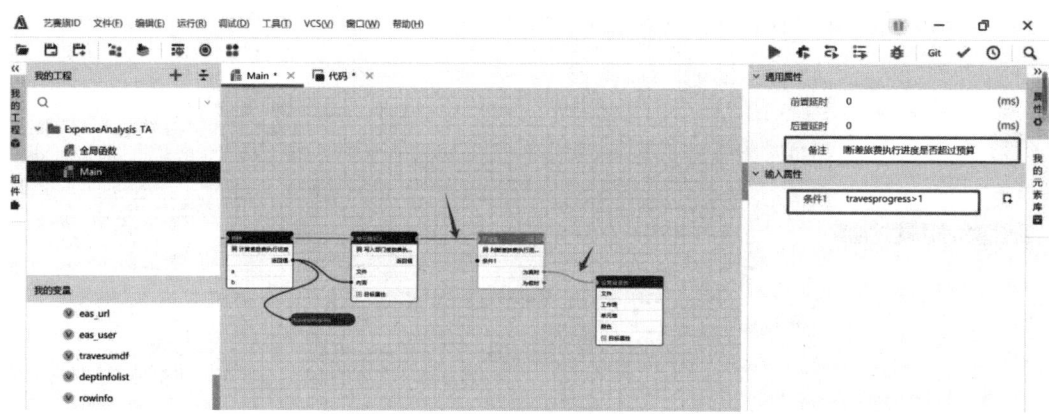

图 6 – 146　设置组件属性

在【IF 分支】组件为真的节点后通过拖拽添加【设置背景色】组件，如图 6 – 147 所示，在设计器右边属性区进行如下组件属性设置。

备注：超预算的部门执行进度表格标红。

文件：filepath + '部门差旅费用预算表 . xls '。

单元格：'D ' + str（rowinfo）。

颜色：'ff0000 '。

第六章 RPA 财务机器人设计与开发 347

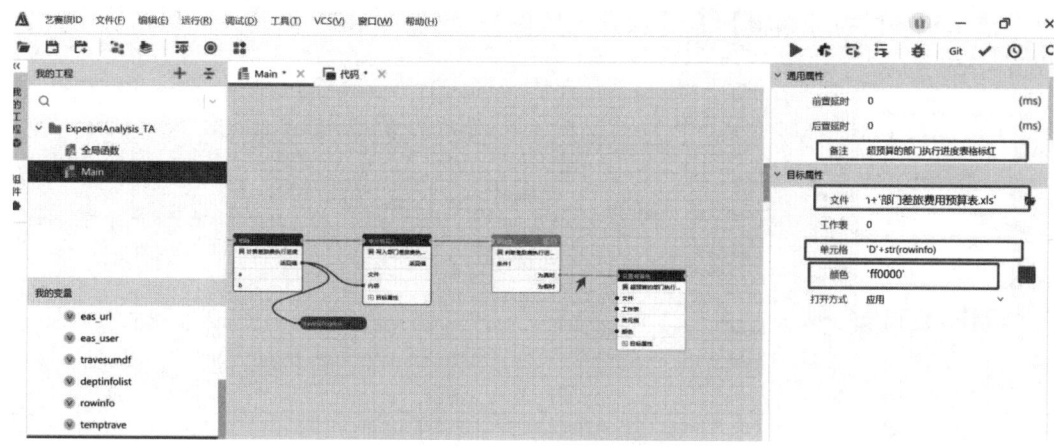

图 6-147 设置组件属性

7. 提示流程结束。

在流程设计区【dataframe 遍历】组件后通过拖拽添加【消息框】组件，点击该组件，在右边的参数属性区设置前置时间为"3000"，设置备注为"流程结束通知"，设置内容为"'部门差旅费预算分析完成!'"，如图 6-148 所示。

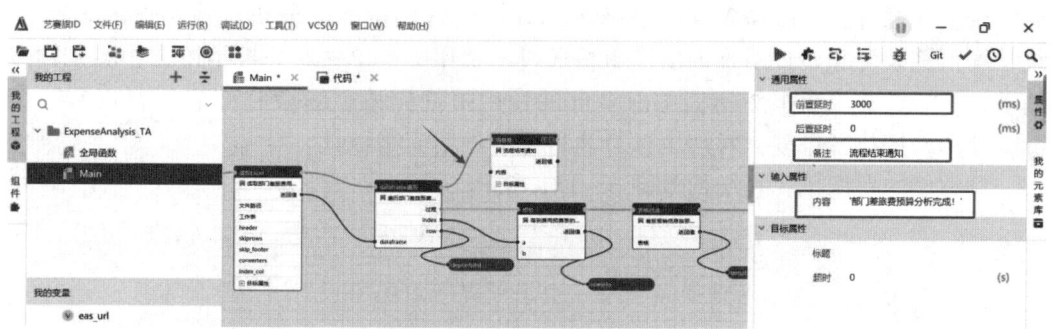

图 6-148 设置参数属性区

8. 运行设置。

点击【运行】按钮，可见 RPA 自动执行流程并在流程末尾弹出消息框，提示流程结束。点击提示框上的"确定"按钮，RPA 设计器"控制台"区域提示"运行完成"。执行结束可看见部门差旅费用预算表的实际金额和执行进度已经更新。部门差旅费用预算表如图 6-149 所示。

	A	B	C	D
1	部门差旅费用预算表			
2	预算开始日期	2021-01-01	预算结束日期	2021-01-31
3	部门	差旅费预算金额	差旅费实际金额	差旅费执行进度
4	行政部	6,000.00	0.00	0.00%
5	业务部	3,000.00	3,470.00	115.67%
6	财务部	4,000.00	0.00	0.00%
7				

图 6-149 部门差旅费用预算表

点击工具栏的【编辑】—【保存预览图】，可保存 RPA 机器人流程预览图，如图 6-150 所示。

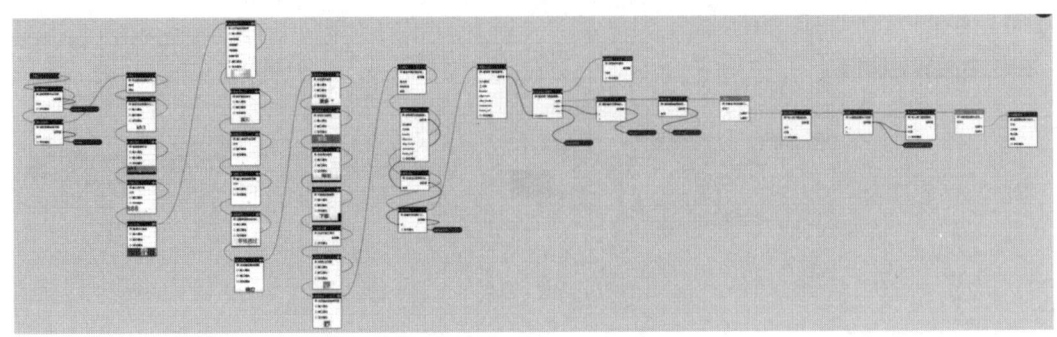

图 6-150　RPA 机器人流程预览图

七、任务拓展（选做）

公司通过差旅费用预算执行分析机器人对各部门的差旅费用预算执行情况分析后，希望在原有的差旅预算分析基础上加入部门费用预算的分析。需要进入 EAS 系统根据预算表的起始日期查询出已审核通过的费用报销单、对公报销单、物品采购报销单，然后按费用承担部门汇总出全部的费用报销申请金额做完部门的费用实际金额，计算费用执行进度，对超出预算执行进度的单元格标红。

调整后的费用预算表结构如图 6-151 所示。

	A	B	C	D	E	F	G
1				费用预算表			
2	预算开始日期	2021-01-01	预算结束日期	2021-01-31			
3	部门	费用预算金额	差旅费预算金额	费用实际金额	费用执行进度	差旅费实际金额	差旅费执行进度
4	行政部	50,000.00	6,000.00	0.00	0.00%	0.00	0.00%
5	业务部	50,000.00	3,000.00	0.00	0.00%	0.00	0.00%
6	财务部	50,000.00	6,000.00	0.00	0.00%	0.00	0.00%

图 6-151　费用预算表

开发建议：可以将需要打开的单据放到常用功能，便于打开，如图 6-152 所示。

图 6-152　开发建议

附　　录

1. 字符串相加减。

举例：字符串是13%，想要变成13 那么 公式 = '13%' – '%'。

2. 日期加减：相加减的两个数，其中有一个是日期类型的。

举例：要实现发票上的开票日期推后三天 公式 ='开票日期' + 3。

3. 可以获取日期中的，年份 – Y '[${XXX}]、月份 – M '[${XXX}]、日 – D '[${XXX}]。

举例，要获取银行对账单发票的开始日期中的年，那么公式 = Y '[${银行对账单发票.开始日期}]。

4. 规划设置的时候，当多张票据设置的是单据信息参考一张票据时候，票据下方的数据设置，数字越大优先级越高，比如同时有销售合同和增值税专用发票，如果销售合同设置2，增值税专用发票设置1，那么智能处理执行的时候，如果上传了这两个票据，以销售合同的票据规划为准来进行填单。

5. 智能处理的时候，上传的票据是可识别的票据，聊天记录、租赁合同等不可识别的票据不用上传。

主要参考文献

［1］林晓红，苏聃．智能财务应用——基于金蝶EAS管理平台［M］．北京：清华大学出版社，2024．

［2］竟玉梅，谈先球．智能财务会计实务［M］．北京：清华大学出版社，2024．

［3］文蓉，李刚，傅仕伟．金蝶RPA智能财务开发与应用［M］．北京：人民邮电出版社，2022．